旅游城市
每个城市都包括城市解读、旅游片区、旅游资讯三大版块。

旅游片区
每个城市划分为若干旅游片区，全面介绍。同时突出重要旅游点。

旅游景点
每个旅游景点包括介绍、攻略、链接等版块。力求景点收录全面。

旅游资讯
每个城市旅游资讯版块，包括住宿、就餐、购物、娱乐等内容。

呼伦贝尔
PP.242~277

赤峰
PP.324~355

通辽
PP.306~323

兴安盟
PP.278~305

巴彦淖尔
PP.188~209

包头
PP.110~139

鄂尔多斯 乌海
PP.140~187

呼和浩特
PP.78~109

乌兰察布
PP.392~409

景点索引（PP.410~414）

如何使用本书

1 多角度解读
全书从地理、历史、文化等多个角度解读内蒙古。包括主题地图、分类景观、精美图片等形式,力图给读者呈现出一个更直观、丰富的内蒙古。

主题地图 精美而实用的地图,是了解内蒙古的最好窗口。书中还有大量的区域旅游地图、景区导览图。

分色标签 每个城市都有一个特定的检索色,便于翻阅。

2 专题知识
对于认识内蒙古具有重要意义的关键词条,书中特设专题,图文并茂,让读者迅速读懂词条。

3 精华景点
三维立体图更深度地引导读者鉴赏那些特别重要的必游的景点。

4 攻略
大部分景点配有位置、交通、门票、链接等丰富的实用攻略。

5 资讯
每个城市都包括交通、美食、住宿、购物、娱乐等资讯。

发现者旅行指南

内蒙古（第2版）

北京·旅游教育出版社

目录 CONTENTS

手绘内蒙古	4
摄影内蒙古	18
印象内蒙古	30
自驾内蒙古	40
解读内蒙古	44
地理/历史/文化	
行走内蒙古	70
带什么/何时去/吃什么/住哪儿	
怎么走/有用信息	

■■ 呼和浩特 …… 78
- 概览 …… 80
- 区域解读 …… 82
- 呼和浩特城区景点 …… 86
- 呼和浩特郊区景点 …… 93
- 呼和浩特南部旅游区 …… 102
- 攻略资讯 …… 105

■■ 包头 …… 110
- 概览 …… 112
- 区域解读 …… 114
- 包头市区景点 …… 118
- 包头东部旅游区 …… 124
- 包头北部旅游区 …… 128
- 攻略资讯 …… 134

■■ 鄂尔多斯·乌海 140
- 概览 …… 142
- 区域解读 …… 144
- 成吉思汗陵 …… 152
- 东胜及周边景点 …… 157
- 库布齐沙漠旅游区 …… 162
- 鄂尔多斯南部旅游区 …… 170
- 乌海旅游区 …… 174
- 攻略资讯 …… 182

■■ 巴彦淖尔 …… 188
- 概览 …… 190
- 区域解读 …… 192
- 巴彦淖尔东部旅游区 …… 195
- 巴彦淖尔西部旅游区 …… 202
- 攻略资讯 …… 207

■■ 阿拉善盟 …… 210
- 概览 …… 212
- 区域解读 …… 214
- 阿拉善左旗旅游区 …… 218
- 阿拉善右旗旅游区 …… 223
- 额济纳旗旅游区 …… 227
- 攻略资讯 …… 237

■■ 呼伦贝尔 …… 242
- 概览 …… 244
- 区域解读 …… 246
- 海拉尔旅游区 …… 251
- 满洲里旅游区 …… 254
- 呼伦贝尔北部旅游区 …… 259
- 呼伦贝尔东部旅游区 …… 265
- 呼伦贝尔西部旅游区 …… 268
- 攻略资讯 …… 274

■■ 兴安盟 …… 278
- 概览 …… 280
- 区域解读 …… 282
- 乌兰浩特市景点 …… 286
- 乌兰浩特周边景点 …… 288
- 阿尔山旅游区 …… 292
- 兴安盟南部旅游区 …… 298
- 攻略资讯 …… 302

■■ 通辽 …… 306
- 概览 …… 308
- 区域解读 …… 310
- 通辽市区景点 …… 313
- 通辽周边景点 …… 316
- 攻略资讯 …… 321

■■ 赤峰 …… 324
- 概览 …… 326
- 区域解读 …… 328
- 赤峰南部旅游区 …… 333
- 克什克腾旅游区 …… 337
- 赤峰北部旅游区 …… 347
- 攻略资讯 …… 352

地图目录

内蒙古自然景观……4
内蒙古民族风情……6
内蒙古生物景观……8
阿尔山旅游区……10
克什克腾旅游区……12
额济纳旅游区……14
呼和浩特城区……16
呼和浩特旅游示意图……81
大召寺……88
昭君博物院……94
神泉生态旅游区……103
包头旅游示意图……113
包头城区图……120
美岱召……126
鄂尔多斯·乌海旅游示意图……143
成吉思汗陵……154
响沙湾……166
巴彦淖尔旅游示意图……191
阿拉善盟旅游区……213
腾格里沙漠……220
巴丹吉林沙漠……224
居延海……232
呼伦贝尔旅游示意图……245
海拉尔区城区……253
满洲里城区……257
莫尔道嘎……260
兴安盟旅游示意图……281
通辽旅游示意图……309
赤峰旅游示意图……327
阿斯哈图石林……339
达里诺尔湖……341
乌兰布统……345
锡林郭勒旅游示意图……359

锡林郭勒……356
概览……358
区域解读……360
锡林特景点……364
苏尼特旅游区……367
锡林郭勒南部旅游区……371
乌珠穆沁旅游区……379
阿巴嘎旅游区……384
攻略资讯……387

乌兰察布……392
概览……394
区域解读……396
集宁及周边景点……398
乌兰察布南部旅游区……400
四子王旗旅游区……405
攻略资讯……407

索引……410

多伦湖……377
乌兰察布旅游示意图……395
黄花沟……403

专题目录

内蒙古草原生态系统……49
成吉思汗……56
蒙古包……64
马头琴……67
五塔寺……87
五当召……125
成吉思汗陵……155
乌审召八角喇嘛塔……171
阿贵庙……205
鄂伦春斜仁柱……248
满洲里婚礼宫……256
兴源寺主殿……319
喀喇沁亲王府……335
辽中京遗址大明塔……336
贝子庙……365
大安阁复原图……373

手绘
内蒙古

▶ **呼伦贝尔大草原**

著名的天然牧场，是世界四大草原之一。这里风光优美、景色宜人的地方，有着一望无际的绿色和连绵起伏的大兴安岭被人们盛赞为"北国碧玉""人间天堂"。

▶ **西居延海**

内蒙古最大的盐湖，传说中道家创始人老子的成仙之地。原来是个大湖，有弱水（额济纳河）注入。后来逐渐萎缩，成为一个奇特的游离湖。

▶ **同和太奇石林**

属风蚀景观，被称为"塞上奇石林"，是《白马飞飞》《文成公主》《铁骑》等多部影片的外景拍摄地。

▶ **巴丹吉林沙漠**

它是中国四大沙漠之一，被誉为"沙漠珠穆朗玛峰"。沙漠深处有100多个神秘的湖泊，还有曼德拉山岩画和海森楚鲁怪石城。

▶ **库布齐沙漠**

它是中国第七大沙漠，有神奇的响沙湾。

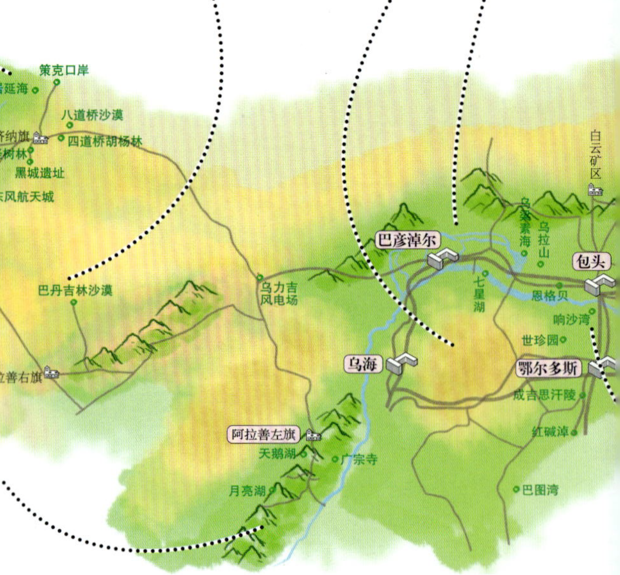

▶ **贺兰山**

海拔2000~3000米，是中国西北地区的重要地理界线。主峰敖包圪垯海拔3556米，是宁夏与内蒙古的最高峰。西侧是著名的腾格里沙漠。

内蒙古自然景观

▶ **额尔古纳湿地**

有"亚洲第一湿地"的美誉,是迄今为止保护最完整、物种最丰富的湿地系统。

▶ **锡林郭勒草原**

这里多为低缓起伏的丘陵,拥有无与伦比的草原旅游生态资源。

▶ **大兴安岭**

此处原始森林茂密,是中国重要的林业基地之一。生物资源丰富,秋色迷人。

▶ **科尔沁沙地**

中国最大的沙地,地貌特征是坨甸相间的"坨甸地"。

▶ **锡林河九曲**

锡林郭勒草原上最美的河曲之一,日出日落风景最是迷人。

▶ **河套平原**

为内蒙古主要农业区和人口聚居区,素有"黄河百害,唯富一套"之说。近年土壤次生盐碱化严重,已进行综合治理。

▶ **阿斯哈图石林**

它被专家称为世界地质奇观,是世界上罕见的花岗岩石林,为第四纪冰川遗迹。

▶ **大青沟原始森林**

"沙漠中的江南",跨内蒙古、东北、华北等三个植物区系,具有保存完整的森林生态系统。

手绘
内蒙古

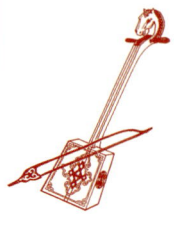

▶ **马头琴**

蒙古语称"绰尔",是一种两弦的弦乐器,有梯形的琴身和雕刻成马头形状的琴柄。在蒙古族聚居区广泛流行。

▶ **搏克（摔跤）**

蒙古族的传统体育活动,是蒙古族三大运动（摔跤、赛马、射箭）之首。

▶ **蒙古族养驼习俗**

入选第二批国家级非物质文化遗产。蒙古族养驼习俗源远流长,驼具丰富多样,有赛驼、驼球等体育竞技项目。

▶ **蒙古族长调**

人类口头和非物质遗产代表作,是一种具有鲜明特色的演唱形式,旋律悠长舒缓、意境开阔、声多词少、气息绵长。新巴尔虎左旗、东乌珠穆沁旗等为"中国蒙古族长调民歌之乡"。

▶ **那达慕**

它是居住在内蒙古等地的蒙古、鄂温克、达斡尔等少数民族人民的盛大集会,每年夏季举行。会上有赛马、摔跤、射箭"三艺"比赛,还有盛大的物资交流会。

▶ **祭敖包**

敖包是蒙古语,意为堆子或鼓包。祭敖包是蒙古民族萨满教隆重的祭祀之一,也是蒙古族最为隆重热烈而又普遍的祭祀活动,每年的农历五月十二、十三是牧民的祭敖包日。

▶ **成吉思汗祭典**

它是蒙古族祭奠成吉思汗的习俗,最早始于窝阔台时代,到忽必烈时趋于完善。以每年农历三月二十一日春祭的祭祀规模最大、最隆重。

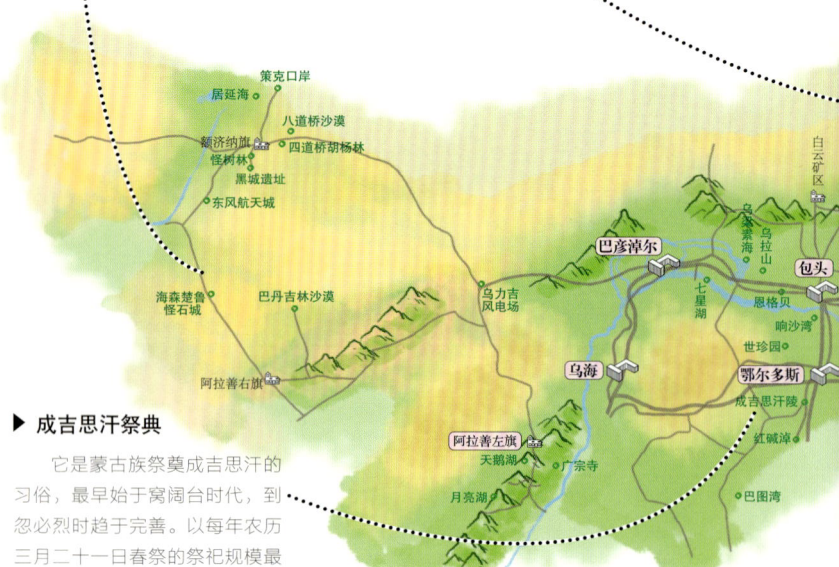

内蒙古民族风情

▶ 鄂伦春族
主要分布于大兴安岭原始森林中,是白桦林中的游猎民族。人口8000余人。

▶ 鄂温克族
主要分布于大兴安岭森林中,以游牧为主。人口3万余人,传统文化丰富多彩。根河市的敖鲁古雅是著名的民俗旅游点。

▶ 达斡尔族
相传为契丹人后裔,渔猎生活造就了他们独特的体育文化,尤以曲棍球闻名。人口13万多。

▶ 蒙语说书
又名"乌力格尔",流行于通辽地区。最初为讲故事,后加入"朝尔"(类似马头琴)或四胡等乐器伴奏,内容多为草原上广为流传的英雄故事和历史传说。

▶ 奶制品制作技艺
正蓝旗察干伊德(奶制品)制作历史悠久、工艺独特、味道鲜美、营养丰富,在国内外享有盛誉,有"蓝旗奶食甲天下"之美称。

▶ 科尔沁安代舞
被称为蒙古族集体舞蹈的活化石,最初是用来医病的萨满教舞蹈,含祈求神灵庇护、祛魔消灾之意,后来慢慢演变成表达欢乐情绪的民族民间舞蹈。

手绘
内蒙古

▶ 乌珠穆沁马

乌珠穆沁草原历来盛产良马。乌珠穆沁马素来以体型匀称、耐力好、体质结实、奔跑力强、骑乘速度快、四蹄矫健、肩宽胸阔而著称。马肉营养丰富，具有较高食用价值，马奶可以养颜美容。

▶ 蒙古野驴

在乌拉特中旗甘其毛道口岸附近，有一个自然保护区是珍稀动物蒙古野驴的活动区域。

▶ 草原狼

狼被誉为草原的守护神。乌珠穆沁旗草原是《狼图腾》故事的发源地。

▶ 四合木和梭梭

四合木被称为"植物大熊猫"，是荒漠中的强旱生植物。梭梭是固沙植物，被牧民称为骆驼的"抓膘草"。"沙漠人参"苁蓉就寄生在梭梭根部。

▶ 发菜

四子王旗大红山盛产高原特有的野生陆地藻类生物——发菜。这里有世界罕见的动物——盘羊，黄羊、狐狸等其他野生动物也经常出没。

▶ 骆驼

骆驼特别耐饥耐渴，可以供人骑着横穿沙漠，被誉为"沙漠之舟"。阿拉善双峰驼存栏最多。

▶ 山羊

产绒的山羊主要分布在西部荒漠地区，鄂尔多斯、阿拉善等地盛产山羊。

▶ 世珍园鸟岛

这里有国家级保护动物大天鹅、东方白鹳、鸿雁等，还有国家一级保护动物遗鸥。

▶ 胡杨

是世界珍奇树种之一，它生命力顽强，有"一千年生而不死，一千年死而不倒，一千年倒而不朽"的说法。金秋胡杨叶红时，非常漂亮。

内蒙古生物景观

▶ 呼伦湖鸟类
呼伦湖是我国东部内陆鸟类迁徙的重要通道，有天鹅、海鸥、鹤、鸭、鹭等200多种珍稀鸟类，占全国鸟类总数的五分之一。

▶ 绵羊
产肉的绵羊主要分布在东部草原地区，巴尔虎羊、苏尼特羊等最为著名。壮观的羊群是草原上最美的景观之一。

▶ 驯鹿
也叫角鹿，为游猎民的交通和生产工具。公鹿、母鹿都长角，性情温和。

▶ 蒙古黄榆
科尔沁自然保护区内有280平方千米蒙古黄榆天然林，同时，蒙古黄榆又为国家一级保护珍禽东方白鹳的栖息、繁衍提供了天然的场所。

▶ 奶牛
奶牛遍及内蒙古各地，肉可食，奶可饮，皮可衣，粪可燃。草原牧民以奶代茶，奶制品丰富多样。呼和浩特是大型乳业聚居地。

▶ 蒙古牧羊犬
它是草原牧民的忠诚卫士，羊群的守护者，它们体硕毛厚、凶悍勇猛、不畏野兽。

▶ 辉腾锡勒草原植物
以典型草原植被为主，代表性植物有大针茅、线叶菊、地榆、羊草、冰草、玲高等。这里还是白蘑产地，方圆数百里到处是白蘑圈。

手绘
内蒙古

▶ **阿尔山国家森林公园**

园内有大兴安岭第一峰特尔美山（海拔1378米）和大兴安岭第一湖达尔滨湖；有茂密的落叶松林和丰富的生物资源，有独具亚洲特色的火山爆发时熔岩流淌凝成的石塘林和天池。

▶ **玫瑰峰**

雄伟壮观的花岗岩石林景观，石峰错落有致、犬牙交错，呈红褐色。峰下有著名的哈拉哈河。

▶ **阿尔山滑雪**

阿尔山冬季积雪时间达6个多月，雪质好。每年冬季吸引着无数游人来此滑雪、戏雪、赏雪。

▶ **阿尔山矿泉群**

阿尔山有冷泉、温泉、热泉、高热泉等温度不同、功能各异的饮用和洗浴矿泉逾百眼。较有名的泡温泉场所有海神圣泉、金江沟温泉、五里泉等。

▶ 柴河旅游区

柴河属于扎兰屯市，和阿尔山相连。这里火山天池较多，山、水、林、岩融为一体，构成了瑰丽的自然景观。

阿尔山旅游区

阿尔山是大兴安岭风光的代表，这里的森林风光、火山熔岩地貌都是一流的旅游资源。这里还有边境口岸、冰雪风光、草原风光、温泉、蒙古族风情等旅游资源，是一流的旅游度假胜地。

手绘
内蒙古

▶ **沙地云杉**

俗称"红波皂",耐寒冷和干旱,既能调节气候、净化环境,又能防风固沙、保护草原。白音敖包云杉林是目前世界上发现的唯一一片原始沙地云杉,也是我国云杉母树繁育基地。

▶ **达里诺尔湖**

有"中国的天鹅湖"之称,是内蒙古第二大内陆湖,是内蒙古的旅游胜地。每年12月中下旬,渔民在零下30℃左右的冰面上捕鱼,是达里诺尔湖一道独特的风景。

▶ **乌兰布统草原**

这里是影视外景基地、摄影之乡、天然画廊。近10年有70余部影视剧在此摄制。

克什克腾旅游区

克什克腾旗位于内蒙古高原东部，大兴安岭山脉南缘，浑善达克沙地东端，是三大地貌区结合部，有"塞上金三角"之称。在这两万多平方千米的范围内汇集了草原、湖泊、林海、沙地、石林等多种自然景观，是内蒙古风光的"百宝箱"。

▶ **阿斯哈图石林**

阿斯哈图为蒙古语，汉译为"险峻的山峰"。它是冰川侵蚀形成的石林。石林形态多变，浑厚粗犷，周边流水潺潺、风纯木秀，深受游客欢迎。

▶ **青山景区**

以岩臼景观著名，拥有我国目前及世界上发现规模最大、形成最好、类型最多、保存最完整的岩臼群。

▶ **克什克腾世界地质公园**

园区内具有10种类型的地质地貌景观，除了丰富珍贵的地质遗迹以外，地质公园内还有贡格尔草原，大兴安岭原始森林，世界上最窄的河——耗来河等自然景观。

手绘
内蒙古

▶ 弱水

也称额济纳河、黑水。是中国第二大内陆河，干流全长821千米。发源于祁连山，流入居延海。古代水源充沛，沿途为丝路要塞。现在逐渐枯萎，沿途的古要塞也成了遗址。

额济纳旅游区

额济纳旗位于内蒙古最西部，地处巴丹吉林沙漠腹地，是内蒙古大漠景观的代表地之一。这里有浩瀚的沙漠、神秘的沙漠湖泊、绚丽的胡杨林秋色，还有许多沙漠故城遗迹，吸引着无数游人。

▶ **阿拉善沙漠**

属于巴丹吉林沙漠的一部分。沙漠中有高大雄伟的沙山、流水风蚀出的神奇峡谷、碧波荡漾的居延海、生生不息的胡杨林。

手绘
内蒙古

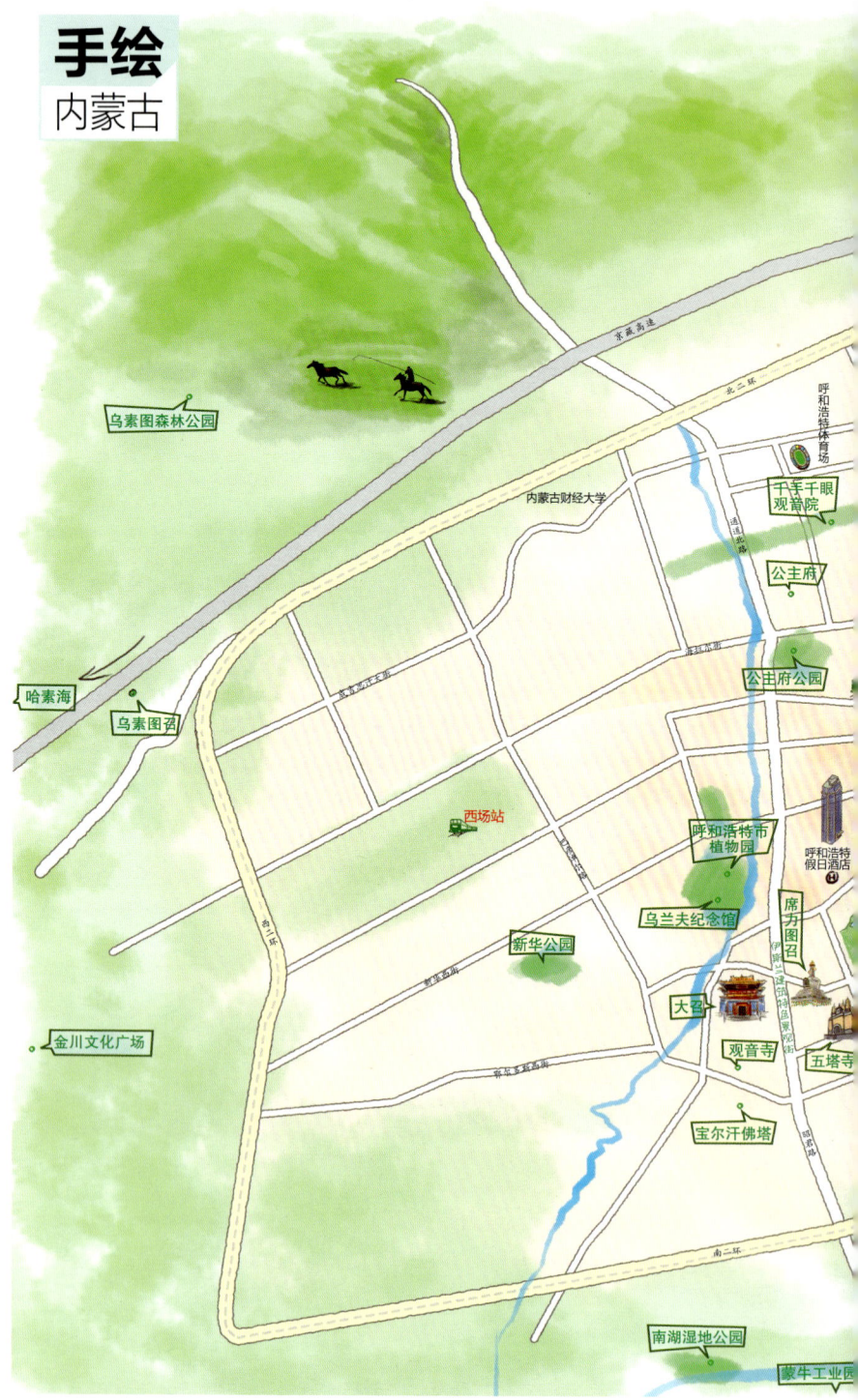

呼和浩特城区

呼和浩特是内蒙古自治区的首府，也是蒙古族风情的集中体现地。这里北依阴山、南连黄河，临近沙漠和草原，景观多样。城内有众多召庙，还有昭君墓、公主府等大量文化胜迹。

摄影
内蒙古

大兴安岭的秋色

大兴安岭林草葱茂,溪流密布,气象万千。初秋的山林色彩层次分明,有各种深浅的红色、黄色、绿色,或明或暗的光线,蜿蜒流淌的河流,让这里充满了诗意。

摄影
内蒙古

牧歌回荡的大草原

呼伦贝尔的那份广袤，那份茂盛，那份浓重是众多草原无可比拟的。这里地域辽阔，有3000多条纵横交错的河流、500多个星罗棋布的湖泊，万马奔腾、牛羊成群是最美的草原景观。

摄影
内蒙古

一代天骄的长眠之地

在广袤的鄂尔多斯高原上,有一座巍然屹立的蒙古包式建筑宫殿。在这片宁静和谐的大草地中间,它以独具风格的蒙古包大殿标示着中华民族史上威震天下、征服世界的一代天骄成吉思汗就长眠在这里。勇敢、热情、彪悍的鄂尔多斯达尔扈特人世代守护着自己的英雄。

摄影
内蒙古

挺拔迷人的沙漠英雄树

看胡杨的最佳位置是内蒙古最西部的额济纳旗,这里有胡杨林254平方千米,是全球仅存的三大胡杨林区之一。茂密的胡杨林姿态万千,以挺拔英伟的身躯静静守护着脚下的土地。尤其是金秋时节,金色的胡杨林斑斓地漫及天涯,璀璨而明媚。

摄影
内蒙古

沙漠中的珠穆朗玛峰

沙漠有一种别样的美。

巴丹吉林沙漠是中国四大沙漠之一，高耸入云的沙山、神秘莫测的鸣沙、静谧的湖泊、神秘的古庙、构成了它独特的迷人景观。置身这片苍凉辽阔的人间奇景，你会发现不一样的美丽。

摄影
内蒙古

星空下的蒙古包

草原上的空气纯净，尤其是纬度高的锡林郭勒盟，地广人稀，风景如诗如画。洒满星光的晚上，静静地坐在蒙古包外仰望星空也是一种别样的享受。幸运的话，还可以看到美丽的银河和飞驰而过的流星。

印象
内蒙古

无边草原

锡林郭勒草原
蒙古族的发祥地之一，既有蒙古悠久浩瀚的历史，又有着风吹草低见牛羊的秀美风光。

乌兰察布草原
有着浓郁的蒙古风情，草原上绿草如茵，花草竞相开放，矫健的马群奔腾而过，一派自然清新的美丽风光。

无边草原

鄂尔多斯草原
是著名的草原旅游区,来到这里骑马、射箭、看表演、访牧户、祭敖包,领略草原深处的风土人情。

通湖草原
有着草原、沙漠、湖水形成的天然美景,空气清新,牛羊成群,晨观沙海日出,暮赏大漠孤烟,享受大草原的自由浪漫。

乌兰布统草原
位于丘陵与平原的交错地带,森林和草原有机结合,既有南方森林的清雅秀丽,又有北方草原的粗犷雄浑。

呼伦贝尔草原
世界著名的三大草原之一,那里地域辽阔,风光旖旎,水草丰美,俨然一幅纯净美丽的画卷。

印象内蒙古

牧民生活

勒勒车

草原牧人重要的交通工具，车轮大车身小，适于草地、雪地运行，载重量大，常以牛拉动，首尾串联成列车。

蒙古包

牧民流动的家，便于搭建、转场。包内铺羊毛毡，有火炉、佛龛，右侧为主人房间。

马奶酒

常贮于皮囊中，深受牧民喜爱。牧民们拥有发酵法、蒸馏法等精湛的马奶酒酿制工艺。

祭敖包

蒙古民族盛大的祭祀活动之一，每年的农历五月十二、十三日举行。敖包一般都建在高处，以石块堆积成圆锥形。

献哈达

蒙古族、鄂温克族等民族牧民的高贵礼节，通常和献酒一起。

挤牛奶

牧民每天早晨的工作。现在多借助机器协助挤奶。

印象
内蒙古

[那达慕]

马术
　　运动员们在飞驰的马背上做出各种造型动作,包括空翻倒立、侧方隐蔽、叠罗汉等许多动作。

射箭

弓箭是蒙古人生活中不可缺少的武器，分为静射和骑射两种。

套马

分为挥杆套马和绳索套马。挥杆套马用约3米长的竹竿，竿顶扎套马绳环，追赶烈马至适当距离时即迅速套住马头。

赛马

分为快马、走马和颠马。距离为3000米、5000米、10000米等。

搏克

蒙古式摔跤称作"搏克"，是蒙古族三大运动（摔跤、赛马、射箭）之首。

印象
内蒙古

【载歌载舞】

蒙古长调
是蒙古音乐草原风格的标志，音调高亢，音域宽广，节奏悠长。

蒙古舞
包括安代舞、筷子舞、盅子舞、顶碗舞、查玛等种类。

篝火晚会

草原人民一种传统的欢庆形式，傍晚，人们一边用火烤熟食物，一边拉手围着火堆跳舞。

呼麦

蒙古族特有的单人发出多声部唱法的高超演唱形式。

敖包相会

电影《草原上的人们》插曲，极为经典的内蒙古民歌，版本很多。

马头琴

广泛流行于内蒙古的一种两弦的弦乐器，有梯形的琴身和雕刻成马头形状的琴柄。

印象
内蒙古

最美召庙

甘珠尔庙

呼伦贝尔地区最大的喇嘛庙,庙中主供释迦牟尼、宫布、扎木苏伦等佛像,由于该庙寺曾收藏过藏蒙文《甘珠尔经》,故得名"甘珠尔庙"。

贝子庙

藏传佛教的圣地。历来被称为锡林郭勒盟地区第一大寺,是锡林郭勒盟佛教文化的一大宝库,享有"北国名刹"之誉。

大召寺

一座著名的藏传佛教寺院,辉煌的建筑、珍贵的文物艺术品,以及神秘的恰木舞蹈和佛教音乐,构成了大召独特的"召庙文化"。

阿贵庙

位于磴口县狼山山脉中,是内蒙古地区唯一一座宁玛教寺庙,典型的藏式寺庙建筑,依山而建,雄伟壮丽。

五当召

五当召依地势面南而建,它是一幢层层依山垒砌的白色建筑,群山环绕,为苍松翠柏掩映,显得十分雄浑壮观。

席力图召

呼和浩特市规模最大的寺庙之一,始建于明万历年间,寺庙坐北向南,汉名为"延寿寺",为康熙皇帝所赐。

自驾内蒙古

线路 1
内蒙古中部
从草原到沙漠之旅

这是一条内蒙古河套平原地区的自驾线路，这里人口比较密集，交通比较便捷，人文景观荟萃，自然景观多样。草原、召庙、沙漠、成吉思汗陵是这条线路的亮点，无论是花四五天还是一周以上时间，都会让您的旅途充满收获与喜悦。

乌兰察布 / 格根塔拉草原

第一站 ▌乌兰察布。开始美丽的草原之旅，乌兰察布到格根塔拉草原沿途美不胜收。

呼和浩特 / 昭君墓

第二站 ▌呼和浩特。欣赏、参观具有历史和民族文化特色的五塔寺、昭君墓、伊斯兰风情街等景点。

巴彦淖尔 / 乌梁素海

第三站 ▌包头。先游览哈素海，再去五当召看藏式喇嘛庙，后到达包头，游览北方兵器城。

第四站 ▌巴彦淖尔。从包头前往巴彦淖尔，途经游览乌拉山、乌梁素海，到达巴彦淖尔后前往慈云寺朝拜，接着南下，欣赏阴山岩画。

鄂尔多斯 / 成吉思汗陵

第五站 ▌乌海市。前往被称为"一线天"的甘德尔山奇峡谷，再欣赏黄河上的胡杨岛，最后观览贺兰山美景。

鄂尔多斯 / 响沙湾

第六站 ▌鄂尔多斯。从乌海抵达鄂尔多斯后，先参观成吉思汗陵，再前往库布齐沙漠深处，欣赏沙洲美景。也可去响沙湾游览。

线路 2

内蒙古东部大草原大森林之旅

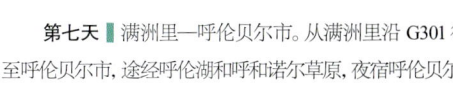

这是游览内蒙古大草原和大兴安岭的最经典线路。探访《狼图腾》故事发源地，拍摄草原上蜿蜒流淌的莫日格勒河，每一处草原都有独特的美。大兴安岭的秋色绝对称得上中国一流的秋色。更有北国边境小镇，让你遇到不一样的内蒙古。

克什克腾 / 达里诺尔湖

第一天 ▍北京—克什克腾旗。从北京直奔克什克腾旗，夜宿温泉疗养区。

第二天 ▍克什克腾旗—锡林浩特市。前往达里诺尔湖游览，经阿斯哈图石林前往锡林浩特，夜宿锡林浩特。

东乌珠穆沁旗 / 额仑草原

第三天 ▍锡林浩特市—东乌珠穆沁旗—阿尔山市。游览东乌珠穆沁旗额仑草原，然后前往阿尔山市住宿。

第四天 ▍阿尔山市。上午参观海神圣泉景区，下午参观玫瑰峰景区，夜宿阿尔山市。

阿尔山 / 阿尔山森林公园

第五天 ▍阿尔山市—满洲里。上午前往阿尔山国家森林公园游览，之后沿 S203 行驶至满洲里市，夜宿满洲里。

第六天 ▍满洲里。上午参观红军烈士公园和国门景区，下午到满洲里中俄互市贸易区游览，夜宿满洲里。

呼伦贝尔 / 呼和诺尔草原

第七天 ▍满洲里—呼伦贝尔市。从满洲里沿 G301 行驶至呼伦贝尔市，途经呼伦湖和呼和诺尔草原，夜宿呼伦贝尔。

第八天 ▍呼伦贝尔市—室韦镇—莫尔道嘎。沿 S201 行驶至室韦小镇游览，之后游览莫尔道嘎森林公园。

呼伦贝尔 / 莫尔道嘎

第九天 ▍莫尔道嘎—奇乾村。从莫尔道嘎镇沿拉莫线行驶至奇乾村游览。

自驾内蒙古

线路 3
内蒙古西部
大漠胡杨风光之旅

这是内蒙古西部一条比较有挑战性的自驾线路，大部分区域位于沙漠，人迹罕至。线路基本包含了阿拉善盟的经典景点，有美丽的沙漠风光，也有美到令人不敢相信的胡杨林，还有神秘的古城遗址，不可错过。

阿拉善左旗 / 广宗寺

第一站 阿拉善左旗。从阿拉善左旗前往广宗寺，寻找仓央嘉措的足迹，欣赏这座建筑气势宏伟、富丽堂皇的著名寺庙。然后前往月亮湖，静静地听这颗腾格里沙漠中的明珠诉说美丽的往事。

阿拉善左旗 / 月亮湖

额济纳旗 / 黑城遗址

第二站 阿拉善右旗。先前往海森楚鲁景区，欣赏这里随处可见、形态各异的怪石林。接着游览中国最美的沙漠巴丹吉林，探寻这里的"奇峰、鸣沙、湖泊、神泉、古庙"五绝胜景。

额济纳旗 / 胡杨林

第三站 额济纳旗。到了额济纳不得不看额济纳的胡杨林，这里的胡杨林是全球仅存的三大胡杨林区之一。在阿拉善沙漠的胡杨林间，还有黑城、绿城等诸多神秘的古城遗迹可以参观。然后前往居延海游览，欣赏"落霞与孤鹜齐飞，秋水共长天一色"的绝美景色。

额济纳旗 / 居延海

线路 4

内蒙古东部文化古迹之旅

这条线路涵盖了内蒙古中部的大部分区域,有着丰富的历史文化景观,如元上都遗址、木兰围场、喀喇沁亲王府、成吉思汗庙等,让你在畅游大草原的同时,能深切体会到这片土地的厚重历史。

多伦 □ 元上都遗址

第一站 ▍多伦。从内蒙古沿着东西大通道往东走,经过乌兰察布来到浑善达克沙地,这里的多伦是个盛产玛瑙的地方,周边有美丽的多伦湖和列入世界遗产的元上都遗址公园。

乌兰布统 □ 乌兰布统草原

第二站 ▍乌兰布统。乌兰布统属于清朝皇家木兰围场的一部分,这里有美丽的草原风光,也有成片的白桦林,是摄影胜地。

赤峰 □ 喀喇沁亲王府

第三站 ▍赤峰。赤峰城内有红山公园,公园和周边的一些遗址是了解红山文化的最好去处。接着到喀喇沁亲王府赏古建筑,回顾历史。

通辽 □ 大青沟

第四站 ▍通辽。先前往大青沟自然保护区,沟内的景致朦胧中夹杂清丽,好似梦幻世界一般。接着抵达科尔沁,见证草原沙漠化的危机。最后游览罕山林场,欣赏迷人风光。

第五站 ▍乌兰浩特。抵达乌兰浩特后,前往成吉思汗庙了解成吉思汗的丰功伟绩。

阿尔山 □ 阿尔山天池

第六站 ▍阿尔山。阿尔山是度假者的天堂,可泡温泉,享受这里植被茂密的天然氧吧,欣赏石塘林的神奇地质景观。

解读内蒙古

地理

内蒙古风光

➕ 面积和区划

内蒙古自治区位于中国北部边疆，由东北向西南斜伸，呈狭长形，东西直线距离2400千米，南北跨度1700千米，横跨东北、华北、西北三大区。土地总面积约118万平方千米，占全国总面积的12.3%。东、南、西依次与黑龙江、吉林、辽宁、河北、山西、陕西、宁夏和甘肃8省区毗邻，跨越东北、华北、西北，靠近京津；北部同蒙古国和俄罗斯联邦接壤，国境线长4200千米。

内蒙古自治区辖9个市（呼和浩特、包头、乌海、赤峰、通辽、鄂尔多斯、呼伦贝尔、乌兰察布、巴彦淖尔），3个盟（兴安、阿拉善、锡林郭勒），49个旗（其中包括鄂伦春、鄂温克、莫力达瓦达斡尔3个少数民族自治旗），17个县，11个市（盟）辖县级市，23个区。

➕ 人口和民族

截至2018年年末，全区常住人口2534万人，其中城镇人口1589万人，乡村人口945万人。

全区常住人口以汉族为主体，蒙古、满、回、达斡尔、鄂温克、朝鲜、俄罗斯、鄂伦春、锡伯等众多少数民族也居住于此，

草原湖泊

其中蒙古族为人口最多的少数民族。

➕ 地形

内蒙古自治区地跨"三北"——东北、华北、西北，全区地势由南向北、由西向东缓缓倾斜，全区地貌以我国第二大高原内蒙古高原为主，大部分地区海拔1000米以上。东部最高点（敖包圪垯）和最低点（呼伦湖附近）海拔相差3000余米。

高原西端以沙漠地貌为主，兼有山地，有巴丹吉林、腾格里、乌兰布和、贺兰山等沙漠和山地分布；黄河流经内蒙古中部，沿岸冲积形成了"塞上江南"的河套平原，库布齐沙漠、毛乌素沙漠和阴山等不同类型的地貌景观，也在中部交织分布；东部有大兴安岭、呼伦贝尔平原、锡林郭勒高平原等地形分布。在山地向高平原、平原的交接地带，分布着黄土丘陵和石质丘陵，其间有低山、谷地和盆地分布，水土流失较严重。

➕ 气候

内蒙古自治区地域广袤，所处纬度较高，高原面积大，距离海洋较远，边沿有山脉阻隔，气候以温带大陆性季风气候为主。整体气候寒冷、干旱、多尘沙，昼夜温差大，春季温暖多风，夏季温热多雨，秋季降温霜冻，冬季漫长寒冷。内蒙古中西部是中国沙尘暴的频发区之一，东部林区和平原受季风影响，夏季降水较丰沛，形成了广袤肥美的呼伦贝尔、锡林郭勒等草原。

➕ 锡林郭勒大草原——蒙古族的重要发源地

"锡林郭勒"为蒙古语，意为丘陵地带的母亲河。锡林郭勒草原位于内蒙古自治区锡林郭勒盟境内，面积10 786平方千米，可利用优质天然草场面积18万平方千米，主要保护

乌珠穆沁草原

对象为草甸草原、典型草原、沙地疏林草原和河谷湿地生态系统。它是世界闻名的大草原之一,也是我国四大草原之一——内蒙古草原的主要天然草场。

历史上的锡林郭勒大草原由5个部落组成,由东向西依次为乌珠穆沁、浩济特、阿巴哈纳尔、阿巴嘎和苏尼特。1958年,察哈尔部落也融入锡林郭勒草原上。他们至今仍然完整地保留着草原游牧文化与风俗习惯,从服饰、饮食、民居到歌舞、婚嫁、礼仪、节庆等,在整个蒙古民族的历史文化中具有重要的地位和代表性。

锡林郭勒草原不仅植被类型繁多,而且植物种类也十分丰富,是发展畜牧业的绝好生态环境。锡林郭勒马、乌珠穆沁肥尾羊、草原红牛、苏尼特羊、乌珠穆沁白绒山羊、苏尼特驼、内蒙古细毛羊等一系列优良畜种,在国内和国际市场上享有极高声誉。

锡林郭勒草原是我国境内最有代表性的丛生禾草枣根茎禾草(针茅、羊草)温性草原,也是欧亚大陆草原区亚洲东部草原区保存比较完整的原生草原部分。保护区内生态环境类型独特,具有草原生物群落的基本特征,并能全面反映内蒙古高原典型草原生态系统的结构和生态过程。区内已发现有种子植物74科、299属、658种,苔藓植物73种,大型真菌46种,其中药用植物426种,优良牧草116种。保护区内分布的野生动物众多,哺乳动物有黄羊、狼、狐等33种,鸟类有76种。其中国家一级保护野生动物有丹顶鹤、白鹳、大鸨、玉带海雕等5种,国家二级保护野生动物有大天鹅、草原雕、黄羊等21种。

2005年10月23日,由《中国国家地理》杂志发布的"中国最美的地方排行榜",评选出的中国最美的六大草原,锡林郭勒草原位列其中。

锡林郭勒草原既是蒙古族发祥地之一,又是成吉思汗及其子孙走向中原、走向世界的地方。广袤的锡林郭勒大草原上,流传着

许多有关成吉思汗的奇妙传说。成吉思汗的孙子,著名的蒙古末代可汗忽必烈,也是在锡林郭勒草原上继承帝位,建立大元帝国的,并在锡林郭勒草原上建筑了著名的元上都。他之后的元朝8位皇帝也都在元上都继位。因此,自世祖忽必烈开始,元朝历代皇帝已经真正成为锡林郭勒草原的家乡人。

➕ 巴丹吉林沙漠——内蒙古第一大沙漠

"巴丹吉林"是蒙古语的译音,"巴丹"是由"巴岱"演变而来,原意究竟是人名还是地名已无从考证。"吉林"的意义也有两说:一说它是由藏语"哲让"演变而来,意为地狱,另一说指它是数词六十,表示这片沙漠中湖泊众多。

巴丹吉林沙漠位于内蒙古自治区阿拉善盟阿拉善右旗北部,雅布赖山以西、北大山以北、弱水以东、拐子湖以南,主要属内蒙古额济纳旗和阿拉善右旗,东部小范围属阿拉善左旗,总面积4.7万平方千米,其中西北部还有1万多平方千米的沙漠至今没有人类的足迹。它是中国第三大沙漠,内蒙古第一大沙漠,还是世界最高大沙丘所在地,是世界最大的鸣沙区,最高峰2040米。其中的巴彦淖尔、吉诃德沙山是世界上最高的沙丘。巴丹吉林沙漠年降水量不足40毫米,但是沙漠中的湖泊竟然多达100多个。高耸入云的沙山,神秘莫测的鸣沙,静谧的湖泊、湿地,构成了巴丹吉林沙漠独特的迷人景观。

沙漠海拔高度在1200~1700米之间,沙山相对高度可达500多米,必鲁图峰海拔1617米,垂直高度约435米,堪称"沙漠珠穆朗玛峰"。沙漠平均每10平方千米不到1人。在整个沙漠内部,仅有巴丹吉林庙和库乃头庙两大居民点,基本无种植业,全部经营牧业。骆驼为该地主要家畜,数量居中国各旗县之冠,次为山绵羊。

自1984年以来,先后有法、日、美、奥地利、新加坡等国家及国内许多专家学者前来考察。1993年,中德联合考察队对巴丹吉林沙漠进行了综合考察,获得了大量有价值的资料,发现了鸵鸟蛋和恐龙化石,在沙漠腹地的湖泊周围还发现了大量的新石器和旧石器,经考古分析,这里在5000~3000年前就有人类活动的遗迹。1996年德国探险旅行家包曼出版了《巴丹吉林沙漠》一书,轰动了欧洲探险界。

巴丹吉林沙漠

呼伦贝尔草原

呼伦贝尔大草原——牧草王国

呼伦贝尔大草原位于内蒙古东北部,总面积99 300平方千米。呼伦贝尔得名于呼伦和贝尔两大湖泊。呼伦的蒙语大意为"水獭",贝尔的蒙语大意为"雄水獭",因过去这两个湖盛产水獭而得名。

呼伦贝尔大草原是我国目前保存最完好的草原,是中国现存最丰美的优良牧场,因为几乎没有受到任何污染,所以又有"最纯净的草原"之称。呼伦贝尔草原的天然草场面积占总面积的80%,是世界著名的三大草原之一,从大兴安岭以西一直到蒙古国边境的草原都是它的一部分。它北至俄罗斯边境、南临阿尔山,境内有满洲里、海拉尔、额尔古纳等城市,以及呼和诺尔、鄂温克、巴尔虎等草原牧区。这里地域辽阔,风光旖旎,水草丰美,3000多条纵横交错的河流,500多个星罗棋布的湖泊,组成了一幅绚丽的画卷。

草原出产肉、奶、皮、毛等畜产品,备受国内外消费者青睐,连牧草也大量出口日本等国家。它是一代天骄成吉思汗的出生地,同时也是中外闻名的旅游胜地。每逢夏季,陈巴尔虎旗走敖特尔的蒙古族和鄂温克族的牧民们便在这里自然形成一个游牧部落群体。蓝天白云之下,一望无际的草原、成群的牛羊、奔腾的骏马和牧民挥动马鞭、策马驰骋的英姿可以尽收眼底。呼伦贝尔草原也被《中国国家地理》"选美中国"活动评选为"中国最美的六大草原"第一名。

大兴安岭——蕴含宝藏的绿色林海

大兴安岭是兴安岭的西部组成部分,位于黑龙江和内蒙古的最北面,是我国东北部的著名山脉,也是我国纬度最高的地区,被誉为"仅存的一块净土",素有"绿色宝库"之美称。她东连绵延千里的小兴安岭,西依呼伦贝尔大草原,南达肥沃、富庶的松嫩平原,北与俄罗斯隔江相望,境内重峦叠嶂,林莽苍苍,雄浑八万里的疆域一片粗犷,是我国"金鸡冠上的绿色宝石"。

大兴安岭是中国面积最大的林区,林地有73 000平方千米,森林覆盖率达74.1%,木材贮量占中国的一半。自1964年开发建设以来,累计为国家提供商品材1.26亿立方米,为国家经济建设做出了重大贡献。在这浩瀚的绿色海洋中繁衍生息着梅花鹿、棕熊、紫貂、天鹅等各种珍禽异兽400余种,野生植物

内蒙古草原生态系统

游牧文明的核心要素就是牧人、牲畜、草原三者,牧人通过赶着牲畜不断地迁移,来调适三者之间的平衡。

过度放牧导致了草原荒漠化,严格的禁牧也会让草疯长而破坏土地的营养。

围牧让羊群活动空间减少,草场退化,植物种类减少。游牧的羊能吃到700种草,而围牧的羊只能吃到200种草。

捕杀狼群虽然减少了人畜危险,但也让羊群失去淘汰,让鼠类猖獗,让动物尸体不能及时清理。

真正的游牧是:牛羊只吃草上的一部分——草尖。在一个点上逗留的时间最多不应超过14天。顺应植物刺激再生原理,适度放牧,草会越长越好。

草
一望无际的绿是草原的基本景观。主要有羊草、冰草、羊茅、针茅、隐子草、苜蓿等。

苜蓿

羊草

河流
游牧民族逐水而居,弯曲的河流是草原的命脉,也是最美的风景线。

牧民
草原秩序的维护者。

草原五畜

马
牧民的交通工具。醉酒的牧人只要能爬上一匹马,它就一定会把你驮回家。

牛
给牧民提供奶和肉。

绵羊
给牧民提供羊肉。绵羊胆小、谨慎、走得慢、好集群。

山羊
给牧民提供羊绒。山羊机警、好动、走得快,与绵羊混杂最佳。

骆驼
具有为荒漠地区牧民提供奶、肉、燃料、骑乘等功能。

狼
食物链的最高端,也是草原生态平衡的维护者。

1000余种,成为中国高纬度地区不可多得的野生动、植物乐园。

山脉东南坡较陡,西北坡向内蒙古高原和缓倾斜。经过长期侵蚀,山顶浑圆,以海拔2029米的黄岗梁为最高。东南坡夏季受海洋季风影响,雨水较多,西北坡却较干旱,成为森林和草原的分界线。大兴安岭北部漫山遍野都是密密层层、遮天蔽日的原始森林。

这片地区内特有的土壤有机质和微量元素含量居全国之首,肥沃且无污染。矿产资源也很丰富,自古就以出产黄金著称。现在,多条铁路已经深入林区,使大兴安岭成为中国重要的木材产地和森林工业基地。

大兴安岭这块沃土以其林海苍茫、溢彩流翠的自然美景令人怦然心动,更以其特有的雪岭冰峰、严寒雾凇的冬季风韵令人梦萦神往。

✚ 河套平原——内蒙古的鱼米之乡

河套平原位于内蒙古和宁夏境内,又称后套平原,通常是指内蒙古高原中部黄河沿岸的平原,西到贺兰山,东至呼和浩特市以东,北到狼山、大青山、南界鄂尔多斯高原。

黄河在此先向东北流,后转向东流,再折向南流,形成马蹄形的大弯曲,称为河套。平原为黄河及其支流冲积而成。东西沿黄河延展,长500千米,南北宽20~90千米,面积约2.5万平方千米。

河套因农业灌溉发达,又称河套灌区。一般讲的河套平原主要指阴山以南的黄河冲积平原,包括前套平原和后套平原。前套平原主要指内蒙古包头、呼和浩特一带的平原,南北朝时称"敕勒川",五代时叫"丰州滩",明朝以后称"土默川";后套平原指乌拉山以西至巴彦高勒的平原。

河套平原地势平坦、土地肥沃、渠道纵横、农田遍布,盛产小麦、玉米、高粱、大豆、糜麻、葵花、甜菜、酒花、瓜果、大白菜等作物。这里还是自治区小麦的主要产区。蜜瓜、大白菜、酒花、葵花、枸杞等,是驰名全国的特产。

夏秋之交的平原上,青黄交织,在这时能看到一派丰收景象,纵横交叉的条条灌渠在广阔的平面上描绘了优美的几何图形。清代同治年间,这一带还是人烟稀少、沙丘遍地的蛮荒之地;后来有了引黄灌溉工程,河套地区才逐渐成为旱涝保收、瓜果飘香的富饶之地。

河套平原

内蒙古的自然景观

▼ 国家级自然保护区

- 大青沟国家级自然保护区
- 内蒙古贺兰山国家级自然保护区
- 达赉湖国家级自然保护区
- 科尔沁国家级自然保护区
- 大兴安岭汗马国家级自然保护区
- 锡林郭勒草原国家级自然保护区
- 达里诺尔国家级自然保护区
- 西鄂尔多斯国家级自然保护区
- 白音敖包国家级自然保护区
- 赛罕乌拉国家级自然保护区
- 大黑山国家级自然保护区
- 乌拉特梭梭林—蒙古野驴国家级自然保护区
- 鄂尔多斯遗鸥国家级自然保护区
- 辉河国家级自然保护区
- 图牧吉国家级自然保护区
- 额济纳胡杨林国家级自然保护区
- 红花尔基樟子松林国家级自然保护区
- 黑里河国家级自然保护区
- 阿鲁科尔沁草原国家级自然保护区
- 哈腾套海国家级自然保护区
- 额尔古纳国家级自然保护区
- 鄂托克恐龙遗迹化石国家级自然保护区
- 大青山国家级自然保护区
- 高格斯台罕乌拉国家级自然保护区
- 古日格斯台国家级自然保护区
- 罕山国家级自然保护区
- 青山国家级自然保护区

▼ 国家地质公园

- 内蒙古克什克腾国家地质公园
- 内蒙古阿尔山国家地质公园
- 内蒙古阿拉善沙漠国家地质公园
- 内蒙古二连浩特国家地质公园
- 内蒙古宁城国家地质公园
- 内蒙古巴彦淖尔地质公园
- 内蒙古鄂尔多斯地质公园
- 内蒙古清水河老牛湾地质公园
- 内蒙古四子王地质公园

▼ 国家森林公园

- 红山国家森林公园
- 察尔森国家森林公园
- 哈达门国家森林公园
- 海拉尔国家森林公园
- 乌拉山国家森林公园
- 乌素图国家森林公园
- 马鞍山国家森林公园
- 二龙什台国家森林公园
- 兴隆国家森林公园
- 贺兰山国家森林公园
- 黄岗梁国家森林公园
- 好森沟国家森林公园
- 额济纳胡杨国家森林公园
- 旺业甸国家森林公园
- 桦木沟国家森林公园
- 五当召国家森林公园
- 红花尔基樟子松国家森林公园
- 喇嘛山国家森林公园
- 滦河源国家森林公园
- 河套国家森林公园
- 宝格达乌拉国家森林公园
- 莫尔道嘎国家森林公园
- 阿尔山国家森林公园
- 达尔滨湖国家森林公园
- 伊克萨玛国家森林公园
- 乌尔旗汉国家森林公园
- 兴安国家森林公园
- 绰源国家森林公园
- 阿里河国家森林公园

历 史

红山玉猪龙

✚ 赤峰史前文化

位于中国北方辽河流域的赤峰地区共发现新石器时代文化遗迹近千处,已被确认并命名的新石器时代考古学文化达6种,分别为小河西文化、兴隆洼文化、赵宝沟文化、富河文化、红山文化和小河沿文化。

小河西文化因敖汉旗小河西遗址的发掘而得名。经正式发掘的同类文化遗址还有敖汉旗西梁、榆树山、翁牛特旗大新井遗址等。小河西文化是内蒙古东南部至辽宁西部地区目前已确认的年代最早的新石器时代文化,距今约9000年。

兴隆洼文化发现于20世纪80年代,兴隆洼文化聚落遗址位于敖汉旗宝国吐乡兴隆洼村,共发掘3万余平方米、170余座长方形半地穴式房址,聚落围壕近椭圆形。据考察,其距今约8150年到7350年。

赵宝沟文化发现于1984年和1985年,距今7150年到6420年。

富河文化发现于1960—1962年,大致分布在西拉木伦河以北,年代上限早于红山文化。

红山文化发现于20世纪30年代,因最初发现地在赤峰红山后而得名,是以彩陶、细石器为主的一支独具特色的新石器时代重要文化。据考察,红山文化距今约6660年至4870年。

小河沿文化新惠石羊石虎山遗址发现于1960年,1974年又对敖汉旗三道弯子、四棱山、南台地遗址进行了发掘,并将其正式命名为小河沿文化。

至此,在赤峰地区发现的新石器时代考古学文化已形成一个系列,各文化间的关系可能并不全是直线发展下来那么简单,还须深入研究。

✚ 昭君出塞,和亲典范

公元前33年,匈奴单于呼韩邪稽侯珊第三次来到汉朝的京师长安城,觐见汉元帝刘奭,表示归附中央王朝的诚意和对

✚ 历史大事记

远古时期

约在距今10000~3000年间,兴安盟就有人类活动。
5000多年前,内蒙古已经是仰韶文化的分布范围。辽河沿也出土过红山文化。
春秋战国前,一些北方游牧民族,如匈奴和东胡人都在内蒙古地区游牧生活。

先秦时期

战国后期,中原的华夏民族开始在阴山山脉南部及呼和浩特一带定居。赵国国君赵武灵王在今呼和浩特托克托县建云中城。
公元前300年,燕将秦开击败东胡,公元前290年前后,燕国构筑"燕北长城",在今内蒙古赤峰市南建右北平部,治所在宁城,东胡之后往北迁移。

汉元帝的尊敬,并且请求"婿汉氏以自亲"。元帝应允,后官宫女王昭君(名嫱)挺身而出"请掖庭令求行",担当"和蕃使者"的角色。这便是中国历史上著名的"昭君出塞和亲"。

大体为,王昭君从汉都长安(今陕西西安)出发,经右冯翊(在长安东北)、北地(今甘肃庆阳)、上郡(今陕西榆林)、西干河(今内蒙古鄂尔多斯)、朔方(今内蒙古杭锦旗)至五原。过五原的行进路线,大体是由五原西行,至朔方郡临河区(今内蒙古临河东北,靠近乌加河南岸),渡北河(今乌加河),向西北方向出高阙(今石兰计山口),越过长城,进入匈奴辖区。进入匈奴草原后,经过长途跋涉,到达漠北单于庭(今蒙古首都乌兰巴托附近)。这么长的旅程昭君是通过何种方式到达的呢?

昭君出塞是否骑马前行,史无记载。但历代描绘昭君出塞的图画,大多是把昭君描绘成头戴红暖兜,身穿红斗篷,骑着白马,怀抱琵琶的模样。马是匈奴人交通和战阵的主要工具,而且为了适应塞北草原的地理环境,昭君随同呼韩邪单于返回漠北时,骑马的可能性是会有的。当然,骑骆驼的可能性也不排除,因为骆驼也是匈奴人日常应用的交通工具。但史学界认为,昭君出塞坐车的可能性最大,因为匈奴人广泛运用车辆作为交通和军事运输的工具,在文献中是有明确记载的。所以昭君出塞,以坐马或骆驼拉的

昭君出塞

匈奴车较接近事实。

王昭君到达匈奴,出塞后的生活是什么样子呢?这一点至今仍不清楚,由于匈奴没有文字,昭君出塞以后的事迹,匈奴人没有留下记载,在汉朝的史书中亦少有提及。但从大量的民间传说和历史遗迹看,她在塞外和匈奴人的关系是融洽的,对汉匈经济文化交流也做出了不少贡献。她在匈奴过着住穹庐、衣毡裘、食畜肉、饮酪浆的游牧生活,对于一个出生在长江边上的汉朝女子,确实难得。在匈奴,她和呼韩邪单于生一子,名伊屠知牙师,被封为右日逐王。

昭君出塞以后,汉朝与匈奴之间50年左右未爆发战争,边疆地区出现了"三世无犬吠之警,黎庶无干戈之役,人民炽盛,牛马布野"的和平景象。昭君以实际行动维护和巩固了汉匈两族的和平友好。从历史的发展来看,昭君出塞有利于进一步推动民族间的友

秦汉时期

秦朝时,秦始皇修筑万里长城,连接和增建加固从前各国的长城,以防御匈奴。
西汉元狩二年(前127),汉武帝开始修筑"汉长城"。

前127年,汉武帝破匈奴,以河南地置五原郡、朔方郡,辖境相当于今巴彦淖尔市、包头市和鄂尔多斯市一带。著名将领吕布就出生于此。

西汉元狩四年(前119),汉武帝命卫青、霍去病深入漠北,寻歼匈奴主力。霍去病大胜,乘胜追杀至狼居胥山(今蒙古境内),在狼居胥山举行了祭天封礼,即著名的"封狼居胥"。

好往来，为其后汉匈的民族融合提供了更有利的条件。

王昭君可以说是历史上和亲成功的典范。由于她对汉匈两族人民团结友好做出的巨大贡献，她也成为汉族和北方少数民族人民心目中的巾帼英雄，千百年来被传颂、甚至被神化，直到今天还有很多关于王昭君的影视作品、历史研究等。

千百年来，昭君深受百姓拥戴，在内蒙古地区更是如此，鄂尔多斯达拉特旗的昭君坟、呼和浩特南郊的昭君墓，长年受到群众的祭拜。为了弘扬昭君文化，扩大对外交流，从1999年起，呼和浩特市开始连续举办旨在"弘扬昭君文化，增强民族团结，促进经济发展"的面向世界的"中国·呼和浩特昭君文化节"。时至今日，昭君文化节在国内外引起了广泛的关注，并产生了深远的影响。

➕ 大漠上的契丹人哪儿去了？

2014年6月，中国岩画学会会员崔越领等大兴安岭岩画研究学者，在内蒙古阿尔山市境内的大兴安岭一处崖壁上发现墨书"文字"。经文字专家辨认，初步断定摩崖上的文字是已消失近千年的"契丹大字"。大漠上这个骁勇善战的民族再次进入人们的视线。

在俄语、希腊语中，整个中国现在仍被称为"契丹"。如俄语中的中国被称作китай，便源自Khitan（契丹）。我们对于契丹似乎并不陌生，比较熟悉的影视作品

辽太祖像

中，如《杨家将》，杨家一家老小齐上阵，对抗的便是契丹人建立的大辽国。金庸先生的《天龙八部》里，契丹人萧峰在得知自己的身世后，曾在山崖高处扯开衣襟，露出胸前刺青狼头，野性而狂放。今天，在赤峰市宁城县还有一条仿古商业街叫契丹街，这里曾经是辽中京所在地。可是，如今，这个顽强的民族去哪儿了呢？

1400多年前，耶律阿保机统一契丹各部，于公元916年建立了契丹国，947年改国号为大辽。他们兵强马壮，骁勇善战，大辽王朝最强盛时期，曾经雄霸中国半壁江山，可谓气壮山河。契丹王朝在中国北部持续存在了200多年，与宋朝形成南北对峙的格局。在此期间，中原地区通往西方的丝绸之路被阻断，以致亚欧大陆中西部国家误以为整个中国都在契丹的统治之下。于是，契丹成了全中国的代称。这也正好印证了俄语中对中国的称谓。

契丹族占据了北方草原地区和燕云十六州以后，历经200多年的统治，在女真人建立的金朝政权的打击下灭亡，成为女真人统治

秦汉时期

竟宁元年（前33），呼韩邪单于第三次朝汉，自请为婿，娶汉宫女王嫱（昭君）为妻，号为宁胡阏氏。此后，汉与匈奴50余年无战事。

东汉永元三年（91），大将军窦宪、耿秉深入瀚海沙漠，大破匈奴于金微山（今蒙古国杭爱山），历时三百年之久的汉匈战争结束。

隋唐时期

隋开皇十九年（599），隋文帝册封东突厥突利可汗为启民可汗。突厥启民政权在内蒙古建立，直辖于隋朝中央政府。

隋大业七年（611），西突厥处罗可汗亦降隋。隋朝短暂地控制了大约今蒙古国和内蒙古全境。626年，突厥颉利可汗再度南下侵唐，唐太宗亲临渭水，与颉利隔水而语，结渭水便桥之盟。

之下的一个民族。金朝被蒙古族建立的大蒙古国灭亡后,有许多契丹人投归蒙古政权,随蒙古军南征北战,向南最远可达今云南地区。元朝以后,契丹人在历史中不见记载,消失在历史的长河中。直至今日,仍有学者认为云南仍然有契丹后裔存在。

1922年,一位名叫克尔文的比利时传教士,在赤峰市巴林右旗(辽朝上京所在地)一座被盗的古墓中,发现一块石碑上刻满了奇怪的类似文字的符号,后证实此为契丹文字。1986年,在通辽市发现一座契丹公主与驸马合葬墓,它是迄今为止出土辽代文物最多的墓葬。从墓葬中的陪葬品可以看出,当时契丹已经拥有了高超的工艺水平。随着辽代考古文化的不断发现,大辽文化不断展现在人们的视野之中。寻找远去的契丹族,成为考古人心中的一个结。

目前史学界对契丹有三种推测。一种认为达斡尔族是契丹的后裔。因为通过研究发现,达斡尔人是继承契丹人传统最多的民族。另一种推测是契丹部落最后流落到了云南地区。12世纪末,有许多契丹人加入蒙古大军,随军南下云南,后来成为元朝统治云南地区的主要成员和重要力量,有的成为土司。但明清两代的"改土归流",使契丹人从此隐姓埋名,流落深山老林,以"本人"自称与土著杂居。第三种推测便是契丹族已经消失,在漫长的历史发展中已经完全融入其他民族之中。

关于契丹族是否消亡众说纷纭,目前史学界仍然没有定论,这些谜底仍未揭晓……

✚ 铁木真与他的蒙古铁骑

12世纪末至13世纪初,铁木真吸纳东北亚的蒙古人,创建并由他的继承者保持了一支与众不同的骑兵部队。他们没有欧洲传统军事思想的束缚,骁勇善战,帮助铁木真建立了世界上规模空前的宏伟帝国。这个不识一字未读一册兵法的男人,以其强悍的力量于13世纪初征服统一了蒙古草原各个部落,建立了一个新的民族共同体。

1206年,铁木真被蒙古各部落首领尊称为成吉思汗,意为"非凡的领袖"。1211年,他在统一了蒙古的大部分地区后即着手大规模扩张。5年内,迅速占领了金国和朝鲜。后来他又率领军队进攻波斯花剌子模帝国,并于1221年使之臣服。接着继续领兵向南、向西、向东,席卷了整个亚洲,又从波斯出发向西北方向推进。后一支大约2万人的骑兵在苏布台和笳卑将军的率领下穿过高加索进入俄罗斯,并派探哨四处察看地形。1223年,蒙古铁骑击败了卡尔卡(kalka)河岸的一支由俄罗斯人和库曼人组成的军队,接着又跟

辽上京遗址古塔

隋唐时期

贞观四年(630),唐将李靖率三千精骑夜袭阴山趁黑夜攻下颉利可汗的牙帐所在地,后颉利被俘,东突厥亡。
646年,唐朝联合回纥等铁勒部落,击灭薛延陀。由燕然都护府管理铁勒故地,治所在阴山之麓(今内蒙古杭锦后旗),辖境为整个蒙古高原。

650年,唐朝军队俘车鼻可汗,突厥故土尽为唐有。唐高宗设瀚海都护府(后改为单于都护府),治所在云中故城(今内蒙古和林格尔西北土城子)。
唐安史之乱后,内蒙古西部为回鹘国控制。

五代十国时期

五代十国初,柔然人的一支后裔契丹人耶律阿保机于907年创立了契丹部族政权,916年建立契丹国,947年更国号为辽国,其间在今内蒙古赤峰市巴林左旗附近建立了蒙古草原上的第一个都城上京。

卡马河流域的保加利亚军队遭遇并将其击溃，然后向东折回。

蒙古大军取得作战胜利的原因不是数量而是质量。他们个个身怀绝技，胆识超群，正是因为如此，成吉思汗在漫长的征战中才如鱼得水，铁蹄所到之处，几乎战无不胜，建立了卓绝的功勋。

忽必烈和元朝的统一

元世祖忽必烈是一位卓越的军事家、政治家，蒙古族孛儿只斤氏，也是成吉思汗孙、拖雷第四子。他自幼受祖父、父母影响，尚武喜文，"思大有为于天下"。

忽必烈从青年时起受汉文化影响较多，即位后又多倚靠汉人地主的支持，所以他的统治日益带有汉化色彩。1271年，在即位10多年之后，正式仿效中国王朝建国号为大元，取《易经》乾元之义。1272年改金中都为大都（北京），宣布在此建都，官殿建成后即迁都于此。他的统治中心日益移入中国内地，成为中国的一个统治王朝。1276年降南宋，1279年追灭南宋卫王于崖山，完成多民族的统一。

忽必烈借鉴了蒙古、金、宋等国的政治制度，设立行省制度，对某些特殊地方则灵活采用不同的制度，如对吐蕃地区就采用政教合一的制度。元朝还实行了非常特殊的户籍制度，重新开凿大运河，使原来水陆并用的大运河成为真正的运河。

他还充分利用原蒙古西征的有利条件，

成吉思汗

成吉思汗是历史上最伟大的组织家暨军事家之一，他在政治上和战场上的光辉成就很少有人可跟他媲美。他所带领的蒙古骑兵是中世纪一支令人生畏的旋风部队，征服了亚洲大部分地区。

成吉思汗

人物档案

中 文 名：孛儿只斤·铁木真
庙　　号：元太祖
出 生 地：漠北草原
出生日期：1162年5月31日
逝世日期：1227年8月25日
陵　　墓：伊金霍洛旗成吉思汗陵
职　　业：大汗，政治家，军事家

宋元时期

1206年成吉思汗建立了大蒙古国，54年之后元世祖忽必烈在中原建立了元朝。忽必烈迁都大都前的上都（开平城）就在今内蒙古的锡林郭勒盟正蓝旗境内，多伦县西北闪电河畔。

1260年，蒙哥汗死后，留守首都的阿里不哥被推举为大汗，据有漠北。忽必烈自立为大汗，据有漠南。双方展开四年内战，1264年阿里不哥力竭投降，漠北、漠南尽为忽必烈所有。

1351年，刘福通率白莲教教众和被征挖黄河河道的河工起事，组织红巾军对抗元军，开始了红巾军起义。
1368年，朱元璋驱逐了元顺帝，建立明朝，蒙古对中国的统治结束。

历 史 57

子嗣

- **长子**
  术赤,李儿帖所生
- **二子**
  察合台,李儿帖所生
  其长子**蒙哥**和四子**忽必烈**陆续接窝阔台汗位
- **三子**
  窝阔台,李儿帖所生
  继承铁木真汗位
- **四子**
  拖雷,李儿帖所生
- **五子**
  兀鲁赤,无后嗣
- **六子**
  阔列坚,忽兰所生

大事年表

- **1183年**
  被推举为蒙古乞颜部可汗
- **1190年**
  爆发"十三翼之战",战败
- **1196年**
  依附于王汗,被授为察兀忽鲁
- **1203年**
  与王汗决裂,陆续灭克烈部、乃蛮部
- **1206年**
  统一蒙古,建大蒙古国,被推举为成吉思汗
- **1205年起**
  经二十余年与西夏的战争,屡创西夏军主力
- **1211年起**
  开始了为时24年的蒙金战争
- **1219年起**
  亲率大军20万分路西征,进军至克里米亚半岛

丝质长袍:每个士兵在战前都要披,这种长袍难以刺破,箭头射入体内也容易连衣拔出。

复合弓:威力超大,射击距离为4000码至7000码。

蒙古骑兵

蒙古马:具有极强的忍耐力,必要时可以连行数日而不进粮草。

佩刀:一般采用后刃较宽的弯刀,这种刀出刀快,回刀易,收刀快。

成吉思汗陵

明清时期

15世纪末,东部蒙古首领达延汗统一漠南蒙古实现"中兴"。

1572年,蒙古首领达延汗的孙子阿勒坦汗率土默特部驻牧呼和浩特,并在今玉泉区境内建"库库和屯"城,从此土默特部从草原游牧过渡到定居生活。

1644年明朝灭亡后,大清统一全国,清朝满洲族征服漠南蒙古各部,参照满族的八旗制度,在蒙古族地区建立了盟旗制度,把漠南称为内蒙古,漠北称为外蒙古。

1776年,清朝平定了准噶尔少数贵族的叛乱,重新统一了蒙古族地区,并参照满族的八旗制,在蒙古族地区建立了盟旗制度。

忽必烈

发展了同中东、欧洲的交往。西方天文、数学、历史、地理、医学都进入中国；中国使节也到达法国、意大利等欧洲国家。摩洛哥商人长住在中国，大批精美的中国瓷器远销摩洛哥。忽必烈创立的元朝，是中国历史上同世界交往空前的朝代。

忽必烈不但结束了中国长期的南北分裂状态，而且实现了辽东、漠北、西域、吐蕃、云南等地区的空前大统一，奠定了中国真正统一的基础。

➕ 蒙古四都城

蒙古政权存在于1206年至1402年。这198年之间，蒙古共计建有四座都城，分别是哈剌和林、大都（汗八里）、上都、中都。

首先是哈剌和林，故址在今蒙古国后杭爱省厄尔得尼召北，在突厥语中意为黑圆石，指杭爱山或鄂尔浑河，汉译为固若金汤的坚城。1235年，太宗窝阔台汗于鄂尔浑河上游旁建立哈剌和林城，直到忽必烈迁都大都这一段时间内，都是蒙古汗国的都城。凭借蒙古帝国在军事上的强盛，和林也成了当时世界上最繁盛的城市，当时和林城南北约四里，东西约两里，城门四座，大汗的居所称为万安宫，占和林城面积的一半。据记载，当时城内有两个居民区，一个为汉人居住区，另一个为回民居住区，内有市场；此外有众多官员的宅邸以及十二所佛寺、道观，两所清真寺和一座基督教堂。

1259年，称汗后的忽必烈意识到战乱之后和林地位已经变得脆弱，已无法作为庞大蒙古帝国的国都。忽必烈在开平城建立金莲川幕府起家，继位后开平成为汗廷的临时所在地，忽必烈于此建立元朝，并以此作为都城。1264年5月，忽必烈始建大都，诏开平府为上都，改燕京称为大都，就此确立了元朝两都巡幸制度。整个元代，朝廷夏秋在上都，冬春在大都，一定程度上体现了蒙古作

元上都复原图

▶ 宋元时期

清朝雍正十三年（1735），在今呼和浩特东部新建军事驻防城，命名为"绥远城"，后将"归化""绥远"两城合并为归绥县。

1858年，内蒙古伊克昭盟（今鄂尔多斯市）乌审旗爆发了"独贵龙"运动，反抗贵族官吏的苛捐杂税和兵差徭役。

▶ 近现代时期

1913年，国民政府改今呼和浩特为归绥县。
1921年中国共产党成立，内蒙古地区的革命也成为中国共产党领导的中国新民主主义革命的一个组成部分。

为一个游牧民族的特性。

上都方圆八千米，曾有人口11万之多，城内建筑众多交通方便，有城门三座（东华、西华、御天），城墙三重。上都为元朝的交通要冲，北连草原，南望大都。皇帝在上都时，除通常处理政务之外，还要举行祭天祭祖、忽里台、大宴、颁赐以及狩猎等活动。上都在元末焚毁于农民军之手，最终没有恢复。其遗址已被列入世界文化遗产名录。

大都历时八年建成，城的平面近似于正方形，南北长约7400米，东西宽约6650米，北面两门，东西南三面各三座城门，城垣四角有巨大角楼，城门外筑瓮城、吊桥，有护城河。都城的布局形制为三重城垣：大城、皇城和宫城。皇城位于大城（外郭城）南部的中央地区，皇城南部偏东为宫城，宫城建在全城的中轴线上，大城的主要干道都通向城门，间以纵横交错的巷陌、寺庙、衙署和商店，住宅分布于各街巷之间。全城共分为六十个坊，坊内小巷为胡同。

忽必烈的孙子元武宗海山继位后，出于政治原因，为了树立自己的权威，武宗着手建造元中都。位于今河北省张北县的元中都，在当时与上都大都齐名。但就实质上来讲，中都是一个行宫性质的陪都，地位应在上都之下。中都由察乃、塔赤力、效萧珍等人建造，与大都相比中都同样采用三重城垣的配置，亦分为外城，皇城，宫城三部分。与大都相比，中都的形制则明显不如大都，中都比起大都面积要小很多。

元中都复原图

✚ 清朝的满蒙和亲

明末清初，中国北方蒙古族分三大部：在今内蒙古地区的是漠南蒙古，在原外蒙古一带的是漠北喀尔喀蒙古，游牧于天山以北一带的是漠西厄鲁特蒙古。厄鲁特也称卫拉特，分为四部，其中以准噶尔部势力最强。噶尔丹执政时，准噶尔部进攻喀尔喀蒙古，发动了一场分裂祖国的叛乱。

从清康熙二十九年（1690）到清乾隆二十二年（1757），迭经三朝，历时70年，康熙、雍正、乾隆三朝为统一西北地区，与准噶尔贵族进行多次战争，最终取得胜利，这就是历史上所说的"平定准噶尔"事件。

为了和蒙古结成政治性联盟，进而将其打造成一支清朝在政治斗争中可以直接借助的力量，努尔哈赤、皇太极父子借助军事上的胜利，对蒙古采取和亲政策。同时，他们通过与科尔沁部的"互为娶嫁"，以血缘关系为纽带，笼络科尔沁的封建王公，双方结成巩固的联盟，借以驾驭骁勇善战的蒙古军事

近现代时期

1928年，绥远建省，以归绥县城区设立归绥市，作为省会。
1947年，内蒙古人民代表会议在王爷庙（今乌兰浩特市）召开，民族区域自治在全国第一个得以实现。

1969年，呼伦贝尔盟（今呼伦贝尔市）、哲里木盟（今通辽市）、昭乌达盟分别划归黑龙江、吉林和辽宁三省；阿拉善左旗、阿拉善右旗、额济纳旗分别划归宁夏和甘肃，1979年又重新划回内蒙古自治区。

2000年后，中国政府提出振兴东北老工业基地的政策，位于内蒙古东部的呼伦贝尔市、兴安盟、通辽市和赤峰市四盟市被正式纳入振兴东北老工业基地总体规划。

力量，为实现其政治目的服务。清朝是想利用与蒙古贵族之间的姻缘关系，依靠蒙古势力，以顺取逆，以治攻乱，来达到巩固统治、稳定政权之目的。同时，也为了安插亲信，随时掌握该部落情况。因此，在清朝，和亲政策达到了鼎盛时期，连年征战减少，百姓也因此过上了安稳日子。

✚ 内蒙古历史名人

内蒙古历史悠久，风景秀美，数千年来涌现出了众多的人才。在广袤的内蒙古草原上，他们创造了一个又一个传奇。

宇文泰（507—556）：代郡武川（今内蒙古武川西）人，鲜卑族，南北朝时期杰出的军事家、军事改革家、统帅，西魏的实际掌权者，亦是北周政权的奠基者。

耶律阿保机（872—926）：辽朝开国君主，出生于内蒙古阿鲁科尔沁旗。他勇善射骑，明达世务，统一契丹各部。任用汉人韩延徽等改革习俗，创造契丹文化，发展农业和商业。916年称帝，即帝位11年，庙号太祖。

成吉思汗（1162—1227）：蒙古开国君主，著名军事统帅。他飞奔大漠中，烽烟万千里。极大地促进了东西方文化交流，推动了人类文明的进步，奠定了现代中国的基本版图。

忽必烈（1215—1294）：蒙古族政治家、军事家。既是大蒙古国的末代可汗也是元朝的开国皇帝，是监国拖雷第四子，元宪宗蒙哥弟。青年时代，便"思大有为于天下"。

孝庄皇后（1613—1688）：蒙古科尔沁部（在今通辽）贝勒寨桑之次女，天命十年（1625年）嫁给清帝皇太极为侧福晋。孝庄皇后一生培养、辅佐顺治、康熙两代君主，是清初杰出的女政治家、贤后。

僧林格沁（1811—1865）：晚清名将，科尔沁左翼后旗人。咸丰、同治年间，参与对太平天国、英法联军等战争，军功卓著。

色拉西（1887—1968）：生于内蒙古科

孝庄皇后

尔沁左翼中旗的著名马头琴演奏家、音乐教育家、中国民间音乐家，代表曲目有《朱色烈》《乌拉盖河》《本宾希里》《海龙》《碧斯曼姑娘》《满都拉》等。

乌兰夫（1906—1988）：内蒙古土默特旗人，新民主主义革命和社会主义革命与建设时期久经考验的共产主义战士、党和国家优秀的领导人、杰出的无产阶级革命家、卓越的民族工作领导人。

嘎达梅林（1892—1931）：草原上的传奇英雄，科尔沁旗卫队梅林，为反对张学良垦荒而起兵造反，1931年被国民党第十路军总司令李守信杀害。

孔飞（1911—1993）：著名中国人民解放军陆军少将，少数民族高级将领，中国人民政治协商会议第六届全国委员会常务委员，是乌兰夫上将的妹夫。

内蒙古的人文景观

▼ 全国重点文物保护单位

呼和浩特市： 万部华严经塔、金刚座舍利宝塔、和硕恪靖公主府、王昭君墓、大召、大窑遗址、乌兰夫故居、和林格尔土城子遗址、绥远城墙和将军衙署、云中郡故城、和林格尔东汉壁画墓、乌素图召、席力图召及家庙、呼和浩特清真大寺、广化寺造像、呼和浩特天主教堂

包头市： 五当召、麻池城址和召湾墓群、阿善遗址、百灵庙起义旧址、固阳秦长城遗址、敖伦苏木城遗址、美岱召、白灵淖尔城址、安答堡子城址、燕家梁遗址

赤峰市： 辽上京遗址、辽中京遗址、张应瑞家族墓地、韩匡嗣家族墓地、锦山龙泉寺、灵悦寺、宝善寺、真寂之寺石窟、红山遗址群、夏家店遗址群、缸瓦窑遗址、兴隆洼遗址、大甸子遗址、城子山遗址、喀喇沁亲王府及家庙、福会寺、赵宝沟遗址、辽陵及奉陵邑、架子山遗址群、大井古铜矿遗址、应昌路故城遗址、宝山、罕苏木墓群、黑城城址、查干浩特城址、白音长汗遗址、兴隆沟遗址、魏家窝铺遗址、富河沟门遗址、草帽山遗址、马架子遗址、三座店石城遗址、二道井子遗址、太平庄遗址群、尹家店山城遗址、南山根遗址、饶州故城址、武安州遗址、宁昌路遗址、小黑石沟墓群、耶律祺家族墓、耶律琮墓、沙日宝特墓群、和硕端静公主墓、梵宗寺、荟福寺、法轮寺、赤峰清真北大寺、克什克腾岩画群

通辽市： 库伦三大寺（兴源寺、象教寺、福缘寺）、僧格林沁王府、萧氏家族墓、吐尔基山墓、开鲁县佛塔、奈曼土城子城址、灵安州遗址、豫州城遗址及墓地、韩州城遗址、南宝力皋吐古墓地、奈林稿辽墓群、奈曼蒙古王府、寿因寺大殿

乌海市： 桌子山岩画群

呼伦贝尔市： 嘎仙洞遗址、扎赉诺尔墓群、金界壕遗址、黑山头城址、巴彦乌拉城址、蘑菇山北遗址、辉河水坝遗址、哈克遗址、浩特陶海城址、团结墓地、谢尔塔拉墓地、巴彦汗日本毒气实验场遗址

乌兰察布市： 净州路故城、砂井路总管府故城、岱海遗址群、庙子沟遗址、克里孟城址、四子王旗王府

鄂尔多斯市： 成吉思汗陵、"独贵龙"运动旧址、秦直道遗址、阿尔寨石窟、城川城址、萨拉乌苏遗址、朱开沟遗址、霍洛柴登城址、十二连城城址、寨子圪旦遗址、准格尔召、沙日特莫图庙、桌子山岩画群

巴彦淖尔市： 朔方郡故城、阴山岩画、沃野镇故城、新忽热古城址

锡林郭勒盟： 贝子庙、诺尔古建筑群、汇宗寺、元上都遗址、金斯太洞穴遗址、四郎城古城、砧子山古墓群、恩格尔河墓群

阿拉善盟： 居延遗址、定远营、巴丹吉林庙、曼德拉山岩画群

兴安盟： 成吉思汗庙、内蒙古自治政府成立大会会址、吐列毛杜古城遗址、侵华日军阿尔山要塞遗址、中国共产党内蒙古工作委员会办公旧址

跨省市区： 长城

▼ 中国历史文化名镇

内蒙古自治区喀喇沁旗王爷府镇	内蒙古自治区丰镇市隆盛庄镇
内蒙古自治区多伦县多伦淖尔镇	内蒙古自治区库伦旗库伦镇

▼ 中国历史文化名村

内蒙古自治区土默特右旗美岱召镇美岱召村	内蒙古自治区包头市石拐区五当召镇五当召村

文化

摔跤比赛

✛ 民族风情"那达慕"

那达慕是蒙古族人民具有鲜明民族特色的传统活动,为蒙古族历史悠久的传统节日,在蒙古族人民的生活中占有重要地位,也是蒙古族人民喜爱的一种传统体育活动形式。"那达慕"是蒙古语的译音,不但译为"娱乐、游戏",还可以表示丰收的喜悦之情。每年农历六月初四开始的那达慕,是草原上一年一度的传统盛会。

那达慕大会上有惊险动人的赛马、摔跤,令人赞赏的射箭,有争强斗胜的棋艺,有引人入胜的歌舞。其中,男儿三艺也叫好汉三赛,即赛马、射箭和摔跤比赛,是草原人热衷的活动,人们喜欢借助这种娱乐的形式达到强身健体、增强战斗力的目的。每次那达慕上产生的冠军,会立即传遍草原,格外受人尊敬。

赛马也是大会上重要的活动之一。比赛开始,骑手们一字排开,个个扎着彩色腰带,头缠彩巾,洋溢着青春的活力。赛马的起点和终点插着各种鲜艳的彩旗,只等号角长鸣,骑手们便纷纷飞身上鞍,扬鞭策马,一时红巾飞舞,如箭矢齐发。先到达终点者,会成为草原上最受人赞誉的健儿。

射箭比赛也吸引着众多牧民。蒙古族射箭极富民族特色。它的射程只有15米或20米,使用的箭靶是"毡牌靶",共设3个靶位。比赛时,身着紧身彩袍的射手策马跑来,在疾驰的马背上抽弓搭箭,瞄准箭靶。靶的中心是活的,箭只要射中中心,靶就会掉下来,即所谓的骑射。在内蒙古草原上,射箭也是姑娘们喜爱的一项运动,优秀的女射手在蒙古族人民中并不少见。

摔跤这种蒙古族的传统体育活动,早在13世纪时就已盛行于北方草原,多在祭敖包和那达慕大会时进行。元代,宫廷主要娱乐内容之一便是摔跤,每逢喜庆宴会,都有摔跤表演助

那达慕吉祥物

内蒙古文学

席慕蓉《席慕蓉和她的内蒙古》:祖籍内蒙古的台湾作家席慕蓉用优美的文字和亲手拍摄的照片,记录了自1989年与原乡邂逅后,17年来追寻游牧文化的历程。

姜戎《狼图腾》:纪实体长篇小说,由几十个有机连贯的"狼故事"一气呵成,讲述了内蒙古草原上狼的视死如归和不屈不挠、狼族中的友爱亲情、倔强可爱的小狼在失去自由后艰难的成长过程,等等。

《蒙古秘史》:一部记述蒙古民族形成、发展、壮大之历程的历史典籍,是蒙古民族现存最早的历史文学长卷,也是世界文化遗产。原书用畏吾体蒙古文即古蒙文写成,成书地点在蒙古高原的克鲁伦河(今蒙古国克鲁伦河)流域,年代大约是13世纪。

兴,而且对优胜者常常赏以重金,甚至因摔跤出名而升官晋级的也不乏其人。在今天,摔跤仍然是那达慕大会上最受欢迎的竞赛项目。蒙古式摔跤是站着摔,不许抱腿或跪摔,不限时间,不限体重,一上场双方互相抓握,以一方倒地(膝盖以上任何部位着地都算倒地)为胜败的标准。

➕ 传统文明——蒙古文字

蒙古文字是用来书写蒙古语的文字,主要包括中华人民共和国境内蒙古族通用的回鹘式蒙古文,以及蒙古国主要使用的西里尔蒙古文。从蒙古人开始记录自己的语言以来,蒙古文字就有很大的变化。在过去蒙古语还未有文字的年代,要记录蒙古语就要采用其他友好邻族的语言文字。传统蒙文是在回鹘文字母基础上形成的。早期的蒙古文字母读音、拼写规则、行款都跟回鹘文相似,称作回鹘式蒙古文。1937年外蒙古开始推广西里尔字母书写的蒙古文,形成了今天用两种字母书写的蒙古文形式。

蒙古民族在不同时期使用过自己创制的不一样的文字,其间很多文字渐渐地退出了历史舞台,只留在文物或书籍中。而如今广泛运用的畏兀儿蒙古文,又称传统蒙古文,是蒙古族生命力最长的蒙古文字,并

马上绝技

且是世界上仅有的竖写体文字。因而,蒙古人也常说这是从天降地的文字。畏兀儿蒙古文字长期精细化和尺度化的进程,广泛被蒙古族人民所承认,是凝结着蒙古族人民的思维感情、精力、气韵的民族文字,是蒙古民族传统文明的重要组成部分。

内蒙古影视

《牧马人》(1982):根据张贤亮《灵与肉》改编,影片以严峻、深沉的笔触描绘了主人公多年的命运,从扭曲的时代中挖掘出美,从普通人身上迸射出真与善的光辉。

《黑骏马》(1995):影片揽尽了辽阔坦荡的草原风光,也捕捉到了草原上强韧豁达的生命力,呈现出一种宽阔的胸襟。

《成吉思汗》(2000):王文杰导演的30集历史连续剧,完整地展现了一代天骄成吉思汗波澜壮阔的一生,从铁木真出生,到统一蒙古,直至西征病逝,时间跨度长达80余年。

游牧民族的杰作蒙古包

蒙古包这一闻名于世的建筑形式，是亚洲游牧民族的一大创举。蒙古包包内宽敞舒适，是用特制的木架做"哈那"（蒙古包的围栏支撑），用两至三层羊毛毡围裹，之后用马鬃或驼毛拧成的绳子捆绑，其顶部用"乌耐"作支架并盖有"布乐斯"，以呈天幕状。

其圆形尖顶开有天窗"套瑙"，上面盖着四方块的羊毛毡"乌日何"，可通风、采光，既便于搭建，又便于拆卸移动，适于轮牧走场居住。

距今两千余年前，匈奴人的房屋叫穹庐或毡帐。经过几千年，穹庐历经匈奴以后的回鹘、柔然、突厥、鲜卑、契丹等多个民族传

蒙古包

乌尼通译为椽子，是蒙古包的肩上联套瑙，下接哈那。其长短大小粗细要整齐划一，木质要求一样，长短由套瑙来决定，其数量，也要随套瑙改变。乌尼一般由松木或红柳木制作。

毡房蒙古包外形的角是尖的，而哈萨克毡房的角则是圆形的。

套瑙蒙古包的套瑙分联结式和插椽式两种，要求木质要好，一般用檀木或榆木制作。联结式套瑙和乌尼是连在一起的，因为能一分为二，骆驼运起来十分方便。

正门对面的位置，包内正北中间是长者或贵宾的位置。

西边位置是客人的位置。

东边位置是家人就座和做饭的地方。

哈那是蒙古包围墙的构件，承托起套瑙和乌尼，限定了毡包大小。一般的蒙古包最少由四片围合而成。

蒙古包门朝南开。

炉灶东南是炉灶，一方面能方便从正中的天窗排烟，另一方面使沿炉灶一圈的人都能方便取暖。

《嘎达梅林》（2002）：由冯小宁导演的一部民族英雄史诗大片，讲述了20世纪30年代蒙古族英雄嘎达梅林率领各族人民奋起反抗日本侵略者、军阀、封建王权的英雄故事。

《绿草地》（2005）：由宁浩执导的中国喜剧片，讲述了一颗白色乒乓球带给孩子毕力格的改变，也展现了大草原上人们生活的无形变化。

《昭君出塞》（2006）：该剧根据汉代王昭君远嫁匈奴的历史故事改编而成，主要讲述了匈奴单于和王昭君的一段浪漫爱情故事，因是中国首次为"四大美人"树碑立传而备受关注。

承、改造,不断适应它所处的自然环境、生产力发展水平以及社会价值选择,表现出其强大的生命力,及其自身逐步得到完善,更趋于实用、舒适和美观。

➕ 神秘的祭敖包

敖包作为蒙古民族文化的代表形式之一,几乎成为草原的代名词。一首蒙古族民歌《敖包相会》,更使敖包文化闻名大江南北。

在无际的草原上,时时会看到用大小石块累积起来的巨大的石堆,上插有柳枝,此谓神树,神树上插有五颜六色的神幡。巨大的石堆矗立在草原上,鲜艳的神幡如手臂般召唤着远方的牧人,这就是敖包,也叫鄂博、脑包、堆子、石堆、鼓包,即在自己游牧的区域内,选择一个幽静的地方,用石头堆起的圆形堆。

祭敖包是蒙古民族萨满教隆重的祭祀之一。萨满教崇拜蓝天,在蒙古人的心目中,有一个至高无上的神灵,就是"长生天"。蒙古人把一切万物都看作神灵来崇拜,也"崇拜山川及土地的其他各部分或掌握这部分的神灵,这种圣地可以分成共同的和个别的两类"。这个别的圣地就是所说的敖包。所以祭敖包不是单一的祭天或祭地,而是祭各种神灵,是个综合概念。

敖包最开始祭祀的是自然的神灵,后来又包括祖先的神灵。敖包代表着神灵所栖之场所,成为某一氏族、某一苏木、某一区域的保护神。

➕ 鲜艳华美的蒙古袍

蒙古族服饰具有浓郁的草原风格特色,以袍服为主,包括长袍、坎肩、腰带、靴子、首饰等。《蒙古族部落服饰》地方标准包含了内蒙古地区28个蒙古族部落服饰的特征和传统款式。

长袍身端肥大,袖长,不开衩,便于鞍马骑乘。春秋穿夹袍,夏季着单袍,冬季着棉袍或皮袍。男装多为蓝、棕色,女装喜欢用

祭敖包

嘎达梅林

内蒙古音乐

《嘎达梅林》:科尔沁草原人民为了纪念用生命保卫家园的蒙古族英雄嘎达梅林而创作的蒙古族长篇叙事民歌,用口头演唱的形式,长达2000余行,全部唱完需4小时。

《诺恩吉雅》:内蒙古奈曼旗民间流传的一组科尔沁民歌。歌中描述了美丽善良的蒙古族姑娘诺恩吉雅远嫁他乡的凄婉故事,展示了古老草原悠远的历史与独特风俗民情。

《美丽的草原我的家》:是一首20世纪70年代的词曲俱佳的歌曲,由著名歌唱家德德玛首唱,被联合国教科文组织以"世界优秀歌曲"编选入教材。

《天堂》:由著名歌手腾格尔演唱,歌曲旋律悠扬,感情真挚,是人们会常常唱起的一首老歌。

《吉祥三宝》:由蒙古族歌手布仁巴雅尔和妻子乌日娜以及小侄女英格玛演唱,从2006年登上春晚的那一刻,就让人难以忘怀。

蒙古族服饰

红、粉、绿、天蓝色。妇女衣袖、领口等处上常采用蒙古刺绣装饰。妇女喜欢穿三件长短不一的衣服,第一件为贴身衣,袖长至腕,第二件外衣,袖长至肘,第三件无领对襟坎肩,钉有直排闪光纽扣,格外醒目。

腰带通常用长三四米的绸缎或棉布制成。男子腰带多挂刀子、火镰、鼻烟盒等饰物。戴帽是蒙古族习惯。帽子顶高边平,里子用白毡制成,帽顶级缨子。

蒙古各部落服饰中区别最大的是妇女头饰。如巴尔虎部落蒙古族妇女头饰为盘羊角式,科尔沁部落蒙古族妇女头饰为簪钗组合式,和硕特部落蒙古族头饰为简单朴素的双珠发套式。鄂尔多斯蒙古部落妇女头饰最突出的特点是两侧的大发棒和穿有玛瑙、翡翠等粒宝石珠的链坠,使鄂尔多斯头饰成为蒙古各部落中的佼佼者。

➕ 内蒙古烤全羊

烤全羊是蒙古民族的餐中之尊,是为招待贵宾或举行重大庆典时的盛宴特制的佳肴,其形、色、味俱佳,具有浓郁的民族风味。它一般选用草原上膘肥、体重20千克左右的绵羊宰杀后,去毛带皮,腹内加葱、姜、椒、盐等佐料整体烤制而成。此菜羊形完整,羊跪在方木盘内,外焦里嫩,皮脆内滑,色泽金黄,鲜香异常,吃起来肥而不腻,酥脆香美。

以前,内蒙古烤全羊只供蒙古贵族享用,是上层人士在逢年过节、庆祝寿辰、喜事来临时用以招待尊贵客人的珍馐佳肴,一般牧民根本吃不到。如今,烤全羊已成为内蒙古人民招待外宾和贵客的传统名肴,成了内蒙古草原饮食文化中一枚璀璨绚烂的明珠。

➕ 蒙古族人的狼图腾

图腾文化是世界上所有民族或部落在一定历史阶段上普遍存在过的文化现象,蒙古族图腾文化从遗存来看,虽不像有的民族五光十色,遍及各地,但也不是绝无仅有,岩画、古籍、史诗、游记,特别是代代相传的民间口头作品中留有不少图腾文化的遗迹。狼、鹿、熊、牦牛、鹰、天鹅、树木等,都曾是蒙古人所崇拜的图腾,在众多图腾之中,狼图腾尤为闪亮。

狼图腾崇拜现象几乎为生息在北方草原上的先民所共有,汉史载,古代突厥系民族高车认为他们是一个美丽的匈奴公主和一匹狼的后代。而乌孙的祖先则传说是弃婴和母狼阿史那的后代。乌孙、高车,一为匈奴养子,一为匈奴之后,加之传为匈奴别部的突厥,皆有狼祖神话,匈奴亦当有狼祖神话,只是消失于久远的历史年代之中而已。突厥第一汗国的王族姓氏阿史那就是来自于突厥传说中的母狼阿史那,阿史那这个词在古突厥语中是指苍色的狼眼。

蒙古古老而生动的狼图腾神话虽然难以寻觅,但从北方民族历史典籍中的记载,从蒙古萨满的观念表现中仍可推定,蒙古先民确实存在过狼图腾崇拜。

这说明在历史之中蛮荒的北方草原,狼对于原始人群来说是非常可怕的野兽,它们往往集合成群,无论捕食或对付进犯之敌,

都协同搏斗，凶猛而富有灵性。于是人们由恐惧转为敬奉，把它们视作自己的亲属和同类，这就是狼图腾崇拜的萌生。任何两个不同的部族所处的生活环境大体相似时，他们的文化必然表现出同样的适应性。那么，同处于北方草原或森林地带的蒙古先民有过狼图腾崇拜便不值得奇怪了。

值得一提的是，作家姜戎所著的小说《狼图腾》，是迄今为止世界上唯一一部以狼为叙述主体的纪实性长篇小说。法国导演让·雅克·阿诺更是将小说搬上了荧幕。从这些不同类型的文艺作品中，皆可一探关于狼图腾的神奇面貌。

✚ 蒙古特色乐器马头琴

马头琴是蒙古民族的代表性乐器，不但在中国和世界乐器在家族中占有一席之地，而且也是民间艺人、牧民家中所喜欢的乐器，因琴杆上端雕有马头而得名。马头琴的历史悠久，从唐宋时期拉弦乐器奚琴发展演变而来，成吉思汗时已流传民间。

从山林狩猎文化时期至草原游牧文化初期，蒙古人所使用的乐器不是马头琴，而是火必思、托布秀尔等弹拨乐器，且多用

马头琴

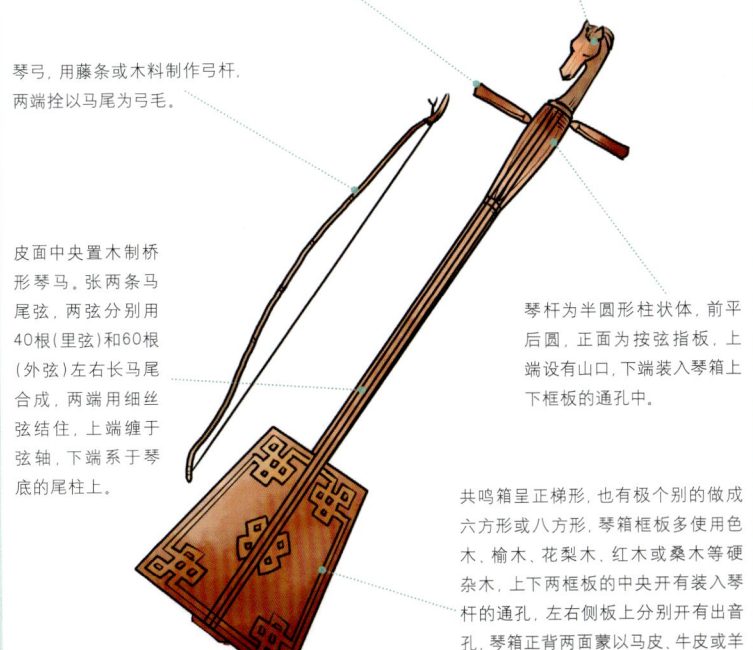

弦轴，又称把子，采用黄杨木或琴杆木料制作，轴杆为圆锥体，轴柄呈圆锥形、八方形、瓜棱形或扁耳形，圆锥形轴柄外表刻有直条瓣纹，便于拧转。有的轴顶为圆球形。

琴弓，用藤条或木料制作弓杆，两端拴以马尾为弓毛。

皮面中央置木制桥形琴马，张两条马尾弦，两弦分别用40根（里弦）和60根（外弦）左右长马尾合成，两端用细丝弦结住，上端缠于弦轴，下端系于琴底的尾柱上。

琴头，琴杆多用一整块色木、花梨木、红木或松木制作。琴头呈方柱形，顶端向前弯曲，造型为雕刻精细的马头，既有奔马的马头，也有立马的马头，有的是在琴杆上端直接雕出，也有雕好以后粘上去的。

琴杆为半圆形柱状体，前平后圆，正面为按弦指板，上端设有山口，下端装入琴箱上下框板的通孔中。

共鸣箱呈正梯形，也有极个别的做成六方形或八方形，琴箱框板多使用色木、榆木、花梨木、红木或桑木等硬杂木，上下两框板的中央开有装入琴杆的通孔，左右侧板上分别开有出音孔，琴箱正背两面蒙以马皮、牛皮或羊皮，皮面上彩绘民族图案为饰。

于娱乐性歌舞与舞曲伴奏。从《蒙古秘史》《元史》中的记载来看，成吉思汗至忽必烈时期，蒙古民族乐器尚以弹拨乐器为主，元代的蒙古军人和牧民，善弹火必思，喜跳集体踏歌。当草原游牧音乐迅猛发展之后马头琴这件拉弦乐器便脱胎而出，得到广泛普及，并且最终取代弹拨乐器的地位，成为蒙古民族最具草原特色的民间乐器。显然，拉弦乐器取代弹拨乐器，火必思逐渐衰退，马头琴便顺理成章地成为蒙古乐器的主角。

马头琴由共鸣箱、琴头、琴杆、弦轴、琴马、琴弦和琴弓等部分组成。它所演奏的乐曲，具有深沉粗犷，激昂的特点，体现了蒙古民族的生产、生活和草原风格。马头琴是适合演奏蒙古古代长调的最好的乐器，它能够准确地表达出蒙古人的生活，如辽阔的草原、呼啸的狂风、悲伤的心情、奔腾的马蹄声、欢乐的牧歌等。

✚ 悠扬的长调民歌

长调是蒙古语"乌日汀哆"的意译。"乌日汀"为"长久""永恒"之意，"哆"为"歌"之意。长调的历史可以追溯到2000年前，13世纪以来的文学作品中已有记载。直至今日，长调仍保留着丰富的不同地域的风格。

长调民歌是蒙古族民歌中最突出的代表类型。在内蒙古牧民的社会和文化生活中，在表演和当代音乐创作中，长调都扮演着主要角色。婚礼、乔迁新居、婴儿降生、马驹标记以及其他蒙古游牧民族的社交活动和宗教节庆仪式上，都能听到长调的演唱。

蒙古长调

在包含摔跤、射箭和马术比赛的狂欢运动会"那达慕"大会上，更能听到长调。

长调是抒情歌曲，以声音洪大雄壮，曲调高亢悠扬而闻名，它赞美美丽的草原、山川、河流、歌颂父母的爱情、亲密的友谊，表达人们对命运的思索。反映蒙古族游牧生活的牧歌式体裁，宜于叙事，又长于抒情，节奏自由，气息宽广，情感深沉，并有独特而细腻的颤音装饰。

长调大量使用装饰音和假声，悠长持续的流动性旋律包含着丰富的节奏变化，极为宽广的音域和即兴创作形式。著名蒙古歌手腾格尔的唱法结合了长调唱法，用最大的力气，唱最轻柔的歌。长调的演唱和创作与牧民的田园式生活方式紧密相连，这是蒙古族至今仍然广泛延续的生活方式。

从流行于阿拉善的《富饶辽阔的阿拉善》、流行于呼伦贝尔的《辽阔的草原》、流行于锡林郭勒的《小黄马》、流行于科尔沁草原的《威风矫健的马》等长调民歌里，皆能感受到长调的独特魅力。著名的民歌《走马》和《鸿雁》，也能让我们感受到长调的非凡。

✚ 喉咙演唱艺术——呼麦

呼麦又称"蒙古喉音"，可音译为"浩林潮尔"。这种诞生于游牧文化的独特多声部唱法已经有千年历史，在蒙古语也把这个唱法叫作"Haolin chour"，意思就是用喉咙演唱的完美多声部艺术。

为什么叫作呼麦，蒙古国国宝级呼麦大师、教育家敖都苏荣老师曾说："喉咙演唱艺术有很多，其中用'呼麦'这个部位演唱的是呼麦，这个部位就是喉咙里面专门演唱呼麦的那个位置，别的部位对应别的呼麦以外的喉咙唱法。"所以蒙语里的呼麦这个叫法更具体。

呼麦是运用特殊的声音技巧，一人同时

文化

内蒙古呼麦传人

呼麦发声方法、声音特色比较罕见，不同于举世闻名的蒙古族长调的唱法，声乐专家形容这种唱法是"高如登苍穹之巅，低如下瀚海之底，宽如于大地之边"，也被音乐界誉为"天籁之音"。

呼麦唱法是在特殊的地域条件和生产、生活方式下产生的，它是蒙古族音乐发展的产物。蒙古人有一说法：古代先民在深山中活动，见河汊分流，瀑布飞泻，山鸣谷应，动人心魄，声闻数十里，便加以模仿，遂产生了呼麦。

呼麦的曲目，大体说来有三种类型：一是如《阿尔泰山颂》咏唱美丽的自然风光；二是如《布谷鸟》表现和模拟野生动物的可爱形象，保留着山林狩猎文化时期的音乐遗存；三是如《四岁的海骝马》赞美骏马和草原。从音乐风格来说，呼麦以短调音乐为主，但也能演唱些简短的长调歌曲，此类曲目并不多。从呼麦产生的传说，以及曲目的题材内容来看，"喉音"这一演唱形式，当是蒙古山林狩猎文化时期的产物。

唱出两个声部，形成罕见的多声部形态，有着金属般质地的音。呼麦发声原理特殊，有时声带振动，有时不振动，是用腔体内的气量产生共鸣。假声带也随之振动。演唱者运用闭气技巧，使气息猛烈冲击声带，发出粗壮的气泡音，形成低音声部。在此基础上，巧妙调节口腔共鸣，强化和集中泛音，唱出透明清亮、带有金属声的高音声部，获得无比美妙的声音效果。

➕ 内蒙古的文化景观

▼ 国家级非物质文化遗产

民间文学：格萨尔、巴拉根仓的故事、嘎达梅林、科尔沁潮尔史诗、祝赞词

民间音乐：蒙古族长调民歌、蒙古族呼麦、蒙古族马头琴音乐、蒙古族四胡音乐、爬山调、漫瀚调、蒙古族民歌、鄂温克族民歌、鄂伦春族民歌、达斡尔族民歌、多声部民歌（潮尔道 – 阿巴嘎潮尔）、蒙古族民歌（乌拉特民歌）

传统舞蹈：达斡尔族鲁日格勒舞、蒙古族安代舞、查玛、鄂温克族萨满舞

曲艺：乌力格尔、好来宝

杂技与竞技：达斡尔族传统曲棍球竞技、蒙古族搏克、蒙古族象棋、沙力搏尔式摔跤、鄂温克抢枢

传统手工技艺：蒙古族勒勒车制作技艺、桦树皮制作技艺、阿拉善地毯织造技艺、鄂伦春族狍皮制作技艺、蒙古族马具制作技艺、烤全羊技艺、蒙古包营造技艺、民族乐器制作技艺

民俗：成吉思汗祭典、祭敖包、那达慕、鄂尔多斯婚礼、抬阁、鄂温克驯鹿习俗、蒙古族养驼习俗、查干淖尔冬捕习俗、俄罗斯族巴斯克节、民间信俗

传统医药：蒙医药

传统戏剧：晋剧、二人台（东路二人台）、巴林左旗皮影戏

传统美术：剪纸

行走内蒙古

带什么

徒步

➕ 常规必带

服装

最好携带春、夏装。内蒙古温差较大,带好防寒衣物,以防早晚受凉感冒;最好穿长裤,不要穿凉鞋、拖鞋;要备好手套、长裤、旅游鞋,以方便骑马。

药品

常规旅游准备一些感冒药品、胃肠类药品和一些去热止痛的药品就可以了,如感冒片剂、感冒冲剂、泻痢停、复方阿司匹林、扑尔敏、抗生素。

洗漱用品

毛巾、牙膏、牙刷、香皂、护肤霜、洗发水、梳子、剃须刀、手纸、湿纸巾等。

防护用具

内蒙古属于高原地区,天气变化无常,夏季降雨量集中在7、8、9月,需带雨具;6~9月阳光照射较强,应带好太阳镜、太阳伞及防晒霜等。

➕ 特殊选带

食品

内蒙古饮食口味相对较重,所以最好还是带点榨菜等方便食品,巧克力等高热量食物也可携带一些。

药品

对于完全背包客、徒步、探险之类的自助旅游,要备好以

内蒙古风光

下药品。

　　常备药物：牛黄解毒片、黄连素、牙周宁、息斯敏、乘晕宁。

　　外用药：云南白药、万花油、创可贴、清凉油、风油精、伤湿止痛膏、眼药水、药棉、纱布、绷带、白胶布。

　　维生素类：金施尔康、善存片、其他维生素片。

帐篷、旅行水壶、指南针

　　若是打算在草原露营，需要携带防雨帐篷等。户外探险随身带个水壶对于饮水来说十分方便；万一迷了路，指南针能够给你指引前进的方向。

摄影器材

　　旅游和摄影向来是不分家的，相机是必不可少的装备。普通家用卡片机基本满足需要，若是想拍摄高质量的美景，可携带单反相机以及三脚架。

户外帐篷

何时去

内蒙古为半干旱半湿润的温带季风气候,夏季是旅游的最佳季节,但全区跨越经度大,东西部最佳出游时间有所差异。

1.中部草原区。草原的春夏秋三季几乎相连在一起,5~9月间气候温和,晴朗凉爽,十分适合出游。一年一度的"那达慕"大会也在7~9月举行。

2.东部森林区。金秋时节去阿尔山的大兴安岭林海,层林尽染,色彩斑斓,宛若油画,美不胜收。当然若是不畏严寒,也可考虑冬季去一览林海雪原。

3.西部戈壁沙漠区。8~10月去最佳,秋天的大漠跌落在一望无际的暗金色迷雾里,偶尔有点点绿洲和神秘的海市蜃楼。此外,额济纳的胡杨林也是在金秋时节最有韵味。

额济纳胡杨林

▼ 内蒙古旅游月历

月份	节日
1月	内蒙古冰雪那达慕 呼伦贝尔冰雪旅游节
2月	查干萨日(白节)
4月	成吉思汗陵四大祭祀　　兴畜节 额尔古纳市俄罗斯巴斯克节
5月	呼伦贝尔杜鹃节 千峰骆驼节　　贺兰山丁香花节
6月	阿古拉双合尔·楚古兰节　　敖包祭祀大典 鄂伦春篝火节　　达斡尔斡包节
7月	那达慕大会 霍林郭勒国际草原婚礼节 库伦"安代"艺术节 那达慕草原旅游节 成吉敖包相会
8月	哈拉哈河漂流　　8·18哲里木赛马节 红山文化节　　昭君文化节 大召夏季庙会　　马奶节
9月	白节 中国河套葵花节 黄河明珠·乌海文化节 巴丹吉林沙漠文化旅游节
10月	额济纳国际金秋胡杨生态旅游节 内蒙古蒙古族服装服饰艺术节
11月	燃灯节 阿拉善国际骆驼节
12月	达斡尔冬捕节 世界蒸汽机火车摄影节 阿尔山冰雪节 海拉尔冬季旅游文化节 中国冷极节

吃什么

奶豆腐

蒙古族的饮食比较粗犷,以羊肉、奶、野菜及面食为主要的菜点原料。烹调方法相对比较简单,以烤最为著名。菜点崇尚丰满实在,注重原料的本味。外地人初到内蒙古,需要慢慢适应当地菜的口味,如吃不惯,可选择那里的内地菜馆进食。

烤全羊

烤全羊是蒙古民族的餐中之尊,也是元朝宫廷御宴"诈马宴"中不可或缺的一道美食,色、香、味、形俱全,别有风味。

驼掌

驼掌即四只大似蒲团的软蹄,是骆驼躯体中最活跃的组织,肉质异常细腻富有弹性,营养丰富,与熊掌燕窝猴头齐名,是中国四大名菜之一。

马奶酒

六蒸六酿后的奶酒为上品。马奶酒性温,有驱寒、舒筋、活血、健胃等功效。被称为元玉浆,是"蒙古八珍"之一。

炒米

蒙语叫"蒙古勒巴达",意思是蒙古米。它是用糜子经过蒸、炒、碾等多道工序加工而成的,再兑酸奶和白糖等搅拌,解饿又解渴,清香爽口,是别具风味的传统食品。

牛肉干

一般超市和特产店都可买到,多是原味(咸),很少有其他口味。由于牛肉干的制法对肉的质量要求很高,因此好一点的牛肉干都上百元一斤。饿时吃一条比巧克力营养多了。

焙子

特色早点之一,面食,和饼很相似。好的焙子多层、有酥油香。种类有牛舌(形状相似)、油旋、咸味、白糖、红糖、酥焙子、白焙子。

烤全羊

住哪儿

内蒙古自治区各主要城市都建有星级酒店、涉外酒店,以及各种档次的宾馆、旅馆。在草原上旅游还可住进牧民的蒙古包。到相对偏僻的地方旅游,可到牧民家中住宿。

蒙古包酒店

星级酒店

呼和浩特、通辽等地有许多服务优质的星级酒店,交通、娱乐等方面设施也十分完善。

快捷连锁酒店

城市快捷酒店、如家、汉庭等酒店在绝大多数的地级市区及各县区均有分布,需注意的是无论淡旺季,都须提前预订。

普通宾馆及旅店

内蒙古各地的普通宾馆及旅店价格较为合理,但住宿条件各有不同,对于走一步算一步、收入水平较低或无收入的游客来说是个不错的选择。

野外露营

在草原上扎一顶帐篷,以地为席,是很奇特的住宿体验。不过,记得要避开死水塘边、茂密的草地和可能有积水的地方,因为这些地方可是蚊子滋生的地方。

蒙古包

想近距离体验蒙古生活的朋友,可以借宿在当地人家里,尤其是仍然坚持游牧的蒙古包,值得体验。最好给家里的小孩带一些小零食,并注意尊重当地人的风俗习惯。

蒙古包

怎么走

阿尔山火车站

内蒙古土地广袤,在东西部各市之间,航空交通起着很重要的作用,呼和浩特白塔国际机场、包头二里半机场、呼伦贝尔海拉尔机场等,均有通往省外的航空线路。

内蒙古地级以上城市都有火车站,也有铁路与省内外相通,因此坐火车也较方便。

呼包高速公路已建成使用,已实现了各旗县通公路,许多世代闭塞的农牧区和边境地区也建起了公路,并开辟了与蒙古、俄罗斯边境省区通车的6条客运班车路线。

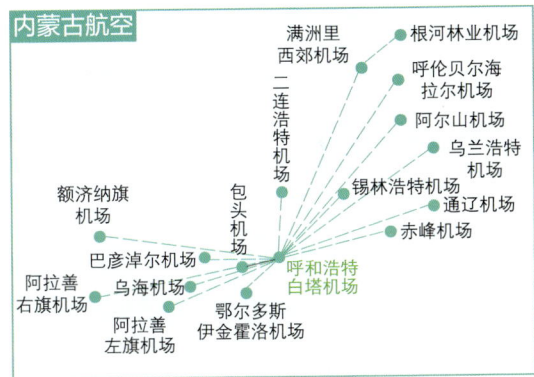

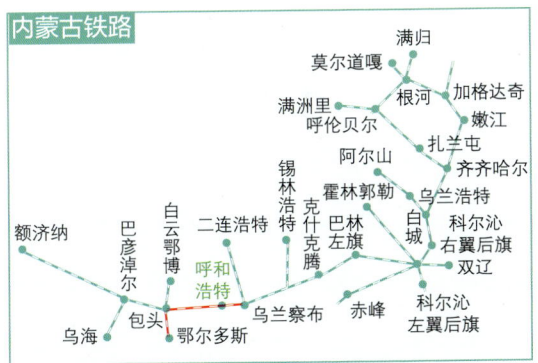

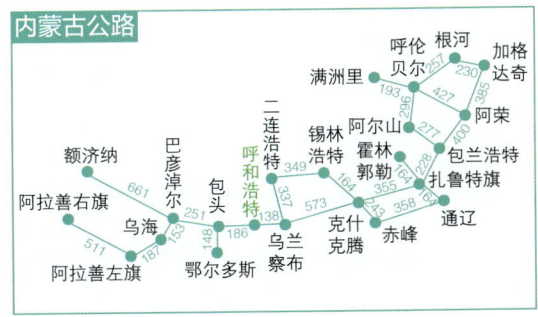

有用信息

蒙古文"内蒙古"

➕ 常用蒙古语

中文	蒙文读音
你好	他赛努
谢谢	塔乐日哈拉
再见	巴雅尔太
走路	雅不那
汽车	玛欣，特日格
火车	嘎乐图，特日格
飞机	尼寺格乐
这里	恩德
那里	特恩德
钱	昭私
商店	呼达乐都嘎
饭店	昭其德因布乌达乐

➕ 通信

在内蒙古草原上，不管牧区还是农区都有手机信号，跟国内大部分省市差不多，信号覆盖范围较广。不过，草原深处等人烟稀少的地区信号就弱了。

➕ 银行

内蒙古众多城市商业银行设施齐备，中国工商银行、中国农业银行、中国邮政储蓄银行、中国建设银行、交通银行等基本都有。在小城镇，还有内蒙古农村信用社、中国农业银行、中国农业发展银行等。

➕ 节约技巧

住宿：选择入住品牌连锁酒店时，除了订房网站外，不妨到团购网站和酒店官网看看，往往有更多惊喜。

美食：要善于利用淘宝、大众点评及各种团购App应用，不仅能吃到美味，还能得到众多优惠。

行程：合理安排行程，既可节省时间，又能减少交通费用，可参考第一步等网站的行程攻略。

交通：在城市内，尽量选择公共交通。若是前往不同城市，也多乘用火车等公共交通，或是拼车前往。

淡季出行：省钱的撒手锏。淡季不仅门票价格减半，避开众多的游人，也可以欣赏到别样的风光。

草原骑马

风俗禁忌

爱畜：如在草原上遇见畜群，汽车与行人要绕道走，不要从畜群中穿过，否则会被认为是对畜主的不尊重。

做客：乘汽车到牧民家做客者要看蒙古包附近勒勒车上是否拴着马，不要贸然驶入，免得马惊挣断缰绳跑失。进包要从火炉左侧走，坐在蒙古包的西侧和北侧，东侧是主人起居处，尽量不坐。入座时不挡住北面哈那上挂着的佛像。进包后可席地而坐，不必脱鞋，不要坐在门槛上。

敬茶：到牧民家做客，主人首先会给宾客敬上一碗奶茶。宾客要微欠起身用双手或右手去接，千万不要用左手去接，否则会被认为是不懂礼节。主人斟茶时，宾客若不想要茶，请用碗边轻轻把勺或壶嘴一碰，主人便会即刻明白宾客的用意。

敬酒：通常主人将美酒斟在银碗、金杯或牛角杯中，托在长长的哈达之上，唱起动人的敬酒歌，客人若不喝，会被认为是瞧不起主人。宾客应随即接住酒，接酒后用无名指蘸酒向天、地、火炉方向点一下，以示敬奉天、地、火神。不会喝酒不必勉强，可沾唇示意。

献哈达：献哈达时，主人张开双手捧着哈达，吟唱吉祥如意的祝词或赞词，同时将哈达的折叠口向着宾客。宾客要站起身面向献哈达者，集中精力听祝词和接受敬酒。接受哈达时，宾客应微向前躬身，让献哈达者将哈达挂在宾客颈上。宾客应双手合掌于胸前，向献哈达者表示谢意。

表达谢意：到牧民家做客，要带适当的礼品，如酒、糖、小食品等。对迎面狂吠的牧羊犬仅可呵斥，不可打。离开主人家须道再见并致谢意。

突发状况

旅途中总是会出现一些不期待发生的情况，但只要做到"事前认真准备，事后冷静处理"，一切都会迎刃而解的。

汽车抛锚：开车自驾游之前应当掌握一些简单基本的维修技术，若是途中出现汽车抛锚，先依据经验，判断是否可以自己解决。不能解决或无法判断，则要打电话给保险公司。

钱物丢失：在旅途中是一件十分重要的事，无论损失大小，总会给美好的旅行蒙上一层阴影。为避免财物损失，应以预防为主。最好做到少携带现金，把现金放到贴身衣物中，只把零钱放在包里，银行卡不要与身份证放在一起。若是钱物丢失，马上联系可以联系的朋友进行及时帮助，切不可拖拉；并准确找到丢失地点。

水土不服、食物中毒或生病：因为水土不服、食物不洁或者天气因素，生病也是会发生的事情。特别是一个人的话，更是需要时刻注意。因此，旅途中应带足相关药品（如感冒类、肠胃类药品等），出行时要保护自己，不随便吃东西、避免在太阳下暴晒、少在雨里蹚行。不小心生病的话，要及时吃药或到医院就诊，若是严重的话要联系朋友及家人。

保护环境

内蒙古是一个纯净无瑕的秀美之地，我们前往那里获得了旅行带来的快乐，也有义务承担带去的影响。每个人都应做到不随便破坏或是占有当地的动植物资源，旅途中尽量减少垃圾的产生，更不能乱丢垃圾。我们带走回忆的同时，也应带走垃圾，保护美丽的大草原。

献哈达和敬酒

发现者 旅行指南

呼和浩特

概览

♡ 亮点

■ **大召**

明清时期内蒙古地区最早建立的喇嘛教寺庙,也是少有的不设活佛的寺庙。大召的文物众多,其中银佛、龙雕、壁画被称为"大召三绝"。

■ **昭君墓**

昭君墓距今已有2000余年的悠久历史,是中国最大的汉墓之一。昭君墓因被覆芳草,碧绿如茵,历史上被文人誉为"青冢拥黛"。

■ **席力图召**

呼和浩特市最大的寺庙,建筑物除大殿外均为汉式,是内蒙古藏汉混合喇嘛庙的代表。寺内藏有著名的"征噶尔丹纪功碑"。

■ **哈素海**

哈素海以优质、无污染的湖水而闻名,被誉为"塞外西湖"。旅游区由民俗村、宗教活动区、动植物园、民族活动区等十大区域组成。

■ **乌素图国家森林公园**

景色宜人,环境幽雅,人文景观丰富,如战国时期赵长城遗址、汉漠通北的古白道遗址和集蒙古、汉、藏建筑风格为一体的乌素图召等。

■ **必逛街道**

伊斯兰建筑特色景观街:以线形城市空间为主线,以沙漠黄为主色调,以中亚、土耳其伊斯兰建筑风格为主要特色。在整条大街上,高耸的柱式塔楼鳞次栉比,雄厚饱满的球形殿顶大放异彩。伊斯兰建筑特色景观街与城南的蒙元文化街、城北的蒙满文化街相连,是市民游客首选的观光休闲地。

线路

■ **呼和浩特经典三日游**

第一天上午先参观大召寺,后到距离大召寺不远处的席力图召朝拜,然后再参观五塔寺。有时间可逛伊斯兰风情街。

第二天吃过早餐后到哈素海,欣赏天然湖泊。在哈素海解决午餐,品尝全鱼餐,下午到昭君墓。

第三天上午到内蒙古博物馆参观,下午去万部华严经塔。

■ **呼和浩特东郊一日游**

这是呼和浩特东郊体验内蒙古浩瀚历史文化的线路。上午参观内蒙古博物馆,随后参观华严经塔,下午到桃李山庄享农家采摘之乐。

■ **呼和浩特南郊一日游**

这是呼和浩特南郊体验蒙古族风情的线路。上午参观东方甘迪尔蒙古风情园,下午游览昭君博物馆和蒙牛工业旅游区。

为何去

呼和浩特,蒙语意为"青色之城"。它是位于我国北疆的历史文化名城,已有2000余年的历史。丰富的文化古迹以及美丽的草原风光,使这座塞北古城成为旅游者向往的胜地。

呼伦贝尔草原

何时去

每年4至10月是去呼和浩特旅游的最佳时间。7月中旬至9月初到草原来,这时的草原景致迷人,而且一年一度的"那达慕"大会也在此时举行,届时,逛古召、登古塔、观赛马、骑马驰骋草原,热闹非凡,其乐无比。但是,无论何时去呼和浩特,都需要注意其极大的昼夜温差,所以应该提前做好准备。

赛马

呼和浩特旅游示意图

哈乐
西乌兰不浪 东土城 武川 哈德门森林公园 大窑文化遗址
共尔沟烈士陵园
乌素图国家森林公园 呼和浩特 万部华严经塔
玉泉
土默特左旗 昭君墓
哈素海
沙尔沁
善岱 南天门黑老夭
和林格尔
十二连城遗址 伍什家
托克托
黄 大红城
羊群沟
宏河
河 清水河 韭菜庄
北堡

区域解读

区号：0471
面积：约17 224km²
人口：约311.48万人
主要少数民族：蒙古族

地理 GEOGRAPHY

区划

呼和浩特下辖4个区(新城区、玉泉区、回民区、赛罕区)、4个县(托克托县、清水河县、和林格尔县、武川县)、1个旗(土默特左旗)。

地形

呼和浩特地处内蒙古自治区中部大青山南侧，西与包头市、鄂尔多斯市接壤，东邻乌兰察布市，南抵山西省。

境内主要分为两大地貌单元，北部大青山和东南部蛮汉山为山地地形，南部及西南部为土默川平原地形。地势由东北向西南逐渐倾斜。海拔最高点在大青山金銮殿顶部，高度为2280米，最低点在托克托县中滩乡，高度为986米，市区海拔高度为1040米。

大青山为阴山山脉中段，生成很多纵向的山脉山峰。境内，由西向东主要山峰有九峰山、金蜜殿山、蟠龙山、虎头山等，东南部是蛮汉山。

气候

呼和浩特属典型的蒙古高原大陆性气候，四季气候变化明显，年温差大，日温差也大。其特点：春季干燥多风，冷暖变化剧烈；夏季短暂、炎热、少雨；秋季降温迅速，常有霜冻；冬季漫长、严寒、少雪。

历史 HISTORY

历史大事记

● 先秦时期

早在40万至50万年前，人类祖先就已经生活在这一带，并创造了远古人类旧石器时代的"大窑文化"。

战国时期，"赵武灵王变俗胡服、习骑射，北破林胡、楼烦"，在阴山下筑长城，并设云中郡，郡治故址在今呼和浩特市西南托克托县境内。

● 秦至唐代

秦始皇统一六国后，实行郡县制，置天下为36郡，"云中"为36郡之一。辖境大致与战国时赵国的云中郡相同。

西汉武帝时，在河套地区兴建了一批军市，今呼和浩特市新城区的塔利村(旧称"塔布陀罗亥"，蒙古语译音)就留有西汉时期的土城遗址。

公元前33年昭君出塞，她死后，人民为表达对昭君的怀念，在今呼和浩特修建了昭

希拉穆仁草原

君墓,昭君墓至今保存完好,是呼和浩特著名景点。

魏晋南北朝时期,鲜卑族拓跋部在北方兴起,其早期都城"盛乐"即在今呼和浩特南面40千米的和林格尔县上土城村北。

隋唐时,突厥人在呼和浩特一带活动。唐太宗贞观年间,唐军大败突厥于白道(今名蜈蚣坝,在呼和浩特市北)。

公元10世纪初,辽国在此设天德军及丰州。丰州故址在今呼和浩特东南约20千米的白塔村附近。

● 明至近代

明隆庆六年(1572),蒙古土默特部领主阿勒坦汗(即俺答汗)来丰州一带驻牧,不久统一了蒙古各地和漠南地区。

明万历九年(1581),阿勒坦汗和他的妻子三娘子在这里正式筑城,城墙用青砖砌成,远望一片青色,"青城"之名由此而来。蒙古语为库库和屯。明王朝赐名为"归化"。长城沿线的人们为纪念三娘子,将此城称作"三娘子城"。清初,三娘子城焚毁。

康熙三十三年(1694),在原三娘子城外增筑了一道外城,包围了原城东、南、西三面。后又在距旧城东北2.5千米处另建一驻防城即新城,命名为"绥远城"。新城(绥远城)城内主要是军营,旧城(归化城)内则为居民区。

1928年,绥远建省,以归绥县城区设立归绥市,作为省会。抗日战争时期,日本侵略者将归绥市改为"厚和特别市"。日军投降后,复称归绥市。

1949年9月19日,时任国民党绥远省政府主席的国民党将领董其武,接受中国共产党和平解决绥远问题的主张,率部起义,绥远省及省会归绥获得和平解放。

1954年,撤销绥远省建制,组建内蒙古自治区,并将"归绥"更名为"呼和浩特",作为内蒙古自治区首府。

呼和浩特的缔造者——三娘子

呼和浩特相传是土默特蒙古部首领俺答汗及其夫人三娘子所建。

三娘子是我国历史上蒙古民族的一位有远见的女政治家,名叫钟金,是明代漠南蒙古土默特部首领、杰出的政治家阿勒坦汗的妻子。生于1550年,卒于1612年。

三娘子不仅容貌非凡,性格豪放不羁,擅长歌舞骑射,而且具有卓越的政治远见和军事指挥才能。她所处的年代,正是明朝与蒙古族战争频繁的时代。三娘子执掌军政实权达40年,始终坚持和平互利的政治原则,既粉碎了明廷的经济封锁,又使蒙古各部统一起来。三娘子收纳并重用汉人,引进中原地区先进的农业、手工业,促进了本民族经济文化的发展。

三娘子处处顾全大局，妥善地处理了许多边事纠纷。1585年的青海之乱，10万蒙军既与当地土著居民发生冲突，又与明军发生冲突，三娘子临危不惧，解除了战争危机，恢复了和平安定的局面。

1581年，三娘子亲自主持监修了呼和浩特城。它使土默特部由"逐水草而迁徙"转为定居。人们对三娘子的怀念是长久而深沉的。美岱召的"太后庙"（即三娘子庙）每年农历正月初三设供祭祀的习俗一直延续到1933年。在民间，直到今天，人们还在追忆、传颂她的许多生动逸闻，怀念她的英雄业绩。

文化 CULTURE

草原明珠——召庙文化

呼和浩特作为蒙古地区藏传佛教的发源地，自明朝末期至清朝中期几百年间，就曾出现过三次建庙的高潮，共建起喇嘛庙近100处，再加上其余寺庙约有200余座。

如今寺庙古迹散布于塞外草原各处，有位于呼和浩特市旧城区金碧辉煌的大召和席力图召，有独具风格的金刚座舍利宝塔，还有修建于青山之间的阴山古刹喇嘛洞召和乌素图召等，组成了呼和浩特"七大召、八小召、七十二个免名召"壮丽的奇观，呼和浩特市更以"召城"之名而天下闻名，形成了这里独特的召庙文化。

召庙文化有着僧众多、佛寺多、经塔多、雕塑多、壁画多等诸多特点。在呼和浩特召庙的最鼎盛时期，僧众多达数万，各种佛事更是深入到社会生活的方方面面。在藏经楼中所遗留的历代经卷以及多种文物，为后世的考古科研提供了宝贵的资料，寺庙中的雕塑和壁画更是珍贵的艺术品。

雅俗共赏的二人台

二人台是内蒙古的地方戏，主要流行于内蒙古中西部农区、半农牧区。其传统艺术形式多以生、旦二人同台表演，同腔同调。2006年被评为国家级非物质文化遗产项目。

二人台流传于内蒙古西部及山西、河北和陕西部分地区，相传已有100多年的历史。各地的二人台在发展过程中，逐渐形成各自的艺术风格。人们通常以呼和浩特为界，分为东路和西路。西路二人台最初叫"蒙古曲"，东路二人台初名"蹦蹦"或二人台。

东路和西路二人台，经常演出的剧目共有100多个。《回关南》《拉毛驴》《摘花椒》《卖麻糖》《兰州城》等，是东路独有的剧目。西路二人台有《打金钱》《打樱桃》《打后套》《转山头》《阿拉奔花》等剧目。

二人台作为民间文化艺术的瑰宝，经过几代民间艺术家的传承和发展，形成了兼容多种艺术剧种的表演特色，被称为"盛开在中国艺术百花园中的艳丽奇葩"。

大召的鼓

二人台《挂红灯》

走向全国的和林县剪纸

和林格尔民间剪纸艺术有着悠久的发展历史。内蒙古和林格尔农牧草原文化的原生态民间剪纸,是一部蒙汉民族共同创造的地域性的农耕与草原图腾历史文化的活化石。2008年6月,和林格尔剪纸被国务院公布为第二批国家级非物质文化遗产代表名录。

古代生活在这里的北方马背民族在他们的生活中创造了剪纸艺术的先河。北魏鲜卑墓出土的金银箔透雕饰品、游牧毡帐上缀缝的装饰花纹等,其实都是剪纸艺术的镂空透雕意识的本质反映。

据考证,在我国汉、唐时期剪纸就被用来作为装饰品。和林格尔由于地处内蒙古与山西省交界地带,山西杀虎口外,俗称西口外,历代都有汉族人迁居至此,随着大批汉民的迁入,带来了纸,也带来了剪纸艺术,所以这里自古就是北方少数民族和汉族交融的前沿地带,这里的剪纸也具有与内地不同的独特的魅力。

2003年文化部正式命名和林格尔县"中国民间艺术之乡(剪纸)",这是内蒙古自治区唯一一个以剪纸的名义命名的"中国民间艺术之乡"。

自娱自乐的武川县爬山调

爬山调也叫爬山歌、山曲儿,是流行于内蒙古中西部农业区和半农半牧区的一种短调民歌,有后山调、前山调、河套调之分。

后山调流行于阴山北麓,旋律高亢悠长,音程跳动大;河套调流行于巴彦淖尔市河套地区,旋律优美,感情细腻;前山调则主要流行于土默特平原,其特点是兼有后山调与河套调之长。爬山调的结构与信天游、山曲相近,多为两个乐句的单乐段,曲调则有汉族与蒙古族交融的因素。

爬山调朴实无华、平中见奇,既是塞北劳动人民心声的自然流露,又是这个地区社会历史、时代生活和风土人情的一面镜子。

视觉盛宴土左旗脑阁

脑阁集戏剧、杂技、美术、舞蹈、音乐为一体,一架就是一台戏,如同流动的雕塑。"脑"是方言,意思是将物品或人高高地扛起。所谓"阁"就是一个捆绑焊接得结结实实的特制铁架子。2008年,脑阁已经被正式列为国家级非物质文化遗产。

演出时要将它固定在一男子身上,架上表演者一至三人,一般为8岁以下的儿童,每一成人与儿童的组合就称为"一架",演出时上下互动。脑阁架分单人架、双人偏架、三人高低架、担篮架、转架等,变化的架势可适用于各种不同的剧情和人物。

据史料记载和专家研究,脑阁(南方称"飘色")最早可以追溯到唐代,由黄河流域的中原地区兴起,后传至大江南北,在不同的文化背景和自然条件下,形成了不同风格、不同流派。如初期的"背棍""节节高";如成为拜佛、祭神活动中的"抬菩萨""抬神仙";如水上表演的称"水色",马上表演的称"马色",另有抬阁、转阁等。

内蒙古地区的脑阁选材广泛、丰富多彩,有神话故事、民间传说,如《梁山伯与祝英台》《天仙配》《白蛇传》《西游记》《八仙过海》,还有表现内蒙古地区历史、文化、人物的故事,如《昭君出塞》《阿勒坦汗与三娘子》等。

脑阁

景点推荐 呼和浩特城区景点

伊斯兰风情街
恍若中东的伊斯兰景观

- 呼和浩特市回民区中山西路西面路口
- 市内可乘坐36、56、75、78路公交车到达

伊斯兰风情街全长1150米,街道两侧以叠涩拱券、穹隆、彩色琉璃砖装饰出来的高楼气势宏伟,排排尖拱形并列的门窗、浑厚饱满的绿色或黄色的球形殿顶、高耸的柱式塔楼,以沙漠黄为主绿白相间的色调,让人领略到浓郁的伊斯兰风情。

伊斯兰特色风情街南起旧城北门、东至中山路西端、北接新华大街,是纵贯呼和浩特南北的重要交通要道。

玩家 攻略

到这里自然不能错过美味的回民小吃,油不浪儿、蜜麻叶、油酥馍、干垫儿、炒面、拉面、拌汤、烤羊肉串等美味,都是不能错过的。

五塔寺
充满浓烈宗教色彩的喇嘛教塔

- 呼和浩特市五塔寺东街芳清园小区对面
- 从火车站坐1路车在蒙西文化广场站下车即可
- 35元 0471-5972640

五塔寺位于呼和浩特市旧城东南部,原名金刚座舍利宝塔,因塔座上有五座方形舍利塔而得名。塔始建于清雍正年间,高约16米,塔身均以琉璃砖砌成,塔身下层是用三种文字刻写的金刚经经文,上层则为数以千计的镏金小佛,刻工精巧,玲珑秀丽。

玩家 攻略

五塔寺中最有价值的当数紧靠北墙的蒙文天天文图石刻,天文图直径144.5厘米,天球圆面以北天极为圆心,画出二十八宿赤经位置的经线,还有五个同心圆,由里向外为天北极圈、夏至圈、天赤道圈、冬至圈、天南极圈。这是迄今为止世界上唯一用蒙古文标注的一幅天文图。

五塔寺

金刚宝座塔是佛教密宗的一种佛塔建筑形式。金刚宝座代表密宗金刚部的神坛。五座塔代表金刚界五部佛主:中间的为大日如来佛,东面为阿閦佛,南面为宝生佛,西面为阿弥陀佛,北面为不空成就佛。中国现存四座金刚宝座塔。

金刚座高7.82米,金刚座身分七层。第一层上用蒙、藏、梵三种文字刻写了金刚经文,以上各层镶嵌砖雕佛龛,内塑镏金佛像1119个,每龛中坐一佛像,两旁为宝瓶柱。

宝塔上半部为千佛龛,内塑鎏金佛像1119个,每龛中坐一佛像,两旁为宝瓶柱。各小塔第一层嵌还有佛像、菩萨、菩提树等砖雕。

宝塔下半部为塔座。塔座是一个长方形高台,上有五个方形小塔,为砖石结构。中间一座为7层,其余四座为5层。五座小塔代表金刚界五部:佛部、金刚部、宝部、莲花部、羯摸部。

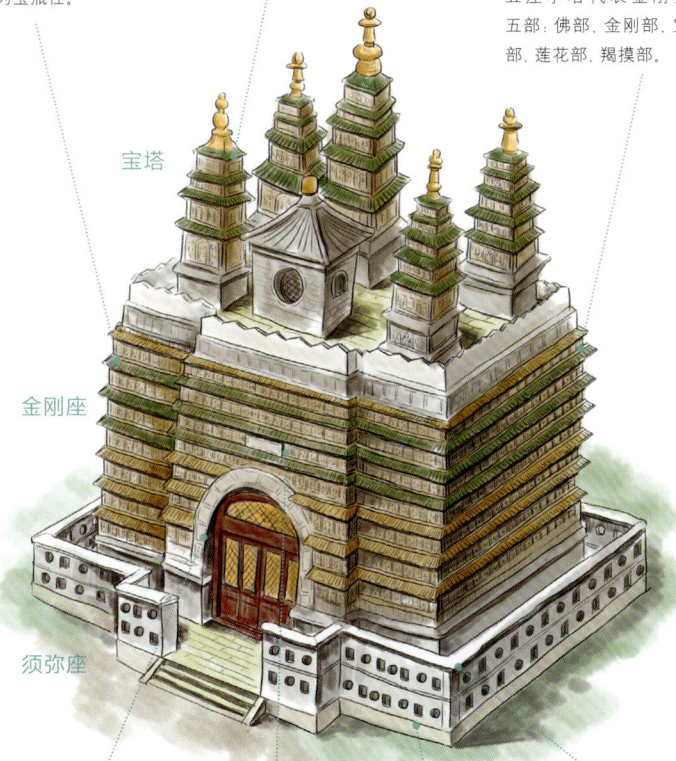

宝塔

金刚座

须弥座

须弥座和金刚座南面为券门,沿券门镶以汉白玉石,上饰狮、象、龙、飞天等浮雕,左右对称。

券门上方,位于金刚座第五层中间嵌有石匾,用蒙、藏、汉三种文字刻出"金刚座舍利宝塔"七字。

须弥座和金刚座之间,镶以汉白玉石一周,上以蒙古、藏两种文字刻着一些吉祥语。

须弥座东、西、北三面都有浮雕装饰,东西两面图案相同,中间均为法轮,左右对称依次为人戏狮子、狮子、孔雀、法轮、金刚杵结。

大召
呼和浩特最大的格鲁派寺庙

- 呼和浩特市玉泉区大召前街
- 可乘坐6、38、42路公交车到达
- 30元　0471-6303154　8:00~18:00

大召位于内蒙古呼和浩特市旧城内，蒙古语名"伊克召"，意思为"大庙"，始建于明代，是呼和浩特市内最大的格鲁派寺庙，也是蒙古少有的不设活佛的寺庙。

大召，藏传佛教寺庙，是呼和浩特地区乃至内蒙古地区目前保存最完整、影响最广的寺院之一，又称"银佛寺"。达赖三世曾在此主持了银佛的"开光法会"。

玩家 攻略

大召的珍藏品极为丰富。600年前的《甘珠尔》经卷，以及宗教活动使用的各种法器、面具等都是珍贵的历史文物和艺术珍品。

玩家 解说

大召始建于1578年（明万历六年），距今已有400余年历史。其建筑从南到北，依次为山门，天王殿，菩提过殿，经堂，佛殿，九间楼以及东西配殿，是呼和浩特市现存最大最完整的木结构建筑。

大召的建筑物布局别具一格，殿内雕塑、壁画光彩照人，各类神佛、菩萨、观音、金刚、罗汉神态各异，栩栩如生，令观者惊叹，堪称艺术瑰宝。

席力图召
呼和浩特市规模最大的寺庙

- 呼和浩特市兴盛杰与石头巷交会处
- 30元　可以乘坐38、42、58路等公交车在大召站下即可到达
- 8:30~18:00　0471-6310332

席力图是蒙古语，意为"首席"或"法座"，汉名"延寿寺"，为康熙所赐。该召是呼和浩特地区规模最大的喇嘛教寺院，并掌握着这个地区的格鲁派大权。

召庙建筑宏伟，风格独具，虽经400年风雨和动乱，仍保留较完整。现今所见的席力图召内建筑群，是采用中原传统的布局，即从山门到大殿形成一条中轴线。两侧对称布置侧殿、仓房、碑亭、钟鼓楼。寺内建筑凡五进，山门前还建有木牌楼。

玩家 攻略

每年正月十五，席力图召都会举办晾佛节，

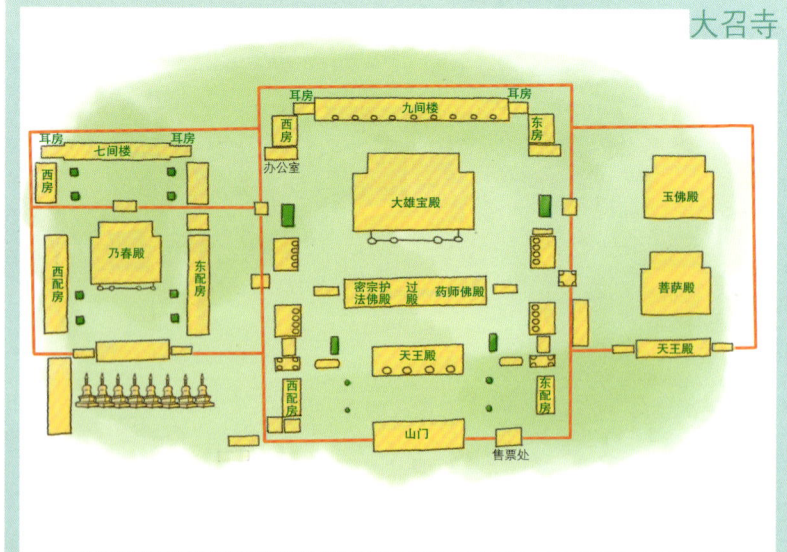

大召寺

席力图召

晾佛就是晾晒本寺珍藏最大的佛祖释迦牟尼唐卡,一是为了使佛光普照青城百姓,二是为了防止唐卡生虫蛀。到时广东的信徒来此朝拜,仪式隆重,节后娱乐活动丰富。

汉白玉石塔

汉白玉石塔全用白石雕刻垒砌而成,通高约15米,石塔基座用石条砌成方坛,四面有阶梯可登。方坛上面为方形束腰座,束腰部分刻出火焰、金刚杵、狮等图案花纹,四角立圆柱,上呈阶梯状座身,分五级逐步内收,最下一级刻图案花纹,以上各级刻梵文六字真言。

玩家 攻略

汉白玉石塔是内蒙古地区覆钵式喇嘛塔中最完整的一座,白色石料的塔身上,纹饰都用五彩,色调对比鲜明,是中国北方建筑艺术的宝贵实物和清代覆钵式塔的代表作。

席力图召汉白玉石塔

覆钵为宽肩型,周围饰以璎珞,南面正中砌出火焰形佛龛。覆钵上面的塔刹,用石刻出十三相轮,再覆以铜制星月和宝盖。

天王殿

席力图进得山门,就是天王殿。四大天王分列东西两边,四天王居须弥山的半山腰,其职责是各护一方天下,故又称"护世四天王",同时护佑人间的风调雨顺。

链接

天王的脚为什么是抬起的?

天王的脚都是抬起的,一说是为了踩住四方妖孽。另一说是明成祖朱元璋没有做皇帝之前,他曾是庙中的一位小沙弥,一天,他在庙中扫地至此,喃喃自语道:要是四天王抬起脚来,我便能扫得更干净,朱元璋本是真龙天子,四天王于是顺从地抬起脚来,扫地以后,朱元璋却忘了说把脚放下,所以到今天为止,四天王的脚还是抬着的。

但有些寺庙中,四天王的脚是放在地上的,这就要看建庙的时间了,如果是建于明朝之前,那么四天王的脚就是放下的,建于明朝之后的寺庙,四天王的脚就是抬着的。

大雄宝殿

大雄宝殿是席力图召最大、最中心的殿堂,全称藏汉合璧千人大经堂,这是呼和浩特市地区唯一的一座藏汉合璧的宏大殿堂,是东方建筑艺术的瑰宝,被称为"东方一绝"。它的前部是面阔九间,共九九八十一间,可容千人育经的"大经堂",后部为"大佛殿"。

■ 康熙平定噶尔丹纪功碑

清康熙皇帝平定厄鲁特蒙古准噶尔部噶尔丹叛乱后,于康熙四十二年(1703)御制刻碑,用以纪念平叛的胜利,表彰两寺喇嘛助战功绩。

玩家 解说

石碑两通均用满、蒙、藏、汉四种文字铭刻,各书两石,每面分刻一种文字,每石各建有一座八角攒尖顶式碑亭。碑文叙述平叛经过及意义的文字相同,但分别表彰两寺喇嘛功绩的文字稍异。

碑文记载赐予小召的甲胄、宝刀,过去每年春节公开展览,名为晾甲,届时人们倾城出动前往观赏,今亦由内蒙古博物馆收藏。

清公主府
品味公主府的昨日辉煌

- 呼和浩特新城区寨军路
- 乘坐公交环2号线、2、74、84路公交可到
- 9:00~16:30 免费

公主府是内蒙古迄今保存最为完整的一座皇家品级建制的府邸。庭院成群,规模宏大,建筑有5进,包括大门、过厅、大厅和内院,门前立有大照壁,宅院东部有假山和池沼。公主府附近为其牧场,后建村落命名为小府、府兴营等。府第虽经近现代利用改建,原来布局基本未变,现已辟为呼和浩特市博物馆,馆藏文物精品1200余件,历史、艺术和观赏价值极高。

康熙和固伦恪靖公主

玩家 攻略

博物馆内有以公主大婚、省亲、康熙驻跸公主府等内容为主题的3D影院,同时提供休憩的具有宫廷文化和草原文化气息的戏台、茶座。

玩家 解说

固伦恪靖公主,是康熙皇帝第六女,排行为四公主。初被封为和硕公主,康熙三十六年出嫁时被封为和硕恪靖公主,雍正年间被晋封为固伦恪靖公主。下嫁喀尔喀蒙古土谢图汗亲王敦多布多尔济。她是个颇有作为的公主,真正行使了皇朝在喀尔喀蒙古(今蒙古国)的监国权利。

乌兰夫纪念馆
具有独特民族风格的巍峨建筑

- 呼和浩特市回民区钢铁路植物园内
- 乘公交4、52、72路到乌兰夫纪念馆站下即可
- 9:00~20:00 免费

乌兰夫纪念馆坐落于景色优美的乌兰夫公园内,是一座具有独特民族风格的巍峨建筑。由主馆、纪念广场、塑像平台、升旗台、碑亭、牌楼6个部分组成。整体建筑群将传统建筑风格与现代建筑技术融为一体,在松柏绿茵的环绕下,形成了以人文景观为内涵,园林绿色为载体,相互衬托的旅游胜地。

玩家 解说

1992年12月23日落成开馆,时任国家主席杨尚昆同志为纪念馆题写馆名。纪念馆展馆面积为1500多平方米,整个陈列分为序厅和9个展室。整体陈列采用了现代化的声、光、电技术和先进的布展材料,以乌兰夫同志的生平事迹为主体,同时又体现了内蒙古老一代领导群体的业绩。

整个展览共展出文物160件、文献资料58件、照片305件,内容与形式珠联璧合。

绥远将军衙署博物院
清代边疆将军府

- 呼和浩特市新城西街原鼓楼附近路北
- 市内可乘坐2、3、4、15路等公交车前往
- 免费 夏季8:00~19:00,冬季9:00~17:00
- 0471-6901265

将军衙署博物院成立于1992年,它是依

呼和浩特城区景点

玩家 解说

绥远将军衙署是我国现存规模最大、保存最为完整、地位等级最高的清代边疆将军府。自清乾隆二年(1737)开工兴建，至乾隆四年(1739)建成。正南端为大照壁，东西为辕门，正门前左右蹲立一双石狮，进门后有大堂、二堂，为绥远将军的衙署，三堂和四堂为将军的内寝，第五进院为"后堂"，两侧为花园。府院各种用房130间，占地面积3万平方米。

绥远将军衙署

托全国重点文物保护单位清绥远将军衙署建立起来的专题性历史博物馆。绥远城的特点是：四门不正，鼓楼不中，而将军衙门居城的中心，体现了绥远将军的地位之高和权利之大，这些都为研究清廷对西北地区和在绥远的统治提供了史实。

链接

绥远将军

绥远将军的前名是"建威将军"。号令八千少一名八旗官兵，为清朝正一品封疆大臣，是绥远地区的最高军政指挥官员。

内蒙古赛马场
亚洲规模最大的赛马场

- 呼和浩特市新城区赛马场北路
- 13、17、22、24、303路公交车可到
- 1元，外宾10元 0471-6500659
- 7:00~21:00，只限周六周日开放

内蒙古赛马场是亚洲目前最大的赛马场之一，为迎接内蒙古自治区第一届运动会而建。其周长2500米，占地0.3平方千米。主席台为3座回屋顶建筑，形似蒙古包，屋顶涂天蓝色彩纹。看台可容6000多人。自治区的马术队经常在这里训练和表演，这里还经常举行大型马术比赛和群众集会。

玩家 攻略

赛马场可观赏到内蒙古马术队表演的精彩节目：马上体操、乘马斩劈、马上射击、射箭、轻骑赛马、马上技巧等蒙古民族的传统体育节目。另外，赛马场东侧有经营蒙古特色餐饮的蒙古大营，不可不尝。

太清宫
草原上唯一的道观

- 呼和浩特新城区艺术厅南街17号
- 15、19、29、52路公交车均可到达 免费

太清宫是内蒙古目前仅存的道观和道教活动场所。太清宫正面的三清宝殿巍峨壮观，殿内供奉着元始、灵宝、道德"三清天尊"，分别代表宇宙的浑元、洪元和太初时期。北面财神殿供奉着武财神赵公明元帅，院中还有一口除鬼降魔的"镇妖井"。

玩家 攻略

太清宫内现保存着清末时期的40多件文物，其中还有慈禧六十大寿时赐予太清宫的金幔帐。太清宫不仅举行道教祈福迎祥、趋吉避凶、超度等道场，而且每年定期举行庙会。

内蒙古博物院
波澜壮阔的历史长河

- 呼和浩特市新城区新华大街2号
- 3、19、51、59、75路等公交车可到达
- 免费 0471-4614000
- 淡季9:30~17:00，旺季9:00~17:30，周一闭馆

内蒙古博物院是全国少数民族地区最

内蒙古博物院

早建立的博物馆。博物馆的展厅大楼造型别致，极具民族特色，是自治区首府的标志性建筑之一。馆藏文物10万余件（套）。

馆内文物具有鲜明的民族特色和地方特点。匈奴、东胡、乌桓、鲜卑、突厥、契丹、女真、党项、蒙古等少数民族文物占有重要比重，其中匈奴王带饰和冠饰、鲜卑贵族步摇冠饰、汉代镏金及玛瑙马饰具、珍珠团龙袍等文物，属罕见珍品。

玩家 攻略

欢乐大课堂智力竞赛：是以讲解内容为主，针对大中小学生的互动活动。活动以参与互动为主，知识问答为辅。竞赛有化石鉴定、现场纺线、蒙古式摔跤比赛、民族服装制作等一系列让学生们亲身参与的环节。

学生综合实践课：是旨在依托博物院文物资源优势，弥补传统课堂教育不足，提高学生动手操作能力及综合素质而开辟的"第二课堂"，包括化石形成与发掘包装、陶瓷制作、纺线织布、蒙古包搭建、奶制品制作等。

小讲解员培训班：是针对中小学生开展的学生实践活动。小讲解员可以利用课余时间，通过对自己感兴趣的展厅的参观、学习，提高综合素质。

民族礼俗演示：敬献哈达，演示蒙古族长调，表演马头琴等，使观众以更近距离更直观的方式，感受草原文化的魅力与风采。

万部华严经塔

万部华严经塔 文
最精美的一座辽塔

- 呼和浩特市赛罕区巴彦镇白塔村
- 可乘坐2、3、4、51路公交车到达
- 25元
- 8:30~17:30

万部华严经塔，因其通体洁白又称"白塔"，位于丰州故城西北角，约建于辽圣宗时期（983—1031），历代都曾维修。近年又经修缮，恢复了塔刹，清理出淤埋地下的基座。

塔为楼阁式砖木结构，八角七层，通高55.6米。基座为束腰须弥座，上部砌作仰莲瓣。塔身第一、二层外壁嵌有砖雕佛、菩萨、天王、力士像，转角倚柱为砖雕蟠龙柱，造型优美生动，线条极为流畅，有很高的艺术造诣。

第一层南面券门上嵌有石额，汉字篆书"万部华严经塔"六字。每层设腰檐和平座，腰檐下砌出斗拱承托。

玩家 攻略

每年的6—9月是去万部华严经塔游览的最佳季节，白塔是中国现存辽塔中最精美的一座。塔内有旋转式阶梯走道，可供游人攀登，登塔远眺，景色十分秀美。

玩家 解说

塔内第一层墙上嵌有金代石碑6通，各层都有历代游人题记，除大量使用汉文外，还有契丹小字、女真字、畏吾体蒙古字、八思巴字、古叙利亚字及古波斯字等各种文字题记，其中以金大定二年（1162）汉文题记的时代最早，金、元、明各代题记作者来自祖国四面八方，反映了当时各民族间的关系及社会状况，是研究北方民族史和地方史的重要史料。

链接

不凡的白塔

村民把丰州城的残垣断壁当作神秘之地。相传城里有一窝小白鸡，由一只黑母鸡带领，日近黄昏便出来打食。但是可见不可近。有人说塔上有只日日啼晨的金公鸡，飞到谁家地里，谁家就会有好收成。周村人在耕作中得到陶瓷器、铜钱或金银玉器，就认为是塔上的菩萨、天王所恩赐，要跑到塔下祭拜。

呼和浩特郊区景点

景点推荐

昭君博物院 AAAA
中国最大的汉墓之一

- 呼和浩特市玉泉区
- 65元，可以看《昭君情缘》歌舞表演，一天两场
- 在火车站乘坐1路车到终点站，换乘44路到终点站。44路比较难等，可以坐1路车到南茶坊，再换乘10路车到昭君墓
- 0471-5150201 8:00~18:00

昭君墓，又称"青冢"，现更名为昭君博物馆，蒙古语称为"特木尔乌尔琥"，意为"铁垒"。昭君墓始建于公元前的西汉时期，距今已有2000余年的悠久历史，是中国最大的汉墓之一。有青泉牌坊、石雕嫱云、和亲铜像、董必武诗碑、昭君出塞陈列、昭君诗碑廊等景点。

玩家 解说

"青冢"一词，出自对杜诗的一条注解：北地草皆白，唯独昭君墓上草青如茵，故名青冢。昭君墓是后人追慕和纪念王昭君的遗迹。

据民间传说，每到深秋时节，四野草木枯黄的时候，唯有昭君墓嫩黄黛绿，草青如茵。因此历代诗人常常好用"谁家青冢年年青""到今冢上青草多""宿草青青没断碑"之类的诗句寓意。

据说"呼和浩特"的蒙语直译为"青城"，就是因青冢而得名的，而"青冢拥黛"也成为呼和浩特市八景之一。由于墓体周围景色宜人，加上晨曦晚霞的映照，墓景时有变化，传说一日有三变。

链接

昭君出塞

王昭君，名嫱，西汉南郡秭归人氏，就是现在湖北省秭归县。西汉元帝时，昭君以"良家子选入掖庭"，所谓"良家子"，指的不是医、巫、商贾、百工出身。"掖庭"就是后宫，昭君入掖庭后级别是"待诏"，"待"是等待的待字，"诏"是言字旁加一个召见的召，由字面上理解，她的地位是比较低的。

史书记载，昭君"入宫数岁，不得见御，积悲怨"。相传汉宫画师毛延寿给后宫美女画像，元帝通过画像选召宫女，因此她们纷纷用财物贿赂毛延寿，请他把自己画漂亮些。而昭君对这种不正之风深有不满，没有贿赂毛延寿。

玩家 攻略

新竣工的昭君博物院由匈奴文化博物馆、单于大帐、和亲宫、昭君宅、"藏墨苑"书画展厅组成。匈奴文化博物馆建成后将成为世界上唯一的匈奴博物馆；单于大帐是昭君博物院的主要建筑物，其建筑面积为1800平方米；昭君宅是将昭君故里——湖北省兴山县的昭君宅进行复制而建造的，同时和亲宫、"藏墨苑"书画展厅也都独具特色。

匈奴文化博物馆

于是，画师便在昭君画像的眼角下点了一颗"伤夫落泪痣"，人们认为有这种痣的女人是丈夫的克星，作为封建君主，当然不可能宠幸这样的女子了。但是，当汉元帝看到昭君本人，发现她并没有那颗"伤夫落泪痣"时，追悔莫及，可惜一切已成定局，无法挽回，只好作罢。

公元前33年，昭君为了汉匈两族的团结友好，请求出行，充当汉族的"和亲使者"，出嫁到塞北，为民族友好做出了杰出贡献。

伊利乳业工业园 AAAA
参观牛奶生产工艺

📧 呼和浩特经济技术开发区金川区金四道8号
🕐 8:30~12:00，13:30~17:00
💰 免费。中、英、蒙三语讲解。两个参观点的讲解时间分别为40分钟、20分钟
📞 0471-3357388

作为全国工农业旅游示范点，伊利集团以乳制品的现代化生产车间、先进的生产工艺、心灵的天然牧场和深厚的企业文化等为资源，以总部呼和浩特为依托，陆续在北京、安徽、黑龙江等地区的23个工厂开展工业旅游，亲眼看见伊利"放心奶"的生产过程。

玩家 攻略

餐饮场所：伊利新工业园区内部餐厅10元、15元、20元套餐（须提前预订）。

特色旅游商品：蒙亮民族工艺品厂，目前产品已达千余种。蒙药、奇石、蒙古刀、奶制品、蒙古银器、牛角工艺品、蒙古族服饰、皮毛动物工艺品、羊绒制品等。

链接
伊利集团

内蒙古伊利实业集团股份有限公司，是中国唯一一家同时服务于奥运会和世博会的大型民族企业，是国内最大的乳品制品生产企业。2013年，在荷兰合作银行发布的全球乳业排名中，伊利集团位列全球乳业第12位，中国排名第一。

伊利集团拥有液态奶、冷饮、奶粉、酸奶和原奶五大事业部，所属企业近百个，旗下有纯牛奶、乳饮料、雪糕、冰激凌、奶粉、奶茶粉、酸奶、奶酪等1000多个品种，产销量、规模、品牌价值居全国第一。

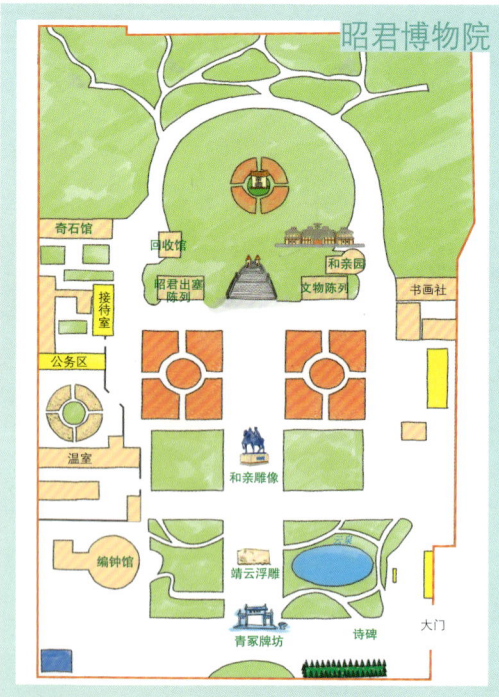

昭君博物院

敕勒川人家旅游度假村
中国最大的亭文化景观园林

- 呼和浩特市玉泉区呼准公路6.5千米处向西2.5千米
- 8:00~18:00
- 度假村自有2辆旅游直通车可容纳20人乘坐

敕勒川人家旅游度假村集种植、养殖、观光于一体。周围有天然草场13.33平方千米,可观赏土默川风光,住农家屋、吃农家饭,体验当地风土人情和乡间气息。村内设有各种蔬菜、瓜果温室大棚供宾客观光、采摘。

玩家 攻略

6月至9月期间有二人台表演大赛。

和格尔土城子遗址
汉代至唐代的故城遗址

- 呼和浩特市和林格尔县盛乐镇,县城北12千米
- 在汽车南站乘坐往和林的班车

城址呈不规则多边形,东西长1550米,南北长2250米,总面积约349万平方米。城门、瓮城、角楼以及建筑基址保存基本完好,城内街道依稀可辨。城址平面分三区。南区现存东墙南段和南墙;北区现存东墙、西墙、北墙和西南墙;中区现存东墙和北墙,可能是辽金元时期的城址遗存。

玩家 攻略

城外发现了数十座汉唐墓葬,获得了丰富的实物遗存,其中北魏镶宝石金猪佩饰、唐三彩鹦鹉提壶以及北魏和唐代壁画墓等,都有很高的学术价值。

乌素图召
五座寺院组成

- 呼和浩特市回民区攸攸板镇大青山南麓
- 可在呼和浩特火车站坐23路公交车到达
- 25元
- 0471-6934905

"乌素图"为蒙古语,意为"有水的地方"。乌素图召主要由庆缘寺、法禧寺、长寿寺、广寿寺、罗汉寺五个寺院组成,乌素图召是其总称。五座寺院都相距不远,毗邻相连,建筑宏伟壮观,别具特色。是蒙古族工匠自行设计施工建成的一座寺庙。

如今只有庆缘寺、法禧寺、长寿寺和罗汉寺被完整地保存了下来。

乌素图召

玩家 解说

乌素图召依山傍水，山沟杏柳成荫。春则花鸟争妍，夏则桑麻竞秀，秋看黄叶，冬赏雪峰。一年四季都有随时变幻的浓妆淡抹之美。呼和浩特旧八景有"红杏遗村"，就是指乌素图召，素有"杏坞翻红"的美称。

召后有东西横亘的赵长城遗迹，地表有突起的夯土城墙，登临长城眺望，俯仰山川，广袤无际。放眼远眺，青城在云烟缭绕之中，大黑河犹如一条巨龙向西奔流汇入黄河，火车在原野上飞掠而过，土默川山河构成一幅又一幅美丽的画卷，尽映眼帘。

□ 庆缘寺

庆缘寺位于乌素图召中心，为主寺，规模最大，是乌素图召第一代活佛创建于明神宗万历十一年(1583)，于明万历三十四年(1606)建成。乾隆四十八年(1783，即创建200年后)，又添建殿堂，次年才由清廷命汉名为"庆缘寺"。

玩家 解说

庆缘寺最为著名，规模最大，也为乌素图诸召的主寺，是呼和浩特的"八小召"之一。

□ 长寿寺

长寿寺在庆缘寺的东面。于清康熙三十六年(1697)，为达赖长木肃绰尔济所创建。这座寺院在清代前后修葺有6次之多，所以寺中殿堂彩画和泥像雕塑，到解放时还比较完整。寺中有记载建寺及历次修葺年代的石碑二座，矗立于殿前的东西两侧，西为蒙文，东为汉文，碑文的内容相同。

□ 罗汉寺

在庆缘寺的正北，也是乌素图第三代活佛罗布桑旺扎勒在雍正三年(1725)，和法禧寺同时所建的寺院，不过规模较小。乌素图召的活佛在罗布桑旺扎勒以后又传了五代，到第八代明珠尔济在1930年死去以后，便没有再寻访呼毕勒罕，从此这个寺院的活佛停止"转世"。

□ 广寿寺

在罗汉寺北的山坡上，原名叫察哈尔速木寺，由察哈尔禅师呼图克图初建于明代隆庆年间，是乌素图召最早的一座寺院。在康熙二十九年(1690)，席力图召的绰尔济阿旺丹不勒又扩建后，由康熙帝钦赐"法成广寿寺"名，以后简称"广寿寺"。在清咸丰九年(1859)曾重修过一次。后因寺中的喇嘛人数少，逐渐成了席力图召的属庙。中华人民共和国成立后，因年久失修无法恢复被拆除。

□ 法禧寺

法禧寺在庆缘寺的东北，其建筑别致，内外装饰华丽，是诸寺中最富有特色的一座寺院。据考证，该寺是为乌素图召第三代活佛罗布桑旺扎勒于清雍正三年(1725)所建。60年后清乾隆五十年(1785)，由清朝廷命汉名为"法禧寺"。

玩家 攻略

法禧寺内，珍藏着该召三世活佛罗布桑旺扎勒整理的西藏喇嘛大法师松巴堪布所著《松巴堪布著经》的雕版，从而知名。这部经板长49厘米，宽7厘米，共有3455块版刻，内容包括经、论、医、律、算五种，是一部有价值的藏文著作。藏语谓"第三"为"松巴"，称"尊者"为"堪布"。

乌素图国家森林公园
迷人的自然风光

- 呼和浩特市回民区乌素图大青山前山中段
- 在呼和浩特火车站乘坐23路旅游专线可到
- 20元 8:30~17:30

乌素图国家森林公园环境幽雅，一年

法禧寺建筑艺术

哈达门国家森林公园

四季景色宜人，非常适合旅游度假。这里群山如屏，峰峦叠嶂，沟壑纵横，地貌变化千姿百态。山上松柏常青，鸟语花香，沟中杨柳叠翠，溪水潺潺，山下果树成林，碧波倒影。

除自然景观外，这里还集中了不少人文景观。有战国时期赵长城遗址、汉通漠北的古白道遗址，还有集蒙、汉、藏建筑风格为一体的乌素图召，颇有学术、考古价值。

玩家 攻略

森林公园内游乐项目丰富多彩。近年来新增篝火晚会、水上世界、鸟语林、虎口观景、森林探险。购进梅花鹿、和平鸽、四川矮马等动物，令游客耳目一新，游兴倍增。

哈达门国家森林公园
林海与草场浑然一体、交相辉映

呼和浩特市武川县呼武旧公路27千米处

　　哈达门国家森林公园地处阴山山脉腹地，南对万里黄河，北眺茫茫草原，森林覆盖率73.6%，素有"绿色宝库"之称。整个旅游区内的地形骨架由11道深切沟谷和沟间梁地组成，地形起伏较大，形成了峡谷、山地、高山台地错落分布的地形格局。

玩家 攻略

　　自然景观有顽石潭、三叠瀑、小峡谷、水帘洞、一线泉、瀑布泉、飞来石、莲花峰、双驼峰、松鼠峰等。还有避暑山庄、饭店、游泳池、溪流小桥、蒙古包群、888级台阶等旅游设施。

玩家 解说

　　公园中的"坞坞番红"景色宜人，杏树连片，一望无际，春季杏花开放，秋季红叶，漫山红遍，成林尽染，是呼和浩特市历史悠久的八大景之一。漫步公园中，处处是诗情画意，令人流连忘返。

乌素图国家森林公园杏花花海

哈达门高原牧场
体验蒙古族游牧风情

呼和浩特市武川县大青山乡五道沟

呼和浩特市区有班车前往

40元

0471-6286006

　　哈达门高原牧场是一个自然风光独特、

蒙古族文化浓郁的特色景区，集自然景观与民族特色文化主题于一体，是目前距呼和浩特市区最近的，以游牧文化为主题的游览胜地。

玩家 攻略

主要景点包括游牧古城接待中心、敖包祭祀区、夏营盘游牧风情体验区、白鹿苑主题山吧、料木山观景台。

大窑文化遗址
灿烂的史前文明

- 呼和浩特市东郊33千米保合少乡大窑村南山坡
- 15元　乘坐301路公交车在内非金属地质队站下即可到达
- 8:30~18:00　0471-6635129

这里是座考古学家和文物工作队发现的旧石器时代早期的石器制造场。据说距今已有五六十万年之久，即相当于北京周口店中国猿人的时代。

大窑村南山坡是横亘在内蒙古西部的阴山山脉大青山南面的支脉，山下有溪涧流水，适宜远古人类的居住。它的发现，不仅为研究我国北方旧石器时代石器文化的分布和发展提供了极为重要的资料，同时也为研究我国文化发源提供了极为重要的科学论证资料。

玩家 解说

长期以来，人们都认为人类发源于黄河流域，而北京周口店就是中华民族的摇篮。由于大窑文化的发现，证明了北方阴山之南也已有原始人活动，他们与北京周口店人共存。大窑文化遗址，在世界上目前也是独一处，它的面积之大，出土文物之多，场面之宏观是少见的。

这一发现，对研究呼和浩特地区及祖国北疆古老经济、文化的发展以及研究民族起源都提供了新的史料和充分的证据。1979年文化部命名为"大窑文化"。

大窑八景

第一景"无字天书"。它位于兔儿山四道沟人工发掘的百米长廊中，高15米。它是一个完整的地层剖面，土质层次分明，虽然无字，但鲜明记载着大窑文化的历史年代，即记载着人类旧石器时代初期到新石器时代晚期，1万年前到50万年前的漫长岁月和地球所经历的千万年沧海桑田的变化，是一部令人难以读尽的"历史巨著"。

第二景是"磨光巨石"。此景位于天书东北不远处。两块巨石突兀，似有关联，相互照应，质地坚硬，表面十分光洁，据分析，该石是燕山运动时从山上往下滑时受到强烈摩擦所致。这一景也可叫"飞来石"。它的存在证明我国蒙古族地质学家李四光的一系列地壳变化运动的理论是正确的。

第三景叫"凤凰展翅"，它与兔儿山的兔头毗连，形似凤凰双展翅，飘然欲举，望之心驰神飞，欲静欲动，遐想不已。

第四景为"双龙戏珠"。位于兔儿山南坡八道沟之西侧。两条龙的身子，就是屈曲蜿蜒的山脊，龙头昂首向东崛起，龙口大张，二龙各含圆形巨石一块，似双龙戏二珠，形象逼真。当你站在龙口或登上龙头之顶，只见龙眼之中常有无根之水，堪称奇观。

第五景为"莲花并蒂"。位于双龙戏二珠西北百余米处的山间小洞之中。莲花并蒂也是一块巨石，东西有一罅隙，一分为二，一人可从中间穿过。当你站在罅间，举首仰望，蓝天形如一条蓝色飘带，这块巨石"造型"好似一朵盛开的并蒂莲花，因而文物工作者命名为"莲花并蒂"。

第六景为"百米古洞"。其东口在莲花并蒂附近。东西布向，古洞屈曲蜿蜒，幽深莫测。古洞现虽有淤塞，但洞口尚存，西口被一巨石堵塞，游人不得从中而过。此洞的形成据传是在清代人们为取燧石（通称打火石）而人工开掘的，似为一"窑"，因很大而得村名为"大窑村"。

第七景为"登临远眺"，当你从古洞继续西行，便是兔儿山的兔背了。从这里登临高点，极目远眺，则青山如嶂，河水蜿蜒，层层梯田，黄绿相间。

第八景算是"遗迹斑斑"了。在无字天书下有猿人烧火的灰烬遗迹，古人吃过的肿骨鹿和普氏羚羊残骨化石，人工打成的大量的石器和半成品石器，其中以龟背形刮削器最富有特色，反映了一定的地方性。

链接

大窑文化遗址的发掘

大窑文化遗址发现于1973年10月,当时考古工作者发现了石核、石片、石斧等387件,引起国内外许多专家学者的重视。许多外国考古工作者也都相继来呼和浩特考察。

经1976年到1984年进一步的发掘和科学研究,由我国著名考古学家贾兰坡、裴文中和吕遵谔先生鉴定,肯定为旧石器时代早期的遗迹,是一石器制造场。教授研究证明,这一遗址是罕见的旧石器时代的重要文化遗址,具有重要的科学价值。

霍尤沟
流水潺潺绿荫葱葱

- 呼和浩特市土默特左旗陶思浩乡境内的大青山中
- 乘班车到陶思浩乡再租车前往

霍尤沟又称青龙大峡谷,地处110国道690千米段。景区纵深约有10千米,沿沟林木茂密,奇景怪石比比皆是。每隔1千米便有一瀑布出现。进入沟谷深部便豁然开朗,几十亩大一片平地中间有一龙潭,清澈见底,长年有水。秋季来临,红叶满沟,远望一片火红,景色煞是迷人。

敕勒川草原文化旅游区 AAAA
塞外西湖

- 呼和浩特市土默特左旗境内
- 免费 ☎ 0471-8312288 ⏰ 8:00~20:00
- 可在呼和浩特市或包头长途汽车站乘往返两地的班车,包头东至旅游区12元,2小时可到;呼和浩特至旅游区10元,1小时可到

敕勒川(哈素海)旅游区是内蒙古四条精品线路中呼包鄂线路上的重要节点。依托哈素海优质天然无污染水面和呼市、包头、鄂尔多斯金三角优势成为旅游胜地。旅游区北依大青山,南临土默川。旅游区内青山、碧草、玉海、卧佛、峡谷和历史文化、民族风情构成了一幅多彩的迷人画卷。

"哈素海"蒙语译为玉海,即圣洁的海,系古代河道变迁形成的牛轭湖,属天然淡水湖泊,素有"塞外西湖"之美称。每年夏天,湖清水深,碧波荡漾,蒲苇丰茂,鸟飞鱼跃,水天一色。沿岸建有游乐园、凉亭水榭、假山牌楼、曲径回廊等现代和仿古建筑,游人可荡舟湖中,尽情欣赏湖光山色之美景。

旅游区中则是天鹅堡温泉是呼包鄂及周边地区最大的、最具特色的温泉养生胜地。天鹅堡温泉水,源自地下3368米,出水温度为52度,温泉检测水质优良,与中、蒙医药相结合,形成独具特色的养生功效。室内温泉大空间的设计充满热带风情气息,种类繁多的绿植遍布整个空间。室外温泉分别为露天区、溶洞区、山顶赏景区等共计30余个泡池。

玩家 攻略

别墅区的欧式木屋、别墅小楼和蒙古包装饰得豪华脱俗,令游客感受到休闲的温馨,非常浪漫。还有风格独特、充满现代气息的金山玉海楼,楼内有哈素海全鱼宴、蒙古烤全羊等特色风味餐。

哈素海

敕勒川草原

链接

哈素海的由来

传说，从前土默川中部有一个不大的水潭，潭水清澈，潭边居住着勤劳勇敢的蒙汉人民。他们当中有哈力图和素克两个青年，两人亲如兄弟。

有一天，从外地来了一个自称叫雄牯的人。他说，10年前，他在潭边不慎将一只碗掉在潭里了，他想跳进潭中把碗捞上来，请哈力图和素克在潭边帮着接一下碗。哈力图和素克答应了雄牯的要求，帮他捞出了一只盛着半碗清水的碧玉大碗。

雄牯走后，潭水开始枯竭。兄弟俩知道上了当，骑上雪蹄追风马追上了雄牯，叫他立即交出那只碗。雄牯冷笑着说："我是一个魔法高明的人，这碗是聚宝盆，放进什么东西永远取之不尽，现在碗里有水，一打碎，这里就成了湖海，我们三人都活不了。你们要是放了我，我可以给你们许多金银珠宝。"

哈力图和素克坚决不放雄牯，雄牯想逃跑，被哈力图一箭射中。这个坏蛋临死前摔破了宝碗。于是，平地下陷，激浪排天，这里变成了一片汪洋，芦苇摇曳，荷花绽开，鲤鱼打挺，百鸟齐鸣。

蒙汉人民为了纪念这两位英雄，把这个湖叫作哈素海。

喇嘛洞召
葱茏绿荫下的古寺

📍 呼和浩特市土默特左旗毕克齐镇
🚌 乘14路中巴车或专线旅游车可到达
💰 15元　🕐 8:00~18:00

喇嘛洞召是土默特地区格鲁派发祥地之一。它位于大青山中，始建于明万历年间（1573—1620），由察罕博格达一世活佛主持兴建，清顺治十二年（1655）扩建，乾隆四十八年（1783）清廷赐名广化寺。

喇嘛洞召原寺院规模较大，由前后两寺组成：前寺依山起殿，建有两重院落。前寺建有天王殿、经堂、佛殿、护法神殿等四重大殿及八角楼等建筑（今已无存）。后院建有佛爷府、配殿、禅房等。佛爷府是一座汉式二层七楹，及西藏唐卡等珍贵遗物。院外还分别建有安葬历代活佛骨灰的佛塔三座。

玩家 解说

在佛寺（银洞）两侧的悬崖峭壁上，列满了大大小小的岩刻画，面积达100多平方米。其中有造型各异的佛、菩萨、金刚、度母、罗汉以及格鲁派大师宗喀巴等佛教造像，有用蒙、藏、梵等文字刻写的佛经、咒语、造型优美的藏式佛塔等，画面多达100余幅。

相传这是早期博格达的弟子们在此修行时凿刻而成的，是呼和浩特地区最精美的岩刻之一。

链接

喇嘛洞召的由来

相传喇嘛洞召的第一世活佛博格达罕察是一位来自西藏的高僧大德。他曾经游历了呼和浩特许多地方，最后选中了喇嘛洞。纵观喇嘛洞的环境，当初博格达及其弟子在此传教、建寺，确实独具慧眼。这里山清水秀，气候宜人，游人莫不为其如画的风景所陶醉而流连忘返。

明清博览园
明清建筑大观园

📍 呼和浩特市土默特左旗台阁牧乡
🚌 8、25路公交车可到达
💰 20元　🕐 8:00~17:00

博览园占地86 700平方米，园内以明清建筑为主体，有寺庙、祠堂、书院、四合院、戏台等。目前，3000余间（座）明清古建筑构成的老明清博览园已形成一个集古代建筑、历史文化为一体的传统建筑群，并按历史原有建筑的使用功能形成不同文化景观，分为古建筑、考古、民俗、艺术、宗教等相对完整，具有不同展示功能的园中园。这是目前中国最大规模集中异地迁建保护的古建筑群的典范。

玩家 解说

在这里，除了有明代边宁古寺，还有呼和浩特现存最早的明代道教寺庙三官庙、明代观音庙、明代关帝庙、清代官宅参领府、有名的清代三官庙戏台、呼和浩特仅存的清代书院芸香书院、造型独特的清代商肆九间楼、清代一家银号的小姐绣楼、"德厚堂"主人家的曹家大院、民国时期著名的麦香村饭庄等。青城人耳熟能详的建筑均错落有致地分布于此。

金銮殿生态旅游区
昨日大帝的行宫

- 呼和浩特市土默特左旗台阁牧乡
- 8、25路公交车可到达
- 8:00~17:00 20元

金銮殿生态旅游区位于毕克齐镇北的大青山自然保护区内。据《北史》记载，北魏道武帝巡幸阴山，曾在山顶建造行宫，遂将这座挺拔的高山叫"金銮殿山"。

金銮殿景区自然生态环境独特，地域空间博大，辐射范围广阔。山巅四周悬崖绝壁，如同一座空中堡垒。站在山峰上远望，黄河如带，平川凝碧，近看坡坡锦绣，山丹摇曳，景色奇异，令人流连忘返。

玩家 攻略

山南有一座奇峰异景，一牛状的风蚀巨山尾西首东而卧，仰首veis正好有两座小石峰，似一对犄角直刺青天，如同旋风扶摇直上，顶天立地，被人称为"牛角旋峰"，是呼和浩特市旧八景之一。

乌兰夫故居
乌兰夫同志的诞生地

- 呼和浩特市土默特左旗塔布赛村
- 8:00~20:00 免费 0471-8312288
- 公园大门口有10路公交车停靠站，其中有从火车站乘4、7、8、51、59、72、80、81、93、303路等公交车可到达

乌兰夫故居位于塔布赛乡塔布赛村，是20世纪初我国北方地区具有浓厚民俗特点的民居。同时还是乌兰夫同志的诞生地，也是乌兰夫同志学习、生活、从事革命活动的重要场所。乌兰夫同志的祖父母、伯父母、堂兄、父母及姐妹都居住在这一院落。

故居包括正房、东西厢房、碾坊、磨坊、粮仓房等20余房间。2006年重新修葺后对游人开放。整个建筑有故居原貌、展室、书画厅、音像厅、碑墙、怀泽亭、停车场以及乌兰夫家碾打、晾晒粮食的场面和乌兰夫童年时玩耍的芷芨滩等展览内容。总占地面积13 340平方米。

链接

乌兰夫小传

乌兰夫（1906—1988），蒙古族，内蒙古土默特旗人。新中国民族工作的开拓者之一。曾任内蒙古自治区人民政府主席、中华人民共和国副主席。

乌兰夫故居

景点推荐 呼和浩特南部旅游区

神泉生态旅游区 AAAA
古典园林与梦幻沙海融为一体

- 呼和浩特市托克托县双河镇郝家窑村
- 8:00~18:00 0471-8528111
- 走呼大高速至托县路口往神泉景区方向行驶即到，沿路有指示牌
- 旺季35元，淡季20元。套票95元（门票+索道）

神泉生态旅游风景区自然景色优美，黄河流经此处形成山梁、湿地、河流、沙漠为一体的天然生态风景区。景区内有一眼常年流淌清澈甘甜的泉水，神泉因此而得名。

该园一边是具有古典园林气息的神泉生态园林区，一边为梦幻沙海天然风貌的沙漠游乐区，一道横跨黄河的观光索道将它们连为一体，融合南湖公园、库布其大沙漠、郝家夭葡萄、蒲滩拐农家乐等多元资源，成为集旅游观光、休闲度假、品尝风味美食于一体的环境优美的特色旅游度假区。

玩家 攻略

古典园林景区主要景点有神泉、茶楼、戏台、珍禽观赏园、游乐场、翡翠湖荡舟、黄河母亲广场、喷泉广场、黄河大舞台、酒店、旅游商品店、餐饮。

库布齐沙漠游乐园，旅游项目有沙漠冲浪、滑沙、骑骆驼、沙漠卡丁车、沙漠越野、野营俱乐部、沙雕、凤鸣谷服务区、沙漠游乐区等。

两个景区由跨黄河840多米长索道连接，黄河有豪华游轮、渡轮、快艇和黄河漂流。

特色美食有炖黄河鱼、笨鸡烧土豆、莜面，蒙古风情园提供正宗蒙餐。

托托城
集三座历史名城于一体

- 呼和浩特市西南80千米处的托克托县城关镇北
- 包车前往

托托城是内蒙古西部地区现存最好、面积最大的一座古城遗址。托托城是一座集三座历史名城于一处的古城遗址，这三座城分别是唐代的受降城、辽金元时期的东胜州城、明代的东胜卫城。古城沿用时间长达900年，明末清初逐渐废弃。托托城沿用时间较长，地下蕴藏的历史遗物数量较多。

晋陕大峡谷
中国最美十大峡谷之一

呼和浩特市托克托县境内　包车前往

黄河晋陕大峡谷，北起内蒙古托克托，南至河津禹门口，全长725千米，沿线共有27个县市，面积达11.16万平方千米。在中国地图上可以看到黄河晋陕大峡谷在托克托县河口镇段形成的一个"几"字形弯的右半边，在这里黄河奔流而下，景色壮观。

黄河走出青藏高原后，穿山过岭，九曲十八弯，跌宕下行，至郑州桃花峪，面目骤变，由开沟凿谷转为沉砂造陆，因此桃花峪就成了华北大平原这个全球最大的陆上三角洲的顶点，而黄河的峡谷都分布在桃花峪以上。

葡萄湾
秀色可餐

托克托县境内黄河岸边，距呼和浩特市区约100千米

从呼和浩特市区出发向南，上呼准高速公路托县出口下，先向西行2千米，然后向南行约7千米即到

葡萄湾亦称一溜湾，是全国葡萄生产基地之一。幢幢农家小院随着坡坡凹凹，层层分布，貌似楼房。架架葡萄重重叠叠、遍坡遍沟，绵延10里皆成绿荫，成为消夏、避暑胜地。葡萄湾出产的葡萄个大、皮薄、糖度高，是生产葡萄酒的主要原料，也是人们喜食的佳品。

南山生态百亭园
中国最大的亭文化景观园林

呼和浩特市和林格尔县城关镇宝贝河畔

呼和浩特市区有班车前往

40元

5—9月7：00～18：30；其他月份8：00～18：00

南山生态百亭园也叫盛乐百亭公园，园内山清水秀，松涛阵阵，林间鸟儿鸣唱，草地欢歌，该园浓缩天下名亭，荟萃古今中外胜景，更有中华钱币坛、古今联长廊、宗教文化园等8处景观，同时种植有各类花草树木，可谓四季有景，各领风骚，是名副其实的植物王国。

玩家 解说

除了精心设计建造的百亭公园，园内还有天下一绝的中华钱币坛，108枚历代精美钱币仿真刻石，精妙排列，诉说着5000年华夏文明史，演绎着经济兴衰、朝代更替、帝王将相多少兴亡事，正所谓"一钱知兴替，一币见规律"。

在宗教艺术文化园中，矗立着华北地区最大

的汉白玉三面观音圣像，佛堂中由敦煌专家历时三载绘制了精美无比、美轮美奂的敦煌风格佛教壁画，佛堂外十二天宫伎乐神，体态婀娜，笛管琴瑟。敬游其中，善念犹生。

链接
盛乐

"盛乐"一词源于汉代，是公元386年北魏鲜卑拓跋珪建都之地。鲜卑于盛乐二度立国，三筑盛乐城，历14帝140年。这是中华民族历史上第一个入主中原、建立正统王朝的北方少数民族，盛乐成为北魏的发祥地，而被载入史册。2001年北魏盛乐故城遗址被国务院公布为全国重点文物保护单位。

和林格尔汉墓壁画
东汉生活的再现

📍 呼和浩特市和林格尔县新店子乡
🚌 在汽车南站乘坐往和林的车，跟司机说到和林壁画。或者在市区师大老校区北门校车候车厅乘校车直达，票价8元

和林格尔汉墓为东汉末年的古墓，以其场面壮阔的壁画闻名于世。古墓的主人是负责管理北方乌桓、鲜卑等少数民族事务的最高军政长官——护乌桓校尉。墓壁及甬道绘满精美壁画，内容包括车马出行、生产劳动、城桓府舍、历史故事等共50多组，形象反映了东汉时期的社会生活。

玩家 攻略

墓壁、墓顶及甬道两侧有壁画50多幅，榜题250多项。这是我国考古发掘迄今所见榜题最多的汉代壁画。其中的《舞乐百戏图》堪称汉代壁画的精品之一，图中描绘的是墓主及宾客，边饮酒边观看乐舞杂耍的情形，色彩鲜艳、人物生动形象。

明长城遗址
屹立不倒的民族魂

📍 呼和浩特市清水河县北堡乡境内的明代长城芦梁山段 🕐 全天

清水河县境内的明长城遗址是万里长城的中段，也是长城的重要地段。它从盆地青新村入境，跨越韭菜庄、北堡两乡到西南的黄河边上，全长150千米。以北堡乡的口子上村为中心，是明朝时期外长城与内长城的交通枢纽、军事要塞。口子上明长城是清水河县境内明长城遗址的最高处，位于两座高山之间，海拔1800米。在两山的长城主线上，又派生出南北向、东西向两条长城，以砌筑拱洞过沟形式跨越两山。

万家寨水库
湖光山色景色宜人

📍 呼和浩特市清水河县单台子乡南
💰 免费 🕐 全天
🚌 走呼大公路到托县，一路向南到准旗，延路可到万家寨水库

黄河流经清水河西南部，万家寨水库大坝蓄水后，在水库上游形成了近20千米的峡谷平湖。乘船畅游，两岸峭岩陡壁，千姿百态。峡谷内烟361玉黛，气象万千。因而这一地域也赢得了"北方小三峡"的美誉。

玩家 攻略

在距万家寨黄河大坝不远的上游河面上有一铁索吊桥，是去万家寨游览必去的一个景点。吊桥桥面比大坝顶还要高三四十米，高出黄河水面一百余米。桥长500米，桥面比较窄，大约2米宽。

和林格尔汉墓壁画

万家寨水库

攻略资讯

- 交通
- 住宿
- 美食
- 购物
- 娱乐

新华广场

交通

飞机

呼和浩特白塔机场位于市区东郊9千米处,有多条航线往返北京、广州、深圳、西安、上海、武汉、赤峰、通辽、锡林浩特、乌兰浩特、海拉尔等大中城市,并且开通有往返蒙古乌兰巴托和俄罗斯赤塔等地的国际航线。

机场大巴: 呼和浩特机场大巴路线为机场—新华广场,票价5元/人,车程约半小时。只要有落地航班,就有大巴班次发往市区。从市区发往机场的大巴在新华广场乘坐,每半小时发车一次,建议至少提前90分钟乘车。

机场公交: 呼和浩特机场3路公交车可达机场。

火车

呼和浩特地处京包铁路线上,有始发北京、成都、兰州等地的列车,还有通往天津、哈尔滨、沈阳、杭州、汉口、广州、石家庄、西安、银川等大中城市的车次。省内车次可始发乌海、二连浩特、鄂尔多斯、通辽、乌兰浩特、锡林浩特、海拉尔、满洲里等地,基本覆盖自治区内的地级市。每周三、周四有发往蒙古乌兰巴托的国际联运列车。

呼和浩特站: 位于呼和浩特市车站东街,市内乘坐1、2、5、7、13、17、22、23、24、29、302、303等公交车可以到达。

汽车

呼包高速公路贯穿境内。各旗县的许多农牧区和边境地区都有公路可通,还开辟了与蒙古、俄罗斯边境省区通车的数条客运班车路线。有发往北京、天津、石家庄、太原、

呼和浩特夜色

郑州、保定、西安、大同、张家口、赤峰、锡林浩特、二连浩特等方向的客车。

呼和浩特长途汽车站： 位于火车站附近，主要有发往北京、天津、石家庄、太原、郑州、西安、大同的长途客车，每日有数十班长途客车开往附近各个城镇。

呼和浩特长途汽车南站： 位于市区南茶坊东侧，主要是发往省区、市内的长途车。

住宿

呼和浩特目前拥有各个档次的宾馆酒店，从豪华的星级饭店到经济型宾馆应有尽有。另外，除了一些城区的星级宾馆以外，还可以入住景区的蒙古包，体验当地民风。

中山路一带是呼和浩特的市中心，分布有多家星级酒店及快捷酒店。如意广场、内蒙古博物院一带是呼和浩特市的新城区，环境很好，距离东站也比较近，住在这一带会比较安静舒适。

● 呼和浩特喜来登酒店

呼和浩特喜来登酒店位于便利的市中心地带，地理位置得天独厚，步行即可轻松抵达呼和浩特火车站。精彩的购物和娱乐场所以及这座城市不容错过的各大旅游景点，如昭君墓、五塔寺、大召寺（皇家寺庙）等，均可从酒店轻松前往。 回民区锡林郭勒南路5号 0471-6988888

喜来登客房内景

● 呼和浩特香格里拉大酒店

呼和浩特香格里拉大酒店坐落于市中心繁华的商业区，拥有绝佳的地理位置。酒店拥有各类豪华舒适的客房与套房，房间面积均超过38平方米，为尊贵的宾客提供舒适、快捷的服务。另设有11间服务式公寓以满足不同宾客的需求。 新城区迎宾北路5号 0471-3366888

呼和浩特回民区

●内蒙古饭店

内蒙古饭店地理位置优越，周边人文环境幽雅。饭店位于呼和浩特市中心，毗邻呼和浩特市中心商业区，步行仅5分钟。✉新城区乌兰察布西路31号 ☎0471-6938888

内蒙古饭店

●更多住宿去处

海亮广场大酒店/呼和浩特市回民区中山西路1号/0471-5278888

天和国际大酒店/呼和浩特市赛罕区乌兰察布东街27号/0471-3307777

呼和浩特假日酒店/呼和浩特市中山西路33号/0471-6351888

铭晨时尚快捷酒店/新城区兴安北路1号/0471-3691111

美食

呼和浩特饮食以山野风味为主，传统美食有成吉思汗铁板烧、手把羊肉、烤全羊、糖醋驼峰、扒驼掌、蜜汁天鹅蛋、枸杞菊花牛鞭、改刀肉等。星级宾馆的餐厅一般都有这些美食。呼和浩特的风味小吃则有土默川酸饭、烧卖、哈达饼、一窝丝、奶豆腐等。

●手把羊肉

内蒙古的羊肉出了名的鲜美。呼和浩特最著名的就是手把羊肉了，意思就是用手把着肉吃。游客可以把大块的羊肉放到锅里，

手把羊肉

不加任何调料煮熟，一手拿着有羊肉的羊骨，一手用刀剔下羊肉，蘸着佐料吃。手把羊肉是招待客人的必备之菜。

推荐店铺：巴彦德乐海 ✉呼和浩特新城区新城东街75号（中国银行对面）☎0471-4912800

●奶茶

蒙古语叫"乌古台措"，是蒙古族传统热饮。这种奶茶是在煮好的红茶中，加入鲜奶熬制成，喝时通常要加少许盐，
奶茶

还可以加黄油泡炒米和奶制品使用。可终日饮用，有暖胃、解渴、充饥、助消化等功效，既可代汤下饭，又可招待客人。在街头的内蒙古特产店里都能买到袋装的奶茶粉。

推荐店铺：格日勒阿妈奶茶馆 ✉呼和浩特新城区锡林北路93号新华广场2楼（近内蒙古电视台）☎0471-8528111

●烧卖

人称"玻璃饺子"，半透明，皮薄如蝉

烤羊

烧卖

内蒙古地毯

翼,柔韧而不破,主要是烫面工艺特殊,和北京的厚皮小馅、口上还堆着干面粉的烧卖完全不同。

呼和浩特市的烧卖都是羊肉馅,没有一丁点膻味。羊肉做馅主要的功夫是往里打水,否则馅料的口感不好。使用这种做法蒸熟后的汤汁也是一绝。

推荐店铺:呼和浩特市的老字号"麦香村" 玉泉区大北街44号 0471-2296666

呼和浩特美食去处

附中东巷小吃街: 临近内大、内师大、内农大三所高校,所以很受大学生们的欢迎。有老阿妈奶茶馆等地道蒙古族餐饮,也有韩国冷面等各地的特色美食。

🛒购物

呼和浩特土特产有驼毛、鹿茸、发菜等;旅游纪念品主要有蒙古刀、蒙古碗、结盟杯、马头弯刀、王爷腰刀、蒙古族服饰、蒙古族角雕、蒙古族铜器、呼呼尔(鼻烟壶)、首饰等。

呼和浩特特产

●内蒙古地毯

选用当地优质绵羊毛为原料,用化学颜料和植物颜料染色,再经过手工编织、化学水洗等工艺加工而成。具有做工精细、弹性较强、手感柔软、光泽自然、图案多彩、经久耐用等特点。

●蒙古族银器

早在元朝以前,蒙古族即以使用银器闻名。品种有银碗、蒙古刀、蒙古银壶、饮酒器皿、头饰银簪、各种马具鞍花等。精巧细致,色彩纹样古雅,具有鲜明的民族风格。

蒙古银镶玉壶

●马奶酒

每年七八月份牛肥马壮,是酿制马奶酒的季节。勤劳的蒙古族妇女将马奶收贮于皮囊中,加以搅拌,数日后便乳脂分离,发酵成酒。

马奶酒

●奶酪

如果想买正宗的奶酪,可能在市内不容易找到,因为正宗奶酪的味道十分重,非蒙古族人可能会吃不惯,一般只能在草原上买到。在商店里卖的奶酪都是加了一些奶粉和香料的,味道更容易被大众接受,可以直接去大型超市购买。

●风干牛肉干

内蒙古牛肉干选择上等原料,晒干时日照时间有严格规定。制作工艺和制作时间道道工序紧密把关。外观硬度密度大的大块肉干,耐咀嚼,非常解饱。

呼和浩特购物场所

如果要购买土特产，可以到新世纪广场或师大南路的农副产品市场购买。如果要购买蒙古刀等旅游纪念品，可以到锡林北路的内蒙古文物总店购买。

娱乐

呼和浩特市内的娱乐形式多种多样，既有具有民族特色的活动，也有现代化的休闲方式。

男儿三艺： 呼和浩特是草原之都，生活在这里的蒙古族则是马背上的民族，他们有着自己民族特色的娱乐项目，如"男儿三艺"（也叫"好汉三赛"）——赛马、摔跤、射箭等活动项目，既惊险刺激，又可以起到强身健体的效果。

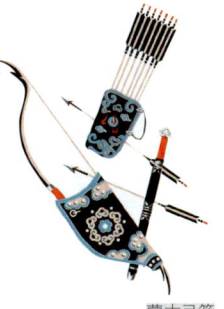

蒙古弓箭

赛马场： 在呼和浩特的市区和郊区都可找到这种活动的场所，如位于呼伦北路（草原城西面）的内蒙古赛马场、位于新华广场西面的体育馆以及位于大学路的呼和浩特运动绅士俱乐部等。其中内蒙古赛马场是国内最大、标准最高的综合性赛马场，已经成为世界著名的主要赛场之一，在赛马场里面还可以观赏到内蒙古马术队的精彩表演。

现代休闲场所： 呼和浩特市内的大街上，分布着许多现代休闲娱乐的场所，有酒吧、茶秀、健身以及一些综合性的娱乐场所，如康体健身、长乐宫、戏水乐园、水坊吧、蓝色阳光酒吧、八点音乐茶座等。

节日和重大活动

节日	地点	时间
内蒙古草原旅游节	呼和浩特市内蒙古赛马场	8月前后
内蒙古乌兰骑射艺术节	呼和浩特市	每两年举办一次
昭君文化节	呼和浩特市昭君墓周边	7—8月
大召夏季庙会	呼和浩特市玉泉区大召广场	7—8月

草原旅游节

发现者
旅行指南

包 头

概览

亮点

- **五当召**

  内蒙古地区现存唯一完整的喇嘛教庙宇,我国喇嘛教的四大名寺之一。殿内陈设庄严肃穆,收藏有藏语经文及佛像、壁画等。

- **美岱召村**

  中国历史文化名村,距今有400多年的历史,依山傍水,景色宜人,建筑是仿中原汉式,融合蒙藏风格而建,是一座"城寺结合,人佛共居"的喇嘛庙。

美岱召村

- **希拉穆仁草原**

  开发较早的草原景点,设备完善。可以观赏草原美景,体会独特浓郁的蒙古民族文化风情。

线路

- **包头经典二日游**

  第一天上午参观希拉穆仁草原民俗博物馆、普会寺重大的佛事活动和祭敖包活动等;也可欣赏蒙古族的赛马、摔跤和马术表演。中午可尝蒙古族的传统食品手把肉、烤羊肉、奶食品等。下午可以在草原上骑马漫游,晚上可以参加篝火晚会,体验蒙古包,也可返回市区住宿。

  五当召

  第二天早餐后前往全世界藏传佛教的第三大寺院——五当召。之后可以去北方兵器城,观看各种兵器。

  以骑马漫游草原,访问牧民家庭,登蒙古族祭神圣地——敖包山,欣赏赛马表演,参加蒙古式摔跤。晚餐后可以观赏具有浓郁民族风情的蒙古族歌舞表演,参加草原之夜篝火晚会,观美丽的星空。夜晚宿在蒙古包。

- **希拉穆仁草原深度一日游**

  上午沿途观赏阴山山脉风光,抵达大草原后进行午餐,品尝地道的蒙古族特色餐——风味手扒肉。下午可

- **包头市区一日游**

  上午参观转龙藏和阿善遗址,午饭后拜谒彼得大教堂,后闲逛乔家金街和乔家旧址,感受古老文化,然后去南海湿地保护区欣赏美景。

为何去

包头不仅是全国文明的"钢铁之城",还是内蒙古绿化面积最大的城市。包头拥有丰富的历史古迹,著名的成吉思汗陵、五当召以及美岱召等都是值得一游的去处。

套马

何时去

每年的夏秋之交是到包头旅游的最佳时间。

希拉穆仁草原

包头春季多风,由于内蒙古沙尘暴影响越来越严重,所以春季不适宜旅行。深秋与冬季比较寒冷,草原已无绿色,所以相对来说夏秋之交最适宜出游包头。

夏秋之时,清风送爽,花香色艳,瓜果丰盛,蔬菜充足,是理想的避暑胜地。可选择到响沙湾、美岱召等地避暑游玩。

包头旅游示意图

区域解读

区号：0472
面积：约27 768km²
人口：约287.77万人

地理 GEOGRAPHY

区划

包头辖6个区（东河区、昆都仑区、青山区、石拐区、白云鄂博矿区、九原区）、1个县（固阳县）、2个旗（土默特右旗、达尔罕茂明安联合旗）。

地形

包头全市由中部山岳地带、山北高原草地和山南平原三部分组成，呈中间高，南北低，西高东低的地势。境内有阴山山脉的大青山、乌拉山（以昆都仑河为界），山峰平均海拔2000米，最高峰海拔2324米。黄河流经包头市境内214千米，公路、铁路两桥并行飞架黄河南北。

气候

包头属半干旱中温带大陆性季风气候，这里年均气温7.2℃，不同季节的气候差别较大：冬季长达5个月，寒冷且雨雪较少；春季干旱并且多大风天气；夏季气温较高，降水也集中在夏季；秋季秋高气爽，天气较好。

夏秋之时是包头绝佳季节，清风送爽、花香色艳、瓜果丰盛，是理想的避暑胜地。冬季冰封雪飘、银装素裹，别具北国特色。

世界上最大的稀土矿山——白云鄂博矿山

"白云鄂博"蒙古语意为"富神之山"，据考证，"一代天骄"成吉思汗当年南下远征曾与金国在白云鄂博地区激战，并留下动人的传说，此地名是成吉思汗给予这块宝地的赞誉。

内蒙古发现白云鄂博大铁矿是在1927年。当时，我国著名地质学家丁道衡随中国学术团体协会与瑞典探险家斯文赫定联合组成的西北科学考察团来内蒙古考察，首次发现白云鄂博铁矿。1934年，我国著名矿物学家何作霖在研究丁道衡先生采集的白云鄂博矿石时又发现了稀土，揭开了白云鄂博神奇的面纱。

1958年中国科学院与苏联科学院组成联合考察队，研究白云鄂博矿的物质组成，在何作霖的领导下，经过几年的艰苦努力，终于查明，这个矿山不仅仅是大型铁矿，而且是世界上最大的稀土矿，稀土储量占世界总储量的80%。其矿物组成超过150种，可称世界之最。1959年又发现其中含有大量的铌和钽，证明这个矿为一大型的铌钽矿床，使中国成为世界上绝对的"稀土大国"。

目前，白云鄂博铁矿有主矿、东矿、西矿、东介勒格勒四个工业矿床。登上白云鄂博铁矿主、东矿，可以目睹规模宏大的开采现场，各种现代化矿山开采设备穿梭其间，

银河广场

充分展现了大漠宝山现代化开采场面的雄伟壮观。

历史 HISTORY

历史大事记

● 原始社会

包头是原始人类较早活动的地方,蕴藏着大量的古人类文化遗迹。在位于东河区以东15千米的阿善沟门的格膝盖湾,发掘出一处保存完好的新石器时代村落遗址和大量的文物。

● 先秦时期

战国时期,战国七雄之一的赵武灵王打败长期活跃在阴山之南(包括今包头地区)的林胡、楼烦(都是匈奴的别称),并于武灵王二十年(前306)筑九原城,此为包头境内最早的城池。

● 秦汉时期

前221年,秦在此设九原郡九原县(九原郡包括今天的包头市区、固阳县,以及巴彦淖尔市的五原县、乌拉特前旗、临河区和鄂尔多斯市的达拉特旗、杭锦旗),这是包头历史上最早诞生的地名。

汉武帝元朔二年(前127),改九原郡为五原郡,这是包头历史上出现的第二个地名。

北魏登国元年(386),鲜卑族建立北魏王朝,北魏的创建者拓跋珪兵强马壮,占据了阴山南北,鲜卑族落户包头故地,包头日渐繁盛。

● 唐元时期

唐太宗贞观四年,唐朝与突厥发生了著名的铁山之战(铁山即今包头市白云鄂博矿区、达茂旗境内的大青山北麓),此役唐朝一举歼灭为患北边的游牧强族,威震"四夷",开启大唐"天可汗"时代。

进入五代后,包头属辽统治。辽在这里设云内州,一直沿袭至金元,建制未变。

元代初年,包头地区的冶炼业、纺织业、陶瓷业开始兴盛,出现了商品经济,商业活动随之兴旺起来。后来蒙古族各部落陆续进驻河套,包头地区又成为土默特部落游牧之地。

● 明清时期

清乾隆五年(1740),萨拉齐建筑,设协理通判,这是包头地区最早出现的行政建制。

明朝末年到清朝咸丰年间,清政府逐渐放松了对蒙古民族的封锁,大批晋陕地区的人民拖儿带女出张家口、杀虎口,几经艰辛落脚包头,此即为历史上赫赫有名的"走西口",从而形成了包头特有的移民文化。大清朝著名的晋商中的乔家师祖乔贵也是走西口队伍中的一员,他伴随包头由塞外村庄发展为大城市,有民谣曰:"先有复盛公,后有包头城(他和朋友合伙开的商号叫"复盛公")"。

●近现代

同治九年(1870)前后,包头修筑城墙,辟东、南、西、东北、西北5座城门,形成了近代包头的城市规模。

到了清朝光绪年间,经过大批晋商的努力,当时的老包头已经成为名副其实的"西北商业重镇""水旱码头""粮食、皮毛、药材的集散地"。

1923年,平绥铁路通车包头,包头获得了新的生机。包头作为西北与华北地区货物集散贸易中心的地位更加巩固,也更加重要,商号、贸易货物的种类与数量都有大幅度增加。

1927年,我国著名地质学家丁道衡随中国瑞典西北科学考察团来内蒙古考察,首次发现白云鄂博铁矿。

1931年,包头电灯面粉公司和永茂源甘草公司创办,包头开始有了近代工业。

1934年,中德双方组织的"欧亚航空邮运股份有限公司"在包头修筑飞机场,开辟了包头—宁夏—兰州航线,定期航班每周往返一次。包头饮食、服务业日益兴旺,市面日趋繁荣。

抗日战争期间,共产党领导包头地区各族军民,开创了大青山抗日游击根据地,与日寇进行了艰苦卓绝的斗争。

1949年9月19日,绥远发动"9·19"起义,包头获得和平解放。

●当代

1950年2月13日,包头市人民政府正式成立。

1954年,原绥远省包头市划归内蒙古自治区,为自治区辖市。

1955年至1960年,第一个五年计划中苏联援建的156个项目中内蒙古的5个全部在包头市,奠定了现今的城市格局。

1959年,包钢一号高炉铁水奔流,为包头工业发展史挥写了神采的一笔。

文化 CULTURE

走西口与包头

"哥哥你走西口,小妹妹我实在难留……",相信很多人对这首流传150多年的民歌《走西口》都很熟悉,包头人对民歌《走西口》则更感亲切,可以说是百听不厌。

明末清初以长城杀虎口外蒙古族聚居地区为主要目标的晋、陕一带的移民垦殖活动,民间称之为"走西口"。当年浩荡的走西口,把中原的农耕文化和饮食带到了包头,给草原鹿城打下了浓浓的西北风情的烙印。

明末清初晋陕冀地区,太行山、吕梁山山峦起伏,千沟万壑,少有大片可耕种的土地,加上连年灾荒,兵匪战乱,百姓民不聊生,饥寒交迫,而西口之外,水草丰美,牛羊遍野,笼盖四野的敕勒川、一望无际的大后山,都是适合生活的好地方。于是为了生存,大批人踏上了走西口的征程。

"走西口"不仅成就了晋商的几百年辉

名单 包头历史名人

汉末著名武将吕布
北齐创建者高欢
包头革命第一人李茂林
民国英雄云亨
民主革命家王定圻
数学家曹诚斋

吕布雕像

走西口

煌,也极大地加强了包头与内地的经济联系,加强了蒙汉人民在教育、宗教、方言、民俗、生产、生活方式等方面的交融,从而形成了极具特色的"西口文化"。

包头民间艺术二人台

二人台是内蒙古西部地区土生土长的一个民间艺术品种。早期的二人台,实际上是一种有乐器伴奏的二人表演唱,当地人称之为"玩意儿",因为是二人演唱,所以又叫二人台。演员为一个小旦,一个小丑。而且在中华人民共和国成立前,小旦也大都由男性扮演。小旦穿彩衣,最初只是薄施脂粉,后来向戏剧学了包头贴鬓,俗称"抹粉的""包头的",常用的道具是扇子和手绢。小丑穿丑衣,戴毡帽,鼻梁上还要涂一块白,往往持霸王鞭,俗称"耍丑的""滚鞭的"。二人台的乐队最初只有"三大件",即枚,也就是笛子,四胡和扬琴,后来又加上三弦,称为"四大件",打击乐则只有梆子和"四块瓦"。

这种二人化妆的表演,初期只是当地群众的业余文娱活动,后来,随着土默川地区经济的发展,商贸的兴起和人口的增长,渐渐出现了半职业性和职业性的演出组合,群众称之为"玩意儿班子"和"二人台小班"。经过这些小班的走村串户的流动演出,二人台迅速成为这一带最普及,也最为群众喜闻乐见的艺术品种。

包头市区景点

转龙藏
包头的一处风水宝地

- 包头市东河区东门外刘宝窑子河
- 35、36路公交车可到达
- 免费 8:00~16:00

转龙藏,又名龙泉寺,是包头市重要的文化古迹、名胜风景区。在道光二十九年(1849),寺庙进行了扩建,新修了正殿、侧殿、钟楼、鼓楼、乐楼及山门等。寺庙现在作为烈士陵园使用,未修复。

转龙藏最引人入胜的是其风水。这里蕴藏着丰富的山泉资源,三股泉水从一峭壁上通过三个巨型石雕龙头口湍流不息,称作龙泉(即称之为包头最好的天然直饮水——包头转龙藏水),颇为奇特壮观,"转龙藏"也因此而得名。

转龙藏不仅景色优美、历史悠久,而且也是一处极为珍贵的古文化遗址。经发掘,先后出土了大量新石器时代的文物。这里还是包头市的发祥地,早在清乾隆年间,这里便出现了包头地区的首个村落——代州沟,后来逐步发展为现在的东河村。

链接
转龙藏地名由来

转龙藏地名的由来,可追溯到清朝前期。

雍正初年,有土默特部喇嘛阿尔万伽力木自西藏进修回来,沿阴山云游,雍正四年(1726)来到博托河右岸,见树木苍郁,泉水淙淙,环境幽雅,景致宜人,遂"挂锡"于此,建庙供佛,焚香诵经,将此地命名为"转龙藏"。

"转龙藏"之意,在道光二十九年(1849)所立《转龙藏碑记》做了如下解释:"包镇之有转龙藏,水泉出也。其水旋转之势,曲折蜿蜒,有似乎龙;而泽灌千畦,并萦万家,宝藏与焉。古之命名,意在斯矣。"包头转龙藏之名,实因水泉而得之。另有一种说法,认为"转龙藏"应为"转轮藏",来自佛教语。

彼得大教堂
包头市最大的基督教堂
📍 包头市东河区西门大街

彼得大教堂是一座银白色的造型典雅构筑宏阔的欧式建筑，始建于1943年，2002年进行了大规模重建。现总占地面积3000余平方米，建筑面积3500平方米，可同时容纳2000人进行活动，是目前包头市乃至内蒙古西部地区最大的基督教堂，也是东河区基督教两会所在地。

玩家 攻略

基督教每年有三大节日：受难节（我国基督教是根据复活节日期的前三天而定）、复活节、圣诞节，其间彼得大教堂里都有盛大聚会，进行唱诗、读经、讲道、祈祷、证教、祝福等活动。

阿善遗址
一处新石器时代原始聚居遗址
📍 包头市青山区东河区以东15千米处

阿善遗址北依大青山，南临黄河，圪膝盖沟终年泉流不绝，"阿善"就是蒙古语甘泉的意思。台地高于黄河水面80余米，是一处面积约5万平方米的原始村落遗址。

阿善遗址的出土文物极为丰富，其中以石器、陶器和骨器为主。生活在6000年前的包头先民，不仅用他们手中的刀、斧、锛、铲创造了人类的远古文明，而且用他们的勤劳和智慧，在陶瓷上绘制着走向文明社会的历史画卷。

乔家旧址
乔家商号旧址
📍 包头市东河西脑包大街

在美丽包克图的民间，广为流传着这样一种说法——"先有复盛公，后有包头城"。"复盛公"是包头最古老的商号之一，它的创立者是位居老包头十大晋商之一，山西祁县"乔家大院"的发迹始祖乔贵发。

乔家金街

在今天东河西脑包大街靠近西口的繁华路段上，有一处清一色瓦建筑的四合院，这就是根据乔贵发在老包头商界辉煌崛起的历史脉络而新修的乔家旧址，它的四围是新开发的典雅而大气、极具文化气息的贵发山庄。

链接
乔贵发传奇故事

乔贵发出生于清康熙末年，小时候父母双亡。孤苦伶仃的他，时至当年，家贫如洗。无奈中，他于乾隆初年走西口来到归化城（今呼和浩特）。迫于生计，他拉起了骆驼。几年后又来到萨拉齐，做起了卖豆腐、豆芽的小生意。因他人品好，手艺好，卖的又是本地缺货，所以发了笔小财。

乔贵发是个胸怀大志的人。他审时度势，与一位山西榆次的秦姓商人辗转来到老包头的西脑包，又做起了草料生意。乾隆二十年（1755），他移居东门大街，挂出了"广盛公"的店牌，一跃成为一家正规的大商号，后更名为"复盛公"。

乔家历经风雨坎坷，在包头苦心经营200年，于光绪年间，在乔家第三代传人乔致庸手上达到鼎盛，时有复盛公、复盛和、复盛全、复盛西、复盛协、复盛锦、复盛兴等20余座商店，基本上垄断了当年的包头商业。经营领域涉及钱庄、当铺、衣铺、杂货、米面粮油等。在客观上也促进了近现代包头经济、社会的发展。

乔家金街
古文化商业步行街
📍 包头市东河区财神庙和妙法寺之间

乔家金街被规划为古文化商业步行街，

是东河区充分挖掘本土文化,沿袭历史文脉,将晋商文化、宗教文化与旅游产业密切相连,积极打造的一个重要的旅游文化产业项目。

该项目处在北梁整体改造核心区域,位于财神庙和妙法寺之间,总建筑面积5万平方米,可容纳500多间商铺,停车位400个,项目投资1.8亿元。建筑风格上,按照晋商晋韵风格将当年"包头十大晋商"首富乔家在包主营的乔家十三铺的建筑模式和商业模式应用其中,再现当年乔家十三铺的盛况。

南海湿地保护区 AAAA
城市中的湿地

包头市东河区二里半(距包头机场和包头长途汽车总站各1千米) 乘2、18、132路公交车都可到达南海公园门口 20元,联票80元 0472-4603774 8:00~21:00(18:30停止售票)

南海水域辽阔,风光旖旎,北依青山,南接黄河,碧波荡漾,群鸥翔集,兰舟桂棹,渔歌对答,素有"塞外西湖"之美誉。

南海公园原是九曲黄河的一段古道,河道南移后形成水面和滩头草地,总面积2000公顷。南海不仅有宽阔的水域,而且还有宛如长龙的芦苇荡,更有那碧水洲点缀草原秀色,无论是碧波荡漾的水上活动区,还是水草丰美的湖滨游览区,都让人们有仿佛置身于美丽的西子湖畔之感。

景区内有著名的十大景点,分别是时空码头、"南海问茶"、传说与昭君出塞相关的"落雁滩"和"昭君渡"、体现南海与黄河深厚渊源的"双龙吐翠""雁渡菁荡"、表现民族融合与唐宋文化的"唐宋遗风"、动人传说的"九色鹿",还有塞外西湖景石、卵石滩和问鱼台。

玩家 攻略

南海湿地还是观鸟天堂,每年候鸟迁徙的9、10月,都有大量候鸟来南海。

南海湿地保护区

希拉穆仁草原

南海湿地景区还开发了多种娱乐项目，如水上冲浪、空中飞伞等。冬季时有南海冰雪节，可以在南海雪场滑雪。

每年的农历七月初二都会举行南海子河灯节。

来这里旅游，不能不尝尝用南海自产的金翅大鲤鱼烹制的丰盛可口的"全鱼宴"，风味独特。

希拉穆仁草原
夏季观赏草原风光的旅游胜地

- 包头市昆都仑区达茂旗东南部
- 免费，体验项目另收费
- 0472-6910471 8:00~17:00

希拉穆仁蒙古语意为"黄河"，希拉穆仁草原旅游区共有草场面积714平方千米，著名的希拉穆仁河横贯草原。这里水草丰美、牛羊肥壮、文物古迹众多、文化底蕴深厚。有著名的佛教寺庙普会寺、红格尔敖包、草原民俗博物馆等一批经典旅游景点。这里还是达茂旗对外开放的窗口。

这里因著名的席力图召而出名。席力图召位于希拉穆仁河畔，所以又称这里为"召河"。这里的席力图召活佛的避暑地，人们一般称为"后席力图召"。后席力图召（希拉穆仁召）建于清朝乾隆三十四年（1769），清廷赐名"普会寺"。该召在200余年间经几次修缮，形成现在的规模，其建筑造型精巧别致，雄伟壮观，为希拉穆仁草原增添了独特的色彩。

玩家 攻略

希拉穆仁草原是骑马的理想场所。这里骑马一小时的价格在60~100元不等。这里还

链接

落雁滩与王昭君

公元前33年，汉朝统治者为求民族统一，答应了呼韩邪单于提出的和亲要求。汉朝妃王昭君遂于当年出塞，远嫁匈奴。传说王昭君从长安出发，先水路东进，再取道旱路北上，途经今东河南海湖渡口，后来当地人民群众为了纪念王昭君，就把她上岸的南海湖渡口称为昭君渡。

昭君下船之后，在南海湖周围草地上观赏风景，正好有一群大雁从她头顶飞过，大雁看到王昭君国色天香如此美丽，不甚惭愧，纷纷从天上落了下来。于是后人也形容昭君的美丽为落雁之容，而南海湖的草堤因此得名落雁滩。

昭君出塞图

可以开越野吉普车，一辆车一圈大概收费50~100元。

6~9月是希拉穆仁草原的最佳旅游季节。包头春季多风，由于内蒙古沙尘暴影响越来越严重，不适宜旅行。深秋与冬季比较寒冷，草原已无绿色，也不是包头旅游的好时节。

玩家 解说

在希拉穆仁草原，每年都要举行盛大的草原那达慕活动，其中的赛马、摔跤和射箭三项竞技是蒙古族"男儿三艺"。在这里，游客既可以看到勇敢剽悍的草原健儿的精湛表演，也可以亲自披挂上阵，大显身手，一抒豪情。

梅力更召
唯一——座用蒙语诵经的寺庙
包头市九原区阿嘎如泰苏木境内

梅力更召始建于1677年，以诵读蒙文经卷著称。1702年，康熙特别赐名梅力更召为"广法寺"，并拜梅力更葛根为敬神喇嘛。此后，梅力更召不断受到清政府的重视，1773年，乾隆特将一块用满、蒙、藏、汉4种文字书写之匾——"梵昌寺"赐予梅力更召。但"梅力更召"之所以著名，其原因尚不在于它的规模庞大，而是这座古刹蕴藏着深厚的蒙藏佛教文化，它也是我国现存唯一的用蒙语念经的藏汉式相结合的古寺庙。

梅力更风景区
登山、观景绝佳胜地
包头市九原区110国道772千米处
40元
0472-5155595
在市内乘9路公交车在终点站梅力更下车，然后再包车进山，大约20元

梅力更（蒙古语"聪慧"之意）自然生态风景区是以众多的巨型球状的花岗岩高山、瀑布和植物景观为主的自然风景区。景区内有梅力更沟、石包克图沟、西沟等奇峻峡谷，山体雄伟奇特、深幽险峭，主峰大桦背海拔2324米。景区保护面积56.7平方千米。

梅力更以"林海奇松、瀑布潭泉、云海幻景、奇峰异石"四绝而著称。山石间无数飞瀑流泉奔腾倾泻，串联其间，景色秀丽奇特。其景色四季殊异，春日鸟语花香，夏日云海飞泉，金秋红叶满山，隆冬冰柱成林。梅力更大瀑布是北方罕见的泉水瀑布，落差66米。

北方兵器城 AAAA
集兵器展览、军工文化传播、休闲娱乐于一体
包头市兵工路 30元

北方兵器城占地面积19.8万平方米，由地面常规重武器陈列区和地下常规轻武器

北方兵器城

赛罕塔拉生态园

展区两部分组成。

地面常规重武器陈列区是兵器城的重要组成部分,目前摆放由海、陆、空部分代表性武器30余种。有第二次世界大战时期的火炮,有接受过毛泽东主席检阅的"共和国第一炮",有20世纪60年代高尖端武器,多次击落美国U-2无人侦察机的红旗Ⅱ号导弹,有西沙海战立下赫赫战功的"双五七舰炮",有建国50年大庆接受江泽民主席检阅的现代坦克的克星120毫米自行反坦克炮,有双"五七"自行火炮、水陆两用坦克、203毫米牵引炮等,游客中心有中国保尔——吴运铎事迹展。

第二景区,外圆内方直径3.6米,19.6吨重的铸铜"三和壁"彰显着北重集团五十余年造就的以"和"为基石的企业文化。在10 000米长的小溪两旁有《三十六计》石刻卡通画,广大游客可在休闲中回味《孙子兵法》的乐趣。

兵器城地下常规轻武器展区,展示了部分近代和现代的轻武器实物、模型、图片,并设有手枪、机枪、实弹实验场。参加工业游还可以参观集团公司的民品生产线和观看火炮实弹射击。

赛罕塔拉生态园
全国唯一的城中草原

📍 包头市青山区民主路与建设路交叉口南侧
📞 0472-5110616 🕗 8:30~17:30
🚌 市内乘坐5、10、35路等公交车在赛汗塔拉公园站下车即可到达
🎫 免费,园内的各项娱乐项目单独收费

赛罕塔拉蒙语的意思是美丽的草原,又名成吉思汗生态园、赛罕塔拉公园,是全国唯一的都市草原,面积近万亩,草原有钢城,钢城有草原,是包头市独特的风景。

园区内水草肥美,鸟语花香,一眼望不到头的绿色与蓝天白云相接,置身其中,可切身体会"天苍苍,野茫茫,风吹草低见牛羊"的大草原魅力。

玩家 攻略

园内有个马术俱乐部,可以骑马休闲。除了骑马,这里还有喂梅花鹿、射箭等娱乐项目,冬天还可以滑雪。

每年的农历八月十七日,赛汗塔拉都会举行隆重的祭敖包仪式,届时,几乎所有牧民都会赶来参加,祈求风调雨顺、四季平安、人旺年丰。

景点推荐

包头东部旅游区

五当召 AAAA 文 村

内蒙古地区现存唯一完整的喇嘛教庙宇

📍 包头市石拐区青五线五当沟 🚌 包头市三区可以乘坐5路公交车到包头东站,东站前的广场有7路车到石拐区,然后转乘开往五当召的车,当天可以往返,车程不到两小时。7路车票价9元 💰 60元
📞 0472-8715022
🕐 8:30~18:00

　　五当召始建于清康熙年间,以西藏扎什伦布寺为蓝本,经乾隆、嘉庆、光绪年间多次维修、扩建,遂成今日规模。它与西藏的布达拉宫、青海的塔尔寺和甘肃的抗卜楞寺齐名,是我国喇嘛教的四大名寺之一。五当召被群山环抱,主要建筑由六殿三府一堂和94栋喇嘛住宿楼组成,各幢建筑自成一区,是内蒙古地区现存规模最大、保存最完整的纯藏式喇嘛寺庙。

玩家 解说

　　敖包在内蒙古大地上多如星瀚,五当召敖包就是其中最璀璨的一颗。它坐落在五当召庚毗沟终点的高山上(海拔1767米),是石拐区的制高点。五当召敖包建筑宏伟,气势夺人,经幡习习,熠熠生辉。五当召敖包既是一方山神,又是召庙守护神,官民共祭,护佑僧俗。每年定期民间都要在这里举行盛大活动,召庙遇事也要求问山神,据说活佛也不敢怠慢。

玩家 攻略

　　每逢农历初一到十五,诵《甘珠尔经》,十五这天,进行酥油花展出。农历五月初五,举行那达慕大会和赛马会。农历七月二十三至八月初一,举行一年一度的嘛呢会,喇嘛们手持经轮,吹着法号,敲着羊皮鼓绕召庙而行,颇为壮观。

　　五当召附近有许多餐馆,餐馆内供应独具特色的蒙餐,如手扒肉、奶茶、炒米、奶酪、蒙古包子、奶酒等,也有价廉物美的面食和炒菜。

五当召唐卡

五当召是内蒙古地区藏传佛教现存唐卡最多最精美的寺院，现存大小唐卡2000多幅，几乎每座殿堂都保存着数量不等的精美唐卡。这些唐卡除少数张挂在供人参观朝拜的殿堂内，大多深藏各大殿堂密室，有的甚至存放在柜内，很少对外展示。

五当召的唐卡大多为清朝时期的作品，少数为民国时期。其内容以佛教题材为主，以绘画各种佛、菩萨、阿罗汉、本尊、护法、空行母、天王、高僧大德、坛城等居多。唐卡主要以国唐中的彩唐为主，少量是止唐的贴花唐卡、版印唐卡。五当召的苏古沁殿（大经堂）、二楼觉卧（释尊）殿是保存唐卡最多的殿堂，约200幅，在殿内的柱头、横梁、墙壁等处张挂着大小不同、内容各异的唐卡。

战国赵长城遗址 文
我国现存最古老的长城

 包头市石拐区包石公路地段

赵长城是我国现存最古老的长城，至今已有2000多年的历史，保存比较完好的一段在包头至石拐公路10千米处。赵长城横亘于包头市辖区的中部，石拐区境内的战国赵长城全长约14.5千米，为夯土结构，始建于公元前306年，为战国时期赵武灵王"胡服骑射"时期的产物，距今已有2300多年的历史。它迤逦于阴山南麓的群峰丘陵之中，山南是狭长的土默川平原，水草肥美，古代是兵家必争之地。赵长城遗址已被列入第五批国家文物保护单位。

玩家 解说

前300多年，赵国君主赵武灵王为了巩固边

五当召

广场，位于洞阔尔殿前，是讲经、辩经的场所，即学术升级的考场。

洞阔尔殿，高居于全寺之中，其他建筑均以这里为中心，乾隆皇帝于1756年赐名"广觉寺"，这里是学习佛教时的轮学部，讲授天文、历法、数学、占卜等。

部分大殿的顶部立有风磨铜羚羊对卧法轮和寺徽，金光璀璨。

寺院为藏传佛教寺院式建筑风格，没有统一中轴线，大殿不规则地散布在山谷中。

苏古沁独贡殿，位于寺院最前部，高三层，一楼前大厅是经堂，八十根方柱上雕刻各式花纹图案。

寺院周围周边群山松柏、经幡飘舞，显得格外壮观。

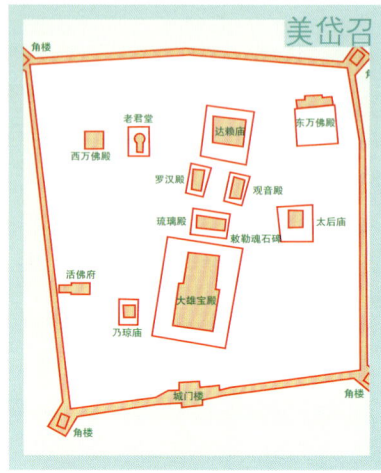

☎ 0472-8850012

🕐 8：00~18：00

坐落在包头大青山脚下的美岱召是喇嘛教传入蒙古的一个重要弘法中心，始建于明朝庆隆年间，是成吉思汗第十七世孙阿勒坦汗1565年主持兴建的，初为阿勒坦汗的金国都城，1606年改建成寺庙，是阿拉坦汗及夫人三娘子（金钟哈屯）居住和议政的地方，也是喇嘛教活动场所。

玩家 指路

从呼和浩特出发，可坐火车到萨拉齐站，约2小时。萨拉齐火车站出来往西走，到了立交桥路口，等过路的6路公交车，5块钱可到美岱召村，村前有一牌坊，过了牌坊一直往前走，几分钟后就能看到美岱召。

玩家 攻略

每年农历五月十三，美岱召村都要举办盛大的传统庙会，这也是当地最隆重的物资文化交流大会，是内蒙古西部远近闻名的文化节日，届时，人山人海，热闹非凡。

玩家 解说

美岱召佛殿内的西墙下层为人物画像，正中端坐的蒙古族装束男女像，是俺答汗和其夫人三娘子。而美岱召现存的太后庙，就供奉着三娘

境，防止北方胡人入侵，筑起了一条500多千米长的赵长城，东起河北蔚县，经山西雁北，再傍阴山山脉南麓迤逦而西，经包头直至巴彦淖尔市乌拉特旗。

美岱召 文 村
著名的塞外明代"城寺"

📍 包头市土默特右旗美岱召镇美岱召村
🚌 乘坐到达萨拉齐站的列车，下车后打车或乘坐当地的公交都可以抵达美岱召
💰 30元

美岱召

子的灵骨，此地相传是她的寝宫。因三娘子在俺答汗嫔妃中排位第三，故名三娘子。

三娘子在历史上是个赫赫有名的人物，长期以来，她的手里握有土默特蒙古部落三分之一的兵权。由于她智勇兼备，才貌超群，深受俺答汗的信任，并采纳了她与中原友好往来的主张。俺答汗死后她又执行了继续与明朝友好往来的政策，维了土默特部与明朝间和睦相处40多年的安定局面。在此期间她积极开展与中原地区的和平惠通商与文化交流，促进了内蒙古地区经济文化的发展。明朝政府在万历十五年（1587）封她为忠顺夫人，封俺答汗及其子孙为顺义王。

九峰山自然保护区
大青山最奇秀的旅游胜地
📍 包头市土默特右旗萨拉齐镇东北
🆓 免费

九峰山自然保护区位于阴山山脉中段，因六座巍峨挺拔依次增高的山峰相连而得名，是大青山最奇秀的旅游胜地。九峰山自然保护区总面积460多平方千米，由东九峰、西九峰、大西梁、杆林背、羊ую山等大小山峰和美岱沟、水涧沟、香桂铺沟等沟壑组成。它的主峰号称"小泰山"，海拔2338米。还有季节性的瀑布、"石湖""一线天""南天门"等景点，和漫山遍野的奇花异草。每当夏秋之际，百花盛开，野果惹人，山溪一路奔流，令游人心旷神怡，流连忘返。

玩家 指路

可以在东河区的长途汽车站乘坐前往土右旗的班车，到达后再乘坐当地环城车或包车前往九峰山。

廿四顷地天主教堂
清西式教堂建筑
📍 包头市土默特右旗萨拉齐镇

廿四顷地天主教堂始建于光绪十六年（1890），光绪二十六年（1900）被义和团焚毁，重建于光绪二十七年（1901），为中国天主教的发源地之一。

现廿四顷地天主教堂占地7488平方米，东西约96米，南北约78米。礼拜堂面阔26米，进深46.5米，为砖木结构，为比利时钟楼尖顶教堂样式，外观虽然陈旧，但仍不失庄严肃穆。

玩家 解说

廿四顷地天主教堂虽然经历了焚毁重建，已不再辉煌，但无论从哪个视角去看，它都留有几分神秘，几分庄严。

小召子
小召子庙会闻名蒙西
📍 包头市土默特右旗萨托公路45千米处

小召子为坐落在土默特右旗萨托公路45千米处的一个绿树遮掩的村庄，因这里有一处规模不算太大的寺院而取名叫小召子。召庙汉名叫广福寺，藏名"昂得庆斯么"，蒙古名叫"伊么庆"。

小召子庙会闻名于内蒙古西部地区，原来是每年正月和七月举行两次，后改为六月十五至八月初一，中华人民共和国成立后从七月初七开始，举办5~7天，庙会期间除念经外，还要跳鬼（查玛教）。每天念经和跳舞都变换面具，服装也根据每天念经的内容而变换。

中华人民共和国成立后增加了唱戏、放电影等内容，这就使庙会更加隆重有意义。每年的七月初一、初二，各地的摊贩商店、饭馆等就到这里布点、售货、垒炉灶、搭帐篷，生怕来迟无落脚之地，到起会那天（初七）就已人山人海，方圆一二十千米人如潮涌，广福寺周围的各色帐篷像一朵朵绽开的花朵，此起彼伏的叫卖声、嘈杂声、大喇叭放出的乐曲声，成为一曲优美动听的交响乐。

玩家 攻略

在小召子庙会期间去那里才有意思。这时会有敖包祭和各种表演等，还有各种小玩意儿售卖，既有趣味，又可以体验塞北风情。

景点推荐

包头北部旅游区

秦长城遗址
中国最早的万里长城

- 包头市固阳县城北7千米处
- 0472-3687480　8:00~17:00

　　固阳秦长城被称为中国最早的万里长城,蜿蜒曲折,气势雄伟,尽管历经2200多年的沧桑,秦长城原貌依存。

　　固阳县金山镇境内长约10千米的一段秦长城保存十分完好,个别地段基本保持了原貌。城墙高度最高有4.5米,顶宽2.8米,墙体多以黑褐色厚石片垒砌。在城墙内侧,每隔千米就有一座烽火台。

　　秦长城内侧凿刻着百余幅岩画,有北山羊、骆驼、驼鹿、舞者、骑者等,形象生动,具有较高的考古和艺术价值。在秦长城附近还有蒙恬大将点将台、匈奴万箭穿石处等历史遗址。孟姜女哭长城的故事,至今还在民间广泛流传。

玩家 解说

　　据考证,秦长城始建于秦始皇三十三年(前214),是秦朝大将军蒙恬率30万兵马为北抗匈奴而修筑。匈奴向北退却后,为防御匈奴以及东胡奴隶主贵族南下骚扰中原,秦始皇就将战国时期秦赵燕三国北边的长城进行修缮和增筑,使其连接起来,这就是中国第一道万里长城。后来汉武帝又派卫青对这段长城进行过修复,所以又称为秦汉长城。

内蒙古境内的秦长城西起巴彦淖尔市境内的狼山西端,横穿固阳县中部,东至呼和浩特市北郊。固阳秦长城横穿该县中部3个乡镇,蜿蜒于色尔藤山坡上,自西向东走向,长约120千米。

链接

孟姜女哭长城

孟姜女哭长城,是我国古代著名的民间传说,它以戏剧、歌谣、诗文、说唱等形式,广泛流传,可谓家喻户晓。相传秦始皇时,劳役繁重,青年男女范喜良(范杞梁)、孟姜女新婚三天,新郎就被迫出发修筑长城,不久因饥寒劳累而死,尸骨被埋在长城墙下。孟姜女身背寒衣,历尽艰辛,千里寻夫来到长城边,得到的却是丈夫的噩耗。她痛哭城下,三日三夜不止,这段长城就此坍塌,露出范喜良尸骸,孟姜女于绝望之中投海而死。

在固阳秦长城红石板沟段,有一处很大的豁口,据当地的老百姓讲,这是孟姜女千里寻夫时哭倒的,千古流传到现在。当然这只是民间传说,并未考证。

春坤山
内蒙古西部最大的高山草甸草原

包头市固阳县大庙乡境内

50元　8:00～16:00

春坤山海拔2340米,是包头市制高点。山上空气清新,气候凉爽,它也是内蒙古唯一一块高原草甸草场,生长着黄芪、秦艽、黄芩、柴胡等几十种野生药材,自然草种达300多种。

春坤山的地貌十分奇特,每条山梁都分阴阳两面。向阳的山梁上怪石嶙峋,悬崖峻峭,阴坡上土壤肥沃,草木葱茏。

山势呈东西走向,东高西低,主峰红芪梁位于最东端,因盛产补气养血的名贵中药红芪黄芪的野生品种而得名。红芪梁东侧有一神奇的自然景点——石洞沟,因沟内有大小天然石洞而得名,沟内原始桦林郁郁葱葱。

玩家 **指路**

在包头市到昆区二旅社长途车站或东河的包头长途汽车总站,坐去固阳的车,大庙乡下车。到了那儿再问一下当地人,或者包车前往,不难找。

怀朔古城
北魏古城遗址

包头市固阳县金山镇城区东北

这里有世界罕见的佛像土窟,这里曾经是北魏六镇之首,这里还出生过一位赫赫有

春坤山

名的皇帝——高欢，他带着北魏六镇的流民一起起义，将北魏政权独揽在手。这个充满传奇色彩的地方，就是千年古城怀朔镇。

怀朔古城，城垣明显，呈不规则长方形，城墙周长4667米，四角建有角楼，面积达1.6平方千米。这里出土了全国罕见的泥塑佛像，并且有铜菩萨塑像、石臼、陶罐等大量北魏时代的文物。据考古专家考证，怀朔镇是北魏时北方六镇之首，是迄今为止发现的内蒙古西部地区规模较大的北魏古城遗址。怀朔镇最早建于北魏始光年间（424—428），距今已有1500多年的历史。花木兰替父从军就曾经驻防在这里，从脍炙人口的北魏乐府民歌《木兰诗》中有证可查。

玩家 解说

公元4世纪末，拓跋鲜卑族建立北魏政权，与此同时，在大漠南北的蒙古高原也崛起了一个强大的部落——柔然（蠕蠕）。为消弭来自北方的威胁，在北魏前期的七八十年间，北魏曾多次北讨柔然。公元433年，北魏沿阴山以北，设置了著名的边防六镇：沃野镇、怀朔镇、武川镇、抚冥镇、柔玄镇、怀荒镇。其中，怀朔镇的战略位置尤显重要，为六镇之首。

链接

花木兰替父从军

花木兰是北魏人，父亲以前是一位军人，从小就把木兰当男孩来培养。木兰十来岁时，他就常常带木兰到村外小河边练式，骑马、射箭、舞刀、使棒。空余时间，木兰还喜欢看父亲的旧兵书。

当时北方游牧民族柔然族不断南下骚扰，北魏政权规定每家出一名男子上前线。木兰的父亲年纪大了，没办法上战场，家里的弟弟年纪又小，所以，木兰决定替父从军。去边关打仗，对于很多男人来说都是艰苦的事情，更不要说木兰又要隐瞒身份，又要与伙伴们一起杀敌。但是花木兰最后完成了自己的使命，在12年后凯旋回家。皇帝因为她的功劳之大，认为她有能力在朝廷效力，任得一官半职，不过，花木兰拒绝了，她只要求皇帝能让自己回家，好好地去孝敬父母。

普会寺
清代古刹

包头市达尔罕茂明安联合旗乌兰图格苏木（乡）

普会寺蒙古语为锡拉木伦召，称召河庙。始建于清康熙四十二年（1703），曾多次修缮，现存山门、正殿、东西配房等建筑。普会寺原系呼和浩特市席力图召的避暑庙，由席力图召四世活佛阿旺罗布桑拉布敦主持兴

普会寺

建。此地在清代为呼和浩特往外蒙古商旅必经之地，为大青山后的重要物资集散地，故此寺负有盛名。

普会寺是一座西藏平顶式建筑，变化万千，色彩绚丽，庄严肃穆，由大雄宝殿、格根仓、舍利神堂等群体建筑物组成。"文化大革命"中遭破坏。大雄宝殿经过维修，已恢复香火。格根仓内接待游客，舍利神堂改为博物馆。

玩家 解说

乾隆二十九年（1764）席力图召清康熙外孙噶尔丹、蓝琪琪之子第六世活佛阿嘎旺老布生达瓦掌握了席力图召政教大权后，为答谢皇恩，于乾隆三十四年（1789）自筹资金，在希拉穆仁河畔兴建了一座召庙，报请朝廷。皇帝欣然赠送一匾，命名为"普会寺"。

广福寺
蒙北佛教喇嘛活动的中心

包头市达尔罕茂明安联合旗百灵庙镇
在镇内乘14路中巴车或专线旅游车
15元
8:00~18:00

广福寺，也就是百灵庙，系达尔早贝勒庙的转音，亦称乌力吉套海（吉祥湾）召庙群。始建于康熙二十五年（1686），康熙皇帝赐名"广福寺"，御赐用满、蒙古、藏、汉4种文字书写，盖有皇帝玉玺的匾额。

广福寺整座建筑群由5座大殿、9顶佛塔和36处藏式结构的院落组成，各处殿塔雕梁画栋，廊柱林立，墙壁上彩绘着佛经里的人物故事，造型生动，构图细腻，建筑规模宏大典雅壮丽。

玩家 解说

"那达慕大会"为一年一度蒙古族最大的体育盛会，盛夏时节，百灵庙镇外草滩搭起众多蒙古包，方圆数百千米牧民、骑马乘车盛装赴会。

敖伦苏木古城遗址
雄伟古朴"赵王城"

包头市达尔罕茂明安联合旗百灵庙东北

敖伦苏木古城俗称"赵王城""五英雄城"，是成吉思汗家族的姻亲之部——汪古部的首府，又因汪古部赵王世家居住此城，也称"赵王城"。

敖伦苏木古城建于元泰定元年（1323），不仅有着高耸雄伟的殿堂，豪华雅致的官邸楼阁，还有鳞次栉比的街衢商店和金碧辉煌的"德风堂"、宗教大厦等建筑物，成为当时汪古部落的政治、经济、文化中心。这座古城是蒙古高原上仅次于元上都的第二大城

链接

汪古部小传

据史料记载，汪古部是我国古代北方的一个游牧民族，是突厥的一支，主要活动在阴山北段的艾不盖河流域。汪古部原为金朝守护金界壕，成吉思汗率大军进攻金朝时，首领阿剌兀思审时度势，率部归顺了成吉思汗，并自愿做向导，一举攻下了许多城池。在此后的若干年，汪古部一直跟随成吉思汗南征北战，屡立战功。后来，阿剌兀思被成吉思汗封为八十八功臣之一，论功授予五千户，下谕令其子孙世代封王。

在整个元朝时期，汪古部共有4人封为北平王，3人封为高唐王，3人封为俞王，8人封为赵王。公元1357年，在红巾军的影响下，汪古部领地内的灭里部举行起义，攻打了赵王府，杀死了赵王的替身，末代赵王八都帖木儿被迫化装逃离赵王城，去向不明。这座城到明代逐渐衰败。

内蒙古包头

敖伦苏木古城遗址

池,也是欧洲文明传入东方的第一大城市。同时,它也是沟通西北蒙古高原和内地之间的要冲。

安答堡子古城
金代守护界壕的边堡

包头市达茂联合旗额尔登敖包哈沙图东南

安答堡子古城坐北朝南,略呈方形,每面长约500米左右,四周的城垣高矮不一,时断时续,城西北已被河水冲毁,城垣最高处6米,基宽10余米,城墙四角各有一个圆形土墩,为角楼残址,门外有瓮城。古城外东北部高地上有一片古墓群,其上有许多景教墓顶石,多半较粗糙,但也有精制品。

这座古城距金界壕很近,史学家认为该城系金代守护界壕的边堡,元代为汪古部封国内的城市之一。

白云鄂博草原
草原辽阔、水草丰美

包头市白云鄂博矿区地质道 全天

由包头乘车北行,过固阳县就进入白云鄂博大草原了。这里草原辽阔、水草丰美、牛羊成群,牧民策马扬鞭不时传来阵阵歌声。在包白公路148千米处,有一蒙古包群,这就是白云区政府兴办的旅游点——白云鄂博艾里(村)。

这里建有多顶蒙古包,设备齐全,可为客人提供住宿服务。游人在这里可以品尝蒙古民族奶油、炒米、烤全羊、烤羊腿、手扒肉等食品,可以骑马、射箭、参加篝火晚会,观赏敬献哈达、祝酒等民族礼节的风情。可以观看草原上的套马和赛马活动,一饱眼福。同时还可参观世界最大的稀土矿山——白云鄂博矿山和成吉思汗胞弟——哈萨尔祭奠堂。

白云鄂博矿区奇石根艺展览馆
白云区石友与外界的交流的平台

📍 包头市白云鄂博矿区

白云矿区的奇石根艺活动开始于20世纪90年代中期，由开始的几个人逐渐发展，规模越来越大，至今参加奇石根艺活动的爱好者几乎包含各个行业，已有近千人。

奇石根艺展览馆展出的奇石，以白云矿区本地的戈壁石（风砺石）以及内蒙古和蒙古国的戈壁石居多，还有一些南方产的钟乳石、灵璧石、水冲石和缅甸的木化石等。另有一些经加工打磨的奇石，有山东的泰山玉、新疆的哈密翠玉等，还有一些画面石。

展览馆中展出的各件根艺作品，都是白云区根艺爱好者取自白云矿区附近，经过加工制作而成，充分展示了白云矿区根艺爱好者的聪明与智慧。

链接

地质展览馆

坐落在矿山山脚下的地质展览馆，展示着自1927年丁道衡发现白云鄂博铁矿以来，每个历史时期的发展轨迹、珍贵资料和矿山近40多年的发展历程，陈列着白云鄂博170多种矿石标本。

稀土广场
白云矿区的中心广场

📍 包头市白云鄂博矿区党政办公大楼正南
🎫 免费　🕐 全天

稀土广场，是白云矿区的中心广场，是矿区举行盛大集会和人民群众游览观光的场所，2006年初，由政府投资对广场进行了全面改造，总占地面积7万多平方米，其中30%为绿化面积。广场总体采用"三轴两面"布局结构，"三轴"分别代表政治轴线、经济轴线、文化轴线，"两面"分别表达了白云鄂博的历史文脉和自然风韵。

希拉穆仁草原

攻略资讯

- 交通
- 住宿
- 美食
- 购物
- 娱乐

包头机场

交通

飞机

包头机场位于包头市东河区，又称海兰泡机场、二里半机场，是内蒙古地区除呼和浩特白塔机场外最大的4D级机场。包头机场已经开通了北京、上海、太原、石家庄、深圳、郑州、重庆、沈阳、成都、广州等16个城市的航线。

包头民航售票处电话：0472-4616100。

玩家 攻略

包头机场大巴运营时间为6:30~0:35(每小时一班)，票价14元。机场大巴专线设置昆区、东河两条线路，分别为：海德酒店—稀土高新区管委会—滨河新区—包头机场航站楼；海德酒店——宫—九原区政府—二宫—包头机场航站楼。

火车

包头市有多个火车站，最主要的是包头站和包头东站。乘1、2、15、101等路公交车可以到包头站，乘5、7、10、13、18、131、133等路公交车可以到包头东站。

从包头可以乘火车到北京、天津、西安、上海、石家庄、宁波、呼和浩特等城市。

玩家 攻略

从包头乘火车以前，要注意分辨是在包头站还是包头东站，因两地相距很远，万一弄错了，就有可能赶不上火车。

汽车

包头市有两个长途汽车站，一个位于昆区，主要发往包头市的其他区县和周边省市，一个位于东河区，是长途汽车总站。长途汽车总站距离包头机场3.5千米，距离包头东站2.5千米左右，交通很便利，有发往北京、太原、集宁、呼和浩特、东胜、临河、五原、乌海、固阳、榆林等包头市其他区县及外省市的大巴。

包头长途客运总站/包头市站北西路3

包头站

包头体育馆

号/13、17、37路公交车可达

包头昆区长途客运站/包头市团结大街与三八路交叉口西侧/8路公交车可达

🏠 住宿

包头虽地处西部内陆，市内却绿树成荫。作为内蒙古绿化面积最大的城市，市内的住宿条件较好，可为不同需求的人们提供理想的下榻之所。火车东站前的南门外大街有一些服务周到、环境优良的宾馆。另外，在市政府前的钢铁大街上也有为数众多的宾馆，标准间都在200元左右。如果想要前往北方兵器城或赛汗塔拉公园，建议居住在青山区。

●香格里拉大酒店

包头香格里拉大酒店是五星级酒店，坐落于繁华的市中心，靠近市政府、主要商业区及购物中心，距离机场仅约30分钟的车程，行车约15分钟即可到达火车站，地理位置非常优越。香格里拉大酒店拥有现代典雅的客房与套房，客房豪华舒适，从房间内还可以饱览繁华市容或葱郁的园林景致。📍包头市昆都仑区民族东路66号　📞0472-5998888

●海德酒店

海德酒店是五星级酒店，毗邻包头市政府、坐拥核心商务区，距飞机场26千米，距火车站6千米，交通便利，地理位置优越。酒店拥有客房260多间，内设标准间、标准单人间、家庭套间、豪华标准间、豪华商务套房等多种设施完备的房间，可供选择。📍包头市昆都仑区钢铁大街56号　📞0472-5365555

●金茂东方酒店

金茂东方酒店是五星级酒店，是集商务酒店与酒店式公寓于一身的综合性大厦，

包头市区交通

包头海德酒店夜景

位于包头市钢铁大街繁华地段，邻近繁华的包百商圈，地处商业、购物、娱乐、休闲中心区，交通十分便利，是宾客旅游、购物或出差停留的理想选择。📍包头市昆都仑区钢铁大街96-3号(王府井百货对面) ☎0472-5219999

●天外天大酒店

四星级酒店，邻近第一工人文化宫、劳动公园，地理位置优越，交通便利。酒店餐厅提供粤菜、上海菜、淮扬菜和西餐。同时，酒店配备大小不等的会议室，是宾客商务、旅游的理想居所。📍包头市青山区呼得木林大街50号(一宫环岛) ☎0472-5361888

●更多住宿去处

包头璞悦酒店/科学路与青东东路交汇处/0472-6939999

包头君临阁酒店 / 钢铁大街7号正翔国际广场 /0472-5196688

包头青山宾馆迎宾楼/ 迎宾路1号院内迎宾楼/ 0472-5828888

包头凯宾酒店/自由路与文化路交叉路口东200米路南/0472-3334888

美食

当年浩浩荡荡的走西口，不仅改变了内蒙古的社会、经济结构，还把浓郁的山西本土特色融入了当地的饮食结构中。作为当年旅蒙晋商互市之地的包头，至今在饮食方面仍然保留着独特的西北风味。面食和牛羊肉制品成为包头饮食结构中的主角。除了西北风味，包头还有地道的蒙古菜，奶茶、炒米、手把肉等，都是不能错过的美味蒙餐。

美食小吃

●烤全羊

蒙古族传统名菜，为招待贵宾或举行重大庆典时的盛宴特制的佳肴。一般选用草原上膘肥、体重40斤左右的绵羊宰杀后，去毛带皮腹内加葱、姜、椒、盐等佐料整体烤制而成。此菜羊形完整，羊跪在方木盘内，色泽金红，羊皮酥脆，羊肉嫩香。赛汗塔拉风情园的烤全羊非常正宗，不过一只烤全羊往往要花费一两千元。

推荐店铺：福家全羊宴(包头市九原区撒如拉办事处，黄河奶牛场南侧；0472-5989009)。

●莜面

内蒙古地区盛产莜麦，莜面就是由莜麦磨成的面粉制作而成，莜面可以制作成面条、莜面鱼鱼、莜面窝窝、莜面糊糊等各种不

莜面窝窝

同的食物。莜面的做法也很独特,经过"三生三熟"的制作流程,一份莜面美食才会展现在大家面前。莜面是一种能缓解生活工作压力的食品,同时对于心脑血管人群,肝肾功能不全者,肥胖者,中年人,还有想要减肥的女性也是保健的佳品。包头市昆都仑区的半亩地莜面大王经营美味的莜面和羊汤,风味十分浓郁。

● **小肥羊火锅**

小肥羊火锅

鼎鼎大名的小肥羊火锅就源自包头。小肥羊最有特色的就是它的汤料和羊肉。汤料营养美味,闻到就让人有食欲,羊肉更是没的说,肉质鲜美,一点儿都不膻。如果有机会的话,一定要到市府西路的小肥羊大厦小肥羊全国总店品尝最正宗的美味。 包头市昆区乌兰道九号 0472-6981998

● **奶茶**

蒙古族特有的一种日常饮品,在蒙古包中常年弥漫着奶茶特有的醇香。奶茶是用砖

热闹的美食街

蒙古族奶茶

茶和牛奶共同煮成的,煮沸后还要加入少许的盐。食用时一般佐以饼等面食。

推荐店铺:赛汗塔拉风情园(包头市青山区成吉思汗生态园)

● **烧卖**

烧卖是内蒙古地区的一道经久不衰的美食。它的特色是内馅只用羊肉和大葱,这点区别于南方的烧卖,南方的烧卖内馅有牛羊肉和姜葱,也有萝卜青菜的素馅儿。内蒙古的烧卖做法独特,选料精良,皮薄馅大,新鲜的羊肉馅儿配上葱丝姜末,用料十足。烧卖出笼后,飘香四溢,味道鲜美。

推荐店铺:背头烧卖(包头市青山区幸福南路,近少先路)

包头美食去处

包头有几条著名的美食集中地,分别是民族东路美食街、富强路美食街、大连开发区一带和万达广场商圈等,其中多数集中在青山区。在这些美食街区你能找到很多不同类型的美味餐厅,一定会让你大快朵颐一番。

 购物

包头有很多美味特产,比如莜麦制品(如莜面速食面、莜麦粉、莜面饸饹等)、奶制品

(如奶片、奶酪等)、风干牛肉干、真空羊杂和奶酒等,都是带有浓郁民族特色的内蒙古美食,健康营养,可以带回去和家人朋友分享。

包头还有许多蒙古族工艺品,比如蒙古刀、蒙古银器等,做工精致,镌刻着浓浓的蒙古族风情,具有一定的收藏价值。

包头特产

● 风干牛肉干

蒙古独具特色的产品,号称蒙古大军军粮,历史悠久,素有"草原肉金子"之美誉。将精选的牛肉剔去筋膜,片为大长条,盐、葱、姜、糖等放在小碗中调化,对肉进行腌制,12小时后将肉挂晒在铁架子上,放在通风的地方,风干约10天,重量约为风干前的40%即可。风干牛肉色泽较深,肉质带点柔韧却不失香嫩,有嚼劲更香口。

● 阴山莜麦

莜麦也叫油麦,即燕麦,它生性耐寒,最适合在干旱贫瘠的地方生长,阴山南северный阳光充足,非常适合莜麦的生长。莜麦一般是制成麦片食用,蛋白质含量高,而脂肪的含量却极低。阴山莜麦富含磷、铁、钙、维生素、氨基酸、脂肪酸等人体所需的多种营养成分,对人体健康十分有利。

● 蒙古刀

牧民生活中的日常用品,也是室内装饰品。该产品采用手工雕刻镂花的制作方法,造型艺术另有别致之处。刀身用红、桦木雕刻而成,刀把以牛角、驼骨制作而成,具有独特的民族风格。

● 蒙古银器

早在元朝以前,蒙古族即以使用银器闻名。蒙古族银器品种有银碗、蒙古刀、蒙古银壶、饮酒器皿、头饰银簪、各种马具鞍花等。蒙古银器大方淳朴,精巧细致,色彩纹样古雅,具有鲜明的民族风格。在包头各大商业区均有售。

摩羯纹金花银盘

● 三蓝地毯

包头是内蒙古最早用羊毛织造地毯的地区,清代同治年间从宁夏来了邢姓和唐姓二位师傅,开始传授织毯技术,后来才将织毯技术传到归绥(今呼和浩特)。

三蓝地毯

包头购物场所

包头市的东西方向比较狭长,其中主要的购物场所集中在昆都仑区的钢铁大街、阿尔丁大街、友谊大街一带,青山区的文化路以及东河区的和平路一带。包头比较大型的购物场所有王府井百货、万达广场、包头百货等,喜欢购物的朋友不妨去这些商场看看,能收获很多当地特产。

娱乐

包头拥有广袤的草原风光以及多彩的

蒙古刀

南海河灯节

民族风情,故而来这里旅游可以体验到骑马、篝火晚会等别样的娱乐活动。此外,传统的那达慕集会是最能体现蒙古族风情的集会。届时有歌舞娱乐、摔跤、射箭、赛马等比赛项目。

骑马:来到内蒙古一定不能错过在大草原上骑马的美妙体验。包头市区虽然主要是都市风光,但是市内的赛罕塔拉生态园和包头市周边的景点,比如希拉穆仁草原等,都能体验骑马的乐趣。当你随着马背的颠簸感受着夹杂青草香的风,是多么惬意而又放松。

赛罕塔拉生态园是包头市著名的"城中草原",拥有广阔的草原。园内有个马术俱乐部,可以骑马休闲。除了骑马,这里还有喂梅花鹿、射箭等娱乐项目,冬天还可以滑雪。

希拉穆仁草原是典型的高原草场,夏秋季时绿草如茵,鲜花遍地,是骑马的理想场所。

那达慕大会:"那达慕"是蒙古语译音,即"娱乐、游戏"之意。作为蒙古族牧民的传统娱乐竞技活动,"那达慕"有着鲜明的民族特色和浓郁的地区特点,发展至今,那达慕大会已是具备完整规模的年度体育盛会。

大会的内容主要有摔跤、赛马、射箭、赛布鲁、套马、下蒙古棋等民族传统项目,有的地方还有田径、拔河、排球、篮球等体育竞赛项目。

那达慕大会分为大、中、小三种类型。大型那达慕,摔跤选手为512名,骏马300匹左右,会期7~10天;中型那达慕,摔跤手256名,马100~150匹,会期5~7天;小型那达慕,摔跤手64名或128名,马30或50匹左右,会期3~5天。无论何种民族与宗教信仰的人,均可报名参加。

节日和重大活动

节日	地点	时间
南海河灯节	南海公园	农历七月初二
老包头端午庙会	乔家金街	端午节期间
那达慕大会	包头市	七八月份
燃灯节	包头市	农历十月二十五

赛罕塔拉生态园的马

发现者 旅行指南

鄂尔多斯·乌海

概览

♡ 亮点

■ 成吉思汗陵

成吉思汗的衣冠冢，是世界上唯一以成吉思汗文化和蒙古族文化为主题的旅游景区。每年的成吉思汗祭祀更是引人入胜。

■ 响沙湾

一个沙子会唱歌的沙湾，为中国各响沙之首。奇妙有趣的自然景观，丰富、刺激的沙漠娱乐活动，让人流连忘返。

■ 恩格贝旅游区

著名的治沙中心，在这里可以观赏绝美的大漠风光、多样的沙漠珍禽异兽、奇特的沙漠植物，体验神奇的沙漠探险和多样的水上运动。

成吉思汗陵

■ 胡杨岛

珍稀树种——胡杨的聚集地，岛上还可滑沙、游泳、骑驼。

■ 桌子山岩画

山势雄伟，峰峦迭起，藏有大量昭示古代文明的岩画。

■ 满巴拉僧庙

曾是内蒙古西部地区最早学习蒙医的高等学府，经医双修。

线路

■ 鄂尔多斯三日游

第一天上午前往响沙湾，聆听会唱歌的沙子，体验丰富多彩的沙漠娱乐项目，之后到恩格贝，观赏沙漠珍禽异兽、大漠风光和沙漠探险。

第二天上午先到准格尔召朝拜，后到成吉思汗陵瞻仰。

第三天早餐后参观世珍园，观赏遗鸥、东方白鹅、白天鹅等珍稀鸟类。下午到鄂尔多斯文化旅游村，体验鄂尔多斯的祭祀文化、民俗文化、草原历史文化、牧民生活和沙漠探险等。

■ 乌海市区一日游

上午先参观乌海葡萄酒博物馆、乌海煤炭博物馆。然后乘车去金沙湾生态旅游区攀爬沙山。随后游览汉森庄园，参观酿酒葡萄园、酒庄。中午可以在金沙湾或汉森酒庄就餐。

下午乘车去滨河新区参观蒙古族家具博物馆，然后去甘德尔山生态景区远眺黄河、观成吉思汗雕像。

■ 乌海经典二日游

第一天早上先游青山翰墨园，然后去甘德尔山生态文明景区。午饭后继续观赏游览滨河风情，品鉴蒙古族家具博物馆，最后到黄河渔村体验渔家风情。夜宿渔村。

第二天早上游览金沙湾生态旅游景区，然后参观汉森葡萄酒庄园，后观赏龙游湾湿地公园。

为何去

鄂尔多斯和乌海位于内蒙古自治区西南部,历史上一直是游牧民族活动的地方。在这里,可以感受到沙漠的雄浑,又能观赏到黄河的苍茫景致,同时还能享受到大草原独有的美丽风光。悠久的历史传统和独特的自然地理条件,造就了别具特色的大漠风情景观。

黄河峡谷

何时去

到鄂尔多斯和乌海来,无论是沙漠还是草原,夏秋季都是比较适宜的季节。夏秋季风沙较小、空气湿润,来到这里既能领略鄂尔多斯大草原的美景,还能近距离欣赏沙漠奇观。5—10月还可观赏泊江海子遗鸥北归的身影。此外,每年8月鄂尔多斯草原上的那达慕大会以及成吉思汗陵祭祀期间,民族风情浓厚,不容错过。

成吉思汗庙

鄂尔多斯·乌海旅游示意图

区域解读

鄂尔多斯区号：0477
乌海区号：0473
面积：约87 500km²
人口：约206.87万人

地理 GEOGRAPHY

区划

鄂尔多斯下辖1个区（东胜区）、7个旗（达拉特旗、准格尔旗、鄂托克前旗、鄂托克旗、杭锦旗、乌审旗、伊金霍洛旗）。

乌海市下辖3个区（海勃湾区、乌达区、海南区）。

地形

鄂尔多斯市自然地理环境特点显著，起伏不平，西北高东南低，地形复杂，东北西三面被黄河环绕，南与黄土高原相连。地貌类型多样，既有芳草如茵的美丽草原，又有开阔坦荡的波状高原。而乌海东部是绵延百里的桌子山，中部为甘德尔山，西部为五虎山，各山体均属贺兰山脉的北端余脉，三山成南北走向平行排列，中间形成两条平坦的谷地。

黄河沿甘德尔山西谷流经乌海市区，穿行市区105千米，阻断乌兰布和沙漠进入河套地区，使乌海市依山傍水，横跨黄河两岸。全市地势东西两边高、中间低。

气候

鄂尔多斯属北温带半干旱大陆性气候区，冬夏寒暑变化大。多年平均气温6.2℃，日最高气温38℃，日最低气温零下31.4℃。降水多集中于7、8、9三个月。全年多盛行西风及北偏西风。

乌海市则属于典型的大陆性气候，主要特征是冬季少雪，春季干旱，夏季炎热高温，秋季气温剧降。

资源

鄂尔多斯自然资源富集，拥有各类矿藏50多种。目前，已探明煤炭储量1496亿多吨，约占全国总储量的1/6；天然气储量约1880亿立方米，占全国1/3；稀土高岭土储量占全国1/2。另外，鄂尔多斯盛产山羊绒，羊绒制品产量约占全国的1/3，世界的1/4，已经成为中国绒城，世界羊绒产业中心。

作为一个因煤而生的城市，乌海最珍贵的资源就是煤炭。

因煤而生、因煤而兴的乌海

乌海的成立始于煤炭资源的开发，而煤炭资源又为工业的发展提供了条件。

1958年，随着包兰铁路的开通，特别是包钢创立后对煤炭、煤焦的需求，这里开始了大规模的煤炭资源开发。但是，经过半个多世纪的煤炭开采，资源逐日减少，更由于近年来的无序开发和保护措施不力，导致城市资源浪费、环境严重污染。

为改变这种现象，乌海市转换产业支

成吉思汗陵铜马俑全景

柱,提升产业层次,大力发展新兴产业;还建立了许多工业园区:乌达工业园区、海勃湾千里山工业园区和海南西来峰工业园区,其中入住的上百家企业中,有60%以上是外地投资者。这些企业借助乌海煤电资源充足的能源优势,生产煤炭深加工产品,延伸资源产业链。

另外,乌海市因为煤炭行业的建设者,实现了由煤到墨的转变,将城市打造成"书法城"。逐步形成并提高书法文化的软实力,带动发展乌海市文房四宝、文博会展、书画奇石等文化产业,增强了乌海的吸引力和辐射力。

历史 HISTORY

鄂尔多斯历史大事记

● 远古时期

约在3.5万年前,"河套人"就已经在今鄂尔多斯乌审旗境内的萨拉乌素河流域繁衍生息,创造了著名的古代"鄂尔多斯"文化,史称"河套人文化",属于旧石器时代。

● 先秦时期

大禹建立国家后,把国家分为九州,此时的鄂尔多斯为雍州所辖,而鄂尔多斯的西南部则属渠搜国所管。

成汤灭夏后,夏朝最后一任君主桀的儿子獯鬻带着眷属逃到渠搜避难,从此,鄂尔多斯的西南部被獯鬻所统。

前17世纪至前5世纪,商至春秋时期,土方、方鬼、猃狁、狄等游牧部落先后活动在鄂尔多斯地区。

西周时期,周宣王于前827年命令大将南仲在萨拉乌素河、榆溪河沿线要地筑城设防,历史上称之为朔方城。

春秋战国时,鄂尔多斯分属秦、赵、燕三国,今东部的准格尔旗一带先为魏国上郡,后魏被秦战败,上郡割让于秦,秦国设北地郡。赵国在鄂尔多斯东北部一带设置云中郡、九原郡。

● 秦至唐代

前221年,秦始皇统一中国,在鄂尔多斯设立北地郡、云中郡、九原郡,当时鄂尔多斯地区有两个历史称谓,即"新秦中""河南地"。

前215年,秦始皇派大将蒙恬北击匈奴,占领河套地区。

前127年,汉武帝派卫青从云中向西出击,在河套地区打败匈奴的楼烦、白羊王。匈奴退居漠北。汉在鄂尔多斯地区设朔方、五原、西河、上郡、北地等郡。当年募民十余万迁徙朔方屯居。121年,投降汉朝的匈奴人聚居于此。

前33年，汉元帝将宫女王昭君许与呼韩邪为妻，昭君出塞途经鄂尔多斯并建有行宫，现建有昭君城景区。

188年，南匈奴摆脱东汉管辖，鄂尔多斯被北方匈奴、乌桓、鲜卑、羌等少数民族开为游牧区。

南北朝时期，鄂尔多斯地区先后被鲜卑拓跋部及"十六国"的前赵、后赵、前秦、后秦所占有，战乱不堪，民不聊生。407年，赫连勃勃在今乌审旗南部萨拉乌素河畔建立大夏国，历史上称为统万城。

唐朝时期，置安北大都护府。

● 宋至清代

1038年，党项李元昊称帝，建立西夏，包括今鄂尔多斯大部分地区。

1272年，忽必烈三子忙哥刺受封为安西王，以察罕脑儿为中心的鄂尔多斯地区为安西王的封地。

明朝前期，明朝与蒙古族部落于鄂尔多斯不断交战，直至后明时期，明朝在鄂尔多斯南部修筑长城，加设边关，将鄂尔多斯让给了蒙古部落。

清初，鄂尔多斯部归顺了清朝，实行盟旗制，六旗共建一盟，会盟地点在伊克昭(俗称王爱召)，故名"伊克昭盟"。乾隆年间又划分出扎萨克旗，成为七个旗。

● 近现代

1913年，在绥远召开西部盟旗王公联合大会，乌兰察布、伊克昭两盟各旗王公反对外蒙(今蒙古国)倚俄"独立"，维护祖国统一。

1949年，中共伊克昭盟(今鄂尔多斯市)盟委、伊克昭盟自治政务委员会成立。从此，鄂尔多斯的历史翻开新篇章。

2001年4月30日，伊克昭盟经国务院批准正式改名为鄂尔多斯市。

> **链接**
>
> **鄂尔多斯起源**
>
> 15世纪中叶，明朝天顺年间，守护成吉思汗陵寝(即"八白室")的蒙古鄂尔多斯部从蒙古高原进驻河套地区，"八白室"也随之迁入。鄂尔多斯部源自成吉思汗时的"斡耳朵"，即成吉思汗时的宫殿。因此，鄂尔多斯意为"众多宫殿"。
>
> 成吉思汗去世后，立"八白室"为成吉思汗陵寝，由鄂尔多斯部达尔扈特人专司祭祀。500年来，鄂尔多斯部一直没有离开过，久而久之，这个地区从习惯上就被称为鄂尔多斯。

成吉思汗陵

乌海历史大事记

● 远古时期

专家们对桌子山召烧沟岩画的考证证实，距今约三四千年以前，也就是我国古代夏、商、周的青铜器时代，这里就有了人类的活动。

夏商之际，乌海地区有鬼方、北羌、龙方等游牧部落。

西周至战国时期，这一带的游牧部落有严允、太戎和羌等。

● 秦汉时期

前221年秦统一各国后，分天下为36郡，乌海部分地区归北地郡管辖。

汉元朔二年(前127)，汉武帝击败匈奴楼烦王、白羊王，将原有九原郡改为五原郡，又增设朔方郡，朔方郡下设10县，在今乌海海勃湾地区设置沃野县。

汉元狩三年(前120)，筑沃野县城(今

乌海风光

海勃湾区北新地古城)。

汉元狩二年(前121),南匈奴浑邪王附汉后,乌海乌达地区为武威郡之北境地。

● 三国至南北朝时期

东汉末年到十六国时期,少数民族匈奴、鲜卑、羯、氐、羌——号称"五胡",他们互相争战或者与中原王朝较量,形成长时间战乱局面。魏晋时,今乌达地区为西部鲜卑所据,南北朝时为前凉、后凉、北凉所割据。

东晋大(太)兴二年(319),羯族石勒强盛起来,尽得黄河流域中、下游广阔地区,建立后赵国。今海勃湾地区属后赵之朔州朔方郡。

后秦皇初二年(395),羌族姚兴部兴起,夺得前秦西部地区,称为后秦。姚兴在北部广阔地区设朔方郡,辖今海勃湾地区。

● 宋元时期

宋太祖赵匡胤建隆元年(960)给党项羌李彝兴以太尉称号,李彝兴向宋贡马300匹,以示归顺。今海勃湾地区入宋朝版图。

宋宝元元年(1038),党项族李元昊称帝建立西夏国。今海勃湾地区为西夏灵州之地,乌达地区为西夏贺兰山防区。

13世纪初,游牧在北方草原的蒙古部落日趋强盛,铁木真登上汗位,尊称成吉思汗,于1227年灭西夏,版图统归元朝。今耸立在甘德尔山的两座烽火台,见证了这一时期的历史。

● 清朝时期

清顺治六年(1649),清廷将鄂尔多斯地区划为6旗,实行盟旗制,海勃湾地区为鄂尔多斯右翼中旗(鄂托克旗)之西北境。

清康熙二十六年(1687),始设阿拉善和硕特旗。今乌达地区属阿拉善旗管辖。

在清朝同治年间，有人在沿黄河两岸开矿挖煤，拓荒种地，但规模很小。

●近现代

1929年1月，宁夏省政府成立后，在磴口正式设县，并且将包括乌海地区在内的地带划入磴口县。

1930年，绥远省政府在黄河以东鄂托克旗地区设立野沃设置局，后改为沃野县，辖今海勃湾地区。

1949年9月7日，鄂托克旗人民政府成立，海勃湾地区属鄂托克旗第三区（阿尔巴斯）。9月23日，阿拉善和硕特旗和平解放，当时，乌达地区为该旗宗别立巴嘎的一部分。

1961年10月1日，正式成立乌达市和海勃湾市。

1976年1月10日，乌达市和海勃湾市合并成立乌海市，为内蒙古自治区直辖市。

文化 CULTURE

独特的文化传承——成吉思汗祭祀

成吉思汗祭祀是蒙古族的习俗，最早始于窝阔台时代，到忽必烈时代正式颁发圣旨，规定祭奠成吉思汗先祖的各种祭礼，使之日臻完善。

成吉思汗祭祀中，祭奠祭词成为核心，主要对长生天、成吉思汗及其夫人、功臣等表示祭祀，赞颂他们的丰功伟绩，以美好吉祥的语言为他们祝福，并祈祷圣主赐给百姓美好的生活。成吉思汗祭奠祭词，主要由祭文、祝颂词、祝福词、祝祷词、祭歌等组成。这些祭词内容丰富，形式多样，内涵深刻。其内容涵盖了蒙古民族古老、原始的历史、文化、风俗、礼仪、观念、信仰、语言、文字、法律等多方面。在成吉思汗祭奠中应用的祭词，有50多部（篇），长达5000行，形成丰富

成吉思汗陵祭坛

鄂尔多斯婚俗

多彩的长篇韵文,成为蒙古民族珍贵的巨幅文献。

达尔扈特是成吉思汗陵守灵部落,近800年来世代祭祀成吉思汗,使成吉思汗祭典完全保留着13世纪以来蒙古帝王祭祀仪式的原貌,成为形式独特、内容丰富、内涵深刻的民族文化遗产。

成吉思汗祭祀主要是表达对长生天、祖先、英雄人物的崇拜,祭奠中再现了古老的蒙古民族牲祭、火祭、奶祭、酒祭、歌祭等形式,诸多富有特色的珍贵祭器则表现了草原民族对大自然和动物的艺术审美观念。以其独特的魅力载入国家级非物质文化遗产名录。

现今鄂尔多斯伊金霍洛的成吉思汗祭典,就是沿袭古代传说的祭礼。成吉思汗祭祀一般分平日祭、月祭和季祭,都有固定的日期。专项祭奠一年举行60多次。祭品齐全,皆供整羊、圣酒和各种奶食品,并举行隆重的祭奠仪式。每年阴历三月二十一日为春祭,祭祀规模最大、最隆重。届时各盟旗都派代表前往伊金霍洛成陵奉祭,盛大空前。

古老的民族仪式——鄂尔多斯婚礼

鄂尔多斯婚礼特指鄂尔多斯蒙古族婚礼,集鄂尔多斯蒙古族传统的宗教文化、祭祀文化、宫廷文化、饮食文化、服饰文化、礼仪习俗、民族歌舞于一体,是我国最重要的、具有鲜明地域色彩的少数民族非物质文化遗产之一。2006年5月20日,经国务院批准被列入国家级第一批非物质文化遗产保护名录。

鄂尔多斯婚礼发源于古代蒙古,形成于蒙元时期。15世纪,随着蒙古族鄂尔多斯部进入鄂尔多斯地区,祭祀成吉思汗的"八白室"安奉在鄂尔多斯境内的甘德尔敖包上,蒙古族的鄂尔多斯婚礼便以其特有的仪式程序流传在鄂尔多斯民间。

鄂尔多斯婚礼已经流传了700多年,至今仍保留着古老的风格和情趣。有哈达定亲、佩弓娶亲、拦门迎婿、献羊祝酒、求名问庚、卸羊脖子、分发出嫁、母亲祝福、抢帽子、圣火洗礼、跪拜公婆、掀开面纱、新娘敬茶、大小回门等一系列特定仪式程序和活动内容。

鄂尔多斯婚礼以其独特的民族特色，浓郁的生活气息，优美的歌舞形式和热烈隆重的场面，为人广为传颂。这种婚礼一般要持续两天至三天，自始至终都洋溢着迷人的蒙古族风情。如果碰巧赶上一家蒙古族的婚礼，一定会大饱耳福、眼福、口福。

再现蒙古宫廷礼仪音乐——古如歌

古如歌，被誉为蒙古族古典音乐的"活化石"及蒙古族古老文明的"活标本"，2008年6月7日，经国务院批准被列入国家级第二批非物质文化遗产保护名录。

"古如歌"中的"古如"蒙语意为"国度"或"朝政"，它源于宫廷，后因王权衰落而流传于民间，成了一种古老的民间音乐体裁。应该说"古如歌"是蒙古族古典音乐的精品，它集中展示了蒙元以来蒙古宫廷礼仪音乐的面貌。

目前，古如歌仅留存于鄂尔多斯市杭锦旗北部沿河一带，以独贵特拉镇、吉日嘎朗图镇为主，另外，梁外原白音恩格苏木靠近沿河一带也有传唱。

古如歌的基本特征就是无伴奏，而且不能随意吟唱，一般只在隆重而盛大的庆典仪式上演唱，主题非常严肃，内容相当正统，旋律优美独特，节奏舒缓自由，演唱细腻独到，风格高贵典雅，以唱时政、唱佛教、唱父母、唱故乡、唱骏马和说教为主。

如今，每次响起庄重而唯美的古如歌，总让人感到蒙古族传统文化的气息扑面而来，仿佛是置身于广袤辽阔的草原，湛蓝无垠的天空勾勒出亘古悠远的意境，带给人们一场纯天然的草原风情，震撼的视听觉盛宴。

蒙汉人民自己的民歌——漫瀚调

漫瀚调是蒙汉劳动人民在长期的生产和生活交往中，在文化艺术方面的相互融合中产生的一种独特的民歌歌种。它主要分布于蒙、汉杂居的准格尔旗、达拉特旗，另外包头市土默特右旗、呼和浩特市土默特左旗等地也有传唱。

清末，在准格尔旗、达拉特旗，蒙汉杂居，人们经常在一起吹拉弹唱，起初蒙古族唱蒙古民歌，汉族唱晋陕民歌，时间一长，一些蒙古族短调被汉族接受，而且还按着即

漫瀚调

鄂尔多斯舞蹈

兴填词方法随意编词,听起来倍感新鲜,很快又被蒙古族人民所欣赏传唱。就这样逐渐形成现在的漫瀚调,所以漫瀚调又叫"蒙汉调""蛮汉调"。

漫瀚调主要特点是:旋律以鄂尔多斯蒙古族短调民歌为主,吸收了爬山调的特点;唱词以汉语为主,但又吸收了蒙语词汇。两种风格的旋律互相糅合,两个民族的语言混合使用,如《王爱召》《栽柳树》,均属此例。其他还有《阿拉坦岱日》《扫帚花日》《毛主席带将幸福来》等。

漫瀚调歌词题材广泛,采用叙事、抒情两种方式,既有时政内容,又有生活反映,更多地为爱情吐露,三十句、五十句不限,即兴出口,一气呵成。

如今,漫瀚调在准格尔旗大放异彩。1996年,准格尔旗被文化部命名为中国民间文化艺术(漫瀚调)之乡。2008年,民间艺术漫瀚调被列入国家级非物质文化遗产名录。

随着歌声起舞——鄂尔多斯短调民歌

鄂尔多斯短调民歌,以其别具一格的民族风格和浓郁的地方色彩而赢得广大人民群众的喜爱。它旋律新颖别致,明朗优美,调式既有一般羽调式为主的蒙古族民间歌曲的共同风格,也有其自己特有的民族特点与地方色彩。

鄂尔多斯短调民歌与长调截然不同,短调民歌结构短小精悍,句法整齐,节奏明朗有力,情绪欢快活泼,音乐形象鲜明,曲调优美动听。短调一般是两行,有韵的两句式或四句式,节拍比较固定。歌词简单,但不呆板,在音韵上广泛运用叠字。

短调民歌主要流行于蒙汉杂居的半农半牧区。往往是即兴歌唱,灵活性很强。短调民歌在旋律中经常采用反向转位的手法,在六、七、八、九度远距离跳进现象十分常见。

短调民歌具有强烈的舞蹈性,比如《圆顶帽子》《鄂托克的西部》等,使鄂尔多斯的歌和舞两朵并蒂花在高原上交相辉映。被载入第二批国家级非物质文化遗产。

如今,热情好客、喜歌善舞的鄂尔多斯蒙古族在婚嫁宴席、亲友聚会、招待客人时,往往也会用短调民歌表达自己的情感。

景点推荐：成吉思汗陵 AAAAA

成吉思汗陵旅游区以成吉思汗陵为核心，形成了祭祀文化区、历史文化区、民俗文化区、草原观光区、休闲度假区的整体布局，是世界上唯一的以成吉思汗文化和蒙古族文化为主题的旅游景区。

景区由以陵宫大殿为核心的诸多景点组成：金碧辉煌的陵宫大殿，蒙古文字造型的蒙古历史文化博物馆，会带给人们福气与好运的甘德尔敖包以及蕴含深厚历史文化内涵的成吉思汗博物馆、蒙元陶瓷博物馆等。

- 鄂尔多斯市伊金霍洛旗伊金霍洛苏木
- 120元，陵墓祭祀区80元
- 0477-8961222
- 8:00~18:00

玩家攻略

节庆：成吉思汗陵每年的农历三月十七都有盛大的"苏勒定"大会，届时的开节仪式非常隆重，是难得一见的场面。

美食：成吉思汗陵内有诈马宴，其仪式庄严，情韵怀古，牛肉鲜香，舞姿婆娑，古乐典雅，让人心醉神迷。

娱乐：那达慕马术活动中心由赛马场、运动场组成，是为举办那达慕而建立。平时，这里由当地牧民表演马术，并为游客提供骑马、射箭、摔跤等娱乐活动项目。

住宿：天骄大营是根据历史记载的成吉思汗军事大营而仿造的。由各种古老宫帐式建筑群组成，体现大汗、大草原、大气势特点。还可以品尝蒙古族风味食品、观赏元代大型宫廷歌舞《圣地古韵》、大型民族舞台剧《永远的成吉思汗》和鄂尔多斯民族歌舞《欢腾的鄂尔多斯》。

链接

成吉思汗陵的由来

古时蒙古族实行"密葬"，特别是蒙古皇帝，因此真实的成吉思汗陵经过各国考古学家的苦苦寻觅，至今也只是圈定了四个地方（蒙古国境内的肯特山南、克鲁伦河以北、蒙古国杭爱山、中国宁夏的六盘山、中国内蒙古鄂尔多斯鄂托克旗境内的千里山）而已，未能找到真正的成吉思汗陵寝，而位于伊金霍洛旗的成吉思汗陵是成吉思汗的衣冠冢。

传说，成吉思汗率军西征时，目睹了鄂尔多斯水草丰美，花鹿出没，自然美丽的景色，便嘱咐左右："我死后可葬于此处。"当成吉思汗去世后，运送其灵柩的灵车行至鄂尔多斯时，车轮突然陷进沼泽地里，套上很多牛马都拽不出来。护送灵车的将领回想起成吉思汗曾经说过的话，于是将其毡包、身穿的衫子和一只袜子安放在这里，并进行供奉。

成吉思汗陵是由七个洁白的蒙古包组成，所以又叫七白陵。因为蒙古族游牧的习惯，人们将陵做成可移动的，遇到危险，随时可将陵包用车拉走。

历史上成陵经历过三次长途迁陵活动。为防止日本人破坏，1939年成陵由伊旗迁到陕西兴隆山，1949年又从兴隆山迁到青海的塔尔寺供奉。路过延安时毛泽东主席和朱德总司令敬献了挽联。

1954年成陵又从青海迁回了伊旗，当时任内蒙古自治区主席的乌兰夫主席亲自为成陵选定了新陵的陵址，位置在七白陵的中轴线，距七白陵遗址北大约500米的地方，由国家投资修建，以后又经过三次较大的修建就成了现在的成陵。

气壮山河门景
宏伟壮观震撼人心

气壮山河门宏伟、壮观，由高21米的成吉思汗手持苏勒德的跃马柱型雕像、左右分别高18米和16米的山岩石壁、底部三层27级台阶、西边与山峰连接的丘陵式墙壁等组成，是成吉思汗震撼世界之伟大壮举与气魄的缩影。

玩家 攻略

不远处的铁马金帐群雕包括385樽雕像、5座金帐，以恢宏的气势生动地再现了成吉思汗率蒙古大军出征时的情景。

亚欧版图
再现大蒙古国疆域版图

亚欧版图是以休闲广场的形式表现，占地面积10 000平方米，版图四角设有观图台，东西两侧各树立13面旗帜。亚欧版图广场以高低错落和不同颜色表现出从大蒙古国至元朝时期的疆域版图，包括中国本土以及横跨亚欧的四大汗国，是中国历史上最大的疆

成吉思汗陵

域版图。

在亚欧版图广场四角的石壁上分别雕刻着主题为"民族的希望""敞开的国门""繁荣的大地"和"吉祥的草原"组画。

蒙古历史文化博物馆
感悟丰富的蒙古历史文化

蒙古历史文化博物馆以蒙古文成吉思汗的"汗"字为造型。博物馆分九个展厅，陈列了三部分内容，即"悠久的历史，英雄的民族""苍茫的草原，壮阔的文化""不朽的业绩，永存的丰碑"，展现了蒙古民族的社会发展、成吉思汗的丰功伟绩和鄂尔多斯历史文化。

玩家 攻略

博物馆内展有206米长的巨幅油画和收集的大量文物与民间马鞍，还设有历史文化研究机构，是世界独树一帜的专门研究、陈列蒙古民族历史文化的博物馆。

玩家 指路

从东胜乘车或者包车前往成吉思汗陵很方便。

从包头汽车站乘发往鄂尔多斯的汽车，到鄂尔多斯后再乘汽车直达成吉思汗陵，行程约5小时。

乘包头至陕西榆林方向的长途汽车，在成吉思汗陵下。

成吉思汗陵牌坊

圣道
青松翠柏庄严肃穆

圣道两旁的青松翠柏间竖立着数十个高大的雕塑,这些雕塑为蒙古人崇拜的神兽雕像和成吉思汗的大将等人物雕像。这些雕像栩栩如生,仿佛是成吉思汗的卫士,威风凛凛地守卫在圣道两旁,将圣道衬托得庄严肃穆。

成吉思汗中心广场
成吉思汗戎马生涯的缩影

成吉思汗中心广场坐落在成吉思汗圣道的中心位置,是整个景区的次高点。广场周围的台阶由六大六小平台和台阶组成,即每六级台阶上面有个小平台,共六个小平台,象征历史伟人成吉思汗享年66岁。广场中央屹立着两块高大的丰碑,记载着成吉思汗戎马生涯和震撼世界的历史。

成吉思汗陵宫
规模宏伟金碧辉煌

成吉思汗陵宫规模宏大,由三座蒙古建筑风格的大殿和廊房组成,分为正殿、寝宫、东殿、西殿、东廊、西廊六部分。

陵宫的主体建筑是三座蒙古包式的大殿:正殿内是以"四大汗国"疆图为背景的高约5米的成吉思汗塑像;寝宫(后殿)里有三个黄缎子覆顶的白色蒙古包,居中为成吉思汗和夫人的灵柩,而两边则是成吉思汗胞弟的灵柩;东殿停放着拖雷及其夫人的灵柩;西殿中供奉着九面旗帜(象征九员大将),以及十分神圣的"苏勒定"(即大旗的铁矛头,传说成吉思汗死后,其灵魂附在这把苏勒定上);在三殿之间的东西廊房中是描绘成吉思汗及其子孙生平的大型壁画。

玩家 解说

成吉思汗陵宫雄伟壮阔,充分展示了成吉思汗这位世界伟人的赫赫功绩,象征着成吉思汗所向披靡、勇往直前的精神,同时也再现了蒙古民族波澜壮阔的历史画卷。

苏勒德祭坛
祭祀哈日苏勒德的场所

苏勒德祭坛位于成吉思汗陵西边不远

成吉思汗陵

陵园主体建筑由3座蒙古式的大殿和与之相连的廊房组成,分正殿、寝宫、东殿、西殿、东廊、西廊6个部分。

3个蒙古包式宫殿的圆顶上,有用蓝色琉璃瓦砌成的云头花,即是蒙古民族所崇尚的颜色和图案。

正殿高达26米,呈八角形,重檐蒙古包式穹庐顶,上覆黄色琉璃瓦,房檐为蓝色琉璃瓦。

东西两殿为不等边八角形单檐蒙古包式穹庐顶,亦覆以黄色琉璃瓦,高23米,东殿安放着成吉思汗的第四子拖雷及其夫人的灵柩,西殿供奉着象征着九员大将的九面旗帜和"苏勒定"。

成吉思汗陵园

处,是供奉成吉思汗所向无敌的战神——哈日苏勒德(黑神矛)的台基。成吉思汗把苏勒德看作是长生天赐给的神矛,从成吉思汗时期就开始祭祀。

玩家 攻略

成吉思汗哈日苏勒德的祭奠,与成吉思汗灵包的祭奠一样,要举行月小祭、年祭和龙年大祭等多次祭奠。在苏勒德祭坛,还供奉着成吉思汗胞弟哈撒尔的花神矛阿拉格苏勒德。

巴音昌霍格草原
水草丰美牛羊遍地

环绕"一代天骄"成吉思汗陵园的巴音昌霍格河,滋润着两岸美丽的草原。位于成吉思汗陵园东侧,以树林环抱的这块水草丰美的草滩,即巴音昌霍格草原。巴音昌霍格草原占地约30平方千米,是基本没有遭到人为破坏的原始寸草滩。这里过去是成吉思汗陵寝的禁地,水草丰美,保留着广阔草原特色。

玩家 攻略

草原周边建立了诸多的蒙古包,可以在此感受草原牧人的生活,还能体验骑马、射箭、摔跤等娱乐活动。

更多本地旅游区景点

成吉思汗祭祀文化展览馆:展览馆用文字、图片、实物、声像等多种手段,系统地介绍了成吉思汗祭祀文化的形成、继承和发展。

阿拉坦甘德尔敖包:敖包是为纪念成吉思汗而设立。成吉思汗陵建成后,每年农历三月二十一的查干苏鲁克大祭的祭天仪式就在这里隆重举行。

成吉思汗敖尔敦(行宫):行宫坐落在成吉思汗陵东南,是仿成吉思汗称汗登基时的斡儿朵(宫殿)建造的,由一座蒙古包式金顶大殿、两座侧殿、选汗台、成吉思汗战车和蒙古包群组成。

东胜及周边景点

景点推荐

成吉思汗广场
壮观恢宏的铜塑

- 鄂尔多斯市党政大楼前方
- 乘21路公交车可达

成吉思汗广场长2500米、宽200米,以团结、家乡、自然为主题,体现了浓厚的蒙古族风情,与南部的乌兰木伦湖区动态水轴遥相呼应,形成了一个开放通透、特色鲜明的核心区"十字轴线"景观体系。

《青铜祖先草原后代》大型组雕,以天驹行空、草原母亲、海纳百川、闻名世界、一代天骄5组铜塑,形象描述了成吉思汗金戈铁马的传奇一生。5组主雕是选用青铜铸造而成,共用铜约480吨。

玩家 解说

海纳百川:成吉思汗唯才是举,择善而从。他身边聚集了畏兀儿人塔塔统阿、契丹人耶律楚材、财力支柱震海等诸多各民族博学多才的志士。

草原母亲:蒙古族五支箭的故事,揭示了"聚之群鸟,胜于散之猛虎"的道理。母亲的孜孜教诲,使成吉思汗汲取了团结这一无穷无尽的力量源泉。

闻名世界:它所展现的是成吉思汗出征图,雕塑通过30余人、马的艺术再现了成吉思汗征战一生的伟绩,从雕塑可以看出成吉思汗既在万民之中又在万民之上。

世珍园
不可错过的民族文化之旅

- 鄂尔多斯市东胜区达拉特南路23号 30元
- 0477-8560007
- 9:00~17:00

鄂尔多斯世珍园旅游区是以世界重要保护湿地、鄂尔多斯遗鸥国家级自然保护区为依托投资兴建的集旅游观光、休闲度假、野生动植物保护、生态建设为一体的大型生态旅游区。

世珍园旅游区内除了湖泊、岛屿外,分布

着大片的湿地、沙地、草地、丘陵地，这里生活着遗鸥、东方白鹳、白天鹅等珍稀鸟类。

世珍园旅游区的核心游览区是鸟岛。观鸟台上，在繁殖期间可以看到遗鸥繁殖的全过程。遗鸥是世界珍稀鸟类，国家一级保护动物。每年5月遗鸥在这里筑巢、产卵、孵化，10月份，羽翼渐丰的小遗鸥会跟着成年遗鸥进行长途迁徙。

还有蒙古族文化风情区，集中展示鄂尔多斯蒙古族民风民情。此外世珍园旅游区旅游活动项目有越野车、卡丁车、骑马、射箭、滑草等；水上活动娱乐项目有快艇、摩托艇、脚踏船等。

玩家 指路

1.从呼和浩特、包头方向来的游客，乘大巴、火车到鄂尔多斯市汽车南站换旅游专线车直接到景点。

2.从兰州方向来的游客在乌海下车，换乘去鄂尔多斯大巴2小时到达景区。

3.从银川来的游客沿109国道直达泊江海旅游景区，从延安方向来的游客沿210国道即可到达。

玩家 攻略

在这里可以看到其他国家级保护动物，如大天鹅、东方白鹳、鸿雁等，在这里栖息的各种鸟类达到百余种之多。每年春秋两季（3—5月初，10—12月初），白天鹅翩然而来，在水面上追逐嬉戏，最多时可达上万只。

站在长寿岛上远眺，可将泊江海子及周边草原、湿地的轮廓尽收眼底。

"驴的"是世珍园中一种独特的交通工具，同时也是极具特色的民俗旅游项目之一，大家一定要试试。

链接

遗鸥

遗鸥属于鸥科，中型水鸟，体长44厘米左右，栖息于大型水域，主食鱼类、水生无脊椎动物及草叶。遗鸥是国际鸟类保护联合会认定的濒危物种，属于国家一级保护动物。世珍园的遗鸥群是世界已知最大的群体之一，全球75%以上遗鸥在这里繁殖。

鄂尔多斯博物馆
神奇的时光长廊

- 鄂尔多斯市康巴什新区文化西路南5号
- 乘坐K21路可到达康巴什新区，票价约为7元
- 免费（需提前1天预约）　0477-8390880
- 每周二至周日9:00～17:00，周一闭馆

鄂尔多斯博物馆是集鄂尔多斯地区历史与文化的收藏、陈列及研究于一体的综合性博物馆，始建于1963年。馆藏文物约7000余件（套），以著名的"河套人及其文化"、乌仁都希岩画、"朱开沟文化"、"鄂尔多斯青铜器"——匈奴文化，以及鲜卑、党项和蒙古等中国北方民族文化最具特征。

玩家 解说

鄂尔多斯博物馆造型独特，外观似一块饱经

鄂尔多斯博物馆

风雨磨砺侵蚀的磐石，象征鄂尔多斯悠久的历史和深厚的文化底蕴。古铜色的金属外表，记录着鄂尔多斯古老沧桑的草原文明。整座建筑雄浑大气，庄严肃穆，集历史气息与现代科技为一体。

玩家 攻略

博物馆馆藏丰富，尤以中生代恐龙足迹印痕化石、河套人与萨拉乌素动物群、乌仁都希山岩画、朱开沟文化、鄂尔多斯青铜器、西夏文化以及鄂尔多斯蒙古族文化等蜚声海内外。

九城宫生态园 AAAA
休闲玩乐两不误

- 鄂尔多斯市东胜区罕台镇南5千米处　在三角公园，乘坐21路公交车至玉溪汇龙生态园站下车即到
- 50元　0477-3117999　8:00~18:00

九城宫距东胜城区9千米，南接成陵，北依响沙湾，西邻大秦直道。是一个集避暑休闲、生态度假、农业观光、文化娱乐、拓展体验、绿色餐饮、会议住宿、精彩演艺于一体的大型综合性旅游区，是塞外北国的"避暑休闲旅游目的地"。

旅游区拥有包括水上欢乐世界、动感酷玩游乐园、动物观赏园、休闲娱乐体验区、九城宫大戏院、户外拓展真人CS基地、冰雪（滑草）大世界、卡丁车赛场等诸多娱乐项目。

九城宫滑雪场

滑雪场有专业的初级道、中级道、高级道，是内蒙古地区规模最大、设备最齐全的滑雪场。冰雪世界内还有雪地摩托、滑冰、手动冰车、冰上碰碰车、吊椅、溜索等丰富多彩的活动项目，体验更加舒适、刺激、好玩的冬季户外欢乐世界。

生态农业采摘

九城宫拥有全国先进的生态农业示范基地，13栋现代化日光温室以多层式水培、立柱式栽培、无土栽培和土壤栽培相结合的先进技术种植各种生态瓜果，有香蕉、草莓、油桃、葡萄等果蔬，可以边观赏边采摘，

鄂尔多斯草原

乐趣无穷。

鄂尔多斯草原旅游区
绝美的草原风光浓郁的民族风情

- 鄂尔多斯市杭锦旗锡尼镇东郊9千米
- 由鄂尔多斯市内乘旅游车专线可直达景区
- 80元　0477-2215555　9:00~18:00

鄂尔多斯草原旅游区是以杭锦草原风光为依托，展示鄂尔多斯蒙古族民俗风情、表演、体验为特色的旅游区。按功能区划分为歌舞表演区、餐饮娱乐区、住宿休息区、骑马射箭运动区、洽谈业务开会区、庙宇敖包祭祀区、体验蒙古民族风俗休闲区。

郡王府
蒙西独一无二的王者风范

- 鄂尔多斯市伊金霍洛旗阿勒腾席热镇王府路郡王府巷西侧　市内有直达郡王府景区的旅游专线
- 25元　8:00~16:00

郡王府建于1928年，是伊金霍洛旗旗府所在地阿勒腾席热镇上的一所古建筑，是鄂尔多斯七旗一区内现存唯一完整的王爷府，也是整个内蒙古西部地区最完整的一座王爷府，是鄂尔多斯十大旅游景之一。

王府建筑工艺精湛，规模宏大，富丽堂皇，融藏汉风格于一体，在整体建筑风格艺术上以精湛的砖雕技压群芳，充分体现了中华民族古老的建筑艺术。

玩家 解说

王府整体建筑属砖、木、石结构的硬山顶与平顶结合，融蒙、藏、汉风格为一体，具有浓郁的

民族特色和地方特色。府院多数房屋为飞檐斗拱，从屋顶到屋面均用砖、木、石雕刻着龙凤、鹿鹤、山水、花草、文字等图案；屋里屋外均用油漆彩绘着龙凤、云雷、花草等画面。其技艺精美，栩栩如生。

陶亥召
旅游朝圣的好去处

- 鄂尔多斯市伊金霍洛旗新店镇境内　可在鄂尔多斯客运总站乘坐东胜至陶亥召的旅游专线车
- 25元　0477-8871066　8:00~18:00

陶亥召距今300多年的历史，在众僧们的不懈努力和社会各界的鼎力支持下，将大雄宝殿、法相僧院、时轮僧院、大雄宝殿两侧对称的小庙修复一新，并在2001年建起了一座白塔，使之成为周边各族群众朝圣了却心愿的圣地。近年，来此参观拜谒的人们接踵而至，陶亥召方兴未艾。

玩家 攻略

品尝当地特色美食，如奶酒、烧酒就酸饭、羊杂碎等，大饱口福。

买些当地的特产做礼品，如山羊绒、鄂尔多斯酒、发菜、海红子、沙枣、酸毛杏等，亲朋好友一定会喜欢的。

玩家 解说

陶亥召曾是规模宏大的寺庙群，以大雄宝殿、三层召、三座拉僧（僧院）为中心，大小数十个庙堂、僧人食宿用庙式房屋相配，周围9座白塔对应。

远望，苍松郁郁青掩日，翠柏森森绿遮天。浓荫深处，白墙碧瓦，佛楼半闪，殿角斜映，铁马轻摇。步入殿内，仙气飘逸，栩栩如生，香烟如缕，四时不断，成为当时鄂尔多斯地区宗教、文化、医学的中心之一。遗憾的是在"文化大革命"中遭到了严重的破坏。

准格尔召
大漠中的佛教圣地

- 鄂尔多斯市准格尔旗准格尔召镇西召村
- 东胜区客运中心乘坐大巴
- 0477-8345413　8:00~18:00

准格尔召为大型黄衣喇嘛教寺庙，又名"秘宝寺"，清政府赐名为宝堂寺。召庙群建于明天启三年（1623），整个建筑气象宏伟，为鄂尔多斯最大的召庙建筑群，是鄂尔多斯最早最大的寺庙之一。

玩家 攻略

一年四季，准格尔召游人不绝，香火不断，每年农历四月皆定期举办玛尼会，七月举办雅尼会。届时，商贾云集，铺面罗列，佛事活动频繁，是鄂尔多斯地区仅次于成吉思汗陵的又一大宗教盛会，为整个宗教界瞩目。

玩家 解说

舍利独宫，主要安放准格尔召两位活佛的舍利塔，其中第十三世佛洛藏久美丹朝加措的舍利塔用纯银139斤（1斤为500克）、宝石百余颗镶嵌完成，堪称镇寺之宝。

观音殿和六臂护法殿内，分别供奉汉传佛教十八罗汉塑像，让游人在咫尺之间便可领略到两种不同风格的佛教文化，当地老百姓这样说："如果你不能去西藏，那么你就来西召吧"。

油松王
中国第一松

- 鄂尔多斯市准格尔旗羊市塔镇
- 由东胜或薛家湾乘车前往
- 5元

苍茫的鄂尔多斯高原上，有一棵苍茫的古树，其形态似金鹏展翅，其枝叶如垂天之云。经专家考证，它已有900多岁高龄了。由此上溯，该树诞生于北宋英宗治平三年，即1066年。它高25米，胸径134厘米，材积13.5

准格尔召

立方米,是鄂尔多斯高原的一颗活化石。它向人们证明,1000年前的高原曾是一片森林茂密、水草丰美的物华天宝之地。

玩家 攻略

每年的农历正月初一至十五、七月十五至十九,这里都要举办传统庙会,届时各地文艺团体、拜谒群众、游人商贾云集于此,盛况空前,可以好好体验一番。

十二连城
聆听千年的故事

鄂尔多斯市准格尔旗十二连城乡

十二连城顾名思义就是由十二座城连接而成。民间传说,此城为北宋时期杨家将佘太君率十二寡妇征西所筑,至今,这座古城虽已只剩残垣断壁,但从那依稀可辨的轮廓之中,仍可想象得出当年这座城堡的不凡气势。

水镜湖休闲度假旅游区 AAAA
生态农业休闲园的典范

鄂尔多斯市准格尔旗布尔陶亥苏木李家塔村

免费

水镜湖旅游休闲度假区景观资源丰富,地势平坦,土壤肥沃,灌溉条件好,园区将种植技术、生态水产养殖等现代农业技术与蒙古族草原风情特色旅游完美融合,功能齐全,景观及游乐设施完备,是集吃、住、行、游、玩于一体的综合型生态农业休闲旅游景区。

玩家 攻略

度假区内绿树果园、丰收农田,芳香绵远悠长,满目绿色带来沁人心脾的舒爽,除了观景,还有5D动感影院、水镜湖农耕文化博览园,以及水上综合游乐、垂钓等娱乐项目。

☐ 高科技种植智能基地

水镜湖现代农业开发景区高科技种植智能基地,有温室大棚100栋、智能温室8800平方米、塑料大棚50栋,都已种植葡萄树、桃树、香瓜、黄瓜、青椒、尖椒、茄子、圆菜、番茄等农作物,让人享用后流连忘返。

☐ 四合院

景区建有一座仿北京四合院建筑。四合院作为老北京人世代居住的主要建筑形式,驰名中外,世人皆知。四合院内有丰富的文娱活动场所,其中有古典棋牌室和高标准的乒乓球案板,综合为一体化的人性化服务场所,供人娱乐,并配套有豪华装修的台球室,是旅游度假的理想场所。

玩家 解说

考古学家们还从十二连城这座古城遗址上发掘出不少珍贵文物。上自新石器时代,下至明清时代都各有一些代表性器物。其中晚唐时期的绿釉陶质小狗和白釉瓷质小山羊,被专家们称为"举世稀有的艺术珍品"。现已陈列于中国历史博物馆中。

黄河大峡谷
黄河第一湾

鄂尔多斯市准格尔旗薛家湾镇城坡码头服务区

自驾车经包茂高速往准旗薛家湾方向走109国道(出口在东胜到康巴什之间)到万家寨

黄河峡谷位于蒙晋陕黄河大峡谷准格尔段,此段峡谷独具特色,风光秀丽。峡谷文物古迹众多,自然、人文景观皆美,历史文化底蕴深厚。峡谷两岸壁立千仞,峰岭争峙,河道曲折蜿蜒,浪击晋蒙两岸,气象雄伟,其独特的气势和风光令人震撼、赞叹。

十二连城

景点推荐 库布齐沙漠旅游区

"库布齐"为蒙古语,意思是弓上的弦,因为它处在黄河下像一根挂在黄河上的弦,因此得名。库布齐沙漠是中国第七大沙漠,也是距北京最近的沙漠。西、北、东三面均以黄河为界,像一条黄龙横卧在鄂尔多斯高原北部,横跨内蒙古三旗。

走进库布齐沙漠,可见原汁原味的大漠风光,浩瀚大漠、苍茫沙海、朝日浑圆,给人以发自内心的震撼。每年都吸引大批的沙漠徒步爱好者来此,是时下最热门的沙漠穿行场地。

✉ 鄂尔多斯市杭锦旗、达拉特旗和准格尔旗的部分地区

🚌 一般在包头或鄂尔多斯集合,包车前往

玩家 攻略

气候:元旦期间沙漠气温在-25℃~-10℃;清明期间-5℃~28℃;五一期间0℃~30℃。具体出发前留意天气预报,温差较大。

注意:因沙漠穿越活动强度较大,需要一定的中高强度、长距离负重徒步穿越的经验。

建议:近来徒步穿行的人越来越多,也出了几次事故,所以一定要找当地经验丰富的领队,更有保障。建议参加人员上沙漠穿越意外保险,以防万一。

俱乐部:包头户外联盟地平线户外俱乐部,报名电话:0472-2113300、15904723099。

玩家 解说

沙漠徒步穿越运动,是一次真正意义上的沙漠负重定点徒步活动,是为了让大家亲自走进沙漠,在感受大漠迷人的风光,体验大漠风情,感受沙漠变幻莫测的气候的同时,对参加徒步的人而言,不管是在身体上还是心理上都是个很好的考验和经历。

库布齐沙漠徒步穿越须知

着装搭配：沙漠5月气温较高，地表温度下午最高可达50℃，晚上气温在10℃~15℃。阴天或大风天气会骤降至5℃左右。冲锋衣裤或抓绒、速干衣裤或排汗T恤、雨披都是必备。

防范沙尘暴：遇到沙尘时带上防风镜、口罩、头巾，把照相器材封闭好，在凉爽的沙尘里行军也是一种感受，只要听从领队的安排是不会出现安全问题的。

饮食建议：无后援负重穿越，饮水和食品须自己背负，食品尽量选择高能量的简单易消化并不易变质的干粮类食品，尽量少选耗水量大的食品，金属或玻璃盛装的食品勿带。

必需品清单：把所需要的东西列出一个单子，只带必需品，可有可无的东西建议不要带，比如：钱包、化妆品、金属水壶、手机备用电池、笨重的照相器材，等等。

关于饮水：进入沙漠后，一定要定时饮水，每次饮水不要超过100毫升，20~30分钟饮水一次。一般早晨行走1个小时后开始饮水，中午路餐用水控制在400~500毫升，在行走时要定时定量饮水。

团队合作：队伍出行，队员身体素质有差异，强体力队员一定要记得自己是在参加团队的活动，不能逞强好胜，留着多余的体力，帮助那些需要帮助的队员。

穿行速度及休息：控制行军速度和定时休息是顺利到达目的地的关键，沙漠负重穿越行走40分钟休息3~5分钟为宜。

意外情况处理：徒步负重穿越沙漠会耗费大量的体力能量，所以，要求所有队员不管在扎营吃饭或是路餐时都要及时补充食物、补充营养。如有队员出现心慌、体力不支等情况要及时报告领队。

能量补充：负重徒步穿越沙漠，会耗费很多的能量，建议上午9~10点，下午3~4点边走边拿出少量高热量路餐食用来补充身体能量，而不是等饿得受不了的时候再补充。

辅助工具：背包负重行走时经常要翻越沙丘，为了给双腿减轻承重，用带大雪栏的双杖辅助行走会起到事半功倍的效果。

行走技巧：上坡时行走最好选择前面人的脚印走，跟走在台阶上差不多，利用手杖的支撑，会很轻松地翻越沙丘。在平缓的地方行走最好不要跟着前面的脚印走，最好在偏离十几厘米的没有经过踩踏的地方走。

简易凉棚：中午若因太阳直射气温高，可在附近高的沙梁上，把浮沙用手扒掉漏出湿沙子后坐下，用手杖和背包把冲锋衣支起来当作凉棚，沙梁上的微风和凉棚以及湿沙作用可减少身体的耗水量，防止中暑。

晚上行走技巧：白天行走时间有限就得增加夜晚的行走时间，在没有足够强的月光下，开路人可利用强光手电探清前方行走路线，后面的队员利用头灯根据前方脚印行走。

露营注意事项：露营时要注意，帐篷迎风面最小的一角冲向来风，打地钉时先把浮沙扒掉，露出硬度大的潮湿沙地，地钉以大于45°角斜插在湿沙子里面，一般能防止7~8级的大风。把除了帐篷门的其他三个部分用沙子挡起来，也能抵抗强风和保暖。

帐篷和睡袋：睡袋不要叠，抓起睡袋的一个角直接往压缩袋里使劲挤压，十几秒就能收好一个睡袋。收帐篷时内外帐不要叠好，可随意地塞到背包里的睡袋上面并压紧。

人数清点：各组长和队员要相互协助，对本组的所有队员做到随时都在视线之内，绝对禁止出现个别队员离开小组长和队员视线的情况发生（如厕时要等待队员出现后再行进），尤其是遇到其他大队伍的时候要格外注意清点人数。

紧急情况：徒步过程中装备物资全部由队员自负，徒步队伍和保障车随时保持着联系，如有队员身体不适或者水和食物不足，保障车将在最短时间内到达最近接应点。

相机的保护：在拍摄时应谨慎地拿出相机，并拍掉手上的沙子，避免相机跟沙子接触。有风的情况下尽量不要使用相机，并用密封性好的袋子或者相机套包住相机。

库布齐沙漠

玩家 行程

库布齐沙漠东线穿越：恩格贝穿沙起点，响沙湾为终点。

库布齐沙漠西线穿越：七星湖—神光响沙湾或夜鸣沙，西线较东线难度更大，一是因为西线没有补水点，二就是因为西线的沙山多，而且距离很近。

库布齐沙漠穿越休闲线路：七星湖—神海子。

另外，中线、东西大穿越难度大，中间没有补给站，难度大，请依自身条件量力而行。

链接

沙漠穿越的装备和食物

● **基本装备**

背包：建议男士不小于65升，女士不小于55升。

服装：速干长裤、长袖外套、冲锋衣裤或雨披（必备其一）。

睡袋：睡袋（建议温标为-10℃~0℃），羽绒睡袋更佳，体积小重量轻。

帐篷：最好是铝杆的，防风好重量也轻，一定要是双层的。

鞋袜：建议穿着高帮防水登山鞋、徒步鞋，登山袜不少于2双。

手杖：建议最好有2支，可以节省不少体力。

鞋套：建议必备，可防止沙子进入鞋里。

帽子：带檐帽为佳，或者头巾。

头灯：一定要有，电池备足。

炉具：建议2~3人一套，各带自己的餐具，气罐每人至少准备一罐。

水具：建议用水袋，水壶、水瓶也可（每人需准备5~6升的水容器）。

其他：太阳镜、润唇膏、防晒霜。

● **食物准备**

徒步穿越一般需要3天的时间，全程需要2顿晚餐、2顿早餐、3顿中餐（路餐），水根据个人情况每天需携带4~5升，还可多带一些高热量食品，如火腿、果珍、熟肉、巧克力等；考虑到沙漠穿越的特殊性，个人必须准备应急食品如：压缩饼干、能量棒、风干肉等。

恩格贝生态旅游区 AAAA
领略塞外江南

鄂尔多斯市达拉特旗乌兰乡库布齐沙漠中段

恩格贝珍禽

¥ 25元

0477-5211448 8：00~18：00

恩格贝是蒙古语，意为平安、吉祥。历史上这里是一块水草丰美、风景秀丽的地方，后来由于战乱和过度垦牧，美丽的草原变成了沙漠。

如今恩格贝旅游区是著名的治沙中心，经过恩格贝人十几年不懈的努力，这里已建成了集沙漠珍禽动物观赏、大漠风光观赏、生态农业观赏、沙漠植物观赏、沙漠探险和游客综合服务为一体的旅游景区，每年都有大批的国际友人前来植树和参观。

玩家 指路

东胜区出发：

1. 鑫泉汽车站乘坐开往中和西的班车，在乌兰乡（新圪旦）下车，150千米，14元，时间为13:30和15:30。

2. 鑫泉汽车站乘坐开往达拉特旗的班车（车次非常频繁，78千米，8元），然后换乘9:40从达旗发往恩格贝的班车，中午12:00到恩格贝，12元。

包头出发（直达）：

包头东站站前广场每天有直达恩格贝的班车，包头东站发车时间14:30，15:00到包头百货大楼前的招待所，17:00左右到恩格贝。回程时在恩格贝沙漠村大酒店对面，穿沙公路上等。回程经过恩格贝的时间分夏、冬两种，夏季（5月1日~10月31日）6:30，冬季（11月1日一次年4月30日）7:30。这趟车每天一班，到恩格贝15元。前往恩格贝时在包头东站站前广场可以打听找到这辆车，一般每天12:00左右会停在广场上。

玩家 攻略

恩格贝旅游区独特的天然沙漠风景，景观壮美，目前配备了各种旅游娱乐设施。其中的"漠中河"长3.5千米,乘快艇或荡舟随着沙丘的蜿蜒曲折直入沙漠腹地,堪称天下一绝。此外,还可以享受到驾驶沙漠越野车尽情驰骋的惊险和刺激,体验乘坐热气球饱览沙漠风光的快乐。

玩家 解说

走进恩格贝生态旅游区,独特的天然沙漠风景,景观壮美,700千米黄河呈无比巨大的"几"字形,宛如弓背,迤逦东去的茫茫沙漠,宛如一束弓弦,组成了巨大的金弓形,给人以发自内心的震撼。

放眼望去,大漠浩瀚,长河如带,沙海茫茫,朝日浑圆,气魄宏大,如诗如画。诸多的沙漠自然神奇景观,原汁原味的大漠风光,不禁让人感叹大自然的鬼斧神工。

七星湖 AAAA
沙漠中一颗耀眼的明珠

鄂尔多斯市杭锦旗境内的库布齐沙漠腹地
150元 包头市火车站有直达七星湖的旅游专线
0477-6888707 8:00~18:00

七星湖沙漠旅游生态旅游区位于鄂尔多斯市杭锦旗境内的库布齐沙漠腹地,是一个以沙漠生态建设为主题、以沙漠资源和沙湖为依托、以沙漠生态旅游为亮点的度假型沙漠旅游区。

七星湖是黄河故道残留的冲击湖。由于七个湖泊呈北斗七星状排列,故得名"七星湖",因此有"天上北斗星,人间七星湖"一说。

玩家 攻略

景区分为南、北两区,南区是高档消费VIP区,位于大道图湖南,由别墅区、蒙古风情园、餐厅和高档会所组成。别墅区由15栋移动别墅、4栋欧式别墅和3栋总统别墅组成;蒙古风情园由50栋蒙古包和14栋豪华蒙古包群组成。

北区位于大道图北岸,是综合服务区,也是户外拓展训练基地,与南区隔湖相望,这里能够接待326人住宿,设有标准间、套间等。

□ 大道图

即伊克道图湖,位于三个海的最西端,水面开阔浩渺,面积为2.67~3.33平方千米,水深4.5~5米。芦苇茂密,群莺乱飞,湖中生长着甲鱼、红拐子鱼、草鱼、鲫鱼、白鱼、鲇鱼等几十种原生鱼类,栖息着一二十种鸟类。

□ 扎汉道图

即天鹅湖,位于三个海的最东边,水面千余亩,水中生长着芦苇,有鸟类活动,每年春秋两季白天鹅翩然而来,在水面上追逐嬉戏。

□ 东大道图

即遗鸥湖,位于三个海的中间,面积约1.87平方千米,水深3米,水中自然生长着多种鱼类及虾类,以鱼肥、鱼香驰名。这里是鸟的世界,约有二三十种鸟类,鸟儿有红色、蓝色、白色,它们飞旋翱翔,悠然自鸣,在这里繁衍后代。

链接
神奇传说

七星湖沙漠生态旅游区中的扎汉道图、东大道

七星湖

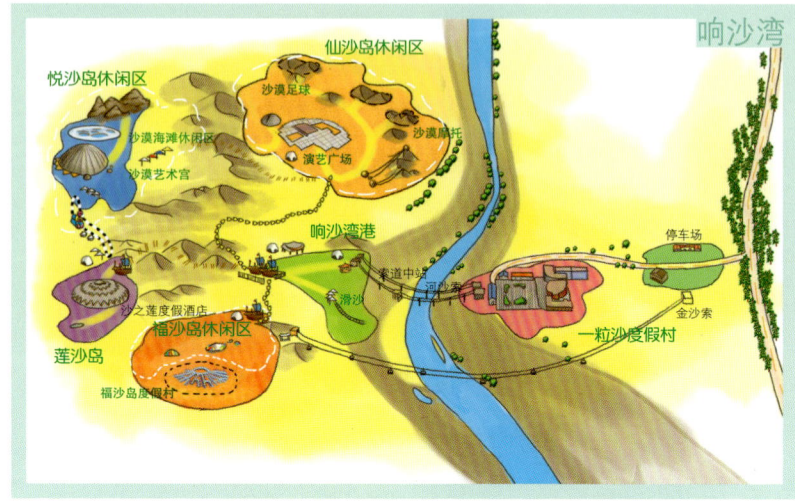

图、大道图三个湖统称为道图海，以沙山相隔，空气洁净，湖水清澈。这三个海子以道图取名，是神奇的传说赋予它们的浪漫色彩。

传说，过去这里有一种水牛鸟，眼如饭碗，肢如木橡，体如牛身，在空中盘旋轻如羽毛，叫声如牛叫。许多飞禽走兽视它为怪物，只要看到它的影子，便都躲藏起来，牧民为消灾免难，取名"道图"。湖内芦苇丛生，每年春秋有大批白天鹅，遗鸥、青章、鹤等十几种珍稀鸟类来此栖息。

响沙湾 AAAAA
到响沙湾体验沙漠的热情

- 鄂尔多斯市达拉特旗树林召乡瓦窑村
- 120元 0477-8349291 8:00~19:00

响沙湾因"沙子会唱歌"而得名，在蒙语中被称为"布热芒哈"，其意为"带喇叭的沙丘"。坐落在中国内蒙古鄂尔多斯境内库布齐沙漠东端，居呼和浩特市、包头市、鄂尔多斯市"金三角"开发区中心，交通十分便捷。

现在的响沙湾已成为一流的集吃、住、行、游、购、娱为一体的旅游景区。另外，在弯月沙山回音壁南约2千米处，有一个沙漠净水沙湖，是一个小面积沙池，终年不竭，为难得的"沙漠甘泉"。

玩家 指路

1.从鄂尔多斯市乘长途汽车到达拉特旗下车，从达拉特旗汽车站门口乘3路或1路公交车到达拉特旗商城，然后步行500米左右到达拉特旗汽车总站，有直接到响沙湾的客车。

2.呼和浩特—鄂尔多斯东胜区的火车在此有一站停靠。

玩家 行程

乘坐冲浪车—仙沙欢乐岛（参加仙沙欢乐岛娱乐项目、乐动会互动及观看精彩演出）—骑骆驼—到悦沙岛（观看婚礼、制作创意沙画、创意沙雕）—乘坐观光火车（观看沿途的蒙古族生活场景）—滑沙。

玩家 攻略

在干燥的气候条件下，沙丘才会发出响声，雨天或雨后最好不去，以免影响游玩效果。夏季前往响沙湾，切记携带阳伞、防晒霜等用品。

每年响沙湾都会举办摄影周活动，丰富多彩的摄影活动让来自四面八方的摄影人手中的相机一刻都不能停歇。

景区内有购物大厅，最有响沙湾特色的纪念品有沙漏、"许愿沙""动画沙"、驼骨筷子、驼骨饰品。还有鄂尔多斯蒙古娃娃、牛皮画、小挂件、牛角雕、仿真皮毛动物、鼻烟壶、蒙古刀、银碗、民族服饰、饰品等纪念品。

新建的粒沙度假休闲馆，尽管户外寒风彻骨，室内却温暖如春，让人在冬日里尽享欢乐。

响沙湾沙漠娱乐

响沙湾旅游区有丰富多彩的沙漠娱乐项目,如沙漠索道、滑沙板、沙漠卡丁车、沙漠摩托车、沙漠冲浪车、沙漠滑翔伞、骑马、骑骆驼等。

也可观沙漠日出,赏大漠晚霞等美景,观赏沙雕,在沙漠中探险,燃起沙漠篝火,或在沙漠中打靶、射箭、跳伞。

还可以欣赏到独具鄂尔多斯蒙古族特色的大型民族歌舞《鄂尔多斯婚礼》等精彩表演。除此之外沙丘上架设有登顶索道供游人乘坐,亦可攀云梯而上。

包括瑜伽室、健身房、休闲馆环廊绘画处、MINI影院、创意沙画、DIY手工制作、水上活动、游泳等十几项娱乐项目。

玩家 解说

响沙湾是一个弯形沙坡,背依库布齐沙漠,月牙形状的沙丘高约百米,宽400多米,沙坡斜度为45度。天晴无雨、沙子干燥时,人从沙丘的顶部往下滑,便可听到沙子发出的如同击鼓、吹号的呜呜声,轻则如青蛙"呱呱"的叫声,重则像汽车、飞机轰鸣;又如惊雷贯耳,更像一曲激昂澎湃的交响乐。

若是三五游人相随同时下滑,则其声如洪钟,更显气势非凡。整个沙丘仿佛是一个巨大的沙制回音壁,响沙湾因此而得名。

神光响沙
特大响沙带,可观看沙漠神光

📍 库布齐沙漠腹地,穿沙公路27千米处

神光响沙总面积35平方千米,是一处以特大响沙带和观看沙漠神光为中心,集沙漠探险、祭拜敖包、机动车越野赛、参观沙生植物、穿沙公路、体验民族风情于一体,充满迷离色彩的大型沙漠综合旅游区。

响沙湾

景区内特大响沙带面积10平方千米，高大沙丘比肩而立，沙海茫茫、一望无际，拨动沙粒嗡嗡作响，踩踏或滑溜则会听到犹如飞机掠顶而过的轰鸣声，并且四季昼夜皆响。

库布其拓展基地为所有机动车爱好者、汽车俱乐部、沙漠探险者、沙漠体育运动爱好者和考古工作者提供一个展示风采、爆发力量、施展才华、张扬个性的舞台，全国各地摩托车、汽车运动和沙漠探险、沙漠体育运动爱好者络绎不绝，到这里训练、比赛、寻求快乐、刺激、体验大漠风情。也为培育、锻炼世界一流的沙漠赛手创造一个集训练、竞技比赛，交流合作、切磋技艺、展示自我、弘扬沙漠旅游文化的综合性场所。

神光响沙旅游区除了以上项目外，为游客提供的娱乐项目还有玩太空球、滑翔伞、游泳、沙疗、沙浴、划沙船、打靶、射箭、摔跤、骑骆驼等活动。

昭君城
焕发新春的昭君城

🏠 鄂尔多斯市达拉特旗昭君坟乡境内　💰 30元
📞 0477-3960887　🕐 8:00~19:00

昭君城，原名"达旗昭君坟旅游接待站"。因公元前33年，王昭君远嫁匈奴呼韩邪单于和亲时，途经此地并建有行宫而得名。城内的主要景点为昭君坟，坟高80米，直径约180米，怪石林立，敲击铮铮有声。

玩家 攻略

昭君城是人文、历史、文化资源的有机结合体，城门前这条路就是秦朝时修的国防道路，它南起陕西省淳化县梁武亭村，北至包头九原郡（今孟家梁）。全长700多千米。最宽处63米。由秦国大将蒙恬督建。并排可行十辆战车。

城内还建有骑射狩猎场、儿童乐园、国防

响沙活动

银肯塔拉沙漠

教育基地、特种养殖园、烽火台等景点,城外景地有白粉坡、落雁崖、软软刘城、金津古渡遗址等,值得一去。

银肯塔拉沙漠 AAAA
沙漠深处的生命力

⊠ 鄂尔多斯市达拉特旗展旦召
🚌 索道90元,门票30元 🕐 8:00~18:00

银肯塔拉沙漠沙丘连绵分布,景色壮观,嫩黄色的沙漠,一望无垠,景区内有东西500米长的沙湾,呈弯月状,沙丘高度110米,坡度为40度,从沙丘顶部滑下,沙子会发出轰鸣声,形成著名的"响沙"奇观,是罕见的自然景观。

此外,还有丰富多彩的娱乐项目。包含敖包祭祀文化、沙漠拓展演练、高空沙漠索道、沙漠滑沙、沙漠越野、沙漠爱心造林、乘坐沙漠小火车穿越大漠,骑着沙漠轨道自行车在沙漠上疾驰等多项活动。

玩家 攻略

这里有世界上最大的敖包、世界上最长的2500米索道、世界上响沙带最集中的沙漠、世界上最大最豪华的蒙古包演艺大厅,非常刺激,令人震撼,非常值得一游。

玩家 解说

银肯敖包祭祀在每年农历五月十三和七月廿三举行。祭祀仪式通常由男性长者主持,人们吹奏鼓乐,焚烧神香,敬献祭品,诵读祭文,并为敖包加石头,插柳枝,悬挂风马旗。

祭祀中还要为一头牲畜(一般为绵羊)举行"神畜"仪式,被选定的神畜,头和颈会挂上彩绸带,人们不可出售或宰杀它。此外,还要举行赛马、摔跤和射箭等竞技活动。

景点推荐 鄂尔多斯南部旅游区

毛乌素沙漠
沙漠中尽情撒野

- 鄂尔多斯市乌审旗 包车前往

毛乌素沙漠亦称鄂尔多斯沙地。毛乌素，蒙古语意为"坏水"，地名起源于陕北靖边县海则滩乡毛乌素村。自定边孟家沙窝至靖边高家沟乡的连续沙带称小毛乌素沙带，是最初理解的毛乌素范围。由于陕北长城沿线的风沙带与内蒙古鄂尔多斯南部的沙地是连续分布在一起的，因而将鄂尔多斯高原东南部和陕北长城沿线的沙地统称为"毛乌素沙地"。

玩家 攻略

毛乌素沙漠每年会举办赛车节，届时能观看穿越本色鄂尔多斯汽车越野赛、赛马、摔跤、射箭、民族歌舞表演，等等。

玩家 解说

毛乌素沙漠是中国四大沙地之一，位于陕西省榆林地区和内蒙古自治区鄂尔多斯市之间，面积达4.22万平方千米。包括内蒙古自治区的鄂尔多斯南部、陕西省榆林市的北部风沙区和宁夏回族自治区盐池县东北部。降水较多，有利植物生长，原是畜牧业比较发达地区，固定和半固定沙丘的面积较大。万里长城从东到西穿过沙漠南缘。

察罕苏力德游牧生态旅游区 AAAA
感受魅力游牧文化

- 鄂尔多斯市乌审旗苏力德苏木塔来乌苏嘎查
- 套票88元

察罕苏力德游牧生态旅游区距旗政府所在地嘎鲁图镇16千米。景区内主要景观由底层直径为9米的苏力德敖包、81级台阶组成的长90米的祭祀通道、5600平方米祭祀广场、万人那达慕大会竞赛场、察罕苏力德祭祀宫、祭殿以及9尊九杰雕像和五白畜组成。还有56个蒙古包和56个茅草屋等。

玩家 攻略

旅游区在查干宝力格河畔会举行大型传统那达慕大会，开展赛马、射箭、摔跤、套马、篝火晚会等群众参与性强的活动，很刺激，很值得一去。

每年秋季会举行五日狂欢节,有大型民族文艺演出、彩车游行、美食品尝和蒙古民族服饰表演等。

乌审召
感悟昨日的辉煌
- 鄂尔多斯乌审旗乌审召镇政府所在地
- 从鄂尔多斯市乘大巴至乌审召镇
- 免费 8:00~18:30

乌审召位于鄂尔多斯市乌审旗乌审召苏木驻地,意为乌审旗之佛寺,亦称"甘珠尔经庙"。乌审召曾为清朝鄂尔多斯右翼前旗最大的寺院,统辖全旗各寺庙。可惜现仅剩两座小殿和一座白塔。改革开放后修复经堂一座,现有少数常住喇嘛,且定期举行经会。

鄂尔多斯野生动物园 AAAA
走进动物王国
- 鄂尔多斯乌审旗乌审召镇政府所在地
- 乘马台庙的城乡公汽可到
- 130元 0477-8103356 8:00~18:30

鄂尔多斯野生动物园内建有鸟苑、恐龙馆、水禽馆、狮豹苑、狼苑等20多个动物展

玩家 攻略

避免在节假日和周六日入园,尽量避开游客高峰期,选择周一到周五入园参观。

入园参观请提前规划行程,尽量在15:00以前入园参观,建议15:30以后就不要选择入园了,不可能参观完整个园区了。

入园后请掌握好各个场馆参观的时间,尽量避免在司机就餐时间内出馆等待观光车。

进入检票大厅时自行到服务台领取园区游览路线图,上面有详细的场馆位置顺序和候车牌位置。

鄂尔多斯野生动物园

乌审召八角喇嘛塔

- 塔刹处有巨大的鎏金华盖及流苏,流苏上缀有风铎。
- 塔建于1934年,由乌审旗末代王爷特古斯阿木古郎筹建。
- 塔身上部四面各画了一双佛祖眼睛,预示着佛祖在这里看到四方人民的疾苦。
- 塔底入口处设有汉式朱红门楼,门楼巧饰非凡,画栋雕梁,艳丽夺目。
- 佛塔形质特殊,金碧辉煌,汉藏合一,特点突出。

出场馆及室外放养区。同时配套动物医院、生态餐厅、游客服务中心等设施。动物园按功能划分为门区（商业区）、科普休闲区、雨林冒险区、非洲大裂谷、亚洲猛禽区以及工作管理区。

河套人文化遗址
旧石器新发现

- 鄂尔多斯市乌审旗巴图湾300千米处
- 乘大巴、出租可达　20元

河套人遗址，是中国境内最早发现的旧石器时代遗存，填补了中国旧石器时代考古的空白。是在中国乃至世界考古学、体质人类学等领域均具有较大影响的一处旧石器时代晚期的文化遗址。遗址区狭长弯曲的沟湾，地貌奇特，被誉为世界级的沙漠大峡谷。

玩家 解说

"河套人"的体质特征接近于现代人，在人类的进化阶段属晚期智人，生活于距今5万至3.7万年前。到目前为止，"河套人"文化遗址共发现人类化石、石器380多件，还有大量的更新世晚期的哺乳动物化石及鸟类化石。

链接
河套人的发掘

1922年，法国天主教神父、地质古生物学家桑志华首次在这里发现3件人类肢骨化石，翌年，他又与古生物学家德日进组成考察队，在这里进行了深入考察，发现了包括45个种类的脊椎动物化石和一批旧石器时代的文化遗存。

后来，德日进先生在研究这些古化石时，意外发现了一颗人的上门齿化石，经北京协和医院解剖科主任步达生先生研究，取名"河套牙齿"。20世纪40年代，我国考古学家裴文中先生在他的著作中首次使用了"河套人"和"河套文化"（即萨拉乌素文化）两个中文名词，从此，大沟湾一鸣惊人。

阿尔赛石窟
绝无仅有的草原石窟

- 鄂尔多斯高原西部鄂托克旗阿尔巴斯苏木
- 10元　全天

阿尔赛石窟是内蒙古境内最大的石窟寺建筑群，也是我国西夏至蒙元时期较大的石窟寺。在一望无际的高原上，兀然屹立一座高约80米、宽约300米、状似平台的红砂岩小山，即是苏默图阿尔寨山，沿山体周围凿有众多石窟，是谓"百眼窟"。

玩家 解说

阿尔赛石窟中的近千幅壁画历史悠久，内容丰富，瑰丽多彩，是该石窟最有价值的文化艺术遗产。石窟中的壁画多为彩色，以绿、红、黑、蓝、白、黄为主，为矿物质颜料，经历了数百年仍斑斓如新，实属弥足珍贵。

石窟中也有仅以黑色线条白描的，似为未来得及上颜色的未完成之作，但也可看出线条流畅，技法纯熟，十分难能可贵。阿尔赛石窟为不可多得的历史文化瑰宝。具有较大规模的、坐落于内蒙古草原的石窟，仅此一座。

碧海阳光国际温泉 AAAA
塞北第一神池

- 鄂尔多斯市鄂托克旗乌兰镇包乐浩晓
- 从鄂尔多斯出发经G109-S216至景区
- 198元　0477-6286699　10:00~22:00

碧海阳光国际温泉，一颗镶嵌在辽阔神奇的鄂尔多斯大草原上的亮丽珍珠般的人间天堂。集草原特色温泉区、圣祖文化旅游区、生态农业区、体育公园区（高尔夫）和温泉疗养度假区为一体。温泉是这里的主要特色，得

碧海阳光国际温泉

天独厚的自然环境和丰富健康的温泉资源为碧海阳光赢得了"塞北第一神池"之美誉。

玩家 攻略

娱乐：景区除了特色温泉外，还有丰富的草原风情、沙漠运动、水上娱乐项目，如骑马、射箭、沙漠摩托、水上摩托、水上碰碰车、快艇等，让人乐在其中。

美食：特色包苏木罗非鱼和特色烧烤，味美肉鲜，一定要记得品尝一番。

玩家 解说

碧海阳光温泉水源于地壳下2千米处的地幔层，出口温度达52℃，内含多种对人体有益的偏硅酸、硫酸钠、钾、钠、硫、钙、锶等28种微量元素，达到医疗矿泉水水质标准，可有效提高人体免疫力，对皮肤病有非常明显的疗效。

▢ 碧海阳光温泉区

温泉区游乐项目众多，设有SPA美体区、室内温泉游泳池、温泉海浪池、石板浴、六味养生汤、美肤亲亲鱼浴、保健按摩等20多种不同项目，同时设有中药湿蒸房和矿石干蒸房。

▢ 碧海阳光影视城

影视城由4面代表蒙古族不同历史时期的边城组成，让人领略不同历史时期蒙古族文化的风采。城中建有直径34米、高22米的"金顶大帐"，再现了成吉思汗处理蒙古军政要务所在地的恢宏气势。散落城中的116座大小蒙古包则还原了蒙古军营营盘的原貌。

鄂尔多斯文化旅游区蒙古包

鄂尔多斯文化旅游村 AAAA
不可错过的民族文化之旅

✉ 鄂尔多斯市鄂托克前旗布拉格苏木　🚌 市内从南门乘坐到鄂托克前旗的客车，途经大汉行宫下车，步行即可到达　💰 20元（包括观看篝火晚会）
📞 0477-7871108　🕐 全天

鄂尔多斯文化旅游村分为综合服务区、祭祀文化观光区、民俗文化娱乐区、草原历史文化展览区、牧民生活体验区和沙漠探险运动区。是以内蒙古独特的草原风光为依托、鄂尔多斯民俗文化为核心的综合性旅游观光度假区。

玩家 攻略

旅游村内娱乐项目丰富，有骑马、骑骆驼、游泳、垂钓、蹦极、草原飞伞、彩弹射击、沙漠越野车、沙漠冲浪、沙地野营、拓展训练、草原摩托车、草原卡丁车、围猎场、射猎等。

文化村中的巴音塔拉宫，是鄂尔多斯西部最大的蒙古包，是蒙古包文化建筑的代表，它直径36米，取名"巴音塔拉宫"，意为富饶辽阔的草原。在这里可以欣赏鄂尔多斯蒙古族歌舞表演。

敖包

景点推荐

乌海旅游区

西鄂尔多斯四合木自然保护区
植物界的"大熊猫"

🚍 乌海市海勃湾区　🚌 从乌海市区乘5路等公交车在海南区北部下车，向当地人询问。在离召烧沟岩画博物馆不到1千米的路边，即可见到保护区内的四合木

西鄂尔多斯四合木自然保护区是一个以保护古老残遗濒危植物及草原向荒漠过渡的植被带和多样的生态系统为主要对象的综合性自然保护区，总面积55.6万公顷。

保护区内有野生植物335种，其中特有古老残遗种及其他濒临植物725种，被列为国家重点保护植物的有四合木、半日花、绵刺、沙冬青、革苞等5种；被列为内蒙古自治区珍稀濒危植物的还有贺兰山黄芪、阿拉善黄芪、长叶红沙等13种。以上植物大多为古地中海变迁的残遗的孤种植物，被学术界称为"活化石"。

玩家 解说

四合木(Tetraena mongolica Maxim)，蒺藜科，属落叶小灌木，草原化荒漠强旱生植物，是1.4亿年前古地中海子遗种。全世界主要分布在内蒙古乌海市及周边地区，多生于石质低山，沙砾质高平原及山前洪积扇等地，现在仅存有1万公顷左右，被列为国家一级保护植物，世界上称其为"植物大熊猫"。

桌子山岩画
悬崖神秘岩画，昭示古老文明

🚍 乌海市境内桌子山东部

桌子山因其山顶平坦，远眺貌似桌子状，故此得名。主峰海拔高度2149.4米，其山势雄伟，巍峨壮观。在桌子山脉诸多山沟的悬崖峭壁和沟畔石岩磐石上，残存着大量古代岩画，岩画学者梁振华先生将这一古代文化遗址定为"桌子山岩画"。

在桌子山的崇山峻岭中，古代游牧民族羌、乌桓、鲜卑、突厥、党项、蒙古等民族都曾先后交替在这里繁衍生息，创造过灿烂的古代文化,遗留沟畔石灰岩磐石和悬崖峭壁上的古代游牧人的艺术珍品——岩画成为历史遗迹,是弥足珍贵的人文景观。

`玩家` **解说**

经考证,古人绘制岩画有两种风格:一是以先凿后磨的方法制成,如召烧沟岩画,其磨刻深度达3厘米,宽度达4~6厘米。二是划刻制成,这类岩画痕迹较浅,多为动物图形。

汉森酒庄
生产葡萄酒的世外桃源
乌海市飞机场路东

汉森酒庄以高端葡萄酒生产为核心,还包括酿酒葡萄苗木培育和种植、高效设施农业、高档葡萄酒生产研究、葡萄酒文化推广、葡萄酒主题休闲旅游等,集高档商务餐饮、豪华住宿、会议、酒庄为一体。酒庄外形美观大方,内部环境幽雅,是葡萄酒文化推广和交流的载体。这里远离喧尘闹市,给人世外桃源的感觉。

`玩家` **解说**

2008年"汉森"牌商标被评为内蒙古自治区著名商标,公司被认定为"国家级农牧业产业化重点龙头企业"及"国家级扶贫龙头企业""自治区林业龙头企业"和"沙草产业先进企业"。

公司生产的红地球、无核白、火焰无核、秋黑等四个葡萄品种在第五届中国优质葡萄擂台赛上荣获"优质奖",并被推荐为奥运会安全优质葡萄。2006年,"汉森解百纳干红葡萄酒"荣获第二届亚洲葡萄酒质量大赛金奖。2007年"汉森四星解百纳"荣获中国国际林业产业博览会金奖,当年葡萄酒产品通过了有机食品、绿色食品(AA)认证。2009年通过了HACCP认证、ISO9001认证和ISO14001认证。2009年11月"汉森牌四星解百纳干红葡萄酒"被评为乌海市科技创新名牌产品。

金沙湾生态旅游景区
城市里的沙漠,沙漠里的奇观
乌海市飞机场路东3千米处

金沙湾生态旅游区东靠山、西看河,是生机盎然的绿色生态园区和旅游观光胜地。此处沙丘连绵,植被珍稀,酷似海湾大漠之地,因其沙色金黄而被人们称为"金沙湾"。

景区内有国家级重点保护珍稀植物四合木、半日花、蒙古扁桃、沙霸王、冬青等。景区食、宿、游、购、娱设施齐全,具有蒙古民族特色。

`玩家` **攻略**

从海拔1296米的高处乘坐300米长的滑索,30秒便可穿越明珠湖,观赏乌海绝无仅有的沙雕艺术品。还可乘坐沙漠越野车、沙地摩托、蒙古马拉车、沙漠滑翔伞、骑马、射箭等活动。

> **链接**
>
> 已发现的桌子山岩画主要分布在六处:召烧沟、毛尔沟、苦菜沟、雀儿沟、苏白音沟和苏白音后沟。桌子山岩画六处岩画分为两种类型:第一种类型为山地缓坡岩画,即召烧沟岩画;第二种类型为悬崖峭壁岩画,即苦菜沟、毛尔沟、苏白音沟、苏白音后沟、雀儿沟岩画。
>
> 其中,岩画为磨划的阴线,以召烧沟岩画最为著名。大多数为神灵像,还有动物和太阳图案等,从题材和艺术风格推断,召烧沟岩画系青铜器时代中国北方游牧民族的文化遗迹,现已发掘出可辨认图形10幅。画面磨刻在较为平缓的石灰岩坡面上,大多为神态各异的人面像、太阳神图案。其余岩画多是动物图形和骑马人图形,反映的内容有祭祀、行猎、迁徙、家庭聚会和舞蹈等场面。

桌子山岩画

青山翰墨园
集书法、生态、景观功能为一体
📍 狮城大街东段

前身为青山公园，始建于1989年。2008年为增加乌海园林文化底蕴并配合书法城建设，将青山公园改建为青山翰墨园，成为休闲娱乐和活动教育场所。

园内分布有整石雕刻的文字图腾柱、文字墙、文字柱，有篆书展示墙、行草景墙、书法人物展示墙、文字起源区景墙、碑林，有墨模雕塑、砂岩景墙等若干表现书法内涵的作品，还有为游客提供休闲和服务功能的各种设施。

玩家 攻略
园内的标志性建筑是翰墨阁，为仿明清北派建筑，设计为八面五层，高33米，占地面积201平方米，外围由相配套的游廊、假山、墨印组成。

玩家 解说
主要划分为五大意境区域：砚台入口区、篆书区、行草区、隶书区、楷书区。

乌海市蒙古族家具博物馆
立足藏品特色，收藏蒙古族传统家具、饰品
📍 乌海市海勃湾区滨河大道的西侧，毗邻黄河的东岸

蒙古族家居博物馆犹如四个巨大箱子，坐落在黄河岸边微微凸起的空地上，占地面积约为6000平方米，建筑面积2326平方米。

博物馆内收藏有900多件蒙古族家具和饰品，其中多数为清末民初的蒙古族家具。这些造型端庄，坚固实用，装饰图案艳丽的蒙古族家具结合了佛教文化、游牧文化、中原文化的特点，体现了浓郁的民族风格和特色。

玩家 攻略
蒙古族家具博物馆立足藏品特色，集研究、教育、欣赏于一体，通过"史海钩沉""民俗奇葩""艺苑撷珍""文化交流"四个单元来展示蒙古族传统的家具精品。

链接
蒙古族家具

蒙古族古典式的家具是在宋、辽、金家具形式基础上逐渐发展起来的，并具有浓郁的民族风格和特色，同时突出木材自身的纹理，造型端庄，制造完美而且实用、坚固。

蒙古族家具种类包括椅凳、桌案、床榻、柜架、摆件以及其他日用品类。元朝时蒙古族家具发展到鼎盛时期。半牧半农经济形式的出现，使得家具需求量猛增，更由于蒙古族王公大臣、寺庙喇嘛僧众、大牧主及住在城镇的富商们精神与物质的需求，蒙古式家具逐渐走向用料考究、做工精美、挺拔有力、浑然天成的时代风格。这时的蒙古族家具与汉文化结合，已成为代表一个时代的中国元朝家具了。

元朝家具在中国家具史上有着承前启后的贡献，它既抛弃以往一贯采用漆饰加工的制作方法，突出了木材纯朴的材质，又体现了人们追求自然的心理，给以后明清家具留下了广阔发展空间。元顺帝曾被誉为"鲁班天子"，看来，一位当政者对某些事物的宠爱，必然是上行下效。

明朝建立后，中原的木器家具发展成"明式家具"，蒙古族家具大体上是处于保守状态，遂与中原家具日渐有别。

青山翰墨园

20世纪40年代,北京广渠门外关厢有一妙觉观世音庙,殿内供奉观世音,佛像前有一核桃木制作的供桌,是插肩榫云头牙子翘头供案。长约3米余,高可过1米,宽在80厘米左右。案板下方云头牙子部位,深雕一鹰一熊作争斗状。这件木器上的深雕气势磅礴,夸张大气,浑然天成,是一件难得的木器艺术品。可惜因战争关系,庙宇被拆后,巨大的供案下落不明。

乌海市煤炭博物馆
走进"煤炭与乌海"

乌海市海勃湾区双拥街南面　22路公交车在神华墨玉广场下,步行2分钟即可到达乌海煤炭博物馆。20路公交车在天主教堂下,步行2分钟至神化墨玉广场　周二至周日9:00~11:30,15:00~17:30 正常免费参观,周一闭馆　0473-2203896
www.whmtbwg.com

乌海市煤炭博物馆共三层,建筑外形为矿物晶体形,一层外装修为石材幕墙,二、三层为全玻璃幕。

博物馆通过图片、实物、标本、设景等形式,传播煤的科普知识,展示乌海煤炭工业的发展和乌海因煤而生而兴的历程,以及在这一历程中,煤炭工人所表现出"创业、奉献、争先"的乌海精神,即太阳神精神。它融历史性、知识性、观赏性、趣味性为一体,是一座以反映半个世纪以来乌海煤炭工业的发展历史以及乌海市因煤建市、因煤兴市的历史的专题性博物馆。

玩家 解说

乌海煤炭博物馆围绕一个中心、两条主线、三个重点、六大部分布展。

一个中心:回眸历史、弘扬精神,纪念先辈启迪后人。

两条主线:一条是半个世纪以来乌海煤炭工业开拓、发展的历史;一条是乌海市因煤而始、因煤而兴的历史。

三个重点:传播煤的生成、开采、利用的科普知识;从半个世纪前,黄河两岸"万人上山"到神华乌海能源公司成立,50年来煤炭工业发展的历程;乌海市因煤建市、因煤兴市的历程,及新时期的新起点、新目标、新发展。

六大部分:太阳神闪耀的地方;"太阳石"煤的史话;"万人上山"开发矿业,煤海开新史;两大煤田托起一座新城;群星灿烂,共创伟业;历史的新篇章。

乌海市高效农业示范区
观黄河大漠,品农家瓜果

乌海市海勃湾城区北郊

乌海市海勃湾高效农业示范区(团结新村)总面积6.7平方千米,北与蒙西工业园区、东千里山工业园区毗邻,西与乌兰布和沙漠隔河相望,京藏高速、包兰铁路、110国道横穿而过,南距飞机场2千米,交通十分便利。

这里旅游资源种类多、特色浓、品位高,充分展示古老的黄河文化、雄奇的大漠风光、浓郁的回乡风情及独具特色的地方小吃等。站在沙丘的高处放眼望去,茫茫大漠沙丘滚滚,如金波荡漾,十分壮观。

玩家 攻略

在农艺师的指导下,可以摘瓜菜、浇水、施肥、耕作,体验农家乐。

玩家 解说

唐代诗人王维的诗句"大漠孤烟直,长河落日圆"所表现的胜景,其实就在这一地区。

乌珠慕公园
以葡萄酒文化为主题的公园

乌海市海勃湾区沃野路

乌珠慕公园建有葡萄酒博物馆、中心雕塑、文化广场、红酒庄园、水上乐园等建筑景观,是集庆典集会、运动健身、休闲娱乐

乌海市煤炭博物馆

乌珠慕公园

于一体的综合性、开放式文化主题公园。

葡萄酒博物馆建筑面积1900平方米，外形为橡木桶形状，内部建筑共分五层，其中一、二、三层为展厅部分，主要通过实物、影像、现场讲解等方式，全方位展现葡萄酒的文化与品质，普及葡萄酒的工艺与知识；四层和负一层为葡萄酒品尝与储藏区。

链接

关于葡萄酒起源的传说

传说古代有一位波斯国王，爱吃葡萄，曾将葡萄压紧保藏在一个大陶罐里，标着"有毒"，防人偷吃。有一天，国王的一个妃子对生活产生了厌倦，偷偷喝了标明"有毒"的陶罐内的葡萄酿成的饮料，谁知，她不但没有死，反而爱上了这个味道，又对生活充满了信心。她盛了一杯专门呈送给国王，国王饮后也十分喜欢。

从此，国王颁布了命令，专门收藏成熟的葡萄，压紧盛在容器内进行发酵，以便得到葡萄酒。

胡杨岛
风景优美，胡杨树遍生

✉ 乌海市乌达区三道坎（乌海西车站）境内
¥ 20元 🕗 8:00~18:00

胡杨岛上游贺兰山与桌子山，两山对峙，水流湍急，河中三岛并列，其中最大的岛上遍生胡杨树，故名胡杨岛。岛上现已初步建起了各种古式、现代式和具有民族特色的旅游设施多处，是旅游者观光、休憩、食宿、度假、娱乐的理想场所。

中游水面平稳如练，河心有大中滩、李华滩两座小岛。黄河双桥在这里如彩虹飞架东西，形成水绕乌海，双桥连三凤的壮观景色。

下游黄河流向河套平原，傍乌兰布和沙

葡萄酒的品尝方法

品酒可区分成五个基本步骤：辨色、摇晃、闻酒、品尝、回味。

●辨色

想要看出葡萄酒的颜色，最好要有一个白色背景，并将酒杯放在它前面。当然颜色范围要看您品尝的是白酒还是红酒而定。下面是两种酒的颜色：

白酒有淡黄绿、稻草黄、金黄、金、暗金、马德拉酒色和棕色；

红酒有紫、红宝石、药石红、红棕、棕色。

颜色会告诉您许多有关酒的事，例如白酒，当它们变老会加深颜色，相反地，红酒则会失去色泽。

●摇晃

摇晃可以使酯、醚和乙醛释放出来，并和氧气反应使酒产生香气。

●闻酒

摇晃使酒的香气释放出来，闻起来像什么呢？它有哪种形态的NOSE？"NOSE"为品酒人通常用来形容酒综合气味的字。精确地指出酒的NOSE背后的意义，表示您能辨认出酒的某些特性。

●品尝

品酒是一件用味蕾去从事的事情。慢慢喝一口酒，让它充满口腔四周、舌头两侧、舌背、舌尖，并延伸到喉头底部，是一种绝妙的享受。

葡萄酒业有句古老的谚语"买酒用苹果，卖酒用乳酪"。苹果会把葡萄酒中缺陷呈现出来，乳酪则有使葡萄酒口味变温和的作用，留下使人更觉愉快的醇香。

●回味

品尝过葡萄酒后，好好坐一会儿并回味所品的酒。

漠。河西建有大漠风景区旅游点，有游船可通，游人在此可滑沙、游泳、骑驼。

玩家 攻略

最佳旅行时间：秋季。秋天的胡杨林更有一种迷人的韵味，放眼望去一片金黄，是摄影家的乐园。

当地特产：内蒙古地毯、图海奶茶壶、蒙古族铜器。

岛上推出的农家饭菜，所用的蔬菜与其他食品全是岛上自产的，百分之百的绿色食品。用餐过程中，岛上的蒙古族工作人员还会献上纯正的没有任何包装的蒙古民歌，让你充分感受草原文化的魅力。

到牧民家做客，要带适当的礼品，如酒、糖、小食品等。对迎面狂吠的牧羊犬仅可呵斥，不可打。解手须至蒙古包南方较远处，不可到蒙古包东、西侧(有羊圈)、北侧(气味会随风刮入包内)。冬天不要到包北、西侧乱踩，因那里的雪是化水食用的。离开主人家要道别并致谢意。

玩家 解说

胡杨，别名异叶杨、梧桐，是世界珍奇树种之一，国家二类二级保护植物。胡杨上中下各部分树叶各异，见之有妙趣天成之感，人们这样形容胡杨树顽强的生命力："一千年生而不死，一千年死而不倒，一千年倒而不朽"，它是我国罕见的珍稀树种，被称为"活着的植物化石"。

链接

胡杨岛的传说

很久很久以前，这里河东居住着汉人，河西居住着胡人，他们隔河相望，往来稀少。一天，河东一位美丽的汉族姑娘在河边洗衣，遇到了骑马狩猎的胡人小伙子。小伙子英俊威武，纵马在河边饮水。姑娘洗衣出神，不小心陷到河边淤泥里，越陷越深，不能自拔。小伙子见此情景，涉水相救。他们从此相识相

知，互生爱慕，并经常在河边见面，互诉衷肠。

但因为风俗习惯的不同，他们的爱情遭到了所有人的反对，他们的行动也受到了限制，虽仅一水之隔，却不能相见。

后来，他们相约逃到河边一处水草茂盛的地方藏了起来。当地一个维护旧习俗的神婆施法术用河水把他们藏身的地方和陆地分开。他们无衣无食，最后饿死在岛上。正好观音菩萨路过此地，被他们坚贞不渝的爱情所感动，用柳枝蘸净瓶水洒向二人，他们的尸体顿时化作两棵参天大树，连理交织，那就是岛上最引人注目的连体胡杨树。

胡杨树因为是一男一女变成，所以雌雄异株。树身上的树疤酷似人的眼睛，那就是胡杨眼，胡杨眼中流出的汁液常年不干，那就是胡杨泪。树根相互缠绕，树枝相互交接，犹如情人相拥相携的手臂。

胡杨岛

乌兰淖尔景区
有"沙漠人参"的生态景区

📧 乌海市乌达区北部乌兰乡境内　📞 0473-999870

乌兰淖尔生态旅游景区(马堡店)总面积约400公顷，北面是乌兰布和沙漠，南面是万亩治沙林场，黄河沿旅游区东侧北上。区内有野沙生植物肉苁蓉和锁阳，有滋肾壮阳、润肠通便的作用，牧民称之为人参。这里经常有鸟儿、野兔、狐狸、野鸡等动物出现，天空中有野鸭成群飞翔。

走进蒙古大营，登上十几米高的瞭望塔，可以看见浩瀚的乌兰布和沙漠，苍苍茫茫，流向天际，宛若一条金色的巨龙。距大营500米处，是马堡店遗址，遗留的店台尚有一米高、五六百平方米，硕大厚重的古砖散落其间，还残留一些破缸碎瓷等。

玩家 攻略

在旅游区主要的旅游项目有风味蒙古餐饮、骑马、骑骆驼、垂钓、滑沙、参观葡萄园，有供游人休闲娱乐的住宿条件。

一线天地质生态旅游景区
狭窄而险峻，怪石嶙峋，蓝天一线

📧 乌海市西桌子山水泥厂西北约5千米

因峡谷狭窄而险峻，站在谷中仰视，只

见一线蓝天,因此被称为"一线天"。峡谷全长650米,平均宽度2~3米,最狭处不足2米,峭壁光滑垂直,高达百米。峡谷是因地震导致山体断裂、错位而成,其地质特征从远古到现代十几个地质年代的地层均有明显分布、出露,动植物化石丰富,实属地质构造之奇迹,堪称地质构造的百科全书。

明代烽火台
方正厚实的烽火台

◎ 乌海市拉僧庙渡口2千米处

明代烽火台虽已残缺,却依然展示出威严神采,它方正厚实,见证了抗击侵略的历史战役,站在烽火台上,眺望隔河相峙雄伟连绵的远山,令你顿时心生豪情,志存远天。

黄河渔村
风景优美的"黄河度假村"

◎ 乌海市西桌子山水泥厂和黄河农场的沿岸

黄河渔村南北长约3000米,东西宽约400米,占地面积为0.12平方千米。村内农田沃野,林带缠绕,岸上建有花木围绕的客房和蒙古包。可以登上河岸高埠处的观河亭,俯视惊涛拍岸,远眺长河落日。

玩家 攻略

渔村内有水上乐园,可以玩双人休闲船、脚踏船和电动船,也可以在渔村周围纵马骑驼或观赏喷泉、喷灌,在露天游泳池游泳。

链接
烽火台

"烽火",也叫烽燧,是古代军情报警的一种措施,敌人白天侵犯时就燃烟(燧),夜间来犯就点火(烽),以可见的烟气和光亮向各方与上级报警。烽火台的形状因时因地而不同,大体为方、圆两种。烽火台的建筑早于长城,但自长城出现后,长城沿线的烽火台便与长城密切结为一体,成为长城防御体系的一个重要组成部分,有的甚至就建在长城上,特别是汉代,朝廷非常重视烽火台的建筑。

烽火台在汉代称作烽堠(烽候)、亭燧,唐宋称作烽台,并把"烽燧"一词也引申为烽火台,明代则一般称作烟墩或墩台(西北明代墩台,大的还有御敌之功能,小的则只有瞭望而无点烽火之功能)。烽火台一般相距5000米左右,明代也有距离2500米左右的,守台士兵发现敌人来犯时,立即于台上燃起烽火,邻台见到后依样随之,这样敌情便可迅速传递到军事中枢部门。

满巴拉僧庙
独有经医双修的寺庙

◎ 乌海市海南区拉僧庙镇图海山上
🚌 位于乌海市海南区,乘坐5路公交车前往

满巴拉僧庙是由第一世夏仲活佛贡其格阿拉布斋于乾隆四十三年(1778)主持兴建,它以办"曼巴拉伦"(培养蒙医场所)为主,造型雷同于西藏的一些寺庙。据记载,这里曾汇聚了大约200名喇嘛诵经医学,参拜者更是络绎不绝,当时是内蒙古西部地区最早的学习蒙医的高等学府。

满巴拉僧庙以其独有的经医双修,学僧入寺,先经后医,医经双修,在长期的实践中,创造出众多的具有独特疗效的秘方,对多种疑难杂症有神奇疗效。因此,满巴拉僧庙成为内蒙古西部地区最有名气的庙宇之一,拉僧仲庙、查汗卡布其尔庙、敖包图庙、千里庙是其隶属庙宇。

玩家 解说

"满巴拉僧"是藏语,意为"医明经院"或"医明学院"。

满巴拉僧庙夏仲(活佛)是该庙最高僧人,从

明代烽火台

第一世夏仲甘珠尔班智达贡其格阿日布斋到现在转世四世,第四世夏仲嘎拉生沙德日布丹毕尼玛出生于1950年,1956年认定在满巴拉僧庙坐床,现在是本寺院的住持。

甘德尔山生态景区
集山、水、生态、沙漠、大坝为一体

- 乌海市三区中心位置　距离市区只有3千米,车程大约10分钟　0473-2999694

甘德尔山生态景区规划范围东至海拉二级专运中心线50米,西至黄河1078水位线,南至甘德尔陵园,北至海勃湾区南河河槽(卡布其沟),东西向最宽处6.3千米,南北向长8.7千米,核心区范围为东至包兰铁路甘德尔山西侧山体。用地面积约29.6平方千米,其中用作生态景区规划土地面积26.6平方千米。

乌海市标志性山峰——海拔1805余米的甘德尔山山顶的成吉思汗雕像是景区核心,景区集山、水、生态、沙漠、大坝为一体,形成生态旅游观光区、大型游乐区、休闲旅游区。

玩家 解说

甘德尔山在蒙古语中是"哈达"的意思。因该山由南向北延伸,蜿蜒起伏,形似一条洁白的哈达,故得此名。

景区总体规划为一心、三轴。"一心"为乌海博物院,"三轴"分别为蒙元文化轴、宗教文化轴、书法文化轴。

乌海市博物馆
浓缩乌海历史,见证乌海巨变

- 乌海市滨河区市科技馆二楼东北展厅
- 市区换乘6路公交车至乌海市科技馆即可
- 9:00~11:30,15:00~17:30。周一闭馆(国家法定节假日除外)　免费　www.whbwg.com

乌海市博物馆以其反映地方特色的文物、地质演进、历史场景再现和大量的图表,生动真实地再现了乌海远古以来的地质变迁、历史沿革、民俗文化和今天的成就。

走进乌海博物馆,犹如走进了风光旖旎的历史长廊,乌海沧桑巨变的画卷尽收眼底。

玩家 解说

乌海博物馆的布展陈列突出了乌海文物——远古化石、山石岩画、边疆要塞的三大特色,重点介绍了乌海沧海桑田的地质变迁和极具特色的人文历史。馆内共有700余件套文物,其中珍贵文物30件套。

乌海市青少年科技馆
普及科技知识

- 乌海市滨河新区西南角

乌海科学技术馆占地面积3万平方米,总高度37.97米。场馆外形设计取意于乌海地区特有的国家二级珍稀植物四合木的形状,4个科技展厅宛如四合木的4片巨大花瓣,顶部圆球形天象厅象征四合木待放的花苞,整体建筑象征孕育新生命的珍珠贝蚌,蕴含"科学孕育未来""明珠育人"的寓意。

科技馆集科学性、知识性、趣味性、参与性、艺术性于一体,借助声、光、电、计算机等现代化展示手段,生动形象地普及科学技术知识。

玩家 攻略

馆内设科技展厅、青少年社会实践课程基地、青少年校外培训基地、多功能剧场、4D动感影院、穹幕影院(兼天象厅)等功能区域。

设有综合办公室、展教部、社会实践部、培训部4个部门。

乌海博物馆

攻略资讯

- 交通
- 住宿
- 美食
- 购物
- 娱乐

交通

飞机

●鄂尔多斯

鄂尔多斯机场位于伊金霍洛旗布尔台格乡，北距东胜区45千米，距新建康巴什新区18千米，东南距神东煤田中心矿区38千米，西南距成吉思汗陵旅游开发区20千米。

航班：目前，鄂尔多斯机场已经开通了到北京、上海、西安、深圳、呼和浩特、三亚、郑州、成都等地的航班。

机场交通：从市内坐21路公交车到康巴什新区，然后再打车去机场；从汽车客运站坐班车到伊金霍洛旗然后打车去机场；从市区直接打车去机场，价位40元左右，可同司机议价。

●乌海

乌海机场位于乌海市以北15千米处，乌海至呼和浩特、北京、西安、广州、上海航线开通，全国各地省会城市经转机后均可当日到达。

火车

●鄂尔多斯

鄂尔多斯东胜火车站位于天骄路，乘坐1、4、8路公交车可以到达。在火车站可以购买包头前往北京、天津、沈阳、西安等地的列车车票。此外，呼和浩特、包头之间可乘坐高铁。

●乌海

乌海市主要铁路干线有包兰线1条。市内有两个客运火车站：乌海站、乌海西站。

乌海站原名海勃湾站，位于乌海市海勃湾区新华西街。每日有到达北京、呼和浩特、成都、包头、银川、兰州、天津的旅客列车停靠。

乌海西站原名三道坎站、乌达站，位于乌海市乌达区三道坎，是客货一等站。每日有始发至天津、呼和浩特、包头的旅客列车，也有到达成都、兰州等地的旅客列车停靠。

汽车

●鄂尔多斯

鄂尔多斯现有长途客运总站和东胜神鑫汽车站两个，东胜长途站已于2008年1月18日迁往长途客运总站。

长途客运总站：位于铁西区火车站西北侧，主要为开往呼和浩特、石家庄、延安、神木、包头等地的客运班车，乘坐方便快捷。除1、4路公交车外，其余有很多公交车经过汽车站，汽车站电话：0477-8380248。

神鑫汽车站：位于东胜区，有发往外埠和各旗的长途车及发往附近乡镇的短途客车。路过东胜区的长途客运车也可以乘坐，比如包头等地发往乌海市、陕西榆林、山西

鄂尔多斯城市景观

府谷、河曲等地的车,大多会穿越鄂尔多斯境内的两三个或者更多旗县,在客运站最好多多询问。

● 乌海

穿越乌海的国道有110(北京—银川,途经张家口、集宁、呼和浩特、包头、临河、乌海、石嘴山、银川)、109(北京—拉萨,途经山西朔州、东胜、乌海、银川、兰州、西宁、拉萨)等,还有G6京藏高速公路以及G18荣乌高速公路。

乌海市有多个长途汽车站,主要的汽车站是乌海长途汽车站。

乌海长途汽车站:位于乌海市海勃湾区新华西街45号(乌海火车站南边),有发往市内各区以及周边一些省市的班车。

住宿

鄂尔多斯

鄂尔多斯市区饭店和宾馆、招待所一应俱全。住宿可以尽量挑新开张的,卫生条件和硬件设施会相对好一些。鄂尔多斯市汽车南站对面有几家比较大的宾馆,价位在120元左右,干净整洁;汽车北站附近小旅店多,价格便宜,住宿一般20~30元/人。此外,也可夜宿蒙古包,条件一般的价格在160元上下,豪华蒙古包则需350元上下,一般一个蒙古包可住4~6人。蒙古包住宿大多在旅游季节才开放,所以几乎没有讲价余地。

● 鄂尔多斯皇冠假日酒店

五星级的鄂尔多斯皇冠假日酒店是鄂尔多斯市一家国际品牌酒店,同时也是内蒙古

鄂尔多斯皇冠假日酒店

自治区最大的园林式酒店之一，拥有设施新颖、装饰现代的客房和套房。🚇 东胜区迎宾路1号 ☏ 0477-8380888

●鄂尔多斯锦厦国际大酒店

四星级的鄂尔多斯锦厦国际大酒店拥有1个1500平方米的豪华无柱宴会厅，2个300平方米的婚礼国际套房，4间70~120平方米的中小型会议室，10个极致经典的贵宾包厢，豪华客房，装修典雅、设备先进、突破传统酒店风格。🚇 东胜区富兴北路1号 ☏ 0477-8109555

●更多住宿去处

鄂尔多斯饭店/鄂尔多斯市伊金霍洛西街/0477-8385588

双满国际酒店/东胜区杭锦北路25号/0477-8189996

鄂尔多斯神东宾馆/鄂尔多斯市伊金霍洛旗乌兰木伦镇

鄂托克前旗电力宾馆/鄂尔多斯市鄂托克前旗敖慎力迎西街

●鄂尔多斯博源豪生大酒店

鄂尔多斯博源豪生大酒店紧邻城市绿地及政府办公区，拥有得天独厚的畅快交通，是内蒙古首家豪生品牌酒店。拥有多间洁净舒适、优雅现代的各式客套房，客房设计均出自顶级设计师之笔。🚇 东胜区中国内蒙古鄂尔多斯市东胜区鄂托克西街 ☏ 0477-8138888

乌海

乌海的市区有很多星级的酒店和宾馆，如乌海格兰云天国际酒店、乌海兴泰开元名都大酒店等，也有许多经济型酒店。

●乌海格兰云天国际酒店

五星级标准商务酒店，酒店建筑面积4.7万平方米，有各式豪华客房190间；并有中餐厅、西餐厅、大堂吧、行政酒廊、宴会厅、多功能宴会厅、各类不同功能会议室、

恒温游泳池、健康中心、棋牌室等先进的服务设施。🚇 乌海市海勃湾区海北西街6号（原少年宫）☏ 0473-3128888

●乌海兴泰开元名都大酒店

距离乌海机场30分钟路程，距离火车站10分钟路程；酒店集会议、商务、休闲、餐饮、住宿、娱乐、健身为一体。🚇 滨河区学府路西端乌海科技馆对面 ☏ 0473-2668888

●乌海滨河国际大酒店

建筑面积2.3万平方米，设有豪华商务套房、总统套房共128间，行政酒廊，豪华多功能宴会厅（可容纳700人），VIP贵宾厅，高档中、西餐厅可同时容纳1500人就餐；内设5星级女子会馆，豪华KTV包间。🚇 滨河区学府路中段市政府东侧 ☏ 0473-3555555

●更多住宿去处

乌海市亿信国际酒店/四星级/乌海市海勃湾区建设路1号/0473-2048888

乌海蓝梦酒店/四星级/乌海市海勃湾区人民路93号/0473-6998898

乌海阳光万豪酒店/四星级/乌海市海勃湾区狮城西街（文体中心西侧）/0473-2057777

乌海世纪元大酒店/四星级/乌海市海勃

乌海格兰云天国际酒店

星云大酒店

湾区海北大街3号（乌海植物园南侧）/0473-8888899

乌海汉森酒庄酒园会所/三星级/乌海市海勃湾区机场路东侧（机场对面）/0473-2030111

美食

鄂尔多斯美食

鄂尔多斯地区的居民以山西、陕西的移民和蒙古族原住民为主，他们有着不同的饮食习惯。汉族移民的饮食习惯和其他地方的汉族区别不大，以米饭、面食为主，大街上随处可见的米线、米糕、砂锅等也是他们喜爱的家常美食。

鄂尔多斯牧区蒙古族的主食是奶食、肉食和粮食。奶食，蒙语叫"查干伊德"，直译为"白色的食品"，含有纯洁、吉祥的意思。奶食分食品和饮料两种，食品主要有白酥油、黄酥油、奶皮子、酪蛋子。鄂尔多斯蒙古族牧民的晚餐主要是肉食，羊肉、牛肉最为多数；牛肉一般是炖着吃，而羊肉的烹制方法就较为多样了，最有名的是"手扒肉"和"羊背子"。

● 羊杂碎

在鄂尔多斯草原和城镇的清晨，早点摊叫卖最多的是"羊杂碎"。"羊杂碎"是用羊的内脏煮成的汤锅。杂碎放入清水锅，加入草原特有的香料烹煮，加入熟羊血块、豆腐和土豆，"羊杂碎"里也有加青椒、淋红油的，在寒冷的冬春季节是草原上最受人喜爱的风味小吃。

● 手指羊

让食客在自养圈里选出喜欢的活羊，亲眼看见现场加工，可选择"烤全羊""煮全羊""生炒"等，其中的招牌菜"现场煮全羊"吃法很考究，客人可以根据自己的喜好来选择肉质的软硬。

● 奶酒

鄂尔多斯地区的奶酒，因原料和酿制方法不同可分为四类：一是叫"祈格"，俗称马奶酒，这是奶酒类中最为上等的；二是"萨琳阿日何"，也称蒙古酒，色透明，味酸甜，酒精度小，饮后易兴奋但不易醉，但过量又不易解；三是叫"阿日吉"，类同汉族酿制的二锅头酒；四是"洁日吉"，质同酒精，一般人一次饮一杯。

奶酒

鄂尔多斯美食去处

在很多旅游度假村都可以尝到蒙古奶食和烤全羊、羊背子等。其实一般馆子里的清炖羊肉、手扒肉还是一样要尝的。在东胜，花上百来块钱就可以吃上很丰富的涮羊肉。还有不要忘了来点当地特产——甘草酒。

乌海美食

乌海有许多特色菜,如清汤牛尾、酒锅牛三宝、龙凤呈祥、烤猪方、蜜汁天鹅蛋等。

● 酒锅牛三宝

在清炖牛尾的基础上,加上发制并切好的牛蹄筋片,发制改刀成菊花形的牛鞭,再加入发制好的香菇或口蘑等辅料,调上味,点燃酒精锅盖上盖上席,由服务人员起盖。客人食之有补气壮阳、提神祛寒、美容润肤的功效。

蜜汁天鹅蛋

酒锅牛三宝

清汤牛尾

● 龙凤呈祥

主料为鱼和鸡。在这道菜中,把内蒙古特产鱼的鱼头跟鱼尾烧好摆盘,鱼肉做成鱼片、鱼丁等装扮成一整条鱼的样子,把鸡放到盘子中间,鸡跟鱼一起食用,有辣有咸有甜,而且非常香嫩。

● 烤猪方

内蒙古传统烤制菜肴。以带骨猪五花肉经煮、烤而成,随同黄瓜条、葱段、甜面酱、合页饼上桌。色泽金黄,皮酥肉烂,肉香纯正,肥而不腻。

● 蜜汁天鹅蛋

属于内蒙古风味名菜,主要原料有面粉、蛋黄等,这道菜能清热排毒,适合夏天食用。

● 清汤牛尾

内蒙古传统风味名菜。以内蒙古草原鲜牛尾为主要原料,配以鸡腿、鱼肚、海参、口蘑等制作而成,营养丰富。

● 全羊汤

内蒙古风味汤菜。俗称羊杂碎汤。把羊心、肝、肺、腰子、口条均生切成薄片,下入煮羊肉汤内,后放熟羊肚片、肠片,加以佐料而食。此汤味鲜、辣、香而不腻。也有选用熟料制作的,两种用料风味各异。

乌海美食去处

在乌海最正宗、规模最大的蒙餐馆莫过于狮城大街的额克白嘎力饭店,店内有手抓肉、烤羊排、血肠、肉肠等。想吃火锅可以去内蒙古风味的蒙古往事、草原牧歌,重庆风味的德庄火锅,口感醇香的海荣经典涮坊等。另外,巴彦淖尔风味的农家菜在乌海比较常见,市环保局北侧的河套骨头村、和平街的庄户人家、乡村大妈铁锅烩菜和焖面系列、农贸排骨烩酸菜和腌猪肉小白菜等,都是地道的美食。

购物

鄂尔多斯

鄂尔多斯草原物产丰富,其中以阿尔巴斯山羊和鄂尔多斯细毛羊最为出名,它们产出的羊绒品质优良,种类繁多,十分畅销。可以放心在鄂尔多斯购物中心、民生商场、北国新天地购物中心等地购买,都是大型综合性商场。

●山羊绒

山羊绒制作出来的羊绒衫、运动衫不仅保暖,而且款式新颖。重要的一点就是山羊绒里质量最好的是白绒品,而青绒和紫绒质量相对差一些,在价格上也比较优惠,购买的时候一定要去那些比较正规、规模比较大的商场里购买。像鄂尔多斯购物中心、每天百货都市还有民生商场都是信誉度比较好的,在那里购买比较放心。

●酸毛杏

酸毛杏是准格尔旗的特色产品,等到了六月份,那里的人们就迫不及待地将略带青涩,如指甲盖那么大的杏子摘下来,自己品尝或者是拿到集市上卖。当地人把这种半生半熟、口味极酸的山杏称之为酸毛杏。

酸毛杏

●沙枣

鄂尔多斯的沙枣也是比较出名的,它色泽金黄,肉多而且口感上也不错。5~6月是开花的季节,山上到处都是银白色的花朵,花的形状就像一个钟一样,不时散发出浓郁的香气。这种枣的营养相当丰富,可以将其掺杂在粮食里面搅拌着吃。

乌海

乌海的特产主要有图海、鼻烟壶、蒙古族铜器等,乌海市还是内蒙古自治区规模最大的葡萄生产基地,每到夏末和秋季葡萄丰收之时,不妨多买些葡萄尽情品尝。

乌海市的主要购物场所有海勃湾区海河南路的万客隆商厦、海勃湾区海河北路的金盘商厦、海勃湾区中心商业繁华地段的盈泽元商厦等,都是乌海市的综合性百货商厦,除了旅途中需要的日常用品外,也可以买到当地的工艺品及旅游纪念品。

●图海

图海的样子各地不同,有的是一条银带子,近二尺长,固定在绸缎底子上。带子是由层层叠叠的银花和镶嵌在其中的大小红珊瑚组成的,很重。

●鼻烟壶

鼻烟壶是装鼻烟的小瓶,造型多为扁圆、溜肩、底大、须小。有玛瑙、水晶、银、玉、石、磁、木料多种,有内绘花和外刻花两种工艺。

●乌海葡萄

葡萄的主要品种有无核白、元白、龙眼等。由于光热条件好,加上科学栽培管理,所产葡萄果穗大而整齐,光泽好、无病害、不施农药、口味鲜美。鲜葡萄及保鲜葡萄已销行北京、上海、陕西、青海等地,曾在北京亚运会、上海桂花节特邀展销。

节日和重大活动

节日	地点	时间
千峰骆驼节	鄂尔多斯杭锦旗	5月
成吉思汗陵四大祭祀	鄂尔多斯	农历三月二十一、五月十五、九月十二、十月初三
成吉敖包相会	鄂尔多斯	7月上旬
那达慕大会	鄂尔多斯	农历三月二十一
黄河明珠·乌海文化节	乌海	9月

巴彦淖尔

发现者旅行指南

概览

♡ 亮点

- **乌梁素海**

  海域宽阔，风光旖旎，素有"塞外明珠"之美称，全国八大淡水湖之一，是观鸟和摄影的绝佳之地。

- **维信国际高尔夫度假村**

  目前国内唯一的沙地林克斯球场，被誉为"中国的圣安德鲁斯皇家高尔夫球场"。

- **乌兰布和沙漠**

  我国八大沙漠之一，茫茫沙海，延绵起伏，隐没天际，海市蜃楼时隐时现，绿洲湖泊星罗棋布。

乌梁素海

线路

- **巴彦淖尔湖光山色游**

  上午到达维信高尔夫度假村，尽享闲散心情，然后游乌拉山国家森林公园。

  午饭后去乌梁素海参观，稍后直奔阿拉奔草原。

- **巴彦淖尔大漠风情游**

  早餐后观赏三盛公水利枢纽工程，后驱车去乌兰布和沙漠，品味大漠风光。

  下午游纳林湖、古汉墓、朔方郡、人根峰、阿贵庙、鸡鹿塞等，体验不同美景的洗礼。

巴彦淖尔风光

- **草原风情边关游**

  上午参观乌布浪口抗日烈士陵园、奇石林、希热庙、新忽热古城。

  午餐后继续游览风力发电厂、甘其毛都口岸、宝音图风蚀景观、巴音善岱庙、高阙塞等。

为何去

富饶丰产的河套平原使巴彦淖尔这片土地充满了生机,诸多美丽而古老的景点也为它增添了色彩。在乌梁素海观鸟、在乌拉山天然次生林探秘、在阴山岩画怀古,都不失为一种享受。

阴山岩画

何时去

每年的夏季和秋季是到巴彦淖尔旅游的最佳时间。夏秋季,温度适中、天气温和,大小湖泊芦波荡漾,山水草原与蓝天白云连为一体,景色迷人,两岸一望无际的乌拉特大草原,牛羊成群,牧歌声声,让人流连忘返。需要注意的是,草原上昼夜温差较大,应适时增减衣物,注意保暖。

巴彦淖尔之秋

巴彦淖尔旅游示意图

区号：0478
面积：约65 000km²
人口：约168.5万人

地理 GEOGRAPHY

区划

巴彦淖尔市辖1个区（临河区）、2个县（五原县、磴口县）、4个旗（杭锦后旗、乌拉特前旗、乌拉特中旗、乌拉特后旗）。

地形

巴彦淖尔地形由北部高原、中部山地、南部平原三种类型构成。

阴山山脉横亘巴彦淖尔市中部，从阴山北麓至中蒙边界为高原，海拔1000~1800米，地势由南向北倾斜，是广漠无垠的天然草牧场，俗称乌拉特草原，是巴彦淖尔市畜牧业主要基地。

中部山地为阴山山脉，横亘于河套平原与乌拉特草原之间，南坡陡峭，像一道屏障立于河套平原之北；北坡平缓，缓接乌拉特草原。面积近19 100平方千米，占全市面积的29%。山地矿藏丰富，硫铁、铜锌闻名遐迩。

阴山南麓至黄河北岸为河套平原，海拔在1000米左右，南有黄河滋润，北有狼山环抱，面积近15 900平方千米，占全市总面积的24%。黄河流经巴彦淖尔市200多千米，土地肥沃，渠道纵横，灌溉便利。

气候

巴彦淖尔市属温带大陆性气候，一年四季分明，天空晴朗，多见蓝天白云，雨雪集中，日照充足，温差大，风大沙多。

春季温差大；夏季水汽充沛，降水集中，雨热同步；秋季天气晴朗，温和凉爽；冬季降雪甚微。一年之中，1月气温最低，7月气温最高。

全国八大淡水湖之一——乌梁素海

乌梁素海旅游区与乌拉山北麓的乌拉特草原融为一体，是集湖泊、草原和乌拉山为一体的综合旅游区。青山、绿草、碧波相映生辉、可谓野趣天成，是内蒙古西部独具北国水乡特色的旅游胜地。

乌梁素海湖面碧波荡漾，芦苇丛如诗如画、百鸟啼鸣婉转，令人赏心悦目。乌梁素海是鸟的世界、鱼的乐园，有近200种鸟类和20多种鱼类繁衍生息，其中国家一、二类保护鸟类12种，中日候鸟协议保护鸟类48种。

历史 HISTORY

历史大事记

● 原始—春秋战国

早在原始社会新石器时代，巴彦淖尔市

巴彦淖尔风光

境内阴山以北地区就有人类居住,使用的石器多为刮削器,过着以狩猎为主的生活。

夏商西周至春秋,鬼方、猃狁等民族游牧于此。

战国时,赵国云中郡管辖达到阴山南,林胡、楼烦等民族游牧于阴山北。

● **秦汉时期**

秦始皇统一中国后,分天下为36郡,巴彦淖尔属九原郡。秦九原郡范围达到阴山南,匈奴民族活动在阴山以北地区。

西汉武帝元朔二年(前127),改九原郡为五原郡,设五原、朔方二郡。汉武帝下诏募民屯边,巴彦淖尔开始有了一定规模的从事耕种的农业。此时,巴彦淖尔大地已是阡陌纵横,鸡犬之声相闻。

东汉初,匈奴南单于分部众屯此,东汉末年朔方郡、五原郡废。

东汉末,南匈奴等民族游牧于此。

公元前54年,昭君出塞,途经五原。

● **清至近代**

顺治五年(1648),设置乌拉特前旗、乌拉特中旗、乌拉特后旗。

1914年,设绥远特别行政区,当时境内设有五原县、乌拉特前旗、乌拉特中旗和乌拉特后旗。

1926年9月17日,冯玉祥在五原誓师。

1940年3月20日,傅作义指挥五原战役。

1949年,绥远和平解放。

1954年,绥远省改设为内蒙古自治区河套行政区。

1984年12月,临河县改设为临河市(县级)。

2003年12月1日,国务院批准撤销巴彦淖尔盟和县级临河市,设立巴彦淖尔市和临河区。巴彦淖尔市人民政府驻临河区,巴彦淖尔市辖杭锦后旗、乌拉特后旗、乌拉特中旗、乌拉特前旗、五原县、磴口县和临河区。

2004年,国家批准改原巴彦淖尔盟为巴彦淖尔市。

文化 CULTURE

世界岩画宝库之一——阴山岩画

阴山岩画是中国已发现的岩画中分布最为广泛,内容最为多样,艺术最为精湛的岩画,同时也是世界上最大的岩画宝库之一。阴山岩画是古代先民凿磨在岩石上的美术图画,它以形象和艺术夸张的手法真实地记录了古代先民的生产生活、风俗习惯、宗教信仰、自然环境和社会风貌,具有其他古文化遗存和文献所无可比拟的特殊价值。

阴山岩画内容极为丰富,主要有天体、人物、动物、植物、牧野、狩猎、争战等。根据这些岩画的内容、凿刻方法、侵蚀程度推断,其年代可追溯到石器时代,直到明清或近现代均有制作,而制作岩画的主人是当时的匈奴、突厥、回鹘、党项和蒙古民族。

草原上的思乡之歌——《鸿雁》

2014年3月,湖南卫视热门综艺节目《我是歌手》中,著名歌手韩磊以淳朴、感人的曲调演唱了一首《鸿雁》,催人泪下,荡气回肠,让人仿佛走进了内蒙古草原。这首歌出自大型民族历史传奇剧《东归英雄传》片尾曲《鸿雁》,曲调选用罗布生丹毕佳拉森创作的《鸿嘎鲁》原曲调。

罗布生丹毕佳拉森(1717—1766)为乌拉特前旗莫日更庙的活佛,在乌拉特草原活佛的地位很高,有一次,西公旗王爷隆重邀请活佛抚琴唱歌,罗布生这时即兴创作了一首《鸿嘎鲁》,借以表达他的思乡思亲之情。此后,《鸿嘎鲁》作为宴席歌曲在民间广为流传。

2008年由词作家吕燕卫创作歌词《鸿雁》,作为大型民族历史传奇剧《东归英雄传》的片尾曲,曲调选用《鸿嘎鲁》原曲调,是旧瓶新装的杰作。这就是韩磊在《我是歌手》中演唱的曲目《鸿雁》。

鸿雁纷飞

景点推荐 巴彦淖尔东部旅游区

乌梁素海 AAAA
生态旅游，水鸟天堂

- 巴彦淖尔市乌拉特前旗境内，距110国道和丹拉高速12千米，距包兰铁路14千米
- 市内有到达乌梁素海景区的旅游专线
- 30元（部分景点单独收费）

乌梁素海水域宽阔，水产丰富，风光旖旎，环境优美，素有"塞外明珠"之美称，是全国八大淡水湖之一，是地球同一纬度最大的湿地，是自治区湿地水禽自然保护区。已建成旅游大楼、湖岛欧式木屋、草地蒙古包群等旅游设施，并配备了摩托艇和客轮。

乌梁素海湖面银光朗映，水天一色，万顷空明，波光浩渺。每到春夏之际，绿茵绰绰，湖水和蒲草相得益彰，蓝天与碧波交相辉映，使乌梁素海平中溢情，平中见美。阿力奔草原南端的乌拉山奇峰矗立，怪石嶙峋，置身山顶向西北眺望，湖、草原、山三大景观尽收眼底。

玩家 行程

从包头至乌拉特前旗班车很多（2小时/138千米/20元）。在前旗打的士（60元）可去乌梁素海，也可坐去大奈太的班车去。去一号点较方便，去二号点有些周折，到大路还要约5千米。

从北京开车沿八达岭高速—张家口出口—再沿京藏高速公路—西山嘴、乌梁素海出口（760千米）。再从前旗沿公路至乌梁素海约5~10千米。往返高速公路费用大约600元。中途可在霍寨沟服务区用餐。

玩家 攻略

乌梁素海是成熟的旅游区，配套设施齐全，吃、住、行的条件都比较好。

乌梁素海地域辽阔，观鸟可以自由选择前进方向和距离。如果只有1天时间，可以在旅游区附近观鸟。如果时间充裕，建议开车或租车到较远的地方观鸟。

玩家 解说

乌梁素海蒙古语意为杨树湖。此地原是生长杨树的低洼地，并有一段古北河遗留下来的

乌梁素海风光

河迹湖，面积不过0.2平方千米，后因山洪和河套灌区退水汇集于此，形成了今日的乌梁素海。

乌梁素海周围是葱绿的乌拉特草原和奇峰叠立的乌拉山，既可领略乌梁素海美丽的风光，体会乌拉特草原风情，又可观赏乌拉山天池奇观，是集山、水、草原三大景观于一体的旅游胜地。

乌梁素海南北长50千米，东西宽20千米，湖面上生长着茂盛的芦苇和蒲草，在浩瀚的湖水中生息着鲫、草、鲢、赤眼等20多种鱼类。这里尤其以盛产黄河大鲤鱼而蜚声内蒙古。每到春、夏、秋三季，锦鳞跳跃，鸟语花香，有130多种珍禽异鸟在这里安家落户，生息繁衍，其中有列入国家重点保护的疣鼻天鹅、大天鹅、斑嘴鹈鹕和琵琶鹭等。每年3月初到5月初，都有大量的北飞候鸟来此歇脚、产卵孵化，是我国北方候鸟迁徙途中重要的天然驿站。

维信国际高尔夫度假村 AAAA
体验东方圣安德鲁斯

巴彦淖尔市乌拉特前旗巴音花镇，距包头市38千米，40分钟车程 夏天7:30~21:30；冬天8:30~18:30
0478-6282330

维信国际高尔夫度假村是西北五省区最具吸引力的高尔夫运动中心，整个球场自然、古朴、宁静、耐人寻味，是目前国内唯一的沙地林克斯球场，被誉为"中国的圣安德

乌梁素海拍摄胜地

乌梁素海以它天然而成的优美景色而闻名远近，2010年5月1日美国摄影学会（中国）乌梁素海摄影基地诞生，为广大摄影爱好者、鸟类爱好者和保护者提供了拍摄、观赏、了解的场所。

●最佳拍摄时间

每年的3月24、25日开始，北飞候鸟来到乌梁素海，它们将在此歇脚、休整。摄影爱好者可在此期间拍摄到疣鼻天鹅、大天鹅、斑嘴鹈鹕和琵琶鹭等珍稀鸟类。4月底至5月为天鹅的产卵孵化期，这期间天鹅远离岸边，拍摄距离稍远，需要使用500毫米以上的长焦镜头。

9月至10月中下旬，各种鸟类、鱼类繁多，是拍摄的最佳时机。

●观鸟注意事项

1. 携带一份鸟类图鉴。

2. 外出观鸟尽可能避免穿着抢眼的服装，最好是灰、黑、蓝、绿、迷彩等颜色，不要颜色鲜艳的，也不要大面积白色的，最好防雨。

3. 拍摄野生鸟类应采用自然光，不可使用闪光灯，以免惊吓它们。

4. 望远镜是观鸟必备装备：双筒望远镜应当人手一部，8~10倍，物镜口径为40或50毫米，不要有红、黄镀膜。单筒望远镜放大倍率在20~60倍之间。必须配备稳定的三脚支架。

5. 观鸟时，切记"只可远观，不可近看"，保持适当观赏距离，以免干扰鸟的行为。有些鸟类生性害羞，隐秘不易观察，不可使用不当方法引诱其现身，如放鸟鸣录音带、丢掷石头、吹口哨、击掌等。

6. 驱赶鸟类是观鸟大忌。因为有些鸟可能因体能衰弱而暂时停栖某一地区，此时，它们急需休息调养，您的追逐行为，可能导致其步向死亡之途。

7. 发现特别鸟种的栖息地或育雏地时，请守口如瓶，且谨记不干扰原则，勿告诉第二人，不论他是否为野鸟保护者。

巴彦淖尔东部旅游区

维信国际高尔夫度假村

鲁斯皇家高尔夫球场"。度假村每年接待来自欧美、日本等地的海外团队20多个,是内蒙古西部接待条件最好的草原生态度假村。

玩家 攻略

度假村设施有酒吧、精品店、商务中心、标准间及套房、西餐厅、会议室、宴会、展览、会议厅、观礼台、卡丁车俱乐部、网球场、保龄球、游泳馆、露天温泉、别墅、健身房以及中、西、日、蒙古特色宴会厅。游客至此,不仅能享受高尔夫的高档品质体验,还可做游泳健身运动,另外更有酒吧让人迷醉于草原中。

练习场收费标准:练习球60粒,30元;租杆费10元;年卡6800元;半年卡3980元;季卡2380元。

球场收费标准:平日18洞,600元;假日18洞,800元。

玩家 解说

高尔夫球场于2003年8月28日开放,占地面积0.99平方千米,球道全长7128码。球场以阴山群峰为屏障,以河套平原为衬托,整体设计气势磅礴,波澜起伏。充分利用自然景观和植物,借鉴苏格兰林克斯风格,设有大面积的原始沙地和茂密的荒草,高品质的本特草球道碧绿如洗,苏格兰式直壁沙坑尽显不凡,适合不同水平的球员前来。

高尔夫精品球道当属第1洞和第18洞,造型奇特,迂回曲折,沙坑拦腰阻截,险象环生,尽显经典球场之灵感,令众多高球爱好者为之着迷,流连忘返。

乌拉特蒙古大营旅游度假区
蒙古大营,临水而生

巴彦淖尔市乌拉特前旗巴音花镇乌拉山林场,乌前旗维信高尔夫度假村附近

进入乌拉特蒙古大营旅游度假区,面南注视浩瀚的水库,折向北行,一条红砖砌就的小道直通内径10米的主包,主包后有一专为游人烹制美味食品的大包,有走廊与主包相通。以此大包为支点,在它的两侧各有小包成人字形排列,每个小包内盘有土炕。

每到夏季,绿草如茵、碧波荡漾、气候凉爽、景色宜人。水库东、南两面是雄伟的大山,北、西两面是广阔的草原。这里地域开阔,风景如画,并盛产多种鱼类。水库的水面宽阔,水中央的小岛上绿草萋萋,美不胜收。

玩家 攻略

1. 来到乌拉特绝对不能错过的是蒙古包群,包括多功能餐厅、蒙古包餐饮部、民族特色酒吧、民族特色餐饮、民俗村,并有篝火晚会

乌拉山国家森林公园

场、射击场、野营地、运动娱乐场、山地摩托车练习场等娱乐设施。到蒙古大营来,品尝蒙古风味食品,欣赏草原歌手动听的歌声和优美的舞姿,让你感到草原的宽广和豪放。

2. 乌拉特进口处建有停车场,另外更有狗、羊、马、骆驼拉车等生态项目。

3. 民族村门票为100元,坐落在群山翠绿中,白色的蒙古包和勒勒车,让游客有仿佛置身草原的感觉。这里设有民族特色纪念品商店,一年四季对游人开放。

4. 公园每晚为游客举办民族风情篝火晚会,看民族服装展示,听民族歌舞演唱,在观赏安代舞和摔跤手精彩表演的同时,了解蒙古族的各种风俗习惯,倾听牧民们的民间故事。收费标准50元/人/次。

5. 森林公园可开展骑马、攀岩、山珍采摘、卡拉OK晚会、台球等娱乐活动。

天池草原生态旅游区
天池脚下的生态草原

巴彦淖尔市乌拉特前旗所在地13千米

天池草原生态旅游区位于乌拉特前旗额尔登布拉格苏木境内。天池脚下,北至乌梁素海8千米。大草原南端,距景区8千米的乌拉山奇峰矗立、怪石嶙峋。

让人叹为观止的是高高的山巅上竟有一个长约1000米、宽300米的S形"小天池",池水晶莹清澈。如果你沿着小路爬上山顶,首先映入眼帘的就是山巅上的这一汪平静的池水和池边溢出的瀑布。

玩家 游记

这里有百万亩天然的优良牧场。夏秋之季,绿草如茵,蓝天下牛羊成群,像一颗颗珍珠滚动,构成了一幅美妙的画面。在天池草原能领略到形态各异的山峰、峡谷、巨石、湖泊、溪流、生态草原等自然风光,还能体验蒙古民族风情和品尝独具特色的餐饮。

小佘太秦长城遗址
秦长城的缩影

巴彦淖尔市乌拉特前旗小佘太镇境内,距政府所在地142千米

小佘太秦长城始建于嬴政二十八年(前219),是秦长城的缩影,加上内蒙古荒凉的西北之境,站在这里能够深切地感受到古时战场的凄惶。这段长城像一条巨蟒,蜿蜒起伏、若隐若现,出没在崇山峻岭之中。巴彦淖尔市境内秦长城遗址分布较广,约占全自治区1/3,东起乌拉特前旗小佘太镇,西至乌拉特后旗潮格温都尔镇,全长240千米,其中小佘太镇查斯太山一段保护最完好,长达2000余米。

链接

秦长城

秦始皇灭六国统一天下,为御外侵兴筑万里长城,西起临洮(今甘肃省临洮县),东至辽东(今辽宁省东部)。《史记·蒙恬列传》记载:"秦始皇三十三年(前214)秦已并天下,乃使蒙恬将三十万众,北逐匈奴,收河南,筑长城,因地形用险制塞,起临洮至辽东,延袤万余里。于是渡河据阳山,逶迤而北,暴师于外十余年。"如今攀缘于阴山北坡之上的长城遗迹,就是秦将蒙恬所建。

乌拉山国家森林公园
塞外小华山

巴彦淖尔市乌拉特前旗巴音花镇

乌拉山国家森林公园主要塑造了以峡谷和奇峰为主的、类型众多的自然地理景观,集山、水、树、石、花、古庙为一体,集"雄、奇、险、秀、幽、旷"之美于一身,是消夏、避暑、春游、冬练的好地方,在内蒙古西部独树一帜,素有"塞外小华山"之美称。

天池草原生态旅游区

希热庙
佛教圣地，天然矿泉

✉ 巴彦淖尔市乌拉特中旗驻地海流图镇以东12千米处

希热庙建于清康熙十九年（1680），为巴彦淖尔地区首座喇嘛寺庙，也是藏蒙地区重要的喇嘛教活动场所之一，曾是我国西部除布达拉宫之外，最大的佛教圣地。距今已有300年历史，为东方21个佛教圣地之一。最兴盛时僧人300多名，香客西至拉萨，东至乌兰浩特，北至大库热（现乌兰巴托），名扬四海。

庙中有三眼泉水长流不息，它是希热庙的灵魂。经国家专门机构化验鉴定为天然优质饮用矿泉水，常饮可延年益寿，祛病驻颜。

玩家 攻略

希热庙每月要举行一次庙会，并于每年6月25～30日举行大型的祭敖包活动，这时游人如织，甚是热闹，多时达上千人。

乌不浪口风蚀地臼地质公园
特殊的风蚀冰臼

✉ 巴彦淖尔市乌拉特中旗海流图镇乌不浪口

乌不浪口风蚀冰臼大约形成于第四纪冰川时期。在我国，关于风蚀冰臼的形成可谓是众说纷纭。据说，不同的成因可能对中国古环境、古气候、古地貌、古人类、古生物等问题的研究产生完全不同的解读。这里的风蚀冰臼景观在世界上别的地方还没有类似的发现，因而有着绝无仅有的特殊性和观赏性，将来必定会成为一处具有国家级保护价值、旅游价值和科学价值的新型旅游资源。

甘其毛道口岸
中蒙边境之通道

✉ 巴彦淖尔市乌拉特中旗海流图镇132千米

甘其毛道口岸与蒙古国南戈壁省汉博格德县嘎顺苏海图口岸隔界相望，距边境线2千米。甘其毛道是蒙语"一棵树"的音译，十年前还是一个人烟稀少的不毛之地。现在是国家一类季节性陆路口岸，内蒙古西部唯一常年通关的陆路口岸，是中蒙两国人民友好往来的重要通道和进行货物贸易的主要场所。

口岸建有联检办公大楼和海关监管场所，还有集商场、旅社、餐厅为一体的互贸服务区。更有庄严的"中华人民共和国国门"巍然屹立，令人肃然起敬。原为国家一类季节性陆路口岸，每到开关时，到口岸进行互市贸易和观光旅游的游客、商贾云集,人来人往,十分繁华。

玩家 攻略

在口岸东边不远处,还有一片由国家划围的蒙古野驴"野生动物自然保护区"。从海流图镇到甘其毛都口岸既可以游览辽阔的草原风光、体察牧民生活,体验边关的异国风情,还可以进行边境贸易。中蒙口岸每年开关四次,开关时间由每次15天增加到20天。

同和太奇石林自然景区
塞上奇石林,影片拍摄地

📍 巴彦淖尔市乌拉特中旗海流图镇南15千米,距110国道50千米

同和太奇石林曾是《白马飞飞》《文成公主》《铁骑》等多部影片的外景拍摄地。属风蚀景观,由上千座天然石柱组成,石柱形态各异,妙趣天成,被称为"塞上奇石林"。人们还根据奇石独特的形象为其命名,增添不少诗情画意。环顾四周,只见地势平坦,绿草如茵,广袤无边,呈现出辽阔草原的气派。

玩家 攻略

石林区北与希热庙旅游区、阿其山自然保护区相连,东与德岭山水库、乌拉特蒙古大营相邻,南与乌不浪口抗日烈士陵园相接,凭借区位优势可串联多条旅游线路。

孟王栓海子
飞鸟鱼群之海湾

📍 巴彦淖尔市五原县隆兴昌镇南行20千米

孟王栓海子度假村由孟王栓海子度假区、孟王栓海子中心岛、孟王栓海子观鸟点三个部分组成。景区内水草丰美、景色宜人,是人们休闲、娱乐、感受大自然风韵的理想之地。

▫ 孟王栓海子度假区

度假区建有简易的旅游住宿房屋和蒙古包及一些相关的设施,四周水、草、树、绿地及各种简易人造景观随处可见。在此可尽享垂钓悠闲之乐,也可在海湾尽情游玩,还可在游船上尽享水上"行走"之乐趣。

孟王栓海子

孟王栓海子观鸟点

观鸟点以沙滩为主,这里视野开阔,适于观测鸟类的生活。栖息在此的有野鸭、鹭鸶、沙鹅、鹰、鹳等100多种鸟类。周围有0.15平方千米芦苇,春夏一片碧绿,秋冬芦花飞扬,不仅是鸟类的世外桃源,也是人们理想的荡舟其中的青纱帐。

五原博物馆
古郡五原的文化殿堂
● 巴彦淖尔市五原县葵花广场东侧

五原博物馆

五原博物馆集历史人文、民俗民风、书画艺术为一体,馆藏了上溯新石器时代,下至近现代的20多个门类、1000余件精品文物,是河套农耕文化、军事文化、水利文化、边塞文化的缩影。

大楼正面墙体上是一幅用红砂岩雕刻而成的浮雕,镌刻了昭君出塞途经五原、王同春拓荒治水、冯玉祥五原誓师、傅作义五原抗战、隆兴长商号盛极西北等重大历史事件。馆内金碧辉煌,气势恢宏。独特的大楼造型隐含深意,远望去,顶部五个形似蒙古包的圆形建筑与整个大楼浑然一体,寓意"五原",彰显了独特的蒙元文化,象征着各民族融合团结一家亲。

玩家 解说

1926年秋,为策应北伐,时任西北边防督办的国民军军长冯玉祥结束了赴苏考察之旅,在中共党员刘伯坚(旅莫支部代表)和苏联顾问乌斯马诺夫等的陪同下由莫斯科回国,于9月16日抵达五原。当晚,他召集退驻五原的国民军诸将领开会,决议成立国民联军总司令部,冯玉祥被公推为总司令,并向全国发出响应北伐的《通电宣言》。

1926年9月17日,冯玉祥率国民军官兵举行隆重的授旗典礼大会。会场设在五原旧城的草坪上,临时筑一誓师台。参加典礼大会的国民军一、二、三、五、六各军官兵约一万多人。

上午12时大会开始,冯玉祥登台演讲。他用大量事实痛斥和揭露帝国主义称霸中国和反动军阀卖国求荣、践踏蹂躏中国人民的血腥罪行,号召全体官兵进行国民革命,实行孙中山先生的三民主义和"联俄、联共、扶助农工"的三大政策,配合广东国民革命军完成北伐。

五原誓师有力地推动了北伐战争的胜利进程,在中国近现代史上树立了一面鲜明的反帝、反封建、反军阀混战、珍爱民主和平的光辉旗帜。冯玉祥将军五原誓师的壮举彪炳史册,昭示后人。会后冯等刻石树碑留念,并将五原改为"义旗县"。

塔尔湖度假村
休闲度假于湖的世界
● 巴彦淖尔市五原县塔尔湖镇西

度假村是五原县集休闲、娱乐、度假为一体综合性旅游度假区,现建有三栋别墅、一栋游客活动中心,可供娱乐、休息。度假村前方是一个沙滩浴场。沙滩以阳光、湖泊等大自然景观为依托,突出以湖的世界为主题,配以刺激、浪漫、怡情、温馨的娱乐项目内容,有返璞归真、回归大自然之感。湖水与周边的绿树、农田、沙丘相映成趣,别具特色。

玩家 攻略

塔尔湖度假村别墅里提供有炊具和做饭用的粮、油、菜等原料,可亲自下厨或品尝当地特色的饭菜。在度假村的最北端有一片树林,早晚可在林间散步、呼吸新鲜空气,放松身心,陶情养性。别墅后是高尔夫球练习场,收费不高。

这里是沙浴、驾车冲浪的理想之地,沙质柔软舒适,漫步其中,令人疲劳顿消,浪漫之情油然而生。晚间还可在湖心小岛上举行篝火晚会、进行野炊等。

景点推荐 巴彦淖尔西部旅游区

乌兰布和沙漠生态旅游区
黄河北部湾，沙漠新天地

◎ 巴彦淖尔市与阿拉善盟境内，乌海地区的乌兰布和大沙漠与黄河漠水相连

乌兰布和沙漠蒙古语为"红色公牛"，我国八大沙漠之一。由巴彦高勒西行数里便可观赏举世闻名的乌兰布和沙漠。景区中大大小小的湖泊造型独特，天然湖泊错落有致。茫茫沙海，延绵起伏，隐没天际，海市蜃楼时隐时现，绿994湖泊星罗棋布。

乌兰布和沙漠中沙生植物种类繁多，生有干草、花棒、麻黄、锁阳、沙棘、梭梭等多种名贵药材和稀有植物，同时也是鸟类繁殖和迁徙地，有白天鹅等100余种鸟类栖息在湖中。

玩家 攻略

沙地、戈壁行车应必备口罩，如果车密闭不好建议购买防毒面具，单车不要尝试沙地越野。

这里有风味蒙古餐饮、骑马、骑骆驼、垂钓、滑沙、参观葡萄园，有供休闲娱乐的住宿条件，定能玩得尽兴，吃得开心，探古忆昔，品味人生。

玩家 解说

走进蒙古大营，登上十几米高的瞭望塔，放眼远眺，只见浩瀚的乌兰布和沙漠苍苍茫茫，流向天际，宛若一条金色的巨龙。距大营500米处是马堡店遗址，据说在清朝年间，有一个姓马的人首先在此开店，故人称马堡店。遗留的店台尚有一米高、五六百平方米大，硕大厚重的古砖散落其间，还残留一些破缸碎瓷等。从中可以窥见当年店铺的规模与店家和客商的逍遥生活。

黄河三盛公水利枢纽工程
精彩大西北，黄河三盛公

◎ 巴彦淖尔市磴口县巴彦高勒镇东南2千米处
☎ 0478-4212931

黄河三盛公水利枢纽工程是黄河上唯一的以灌溉为主的一首制大型平原闸坝工程，堪称"万里黄河第一闸"。每当灌期，滔滔河水穿闸而下，激起千层碎浪，气势磅礴。

枢纽工程的建成结束了河套灌区自古以来无坝自流、多口引水的历史，形成了万顷良田，把黄河水灾害变成了宝贵的水资源，成就了"黄河百害，唯富一套"的经典，从而河套平原被誉为"塞外江南、塞上粮仓"。

玩家 解说

同心锁是纪念拦河闸风雨40年为河套发展做出的巨大贡献，矗立于磴口县巴彦高勒镇东南2千米处，是利用三盛公黄河水利枢纽工程除险加固拆除的废旧钢制闸门建造的一座多功能环保型雕塑。

另一处引人注目的废旧金属雕塑应属巨型钢制古筝。这座古筝雕塑长27.5米、宽6.5米，重56吨，有21根钢丝琴弦，筝头写有行草字体"黄河之水天上来，奔流到海不复回"的诗句，古筝面板为淡黄色，在阳光下显得格外耀眼。

此外，景区道路两旁还排列着30件形态各异的小型金属雕塑。窃窃私语的金属人由排气筒制成，唯唯诺诺的金属蜗牛由引风机蜗壳做成，而面带微笑的金属猪由汽油桶制成。

哈腾套海
候鸟迁徙主要通道

📍 巴彦淖尔市磴口县西北部的乌兰布和沙漠东北缘，距磴口县城60余千米

哈腾套海自然保护区位于巴彦淖尔市磴口县西北部的乌兰布和沙漠的东北边缘，由山地、沙漠、湿地地貌组成，属荒漠生态类型自然保护区。这里沙湖星罗棋布，是我国候鸟南北迁徙三条线路的中线通道。

玩家 解说

进入11月，这里便成为各种候鸟迁徙主要通道。一群群白天鹅、野鸭、鸥鸟等候鸟来到这里栖息，养精蓄锐，然后陆续飞往南方过冬。而到4、5月，数万只白天鹅、疣鼻天鹅等候鸟从洞庭湖飞抵该保护区，栖息一个月后飞往西伯利亚。

阴山岩画
五千年印记，解读上古密码

📍 巴彦淖尔市磴口县境内　⏰ 8:00～18:00
💰 35元　☎ 0478-8939588

在内蒙古地区的中部、西部、东部都有大量的岩画多达逾万幅，因岩画大部分分部在阴山地带，故名阴山岩画。阴山岩画始于青铜器时代，大量出现则在秦汉时期，经汉唐宋辽金元，直至清代。岩画真实地记录了在此生活的古代北方匈奴、突厥、回鹘、党项和蒙古等游牧民族的生产、生活历史。

阴山岩画内容非常丰富，古朴夸张，反映了古代阴山地区居民的生活状况，具有重要的科学、历史、艺术价值。阴山岩画的宏大规模，独特风格和丰富内容，为现存岩画罕见，在全国至世界岩画中都占有重要的地位。

玩家 解说

岩画多在峭壁、沟壑岸边的巨石之上或在突兀而起的黝黑色石丛之中。大多是采用坚硬的石料或金属器具在岩石上打击成麻点，再将

> **链接**
>
> **梭梭小识**
>
> 梭梭是一种长在沙地上的固沙植物，也可以作为牲畜的饲料，有每年落枝的习性，荒漠地区的牧民称它为骆驼的"抓膘草"。骆驼喜食，羊在秋末也捡食落在地上的梭梭嫩枝和果实，牛、马不食。干枯的梭梭枝干，还可供修建棚圈等用。
>
> 名贵中药苁蓉就寄生在梭梭的根部。苁蓉具有独特的补肾、抗老年痴呆、保肝、通便、辅助肿瘤治疗、抗辐射等10多种药用功能，被誉为"沙漠人参"。

梭梭

麻点连接成线，组成栩栩如生的画面。

阴山岩画题材十分丰富，从岩画的内容看，动物岩画所占比例很大，有山羊、绵羊、羚羊、鹿马、牛、猪、狗、虎、豹等20多种动物图，此外还有狩猎、舞蹈、车辆、骑士、穹庐毡帐、文字等游牧民族的社会生活景象。

鸡鹿塞
历经两千多年的军事要塞
◎ 巴彦淖尔市磴口县沙金苏木哈日戈那山口西侧

鸡鹿塞是汉代重要的军事要塞，石城遗址呈正方形，全用石块修砌。建于汉武帝元狩三年（前122），是当时著名的军事要塞、西汉时期中原和匈奴经济政治往来的重要关卡，也是我国古代最早的瓮城之一。

遗址呈正方形，边长约68.5米，占地约4900平方米，全部用片麻岩和卵石砌成，筑于距沟底高约19米的山坡平台上。古城只在南墙开一城门，城门外有类似瓮形的长方形小围墙，留有入口，靠南墙东部内侧和西北角砌有登道。

玩家 解说

相传汉将卫青、霍去病在此击败匈奴右贤王。据《汉书·匈奴传》记载，前33年呼韩邪单于再次赴长安修好，元帝赐王昭君予呼韩邪单于为妻，号昭君为"宁胡阏氏"，并派高昌侯董忠和车骑都尉韩昌领兵护出朔方鸡鹿塞。这座巍峨的鸡鹿塞虽然历经两千多年，仍屹立在山坡上，成为汉朝与匈奴友好、经济、文化往来的历史见证。

古城内出土文物有汉代绳纹砖瓦、灰陶片、箭镞和一件青铜弩机。沿山隘口左右两侧秦汉时期留下的烽燧、石墩、石台、石墙伸延数里，共同构成秦汉时期西北边陲的军事防御体系。山前原有一条通道，据考证是历史上著名的北丝绸之路。

纳林湖旅游区
兴衰河套，印象纳林
◎ 巴彦淖尔市磴口县乌兰布和沙漠腹地哈腾苏木境内

纳林湖有大漠明珠之称，形成40余年，由黄河水补给。它是巴彦淖尔农垦继乌梁素海之后又一个极具有旅游开发价值的内蒙古西部第二大淡水湖和重要的湿地，也是我国西北地区重要的鸟类繁殖和栖息地。湖泊呈不规则半月形，经过巴哈公路，公路两旁绿树成荫，花团锦簇，湖的北岸紧贴沙漠，沙生植物造型独特，争奇斗艳，极具观赏价值。

玩家 攻略

旅游区休闲娱乐项目较多，可划船、可岛上餐饮，也可沙浴、垂钓、乘驼、骑马或沙地摩托车竞赛。湖边沙漠带野鸡、野兔成群，是极好的狩猎场。

阿贵庙
内蒙古本部唯一的宁玛派寺庙
◎ 巴彦淖尔市磴口县狼山西段的阿贵沟内

阿贵庙被誉为我国西北地区最大的宁玛派庙宇和内蒙古宁玛派唯一的活动场所，从而被列为内蒙古自治区12个重点寺庙之一。阿贵庙属典型藏式建筑，始建于清仁宗嘉庆三年（1798），建有大雄宝殿主供释迦牟尼。殿堂内木雕半拱，石刻盘龙，雕梁画栋，佛光熠熠。

阿贵庙蒙名为"杭瑞玛阿贵"，藏名为"拉西仁布——夏定林阿贵"，俗称阿贵庙。阿贵，蒙古语意为山洞，阿贵庙因其四周的悬崖峭壁上有5个天然岩洞而得名，属藏传佛教宁玛派道场，尊莲花生为师祖。清廷理

鸡鹿塞

玩家 解说

阿贵庙背后和两侧大山高耸入云,深沟通幽隐秘,其周围的五个神秘岩洞与宁玛派有一定的渊源关系:莲花洞,供主神莲花生,据传印度僧人莲花生曾在此传教弘法,是喇嘛设坛、供奉、诵咒、灌顶的场所;扎嘎生布窑,供主神"上乐金刚";达日额柯窑,主神双尊,为白救渡佛母和绿救渡佛母;额尔登珠窑,供主神"伽楼罗",是守护佛教的第六天神(金翅鸟);桑布嘎日布窑,主神为护法神伽蓝神。五个洞府的塑像形态各异,栩栩如生,是研究内蒙古地区喇嘛教宁玛派的宝贵资料。

阿贵庙

藩院曾赐名"宗乘寺",并赠予镌刻满、蒙、藏、汉四种文字的寺名大匾一块。从此,阿贵庙声名大振,僧众云集,香火旺盛,鼎盛时有喇嘛400多人。

三盛公天主教堂
磴口三盛传教堂,平坡屋顶黄砖墙

📍 巴彦淖尔市磴口县政府所在地1.5千米的原粮台乡

河套地区最早建成的天主教堂,也是中国西北地区最大的天主教堂,现为巴彦淖尔市教区主教座堂。该教堂为法国天主教神父德玉明所建,1888年动工兴建,1893年落成,如今已有100多年的历史。

教堂的建筑风格既吸收了西洋哥特式富丽堂皇的风格,又富有中国地方民族特色,融中西建筑艺术为一体。主要建筑为圣堂,布置得庄雅肃穆。圣堂墙壁用精制的蓝

大殿周围的悬崖峭壁上有5个奇特的天然岩洞,洞内彩塑迷离,栩栩如生。以莲花生洞(即阿贵洞)香火最旺。

寺庙依山傍水,坐南朝北,是典型的藏式建筑。山上山下错落有致的建筑群,远远望去,十分壮观。

大雄宝殿宏伟壮观。殿顶上用宝瓶及莲花组成金黄色的宝幢,宝幢两旁配置菩提金羊,殿堂内木雕斗拱,石刻盘龙,雕梁画栋,佛光熠熠。

覆钵式白塔

除大雄宝殿外,有配殿、马头金刚殿、大吉萨(招待所)、喇嘛住房等众多附属建筑。

阿贵庙

砖砌成，教堂内部是圆拱形的屋顶，顶面全部由铁皮覆盖，堂院大门顶部建有钟楼一座，高10米，有合金大铜钟两口，钟声圆润洪亮，方圆十里都可听到。

玩家 攻略

每逢重大教会活动，不仅本地区的教徒聚集教堂，银川、平罗、定边、包头及巴彦淖尔市各旗县的信徒也云集于此，诵经之声响彻村落，场面极为壮观，令人感叹。

巴音满都呼恐龙化石区
大自然中的恐龙遗迹
巴彦淖尔市乌拉特后旗巴音图苏木巴音满都呼嘎查东7千米处

化石区距今约7500万年至1.2亿年。1979年发现，1988年先后有中加、中比恐龙联合考察队数次实地考察、挖掘，出土了一大批距今7000万年的白垩纪恐龙化石和多种哺乳爬行类化石，包括原角龙、甲龙、恐龙蛋等珍贵化石。巴音满都呼成为中国乃至中亚最重要，也是最大的晚白垩恐龙化石产区，该地堪称恐龙化石宝库，被内蒙古自治区定为"重点恐龙化石保护区"。

来到这里，既可以在大自然中找寻恐龙的遗迹，也可以到这里的恐龙博物馆了解恐龙之谜，还可以领略北疆茫茫大戈壁的苍茫与辽远。

镜湖生态旅游区
以水为主题的休闲度假胜地
巴彦淖尔市临河区

镜湖生态旅游区是临河地区规模较大，集观光、娱乐、休闲、度假为一体的旅游活动场所。景区以镜湖为中心，已建成游乐场、骑士山庄、钓鱼岛、射鱼湾、沙家浜、水上乐园和野炊岛。

镜湖南部是绿色的草原，西部是2平方千米连绵起伏的沙漠，北边是一望无际的农田，0.53平方千米水面镶嵌其中。四周绿树掩映，芳草连天，鱼跃鸟翔，苇草丛生，生态环境保持完好，堪与宁夏"沙湖"媲美。

大后套旅游区
走西口民俗第一村
杭锦后旗头道桥民建村

景区总面积0.67平方千米，为国家3A级旅游景区。整个景区按照走西口民俗打造，文化氛围浓郁，展现"晋冀鲁豫走西口、陕甘宁青下后套"的历史背景。核心区包括一街、三巷、九大空间组合。景区整体呈现"东雅、北静、西乐、南游、中娱"的格局。景区内水上项目丰富多样。

巴彦淖尔风光

攻略资讯

■ 交通
■ 住宿
■ 美食
■ 购物
■ 娱乐

巴彦淖尔夜色

交通

飞机

巴彦淖尔机场位于五原县天吉泰镇境内,距市首府所在地临河区中心直线距离33千米。有通往北京、西安、银川、呼和浩特的航线,都为每天一班。去往机场的巴士25元/人,在华澳酒店出发,时间为8:00和13:20,全程需约45分钟。

火车

巴彦淖尔市境内贯穿包兰铁路,开通有往返北京、天津、兰州、银川、乌海、呼和浩特、包头、成都等地的火车班次。巴彦淖尔市火车站位于临河区。交通:1、2、4路公交车可到达。

汽车

巴彦淖尔市有110、025国道和212、213、215、311、312省道,交通便捷。全市共有客运汽车站18个,其中最主要的是临河区汽车客运站,位于临河胜利南路。临河区客运站有往返巴彦淖尔境内各地的班车,还有开往内蒙古各主要城市以及兰州、青岛、天津、银川、北京、榆林等地的班车。电话:0478-8212202、8212203。

住宿

巴彦淖尔的住宿业比较完善,从星级宾馆到经济实惠的小旅馆,各种档次俱全。

巴彦淖尔的商务型酒店一般集中在繁华市中心,比如胜利南路、胜利北路周边街

巴彦淖尔机场

区,都林立着很多星级酒店,巴彦淖尔华澳大酒店、巴彦淖尔蓝宇饭店、巴彦淖尔华威国际饭店等都是比较不错的商务型酒店,优质的服务给人宾至如归的感觉。

经济型酒店多分布在车站、胜利路周围,出行交通便利,需注意安全问题。在市区内的商业街区、街道小巷散布着很多价格适中的中小型酒店。此外,连锁型的酒店也是不错的选择。

●巴彦淖尔华澳大酒店

巴彦淖尔华澳大酒店是内蒙古华澳集团投资的一家按高星级标准设计建造的集餐饮宴会、休息住宿、会议接待、健身娱乐、购物为一体的综合性豪华酒店,主楼高31层,总建筑面积达6万平方米。✉巴彦淖尔市临河区胜利北路1号 ☎0478-8522888

●巴彦淖尔蓝宇饭店

巴彦淖尔蓝宇饭店毗邻金川大厦、商业大厦、市中心医院、区政府。周围分布各主要银行、大型商场及其他主要单位,交通便捷,地理位置一流,环境一流,设施一流。

✉巴彦淖尔市胜利北路 ☎0478-2258888

●巴彦淖尔华威国际饭店

巴彦淖尔华威国际饭店邻近巴彦淖尔市政府,地理位置优越,交通便利,是一家集餐饮、住宿、会议于一体的综合型饭店。✉巴彦淖尔市临河区新华西街与银河路交会处向南300米 ☎0478-2676777

●更多住宿去处

巴彦淖尔和泰卢福宫酒店/巴彦淖尔临河区解放西街164号/0478-2275555

巴彦淖尔宾馆/巴彦淖尔临河区胜利南路94号/0478-8650000

如家快捷酒店(巴彦淖尔新华西街店)/巴彦淖尔临河区胜利路1号/0478-7860000

汉庭酒店(巴彦淖尔影剧院广场店)/巴彦淖尔临河区胜利北路富源大厦内/0478-7908888

美食

焖面是巴彦淖尔市的百姓最喜欢吃的面食之一。巴彦淖尔还有一种小吃叫面筋,原料精良,工艺精致,令人赞不绝口。另外,

巴彦淖尔风光

坐到义顺狭窄而热闹的店堂里，点一份双皮奶，清清凉的一勺泯入嘴里，芬芳的奶味弥散，会情不自禁再来一勺。

巴彦淖尔市的餐厅多分布在市中心，多以麻辣火锅、焖炖为主，还有很多打着特色蒙古羊肉的招牌店，基本上花费50块钱左右，就可尝到地道的蒙古羊肉。

● **美食推荐**

川缘坊/光辉路与长春东街交会处/0478-7999599

爱丽格斯海鲜餐厅/新华西街/0478-8212579

小尾羊杭后店/将军路/0478-6630808

草原情蒙餐/建设北路/0478-2213216

河套炖骨村/团结路附近

焖面

购物

巴彦淖尔特产有河套蜜瓜、向日葵、黑瓜子、苹果梨、西瓜、白绒山羊、枸杞、戈壁双峰红驼、胡麻、河套大白菜、肉苁蓉等，河套蜜瓜一般在7月大量上市。另外来此购置纪念品不能错过木雕、根雕、奇石、烙画、挂毯、蒙古族服饰、羊绒制品、纪念钱币等。服饰羊绒制品以二狼山羊绒为原料生产的羊绒披肩、围巾、羊绒衫、衬衣等，其中以维信、春雪、宇龙品牌最为有名。

特产推荐

● **河套蜜瓜**

又称华莱士。正宗的河套蜜瓜外形溜圆，标准瓜重0.5千克左右。色泽金黄，品尝一口，可以享受到梨、苹果、蜜桃、香蕉的美味，醇香甘甜，为瓜中珍品。河套蜜瓜以磴口产的最好。

河套蜜瓜

● **二狼山白绒山羊**

绒肉兼用的优良地方品种，主要产地为阴山山脉一带。

● **河套苹果梨**

俗称丑梨，是河套平原上的特产，其中以临河产最为有名，个头大，颜色好，汁多味浓，营养丰富。

购物场所

巴彦淖尔市内临河区胜利路两侧是购物商场集中的地方。另外临河国泰大厦（胜利南路）、临河金川大厦（临河区胜利北路）多为高档次商品。

节日和重大活动

节日	地点	时间
祭敖包	巴彦淖尔市各地	农历五月十三
那达慕大会	巴彦淖尔市各地	7月、8月
磴口县华莱士节	巴彦淖尔市磴口县	7月28日—8月6日
乌拉特草原旅游文化节	巴彦淖尔市乌拉特中旗	8月
五原县河套番茄节	巴彦淖尔市五原县	8月18日
中国河套葵花节	巴彦淖尔市五原县葵花广场	9月8—9日

发现者旅行指南

阿拉善盟

概览

♡ 亮点

- **额济纳胡杨林**

世界上仅存的三大胡杨林地之一,最负盛名的是金秋胡杨的美景。每年国庆前后10天左右,阳光下金色的树叶衬着湛蓝的天空婆娑起舞,优美动人。

- **巴丹吉林沙漠**

巴丹吉林沙漠堪称"世界沙漠珠峰",是世界沙漠探险王国,以"奇峰""鸣沙""湖泊""神泉""古庙"五绝著称。

- **黑城遗址**

西夏在西部地区重要的农牧业基地和边防要塞,这里有辽、金、元三代的城址。

额济纳胡杨

- **广宗寺**

六世达赖仓央嘉措的消失,在历史上是一个悬案,但这个神秘传说的谜底,就在这里。

- **月亮湖**

在沙漠之中欣赏湖光美景,不是在哪里都能做到的。月亮湖酷似中国地图,湖水含天然药浴配方,千万年的黑沙滩也值得一去。

线路

- **额济纳沙漠胡杨三日游**

用三天时间在额济纳感受沙漠胡杨风光。第一天骑着双峰驼在额济纳胡杨林附近欣赏胡杨,第二天寻找沙漠中的神树、居延海,第三天探秘怪树林、黑城遗址。

- **阿拉善左旗二日游**

两天的时间一边领略阿拉善盟左旗的自然风光,一边品尝美食。

第一天畅快游玩腾格里沙漠月亮湖,第二天上午参观贺兰山广宗寺,下午拜谒著名的定远营古城。

- **额济纳二日深度游**

第一天去额济纳,观赏

阿拉善风光

被当地人称为"神树"的胡杨树,然后去有天鹅湖之称的居延海。下午在中蒙交界处——策克口岸可以买些特产回去。晚上住在额济纳市区。

第二天早上去甲渠侯官遗址,之后前往东风航天城,就是酒泉卫星发射中心,曾是"神五""神六"的发射基地。

为何去

阿拉善有美丽的贺兰山和千奇百怪的大漠奇石,有着蔚蓝的天空,热情的阿拉善人民,风景优美的南北寺,沙漠中的绿洲月亮湖、天鹅湖,蒙古包里有酒香、奶香、欢歌笑语……在这里可以尽情领略塞北风情。

南寺

何时去

每年的秋季是到阿拉善旅游的最好时间。

在秋季风和日丽的天气里,跟随骆驼队走进沙漠,可以欣赏到沙漠绿洲、神奇喷泉,如果幸运的话,还能看到

通湖草原

神秘的海市蜃楼,完全领略大漠的瑰丽奇美。每到秋季,一望无际的胡杨林海浪般起伏波动,金红色的树叶火一样燃烧天地,辉煌壮观。

阿拉善盟旅游示意图

区域解读

区号：0483
面积：约269 885km²
人口：约24.57万人

地理 GEOGRAPHY

区划

阿拉善为内蒙古自治区面积最大的盟，全盟现辖3个旗，分别是阿拉善左旗、阿拉善右旗和额济纳旗。

地形

阿拉善盟地形南高北低，平均海拔900~1400米，地貌类型有沙漠戈壁、山地、低山丘陵、湖盆、起伏滩地等。

著名的巴丹吉林、腾格里、乌兰布和三大沙漠横贯全境，面积约7.8万平方千米，占全盟总面积的29%。

北部戈壁分布较广，面积9万多平方千米，占全盟总面积的33.7%。

阴山余脉与大片沙漠、起伏滩地、剥蚀残丘相间分布，东南部和西南部有贺兰山、合黎山、龙首山、马鬃山连绵环绕，雅布赖山自东北向西南延伸，把盟境大体分为两大块。

黄河流经阿拉善左旗的乌素图、巴彦木仁苏木，在境内流程达85千米。发源于祁连山北麓的额济纳河是盟内唯一的季节性内陆河流。在三大沙漠中分布有大小不等的湖盆500多个。

气候

阿拉善盟地处亚洲大陆腹地，为内陆高原，远离海洋，周围群山环抱，形成典型的大陆性气候。干旱少雨，风大沙多，冬寒夏热，四季气候特征明显，昼夜温差大。春季，阿拉善多发沙尘暴，冬季过于寒冷，不宜旅游。

贺兰山——阿拉善人永远的骄傲

贺兰山山势雄伟，若群马奔腾。蒙古语称骏马为"贺兰"，故名贺兰山。

贺兰山主峰海拔3556米，犹如天然屏障，阻挡腾格里沙漠的东移，削弱来自西北的寒流，是中国西北地区的重要地理界线。登上贺兰山主峰，东眺宁立，是大小平原，向西俯瞰，大漠风光一览无余。

贺兰山地处中国农耕民族和游牧民族的交界地带，在历史上是游牧民族通往中原地区的重要屏障，被誉为"朔方之保障，沙漠之咽喉"。众多的谷口平时是贸易交通要道，战时就是兵家必争之地。唐代诗人王维有诗写道："贺兰山下阵如云，羽檄交驰日夕闻。"以"阵如云""羽檄交驰"形象地描绘了激烈的战争场面。岳飞《满江红》"驾长车，踏破贺兰山阙"的名句，更是令人热血沸腾。

贺兰山在古代是匈奴、鲜卑、突厥、回鹘、吐蕃、党项等北方少数民族驻牧游猎、生息繁衍的地方。他们把生产生活的场景凿

额济纳胡杨林

刻在贺兰山的岩石上,来表现对美好生活的向往与追求。在南北长200多千米的贺兰山腹地,就有20多处遗存岩画。其中最具有代表性的是贺兰口岩画。

历史 HISTORY

历史大事记

阿拉善盟的境域,历史上曾是两个地区,即阿拉善地区和额济纳(或居延)地区。

● 原始社会

阿拉善地区是远古人类的发祥地之一,旧石器时代今阿拉善盟额济纳旗就有人类存在。新石器、青铜、铁器时代,历代北方游牧民族在贺兰山、曼德拉山、龙首山等处刻制了数以万计的古代岩画。

● 秦汉时期

秦始皇统一六国后,在今阿拉善地区东北部始设北地郡。

汉武帝元狩二年(前121)霍去病率军渡居延泽,攻打祁连山,大破匈奴。居延,这个神秘的地名首次在中国史籍上出现。

汉武帝太初三年(前102),征发兵卒18万到河西戍边屯田,北置居延、休奢两县。同年,筑居延城,并派强弩都尉路博德,屯守居延,修汉长城,大规模地修筑障塞、烽燧,以遮断匈奴进入河西的道路,史称"遮虏障"。

汉代是居延地区空前发展的时期,到了东汉末年,居延被升格为西海郡,与河西四郡并列。

● 唐宋元时期

"安史之乱"时,河西走廊被吐蕃切断,居延地区成为长安通往西域的"草原丝绸北道"。之后,居延地区先后为吐蕃、回鹘、契丹所部占据。

宋真宗景德年间(1004—1007),居延归属西夏。西夏在这里设置"黑山威福军司"和"黑山镇燕军司"等军事机构,筑"威福军城"(即黑城)。

元统一中国后,于1286年在居延设立"亦集乃路总管府"("额济纳"一名乃为西夏党项语,意即"黑水",自元朝以来由"亦集乃"转音而成),统领军政事务,此时居延地区成为中原通往西域和漠北的交通枢纽。

● 清朝

康熙三十六年(1697),设旗编佐,正式设置阿拉善和硕特旗,一直延续到1949年和平解放。

乾隆十八年(1753),因居住在伏尔加河下游的蒙古人土尔扈特迁徙回到中国,乾隆皇帝将其地赏赐与他们居住,设额济纳旧土尔扈特旗。一直到1949年和平解放。

●近现代

在义和团运动时阿拉善和硕特人响应义和团运动,向帝国主义侵略势力发起进攻,攻陷了建有城堡的"三盛公"(今磴口县境内)教堂,赶走了洋教士。

20世纪三四十年代,阿拉善地区和额济纳地区作为共产国际与中国共产党联系的重要通道,发挥了重要作用。当时,著名共产党人王若飞就是从蒙古骑着骆驼经阿拉善草原回国进行革命活动的。

●当代

1949年9月23日和1949年9月27日,阿拉善旗和额济纳旗和平解放,建立人民政府。

1956年2月,设立巴彦淖尔盟,辖阿拉善旗、额济纳旗、磴口县和巴彦浩特市,隶属内蒙古自治区。

1980年4月,成立阿拉善盟,隶属内蒙古自治区,辖阿拉善左旗、阿拉善右旗和额济纳旗,盟府驻巴彦浩特。

土尔扈特部东归

17世纪初,为了躲避准噶尔部的威胁,土尔扈特人移牧伏尔加河流域,历时百余年。伏尔加草原土肥水美,饱经战火洗礼的牧人们终于找到了安静和平之地。

进入18世纪,强大起来的沙俄政权逐步加强对边疆民族的统治,他们变本加厉地奴役和控制土尔扈特人,缩小的牧场、沉重的徭役使底层牧民窒息。更让他们无法忍受的是,沙俄强迫、利诱牧民放弃原有的信仰,转信东正教,衣食礼仪俄化,土尔扈特的宝贵尊严几乎被损害殆尽。

在民族生死存亡的关键时刻,1771年,年轻勇敢的土尔扈特首领渥巴锡决心率领全民族人民起义抗俄,回归祖国。他们历经长途跋涉,冲破沙俄军队的围追堵截,不惜付出重大牺牲,全部回归祖国,这一史诗般的壮举,以其雄伟悲壮而震惊世界,永垂青史。著名影片《东归英雄传》就生动形象地描写了土尔扈特人民回归的英雄壮举。

土尔扈特人全部回归后,清政府"指地安置",大部分回到原来的居住地新疆伊犁一带,同时,依其原有系统,将一支划归额济纳旧土尔扈特部之内。

文化 CULTURE

阿拉善烤全羊天下闻名

烤全羊是阿拉善地区特有的美味佳肴,它是在蒙古族古老的烤羊工艺基础上发展而来的宴席名菜。阿拉善烤全羊以其选料严格,烤制工艺精细、色、香、味俱佳而闻名。

烤全羊是从元代继承下来的一种整羊宴。清代,各地蒙古王公府第几乎都用烤全羊招待贵宾,清初康乾年间,北京"罗王府"(即阿拉善王府)的烤全羊名气最大,其蒙古族厨师嘎如迪名满京城。从清末到新中国成立之初,各地蒙古王府中虽有烤全羊,唯有阿拉善王府的烤全羊最有名。此外,阿拉善盟也是第二批国家非物质文化遗产"烤全羊

名单 阿拉善历史名人

和硕特蒙古的开拓者顾实汗
阿拉善亲王阿宝
著名学者阿旺丹德尔
著名摔跤手搏克夏力宾
阿拉善教育奠基者金允诚

金允诚

阿拉善长调民歌

技艺"唯一名录地。

蒙古民族的主要食物是羊肉,论起羊肉的烹调大概任何民族都望尘莫及,而正宗的阿拉善"烤全羊"的烘制法,恐怕任何地区都无法与之媲美。

天籁之声——阿拉善民歌

阿拉善大漠戈壁的雄浑、苍凉、坦荡以及阿拉善蒙古民族狩猎、游牧的生活方式,酿造了阿拉善长调民歌鲜明的游牧文化和地域文化特征。

阿拉善民歌最大的魅力在于,它是离自然最近的一种音乐,是人与自然和谐共存的产物,在自由流畅、抑扬舒缓的歌声中,将人们的美好愿望和高尚情操表现得如痴如醉。《富饶辽阔的阿拉善》是阿拉善八大长调民歌之首,它以宽广的音域,悠长的节拍,伴以回声音阶,构成悠扬的旋律,传唱百年。

草原文化瑰宝——蒙古象棋

蒙古象棋是蒙古民族在长期的征战和游牧生活中形成的最具代表性的棋类游戏,它不仅是智慧的象征,也是一种精巧的民族手工艺制品。蒙古象棋的产生年代可追溯到前9世纪至13世纪,是蒙古汗国兴盛的年代,甚至可以说它是现今国际象棋的鼻祖,蒙古语称"夏特尔",由王、后、车、马、骆驼(象)、卒组成,棋盘由八八六十四个黑白相间的四方格组成,古称"伯勒迪热",因为有黑白两色布局,所以有黑驼白驼的黑白棋路。

蒙古象棋的棋具外观造型上与国际象棋不同,具有浓郁的草原生活气息。如"王"刻成蒙古王爷或牧人骑马的形象;蒙古草原没有"象",就化成生活中常见的骆驼;"皇后"用老虎、狮子、公牛等凶猛动物代替;蒙古象棋中的兵卒通常雕刻成猎狗、小鹿、兔子、羊、飞禽等较温和的动物形象;"车"雕刻成勒勒车和拉草车或单匹马拉的载人棚车等。

蒙古象棋是唯一具有中西合璧特点又富有鲜明蒙古族文化特色的中华棋艺,它是中国棋苑中独具特色的奇葩,继承了中国象棋和国际象棋这二者的共同点,又独成一派。

景点推荐 阿拉善左旗旅游区

贺兰山福因寺（北寺） AAAA
阿拉善第二大藏传佛教圣地

- 阿拉善左旗木仁高勒苏木境内
- 5—10月：7:00~17:30；其他月份：9:00~17:00
- 0483-8768058

北寺，史称"福因寺"，是阿拉善王之子在皈依六世班禅后创建的，原名"准黑德"，建于清嘉庆九年（1804）。嘉庆十一年（1806），阿拉善第五代王玛哈巴拉以工程告竣上报于理藩院，嘉庆皇帝赐名"福音寺"，从此便函以"福音寺"之名著称于世。寺周围丘陵起伏，山泉回绕，松柏常青，草木繁茂，鸟语花香，景色迷人。畅游其中，犹如置身于世外桃源。

全寺现有大小庙宇15座，建筑物百余栋，亭、堂、殿、阁，一应俱全。主庙旁有高10米的白塔，两者遥遥相对，交相辉映。

玩家 行程
北寺一日游，主要景观有：千指峰、石祖、石母、卧象戏水—沐浴潭、白塔、转经阁、阿旺丹德尔纪念塔、颂经阁、状元峰、瞭望塔、原始森林公园、云台峰。

玩家 攻略
荷花大观园内有20座观赏亭、48个休闲湾供游人划舟荡桨。6—9月荷花盛开的时候是来这里赏荷的最好时期。

链接
北寺文化名人——阿旺丹德尔

北寺历史上最著名的文化名人就是阿旺丹德尔，他不仅是北寺的骄傲，也是阿拉善盟的伟大骄子，是阿拉善历史上的文化巨子，是对蒙藏民族文化做出了重大建树和卓越贡献的一代大学者。乾隆二十一年（1759）1月，阿旺丹德尔生于阿拉善和硕特旗巴彦诺尔公巴格普通牧民叶赫辉特氏卫宗桑甲乃家，7岁送定远延福寺为僧。1778年，阿旺丹德尔赴西藏拉萨名刹哲蚌寺求学，经过24年的精研，洞悉五明学，修习了格鲁派显宗五部大论的精髓，被授予经学院学制中最高的喇隆巴（像博士）学衔。1804年，阿旺丹德尔被迎回北寺，封为卓尔济（佛家中的职位），由此成为北寺历史上的第一位喇隆巴。

阿旺丹德尔一生用蒙藏文著述40余部作品，他的著作蜚声中外，被公认为是一位杰出的蒙藏语法家、宗教哲学家、诗人和超越印度班第达的译师。他的不朽作品，无疑成为中华民族古代文化范围里的一方瑰宝。

贺兰山广宗寺（南寺）AAAA
藏传佛教圣地

- 阿拉善左旗巴彦浩特境内
- 市区有到达贺兰山南寺景区的旅游专线；电车前往价位60元左右
- 30元
- 5—10月: 7: 00~17: 30；其他月份9: 00~17: 00
- 0483-8639789

贺兰山广宗寺因在巴彦浩特以南，俗称南寺，是阿拉善地区第一大庙。广宗寺位居阿拉善八大寺之首，寺内因供奉传奇活佛六世达赖喇嘛仓央嘉措肉身舍利而闻名。

广宗寺根据六世达赖喇嘛仓央嘉措的遗愿由他的弟子和众多信徒在他圆寂后10年建成的，即乾隆二十一年（1756），后于乾隆二十五年（1760）清廷为该寺赐名"广宗寺"，并刻有满蒙汉藏四种文字寺名的乾隆御笔金匾，落款是"大清乾隆岁次八月十六日"。历史上的南寺得到了历代统治者和信徒们的捐献，规模不断扩大，僧侣日渐增多。广宗寺主要建筑有大雄宝殿、大经堂、黄楼寺等。其中供奉西藏第六世达赖喇嘛遗体宝塔的大殿称为"黄楼寺"。黄楼寺是一座两层楼阁的建筑，其前部为81间，后部为49间，全部用黄、绿色琉璃瓦砌成，极为富丽。据说，在这座殿内，除西藏达赖六世遗体而外，还保存着飞天人像化石、释迦牟尼佛留下来的金佛、唐文成公主的宝剑等珍贵历史文物。

玩家 行程

南寺一日游，主要景点有冰沟、喇嘛吟、百色池、牦牛塘、巴音笋布尔峰、毡帽山、雪岭站、雪岭子。

玩家 攻略

每年5月20日举行阿拉善丁香节，节庆期间开展赏丁香、植树、贺兰山风光摄影比赛、民族歌曲演唱、登山比赛、佛教朝圣等活动。每年农历六月初三举行盛大庙会，内容有佛事活动、诵经、祭敖包、登山等活动。

链接

广宗寺与仓央嘉措的传说

广宗寺因供奉六世达赖喇嘛仓央嘉措的灵塔而闻名宗教界。在藏传佛教里，灵塔在藏区之外的只有六世达赖喇嘛。

据史料记载，六世达赖仓央嘉措生于康熙二十二年，14岁时制度入布达拉宫为格鲁派领袖，10年后（1706）为西藏政教斗争殃及，被清廷废黜，解送北上，道经青海湖时中夜遁去，不知所终。

相传，只身遁去的仓央嘉措化名为阿旺曲扎嘉措，游历印度、西藏、四川等地10年后，于1716至1746年期间在阿拉善弘法30年，被当地人尊为上师葛根，他的思想与阿拉善的历史紧紧相连，一段段神奇的故事在这里代代相传。1746年仓央嘉措在腾格里沙漠腹地圆寂，他是广宗寺第一世葛根。

仓央嘉措的心传弟子阿旺多尔济尊师父遗愿，做了10年准备后于乾隆二十一年（1756）开工修建广宗寺弘法。次年建成后将仓央嘉措的法体搬至寺内供奉，迎请仓央嘉措的传世灵童坐床、举行盛大开光仪式。乾隆二十五年（1760）清廷赐蒙满汉四种文字的乾隆御笔金匾。历史上这里的寺庙建筑规模之大、僧侣人数之多、经典制度之完善、宗教级别之高足以和青海塔尔寺相论比。

广宗寺白塔

腾格里沙漠 AAAA
中国第四大沙漠

- 阿拉善左旗西南部
- 免费
- 7:00~19:00

腾格里沙漠为中国第四大沙漠，包括北部的南吉岭和南部的腾格里两部分，习惯统称腾格里沙漠。沙漠中分布着数百个存留数千万年的原生态湖泊。湛蓝天空下，大漠浩瀚、苍凉、雄浑，千里起伏连绵的沙丘如同凝固的波浪一样高低错落，柔美的线条显得韵致非凡。腾格里沙漠旅游区主要有月亮湖、天鹅湖和通湖草原等景区。

▫ 月亮湖

月亮湖是腾格里沙漠腹地的纯天然湖泊，也是一个完全处于原生态保护的沙漠绿洲。从高处观赏形状酷似中国地图，芦苇的分布更是将各省区一一标明。湖水是天然药浴配方，水中矿物质含量达3~7克/升，富有钾盐、锰盐、少量芒硝、天然苏打、天然碱、氧化铁及其他微量元素。湖里的千年黑沙泥质地远远超过死海泥，是天然泥疗宝物。

玩家攻略

在月亮湖有沙海冲浪、沙生植物观赏、划船游泳、沙浴沙疗、蒙古族风情、大漠文化墙、骑骆驼、骑马、品尝蒙古风味等旅游项目。

链接

月亮湖三奇

形状酷似中国地图。站在高处沙丘一看，一幅完整的中国地图展现在眼前，芦苇的分布更是将各省区一一标明。

湖水含天然药浴配方。面积3平方千米的湖水，富含钾盐、锰盐、少量芒硝、天然苏打、天然碱、氧化铁及其他微量元素，与国际保健机构推荐药浴配方极其相似。湖水极具生物净化能力，能迅速改善、恢复自然原生态本色。

千万年黑沙滩。长达1000米，宽近百米的天然浴场沙滩。推开其表层，下面是厚达10多米的纯黑沙泥，其质地远超死海的黑泥，更是天然泥疗宝物。

▫ 天鹅湖

天鹅湖地处腾格里沙漠东部边缘，与月亮湖南北相距35千米左右。湖面呈带状，面积约3.2平方千米。湖边布满沙枣树，湖水清澈、明净、水域广阔，湖边有一千米长百米宽的黑泥区，蒙古包区，到处是马莲草。湖的四周即是浩瀚的沙漠，沙丘起伏，沙

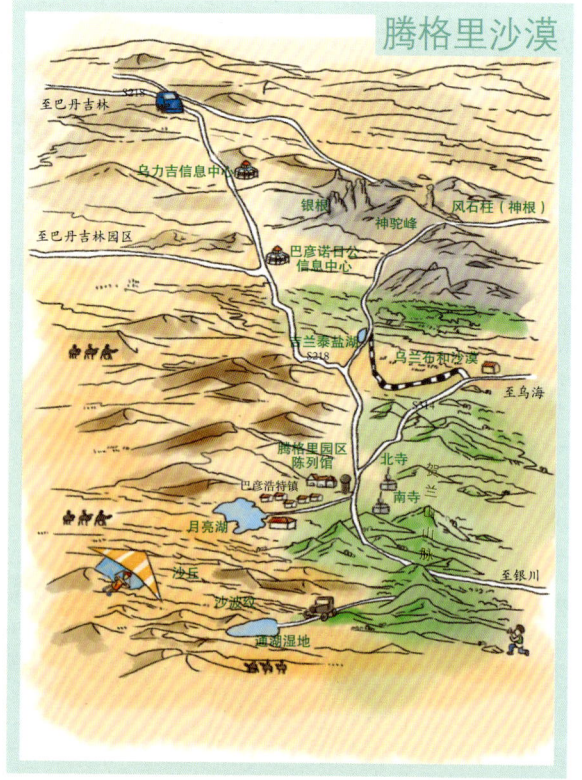

涛滚滚,景象奇伟壮观,令人心旷神怡。天鹅湖和月亮湖一大一小,是腾格里190多个湖泊中一对出众的姐妹花,她们相互衬托,各具魅力。

🔲 通湖草原

通湖草原旅游区位于腾格里沙漠腹地,距离宁夏中卫23千米,是沙坡头景区的重要组成部分。通湖草原汇集了沙漠、盐湖、湿地草原、沙泉、绿洲、牧村、岩画等多种自然人文景观,是周边蒙古、回、汉民族的沙漠游牧生息地,被中外游人喻为沙漠中的"伊甸园"。

乌日斯草原文化旅游区
自驾游宿营地

📍 阿拉善左旗赛驼场

"乌日斯"是蒙古语的译音,意为"王爷的那达慕",是阿拉善王爷将仁爱、恩典赐给旗民的盛会。从清乾隆三十年(1765)阿拉善首届乌日斯至今,历史已走过200年。

阿拉善乌日斯草原文化旅游区紧连巴彦浩特,惯称赛驼场,是举行那达慕大型群众性文体娱乐和节庆活动的主会场。旅游区占地20平方千米,拥有草原和沙漠两大类自然资源,其具有代表性的人文资源主要包括"金顶大帐"、全国当前最大的蒙古包村落、全国最高标准的摩托车赛场、国家生态沙漠治理工程、飞播草原、那达慕主会场、沙滩娱乐场、乌日斯敖包、马奶及驼奶加工厂等。自2007年以来,阿拉善盟旅游局已将它打造为自驾游宿营地。

玩家 攻略

在通湖旅游区白天吃手抓肉、喝马奶酒、听祝酒歌,享受酥油奶皮、奶酪炒米的美味,感受真正的蒙古风情。入夜在沙坡上席地而卧,大漠为床,苍天为帐,观看满天繁星,接受清风的洗礼,心旷神怡,惬意无比。篝火晚会又是一道亮丽的风景,或跳舞,或歌唱,自由自在,其乐无穷。

延福寺
阿拉善八大寺之一

📍 阿拉善左旗巴彦浩特镇王府街北侧 💰 15元

延福寺,为原阿拉善王爷的"家庙",系原阿拉善旗八大寺之一。延福寺始建于雍正九年(1731),这一年,大清政府正式将定

腾格里沙漠

延福寺

远营赠送给阿拉善王霍如来之子阿宝,作为"王府"之用,并赐雍正皇帝亲笔所题的匾额,故此叫"王府庙",也称之为"王爷庙"。

经过百年的建设过程,至1937年,延福寺已成为规模宏大、气势雄伟、众僧云集的名寺。该寺同其他格鲁派寺庙一样,设有神学院,共分四大部,每部有一座专用殿宇。寺内至今保存有乾隆三十三年(1768)所铸青铜香炉一个,高2.2米,直径0.85米。铸于乾隆五十五年(1790)的大钟一个,其钟声音洪亮,可传至整个巴彦浩特镇,余音缭绕、经久不绝。

定远营古城 文
阿拉善著名古城
阿拉善左旗巴彦浩特镇

定远营是清代王族、府内行政人员、宗教界人士等上层人物及部分普通百姓的居住区。定远营古居与延福寺、王府共同构成古建筑群主体,是阿拉善定远营古城的重要组成部分,是和硕特蒙古族牧民由游牧走向定居的重要标志,也是清代阿拉善古建筑的典型模式。

定远营是清朝将军岳钟琪上书奏建,建成于雍正八年(1730)。雍正九年(1731),清政府为表彰和硕特旗扎萨克多罗郡王阿宝的军功,赏定营为其居住之地,随即按郡王等级在定远营营建王府。1949年全国解放,阿拉善旗府所在地行政地名由"定远营"更名为巴彦浩特。

由于年久失修以及"文革"时期被破坏,定远营古城只残存有东、北、西三面部分地段的城墙。后来,阿左旗政府对定远王府及王府东花园进行修缮、复建。修缮一新的古朴城墙、错落有致的庙塔楼阁,再现了"塞外小北京"的昔日风貌。

玩家 解说

满蒙联姻,是清王朝控制笼络蒙古各旗的一种普遍策略,而清王朝与阿拉善和硕特蒙古的关系又格外亲密,从第二代旗王阿宝开始,到最后一代亲王达理扎雅,都与清朝皇室结亲,堪称世代联姻。这种联姻,打开了阿拉善旗对外开放的渠道,引进了先进的京城文化和技术、工艺、生活方式,启动了定远营自身的发展。

末代王爷达理扎雅自幼在北京长大,接受了五四新文化思想的影响,比历代王爷更显得开明、进步。他袭位后锐意改革旗政,保境安民,发展经济,兴办教育,并于1949年9月23日宣布接受中国共产党的领导,使阿拉善得以和平解放,这一壮举成为阿拉善旗历史上的一个亮点。

定远营古城

景点推荐 阿拉善右旗旅游区

巴丹吉林沙漠探险区
世界沙漠探险王国

📍 阿拉善右旗雅布赖镇
🎫 巴丹吉林沙漠地质公园220元

著名的巴丹吉林沙漠探险旅游区是阿拉善沙漠世界沙漠地质公园的核心区，总面积4.7万平方千米，东西长270千米，南北最宽240千米，是世界第四大沙漠，中国第三大沙漠，以"奇峰、鸣沙、湖泊、神泉、古庙"五绝著称。

高大沙山占整个巴丹吉林沙漠面积的61%。最高沙峰必鲁图峰，海拔1617米，是世界上最高的沙山，堪称"世界沙漠珠峰"。巴丹吉林沙漠年降水量不足40毫米，但是沙漠中的湖泊竟然多达100多个。高耸入云的沙山，神秘莫测的鸣沙，静谧的湖泊、湿地，构成了巴丹吉林沙漠独特的迷人景观。

玩家 攻略

交通：因为沙漠中气候变化多端，地形复杂，从安全角度考虑建议最好还是在右旗找当地旅行社或是越野俱乐部带领（或包车）进入沙漠。另外，可以骑上号称"沙漠之舟"的骆驼翻沙越谷，找旅游机构租赁即可，个中情趣妙不可言。

住宿：进入沙漠后住宿条件会打一些折扣（诺尔图大本营、庙海子等地附近会有一些旅馆），所以驴友们很多都是自带帐篷或是找旅行社租帐篷在沙漠中扎营（不过诺尔图那边牧民不给钱不让扎，理由是破坏人家草场）。帐篷露营，夜晚坐观大漠星河，实在是赏心乐事。

徒步：沙漠徒步是近距离体验沙漠文化的方式之一，行前同样需要做好充足准备。首先，应该选择一双舒适的鞋子，鞋最好为高腰，内附防沙套最佳；其次，沙漠徒步负重较大，极易对膝盖造成损伤，用双杖行走可以降低膝盖压力，同时也能节省体力；最后，沙漠地域辽阔，容易迷路，出行探险最好结伴而行，切勿单独行动。

沙漠驴子

玩家 解说

骆驼和其他动物不一样,特别耐饥耐渴。人们能骑着骆驼横穿沙漠,所以有"沙漠之舟"的美称。当地可以租骆驼作为行走沙漠的交通工具。在租骆驼的时候还可以请一位牵驼人。一般租骆驼可以找当地的驼队。除了骆驼之外,沙漠驴子也是当地的一个特色交通工具。

🟢 巴丹湖

巴丹湖位于巴丹吉林沙漠南缘的沙山中,距沙漠地质公园16千米。在巴丹主沙峰的北侧,有一直径约50米的圆形咸水小湖,四周被百米以上的陡峭沙山紧紧环抱,宛如一颗璀璨的明珠深深嵌在沙山中,被当地人誉为"大漠天池"。

🟢 鸣沙山

鸣沙之王——宝日陶勒盖鸣沙山,位于巴丹吉林沙漠边缘地带。这里的鸣沙高达200多米,从沙脊处用双手拨动沙坡向下滑行,可发出飞机轰鸣和雷声般的"隆隆"声,数千米外清晰可闻,甚至用手指划写也可发出嗞嗞声响,这种现象在中外自然景观中也属罕见。鸣沙山底有清澈的淡水湖,湖水明净清爽,泉水潺潺,微风怡人。

🟢 庙海子

庙海子即"有庙的海子",因其湖边有一座藏传佛教寺庙,故得此名。寺庙始建于1755年,为白墙金顶的汉藏混合建筑。它背依沙山,面朝湖水,清净典雅,庄严肃穆,有着"沙漠故宫"的美誉。庙海子既是巴丹吉林沙漠的地标,也是牧民心目中神圣的殿堂。它安静地伫立于大漠腹地,为这片土地

巴丹吉林沙漠

祈福。据说每当寺庙诵经之时,庙海子内的一眼泉水便潺流不止,经声一停,它便也停了。庙海子与寺庙在此交相辉映,谱写了一段又一段美丽的传说。

◻ 必鲁图沙峰

必鲁图沙峰海拔1617米,是世界沙漠第一高峰,有"沙海珠穆朗玛峰"之称。必鲁图峰尖高耸,直入云天,沿峰尖向下延伸着多条沙脊,沙脊之间又有众多沙窝,耐旱的沙漠植物便生长在这里。登临峰顶远眺,但见沙海茫茫,湖泊如碧玉般镶嵌于大漠之中,分外壮观。

海森楚鲁怪石
风蚀地貌奇观

阿拉善右旗旗府所在地额肯呼都格西北180千米处

"海森楚鲁"为蒙语音译,意为像锅一样的石头。在方圆二十余千米的地方,大到几十立方,小到拳头大小的风蚀原石随处可见,使人感到大自然神赐般的无穷魅力。

最负盛名的是"蘑菇云""卧驼""猪八戒""呐喊""乌龟出海""玉兔望月""龙舟""绵羊""一群大象"等景观,大大小小的坚石就像奥妙无穷的艺术品,呈现在游人面前,被许多中外摄影家拍成照片广为流传。

此外还有多处文物古迹,山中的梧桐沟,有300多棵梧桐树,具有岩石观光、文史研究、地质研究、沙漠探险等综合旅游价值。

玩家 解说

在清朝年间,甘肃高台县府发现了这个别致的怪石区,并把它命名为"石城"。景区内有数股泉水,最大的一股又被称为"石城泉",又因为泉水所在的巨大原石形同一尊卧佛,所以又

巴丹湖

海森楚鲁怪石城

被称为"卧佛泉"。上面刻有"康熙三十八年四月十五日高台县府李亲来到此石城泉"的字样,据传为清朝年间高台县府在此开金矿所遗留。

曼德拉山岩画
中国西北古代艺术画廊

- 阿拉善右旗孟根苏木境内
- 0483-3996668

曼德拉山位于阿拉善高原上,黑石嶙峋、岩石遍布。在山中18平方千米内,分布有4000多幅数千年前的古代岩画。这些岩画是远古时期游牧民族生活、精神的写照,由羌、月氏、匈奴、鲜卑、回鹘、党项、蒙古等北方少数民族制作。

岩画的造型技法有凿刻、磨刻和线刻,画面内容为狩猎、放牧、战斗、神佛、日月星辰、寺庙建筑、舞蹈、竞技以及游乐等。其题材之广泛、内容之丰富,堪称我国西北古代艺术的画廊,是世界最古老的艺术珍品之一。中国著名岩画研究专家盖山林曾赞赏曼德拉山岩画为"美术世界的活化石"。

红墩子峡谷 AAAA
神秘丹霞景观

- 阿拉善右旗额日布盖苏木东南约10千米的红墩子山中

红墩子峡谷,即额日布盖峡谷,也称神秘大峡谷,山内峡谷纵横交错,绵延数10千米。遍布红色、红褐色的风蚀岩石,是典型的丹霞地貌,形成于距今约137万~65万年前的白垩纪。

峡谷两侧橙红色的岩崖高耸,陡峭险峻,高达数十米,最高处达七八十米,从峡底望天,犹如一条细小曲折的裂缝,故有"一线天"之称,当地牧民在崖顶放牧,两边相见不相接。崖壁层层叠叠,布满大小石洞,许多石洞相互沟通,为岩羊、山鸽、鼯鼠等野生动物的天然巢穴,橙足鼯鼠的粪便还是贵重的中药材。

峡谷中部的半空石崖上有一巨石兀出,形似龙头,又似驼头,被当地人尊称为神石。峡谷东5千米处的文字塔巨崖高达100多米,十分险峻,从崖顶俯视汽车只有火柴盒大小,崖底有一巨大石蛙,张口向天,祈求着风调雨顺,百姓安康。

景点推荐 额济纳旗旅游区

额济纳胡杨林景区
世界仅存的三大胡杨林之一

📍 额济纳旗达来呼布镇东部 ☎ 0483-6521823

胡杨,又名胡桐,为古地中海残遗物种,是一种神奇的树种,春夏树叶为绿色,深秋为黄色,冬天为红色。它的传说总是和凤凰与鲜血紧密相连,生命力顽强,有生千年不死、死千年不倒、倒千年不朽之"三千年"美誉。

到阿拉善盟旅游,不能不看胡杨树,而看胡杨的最佳位置则是额济纳旗。额济纳胡杨林最吸引人的去处在二道桥、四道桥和七道桥,这是以额济纳河上的八道桥梁为名划分的。

弱水河畔是胡杨的故乡,河道两岸的胡杨林靠着间歇的弱水河得以生存至今,并成就了世界仅存的三大原始胡杨林之一,是中国西部生态的天然宝库。胡杨林别具神韵、层峦叠嶂、光彩灿烂,每到9月底、10月初,胡杨林便在不知不觉中,由浓绿变得浅黄,继而又变得杏黄了。特别是经过一夜霜降,胡杨林的色彩变得犹如枫叶,一片金红,景色绝伦,堪称奇观。著名导演张艺谋的《英雄》外景拍摄便选于此处。

玩家 攻略

门票:景区门票200元,八道桥50元,八道桥沙漠越野车110元/人。

最佳时间:看胡杨的时节为9月底到10月中,都能看到黄叶子,但最佳时间一般在10月5日至10月15日间。太早叶子还没有黄透;晚了会起风刮落树叶。需要注意的是每年叶子变黄的时间都不太一样,一般来说如果雨水充足树叶就会黄得快。所以最好事先给当地旅游部门打电话了解一下胡杨节的日期(一般是10月8日左右),那时是颜色最好的时间。从一道桥到八道桥的树叶不会同时都黄,在10月10日到15日间去可以看到成片的落叶,别有一番美景,还可以避开胡杨节的客流高峰。

摄影:七道桥的胡杨林因为大多是幼树,不太适合单独特拍,可以以小河为前景拍摄大场景;四道桥到处都是巨大的胡杨树,可选择单棵的胡杨树来拍,站于树下,仰角拍摄,以天空作为背景,以金黄的叶子为主轴;四道桥的胡杨林位于额济纳河畔,用上下对称的方式拍摄胡杨林的倒影,美如油画一般。

玩家 解说

额济纳胡杨林是全球仅存的三大胡杨林区之一,另两处是北非的撒哈拉沙漠和新疆塔里木盆地的塔克拉玛干沙漠。

□ 二道桥

二道桥胡杨林生长在额济纳河畔,是唯一有水相伴的胡杨林。盈盈秋水,流淌着秋天的身影和神韵,蓝天黄叶倒映在水中,

亦真亦幻。金色的阳光透过黄叶洒落下来,染黄了眼前的一切,时间也仿佛被染成了一片金黄,秋天的色彩在这里得到了最完美的诠释。

□ 四道桥

四道桥的胡杨林,是额济纳胡杨林的精华。四道桥的胡杨林,生长于盐碱、沙漠之上,完全是自然生长林,古老苍劲。胡杨树嫩树上的叶片狭长如柳,大树老枝条上的叶子却圆润如杨,叶子边缘有很多缺口,又有点像枫叶,故而又有"变叶杨""异叶杨"之称。桥边东北处的胡杨林特别引人注目,秋风乍起之时,一片金黄铺地,叫人爱恋难舍。

□ 七道桥

七道桥是胡杨林的种植试验区,此处的胡杨林绝大多数是人工种植的幼树,虽成林但未成材。身处景区之中,一眼望去,阳光下金色的树叶衬着湛蓝的天空于风中婆娑起舞。那强烈的反差、鲜明的影调、亮丽的色彩,足以令任何词句都显得苍白。

八道桥沙漠
鸣沙分布广泛

📍 额济纳旗达来呼布镇东20千米 💴 30元

八道桥沙漠风光面积达4.92万平方千米,沙漠内分布着不计其数的新月形、金字塔沙丘和各种形态复杂的沙山,高度一般在200米左右,最高为500米以上。鸣沙分布非常广泛,走进沙漠随处都可听到如飞机掠过天空般的轰鸣声,或因风而吟,或无风自鸣,铿锵悦耳。

塔王府
沙漠中的小白宫

📍 额济纳旗达来呼布镇东郊2千米 💴 10元

塔王府是第十二代王爷塔王嘉布官邸,始建于1938年,总面积1900平方米。院落建

玩家 指路

额济纳不通航班与火车,只能依靠汽车走公路。包车比较方便,参考价位300元/天。一般四驱越野车包一天在200~300元(汽车磨损费,油费不算)。达来呼布镇到二道桥、八道桥,包车半天往返50元,单程15元,在额济纳旗达镇汽车站十字路口附近,有大量个体出租车辆,比较便利,另额济纳旗达镇有三家出租车公司,出租车多为夏利,车费以人数计算,镇区一人3元,出了镇区须与司机商量价格。

沙漠越野车

八道桥沙漠

筑坐西向东,殿堂布局严谨,建筑风格独特,景色宜人。

塔王府由内、外两院组合,属四合院建筑布局。外院以正面门楼、围墙组成,门楼面阔一间,为木拱垂帘柱式,两侧各辟一圆孔窗。内院居中,置门进入,正北面面阔三间的建筑为王府家庙(佛殿),东、西两厢与倒座以廊相接,形成一闭合性院落空间,建筑形制皆属大木硬山式,但做法简洁,具有蒙古族文化特点。

怪树林
形态怪异的悲凉景观

- 额济纳旗达来呼布镇西南28千米处
- 现在与黑城遗址为通票80元

怪树林,是一片东西宽、南北长的辽阔地带,实际上是大片胡杨树枯死而形成的。这里枯死的胡杨"陈尸"遍野,呈现出古老的原始风貌。冥冥之中,渗透出一股狰狞恐怖的气氛,令人毛骨悚然,形成神秘的"怪树林"。

胡杨是一种奇特的树种,生命力极强。近代以来,由于人类的不合理开发,极大地破坏了胡杨赖以生存的生态环境,特别是额济纳河断流,沿河两岸的大片胡杨林因缺水而枯死。胡杨特有的耐腐特性,使大片枯死的胡杨树干依然直立在戈壁荒漠之上,形成形态怪异的悲凉景观。

额济纳神树
额济纳胡杨树之王

- 额济纳旗达来呼布镇以北25千米处 10元

在额济纳3780平方千米的天然林中,生长着一棵被当地人称为"神树"的胡杨树。神树身高23米,主干直径2.07米,需6人手拉手才能围住,堪称额济纳胡杨树之王。

额济纳怪树林

按照当地蒙古民族习俗和原始宗教,神树被赋予神秘的色彩,是当地老百姓祭祀苍天神灵的附载物。每到冬末初春,远近牧人便虔诚地来到"神树"前诵经祈祷,祈求风调雨顺,草畜兴旺。在这棵千年"神树"周围30米内,又分生长出5棵粗壮的胡杨树,牧人们把它们叫作"母子树",远远望去颇为壮观。

玩家 解说

苍凉的"怪树林",据说是黑将军及众将士不死的灵魂所在。

相传,当年黑城有一个守将名哈拉巴特尔(即黑将军),此人英勇善战,威名远扬。后来,有大兵进犯攻城,来兵把河水截断,黑将军在既无援兵,又无饮水的困境中,率兵突围。出战前,黑将军将70多车金银财宝和一顶镇城之宝——西夏皇冠全部投入城内的枯井中。为了不使亲情骨肉遭受入侵者蹂躏,黑将军把自己的一双儿女推到井里,封土填埋。黑将军带领士卒冲出城外,一路拼杀,最后战死在离城西不远的怪树林。

怪树林夕照

链接

神树的传说

相传很久以前,土尔扈特人来到额济纳草原,发现了这棵胡杨树。一日,王爷的夫人打算做一只奶桶,就命工匠锯下树南侧的一根枝干,奶桶做成了,夫人的左脚大拇指却溃烂了,任凭怎样用药,不论如何念经,伤口就是不愈,王爷和夫人很是忧愁。

后来,来了一个高僧,听到夫人的病情,就来到这棵树下仔细观察,终于发现了胡杨神。就对夫人说:"你锯了神树的左脚指,神仙当然要怪罪了。现在只有大念经文,我佛慈悲,或许可以免灾吧。"于是高僧召集众僧侣,高声念经达七天七夜。说也怪,夫人的脚伤好了。人们都说:"这棵树真的有神。"于是,这棵胡杨树成了神树,年年受到祭祀。

黑城遗址
沉睡千年的大漠文明

📍 额济纳旗达来呼布镇东南25千米处弱水河东岸三角洲　🎫 黑城遗址与怪树林联票60元

黑城是"丝绸之路"上现存最完整的一座古城。城西北隅12米高的覆钵式佛塔,是黑城的独特标志,与西南角的圆顶清真寺形成鲜明对比。

历经700多年,黑城依旧雄伟壮观,遗存遍地,传说中的藏宝井和黑将军突围时的城墙掘洞历历在目,更因俄国探险家科兹洛夫的盗掘,出土了许多解读西夏历史的珍贵文物,诞生了国际性的"西夏学"。

虽然黑城因水源枯竭早在14世纪中期就已成为沙海中的孤城残址了,但2000年前开辟的丝绸之路的北线——居延北线,就在黑城附近通过,因而黑城仍有极高的考古价值。

链接

黑城——沉睡千年的打磨文明

黑城是西夏王朝"黑山威福军司"所在地。元代对黑城进行了扩建,设亦集乃路总管府,统领山丹、西宁二州。意大利旅行家马可·波罗就是从这条捷径,赴漠北朝觐元帝忽必烈。1372年,明军攻陷黑城后,旋即放弃,划为张掖、酒泉边外地,从此无人经营。黑城在沙漠的怀抱中沉睡了近700年。

1886年,俄国学者波塔宁在额济纳河流域考察,发现了黑城(哈日浩特),并将这一成果发表于《中国唐古特——西藏边区与中央蒙古》一书,公之于世。1908年开始,俄国探险家科兹洛夫先后数次对黑城进行大肆盗掘。此后,奥莱罗·斯坦因、兰登·华尔纳

黑城遗址

和斯文·赫定、贝格曼等相继到此肆意挖掘，掠走了许多价值连城的珍贵文物。如著名的西夏、汉文字典《番汉合时掌中珠》等，即出土于此。

中华人民共和国成立后，我国考古工作者对黑城进行了多次考查和发掘，获得了我国最早的活字印刷品、最早的元代纸币等许多有珍贵价值的文物资料。特别是在黑城外元代清真寺周围，初次发现了元代伊斯兰教徒的数百座墓葬并出土元代阿拉伯伊斯兰教徒的木乃伊。这是继西夏文化被发现后又一重大突破，为研究早期伊斯兰文化的传播和发展提供了极为珍贵的资料。

居延海
弱水流沙"居延泽"

📧 达来呼布镇东北约48千米的巴丹吉林沙漠北缘
💰 30元

居延海位于巴丹吉林沙漠北缘，为古弱水的尾闾。因匈奴居延部落而得名，意为天池，远古以来就是一片碧海云天、树木葱茏的好地方，为人类繁衍生息的理想天地。

历史上的居延海，由东、西、北三个湖泊组成。人们早年所说的居延海主要是指西居延海嘎顺诺尔，现在所说的居延海一般指东居延海即苏泊淖尔，为古弱水的归宿地。额济纳河离不开祁连山。每当春季，暖风吹化祁连山上的冰雪，汇成奔腾的河流，冲进阿拉善沙漠，雨季到来后，补充水量的雨水进入河流。河水宛如一条晶莹的飘带、延展向额济纳旗北端，飘带尽头系着两颗洁白的"绣球"——嘎顺诺尔、苏泊淖尔，也就是史料记载的弱水流沙"居延泽"—居延海。

如今的居延海，早已失去了往昔的神韵风姿。西居延海原有水域近3000平方千米，自1961年干涸以来，一直被白茫茫的碱漠和荒沙覆盖。东居延海在中华人民共和国成立后已干涸了6次，到1992年彻底干涸。2002年，在党中央的维护下，黑河水流入东居延海，干涸10年之久的东居延海终于重现波光粼粼的壮观景象。

玩家 攻略

自助旅行者最好包车跟向导前往。沿着达来呼布到策克口岸的公路，走到约40千米的地方，下道穿越一片戈壁，路上很容易陷车，最好是吉普。也可跟团，一般旅行社会带团去东居延海。

玩家 解说

居延自汉代到清朝，都是一个极为有名的地

居延海

居延海

方。它不仅仅是一个地区的代表,而且是一种文化的代表,居延地区承载着中华民族色彩极为艳丽和浓重的文化。

早在3000年以前,居延地区就是一个水草丰美、牛羊遍地的游牧民族的天堂。在漫漫黄沙中的这片绿洲上,碧水边,有过许多传说,也曾发生过许多故事。相传,西汉的骠骑将军霍去病、"飞将军"李广,进攻匈奴时都曾在居延泽饮马。据说,在元朝时,意大利人马可·波罗也曾到过居延海。而唐代大诗人王维更是曾于湖畔驻足,并写下了著名的《塞上作》一诗:"居延城外猎天骄,白草连天野火烧,暮云空碛时驱马,秋日平原好射雕。"

红城遗址
居延地区保存最完好的城郭之一
📍 额济纳旗达来呼布镇西南28千米处

红城遗址原为居延塞的一座城堡,与一道烽燧串联,再组合甲渠塞组成紧密的封锁线。红城近正方形,长23米,宽22米,上下均以土坯砌筑。瓮门位于南墙东角,筑有矮城堞。红城在居延地区汉代建筑遗址中,是保存最完好的城郭之一。为旅游者在额济纳光顾最多的古迹。

绿城遗址
大型复合型遗址
📍 额济纳旗达来呼布镇东南约45千米处的荒漠地带

绿城遗址是一座椭圆形的城址,设有内城和外城,面积约12万平方米,城址的东北角有类似瓮城的建筑,它的年代和用途尚未考证。附近还有不同时期的大规模的复合型遗存,这一地区有西夏高台建筑60余座,庙址5处,土塔5座,分布着大量汉晋墓葬和各时期的房屋、屯田遗址,此外,地表层还有夹砂粗红陶、红底黑彩陶片等。

在周围十千米范围内分布有城池、民居、庙宇、佛塔、土堡、瓷窑、墓葬群、屯田区和军事防御设施等。与城池毗邻的绿庙遗址,面积大,布局合理,共发掘出10多尊泥塑佛像和多部西夏文经卷。

东风航天城

策克口岸

策克口岸
阿拉善盟对外开放的唯一国际通道

- 额济纳旗达来呼布镇北77千米
- 平日正常上班时间可参观,如遇上级检查及特殊情况禁止参观
- 20元

策克口岸距额济纳旗达来呼布镇61千米,距蒙古国南戈壁省西柏库仕口岸35千米。2009年,策克口岸升级为双边性常年开放口岸,成为我国西北地区连通蒙古国的重要交通枢纽、商贸中心、货物集散地和资源大通道,是继满洲里、二连浩特之后的内蒙古自治区第三大陆路口岸。

玩家 攻略

从居延海出来回到主路,继续南行就可以抵达位于中蒙边境的策克口岸。策克口岸本身看不看无所谓,交入门费,门口简单登记一下就可以进去,里面有国门、界碑。沿途景色非常好,值得一游,不但有漂亮的红柳滩,还有随处可见的野驼群。

东风航天城
神州号升起的地方

- 额济纳旗达来呼布镇西南150千米
- 除基地戒严不能参观的情况外,均开放
- 0483-8338511

誉满神州的中国航天第一港——东风航天城,也叫"酒泉卫星发射中心",创建于1958年。40多年来,基地共发射各种型号导弹1000余枚,把33颗卫星送入太空,创造了我国航天史上多个第一。"神舟号"系列飞船从这里成功发射,圆了中华民族千年飞天梦想,也将地处内蒙古最西端阿拉善盟额济纳旗一并载入了祖国的航天事业史册。

甲渠侯官遗址
出土大量简册等文物

- 额济纳旗达来呼布镇南24千米处纳林、伊肯河之间的戈壁滩上

甲渠侯官遗址又称破城子,为居延都尉府西部防线甲渠侯官衙,距今已有2000多年的历史。该遗址是一个47.5米×45.5米的城堡,夯土堡墙厚2米。门在东墙偏南,门外有曲尺形护门墙。院内建居室、仓库等。其中一间5米×8米,当是侯官住室。城西北角外附建一小堡,方23.3米,土坯砌墙厚达4.5米,向侯城内开门。堡内靠西墙建屋,靠壁有磴道可登上墙顶,墙下曾出土有斗的柱子,说明小堡顶上建有大型防守瞭望用建筑。在该遗址处出土了万余枚汉简,甲渠侯官遗址因此而闻名于世。汉简的发现与研究,为该地区的人文历史研究提供了大量的史学资料。

阿拉善沙漠胡杨自驾之旅

●银川—阿拉善左旗—额济纳旗—东风航天城

这条线路从银川出发一路向西,最大的亮点莫过于额济纳旗的胡杨林美景。驾车行驶在沙漠公路中,饱览一望无际的戈壁风光和苍凉壮阔的沙漠景观。

总里程:1222千米

出行天数:6天

适用车型:SUV、越野车

适宜出行季节:秋季最佳,特别是10月上旬胡杨林旅游节期间。

路况报告:在这条线路中大部分为沙漠地区,路况还好,路程较长,加油站不多,注意要及时加油。

D1 银川—广宗寺—月亮湖—阿拉善左旗(162km)

从银川出发,经S218到达阿拉善左旗境内,游览广宗寺和月亮湖景况,夜宿阿拉善左旗。

阿拉善左旗 攻略

就餐:阿拉善左旗的饮食主要是粮食、乳食和肉食。乳食以奶茶、酸奶、奶酪、黄油、奶皮、奶酒为主。肉食有烤全羊、羊背子、手抓羊肉等。

住宿:龙信酒店/西花园街4号/8180198。

D2 阿拉善左旗—延福寺—福因寺—吉兰泰盐湖—乌力吉风电场(393km)

上午先游览阿拉善左旗附近的延福寺和福因寺景区,再沿S314—S218到达吉兰泰盐湖游览,最后经S218—S312到达乌力吉苏木,游览附近的乌力吉风电场,夜宿风电场周边。

乌力吉苏木 攻略

就餐:乳食、羊肉和粮食等。

住宿:太西国际饭店/巴彦浩特镇南大街东侧/400-601-1969。

D3 乌力吉风电场—八道桥沙漠—七道桥胡杨林—额济纳旗(344km)

从乌力吉苏木出发,经S312到达额济纳旗境内,观赏八道桥沙漠风光和七道桥胡杨林风光,夜宿额济纳旗。

D4 额济纳旗—神树—居延海—策克口岸(101km)

上午从额济纳旗出发,沿S315前往居延海,途中可观赏神树,下午继续沿S315到策克口岸参观,晚上返回额济纳旗住宿。

额济纳旗 攻略

就餐:额济纳旗特色菜肴有凉拌蹄黄、扒驼掌、粉汤饺子、黄焖羊羔肉、手抓肉、烤全羊等。街上卖哈密瓜和西瓜的很多。

住宿:额济纳旗有不少国营旅馆,如长途汽车站旁的交通旅馆、电信局旁的长信旅馆、邮局旁的邮政宾馆等,在额济纳的沙漠地区可以住在向导家里或是搭帐篷。

D5 额济纳旗—怪树林—黑城遗址(40km)

从额济纳旗出发,经S315到达怪树林参观,午饭过后驾车一直向东行驶,抵达黑城遗址进行参观,晚上返回额济纳旗住宿。

小贴士

看胡杨的最佳时节为9月底到10月中旬,都能看到黄叶子,但最佳时间一般在10月5日至10月15日间,此时可以看到成片的落叶,别有一番美景,还可以避开胡杨节人多的高峰。

D6 额济纳旗—东风航天城(182km)

从额济纳出发,沿S315行驶参观东风航天城。

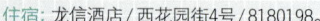

攻略资讯

- 交通
- 住宿
- 美食
- 购物
- 娱乐

阿拉善公路

交通

飞机

阿拉善通勤机场为全国首家通勤航空试点，于2013年12月17日正式开航。目前已经开通了呼和浩特、兰州、天津、西安等国内各大城市的航线。

玩家 攻略

其他远途的朋友需要乘飞机的话，可以先到银川市或中卫市再转车。

火车

2010年末开通的呼和浩特至额济纳旗的4661次列车，成为秘境阿拉善与世界沟通的通道。

玩家 攻略

达来呼布镇至火车站距离10千米，可乘坐达来呼布镇至火车站班车，从汽车站始发，每日两班，时间为中午12：00和13：30，票价5元。

由于阿拉善盟内的火车站线路与班次较少，也可选择到银川站或酒泉站后转车。

酒泉每日7：30有开往额济纳旗的班车，约6小时到额旗；也可乘火车到银川转汽车去阿拉善左旗。

汽车

阿拉善盟内的长途汽车站均集中在阿拉善盟左旗，共有两个，有通往银川、中卫、额济纳等的车次，票价40元左右。

巴彦浩特汽车南站位于阿拉善左旗巴彦浩特镇腾格里路。

巴彦浩特汽车站位于阿拉善左旗巴彦浩特镇土尔扈特北路1号。

玩家 攻略

如果自驾车进入额济纳旗，除了检查汽车各种状况外，要准备新的轮胎，路面大部分为沙石路，爆胎事故时有发生。最好请有经验的司机驾车。

阿拉善右旗汽车站

🏠 住宿

阿拉善旅游住宿多集中在阿拉善盟左旗和额济纳旗。

阿拉善盟左旗政府周边有很多性价比较高的宾馆，政府附近的酒店交通都比较方便。

额济纳旗的酒店多集中在吉噶图日郎路上，如果只去一些距离中卫市较近的景点，如通湖草原，也可以选择住在中卫市。

● 腾格里国际酒店

紧邻旗委、旗政府，背倚"王府后花园"古迹，著名的奇石街近在咫尺，与巴彦浩特体育场遥相对望，邻近巴彦浩特汽车站。

✉ 阿拉善盟左旗城西　☎ 0483-8889000

● 阳光生态园酒店

集餐饮、住宿为一体的园林式多功能酒店。地处和硕特路与雅布赖西路交叉口东侧，邻近开元购物广场、新世纪广场，地理位置优越，交通便利。酒店拥有各类客房，房间简约舒适，配备宴会厅，是旅游、商务的理想居所。✉ 阿拉善左旗巴彦浩特镇新城区雅布赖路西端的原阿拉善盟科技局院内　☎ 0483-8359999

● 额济纳宾馆

额济纳唯一实挂三星级宾馆，属涉外单位。宾馆设施齐全，服务周到，适合来额济纳观光旅游的人士居住。✉ 额济纳旗达来呼布镇团结路西5号　☎ 0483-6520555

● 额济纳胡杨缘家庭宾馆

有两套楼房做家庭宾馆，客房干净、卫生，具有基础性设施，住宿环境舒适，是性价比很好的一家家庭旅馆。✉ 额济纳旗达来呼布镇政法小区　☎ 13948835586

🍴 美食

阿拉善的传统美食继承了蒙古族饮食的特色，以肉食、乳食、粮食为主，烤全羊、手抓肉、奶茶、奶皮子等传统蒙古族美食都可以在这里品尝到，在吸收并融汇了各民族美食的特色后，阿拉善地区形成了自己清香细腻、味道鲜美的饮食风格。

由于阿拉善境内沙漠广布，沙漠中特产的沙葱、沙芥等植物在人们的精心制作下都成了盘中美味，驼峰、驼掌更是阿拉善美食中的代表，无论是爆炒、红烧还是炖汤，滋味都是一绝，是人们款待贵客的佳肴。

● 茶食

蒙古族的日常生活一日三餐，不能没茶。一般饮用湖北省赵桥茶厂所产"川"字牌青砖茶。其制法是用铜、铝制饮具将水煮沸，视水量加入青砖茶叶和适量食盐即成黑茶，清香扑鼻，且维生素不受破坏，有助消化的作用。

阳光生态园酒店

在制成的黑茶里再加上适量的鲜奶（牛、驼、羊奶均可），茶色变成乳白，煮沸即为白(奶)茶，奶香浓郁，绵甜可口，有助消化，增食欲之功效。

熬米茶也是一绝，把浓浓的砖茶水在铜锅里烧滚，在滤去了茶梗的茶水中撒进一两勺小米，茶水卷着米花不断翻腾，很快米就熟了，再加奶、盐，香飘四溢，品尝一口回味无穷。

● 乳食

阿拉善蒙古族将乳食品通称为"查干伊德根"（汉译为白色食品）。乳食品

奶皮子

分饮用、食用型。饮用有鲜奶、酸奶、奶酒、奶茶。食用有奶皮子、奶酥、奶油、奶酪蛋（奶豆腐）等。奶食品具有美味可口，营养丰富的优点。蒙古族至今沿用传统方式制作的奶食品有:酸奶、奶皮子、奶酪、奶油。

● 肉食

阿拉善蒙古族喜食牛、羊、驼肉，尤喜羊肉。

阿拉善人吃羊肉有很多种吃法，诸如红焖羊肉、

清蒸羊肉

清蒸羊肉、风干肉、烩羊肉、奶蒸或黄焖羊羔肉等。阿拉善的老百姓在煮、蒸、烧、炖、扒、涮、烤的过程中开发羊肉美食，推出牧区纯天然生态系列。阿拉善烤羊，也算"塞外一绝"。

● 阿拉善烤全羊

烤全羊是蒙古民族的餐中之尊。内蒙古是盛产羊羔肉的地方，以本身肉质极佳的羊羔肉，加以特殊的做法，使得烤全羊外焦里嫩，皮脆肉滑，色泽金黄，鲜香异常，吃起来肥而不腻，酥脆香美。

● 驼掌

在阿拉善，驼掌是一定要尝尝的美食。放着它的珍贵少有不论，单说肉质就足够让人流口水的了。因为驼掌是骆驼躯体中最活跃的组织，故其肉质异常细腻富有弹性，似筋而更柔软。

● 黄焖羊羔肉

黄焖羊羔肉是阿拉善传统名菜。选用阿拉善滩羊羔肉，剁成小方块，辅以少量酱油、调料等，再放蛋黄、粉面、优粉，抓拌后过油，炸成金黄色，扣在碗内，放入肉汤，加酱油、葱段、花椒、大料，上笼蒸20分钟左右取出，倒扣在汤盘内，将汤滤到锅里，加入味精，浇在羊羔肉上，再放点木耳菠菜叶等即可上席。

● 沙葱

由于沙漠绿色植物难以存活，生命力旺盛

凉拌沙葱

的沙葱便成了西北地区人民喜爱的优良佳肴，其与肉、蛋等一起烹调的各种菜肴，具有浓郁的地方风味。沙葱腌制品其味辛而不辣，色泽深绿，质地脆嫩，口感极佳，是煲制各种营养汤，佐餐下酒的上佳伴侣。

购物

阿拉善盟有生长在贺兰山的野生蘑菇等各种野味，也有来自大漠的苁蓉、锁阳、驼绒等特产，长期的风蚀形成的奇石造型各异，各民族传统的手工艺品美观大方，是旅游购物的上佳之选。

阿拉善特产

● 阿拉善驼绒

细度、光度、白度三项指标均居世界同类产品之首,被视为绒中极品,曾获意大利"柴格那"奖。阿拉善双峰驼生长在高温60℃、低温零下40℃的极端环境中,造就了其绒毛特殊的精良品质,具有吸湿防潮、阻燃、消音、抗静电的功能,被称为"安全纤维"、卓越的"温度调节器"。在历史上,阿拉善驼绒被赐名为"王府驼毛",定为朝廷贡品。1988年,阿拉善驼绒意大利荣获"国际阿米卡驼毛奖"。

阿拉善驼绒围巾

● 阿拉善仿古地毯

选用本地优质的羊毛,采用传统手工工艺制作。图案别致,色彩典雅,具有古朴、华贵、浑厚的地方艺术风格,驰名海内外。

● 肉苁蓉系列产品

被誉为"沙漠人参",是名贵的中草药,性温,有补肾壮阳、润肠等功能。对高血压、急慢性胃病、关节炎、风湿病、性功能低下等有特殊疗效。

● 奇石

阿拉善戈壁奇石主要分布于阿拉善左旗北部,由距今8000万至1亿年前火山喷发的岩浆冷却形成,经长期的地质作用,形成千奇百怪、绚丽多彩的奇石。戈壁奇石属风凌石,主要为硅质岩,有水晶、玛瑙、碧石、形态各异的玉髓、蛋白石、硅华、硅化物等,质地坚硬,造型生动,图文美丽,色泽斑斓。另外还有石雕工艺品、天然水晶石眼镜、天然宝玉石首饰、贺兰砚石等。具有较高的观赏价值、经济价值和收藏价值。

奇石

● 锁阳

锁阳又名不老药,野生于沙漠戈壁,生长之处不积雪、地不冻。锁阳属肉质寄生草本,寄生于白刺的根上。先秦就有文字记载,汉代始入药,为历代名医名案所珍重,能够促进人体细胞再生和新陈代谢,增强免疫调节能力,具有明显的防癌、抗病毒和延缓衰老作用。

锁阳

阿拉善购物场所

巴彦浩特自古以来就是产自雪山大漠的各种土特产品的集散地,是阿拉善地区重要的商业中心。市区内商业繁荣,购物场所众多,龙信商城、驼旺购物中心、开元商厦、新华购物市场等现代化的大型购物商场中商品种类众多,品质优良。在吉兰泰路、新华街的苁蓉产品专卖店、阿拉善奇石馆与旅游购物商店,可以买到各种优质的土特产品。

娱乐

阿拉善盟作为一个民族风情浓郁的地区,各色娱乐活动丰富多彩。

特色民俗娱乐

阿拉善的特色民俗娱乐活动丰富多彩。

在拥有驼乡美誉的阿拉善,历史悠久的赛骆驼是一项人们十分喜爱的体育竞赛项

赛骆驼

目,比赛中骆驼疾速奔驰,在不到20千米的赛程内你追我赶,场面精彩。

著名的乌日斯那达慕盛会,汇集了来自四面八方的蒙古族同胞,摔跤、射箭、骑马等传统体育竞技活动火爆热闹。

盛大的祭敖包,是蒙古族人民重要的祭祀活动,浓郁的蒙古族风情和古老的祭祀仪式会令远道而来客人耳目一新。

沙漠娱乐

阿拉善境内有大片的沙漠旅游区,感受戈壁的苍凉、大漠的磅礴与狂野是独特的娱乐体验。巴丹吉林沙漠和腾格里沙漠月亮湖等沙漠中的旅游区都开展有许多沙漠游乐项目。"沙海冲浪"、滑沙、沙漠滑翔伞、沙漠卡丁车、骑驼骑马、沙滩排球、黑泥浴、游泳等令人玩心大盛。白天可以享受阳光、沙海、烧烤、湖水、观鸟,晚间还可以听马头琴,赏蒙古族长调。

现代娱乐

阿拉善也不缺乏现代娱乐场所,在巴彦浩特市内也有着众多广场、绿地和现代化娱乐场所,热闹繁华的南大街和新华路附近酒吧、KTV等娱乐场所林立,每当夜幕降临时,这里都是年轻人聚会娱乐、放松休闲的好地方。

节日和重大活动

节日	地点	时间
贺兰山丁香花节	广宗寺	5月20日
奇石文化旅游节	巴彦浩特镇	8月
阿拉善敖包文化旅游节	广宗寺	9月
巴丹吉林沙漠文化旅游节	阿拉善右旗	8、9月
额济纳国际金秋胡杨生态旅游节	额济纳胡杨林	10月黄金周前后
阿拉善国际骆驼节	阿拉善左旗	11月

链接

阿拉善盟国际骆驼节

每年的11、12月,阿拉善盟阿拉善左旗都会举办国际骆驼节,旨在进一步保护骆驼这一物种。阿拉善盟素有驼乡之称,双峰驼的保有量占全国1/3,最多时曾达到25万峰。

国际骆驼节有八个项目体育竞赛,有速度赛、越野赛、接力赛,有传统的技能技巧比赛,有挤驼奶的表演,有骟骆驼的表演以及驼远比赛,还有骆驼的装饰选美的比赛。整个骆驼节突出的是骆驼的主题。无论是从文艺活动,体育竞赛还有评比,从吃到的到看到的都是骆驼的主题,所以要求唱骆驼、跳骆驼、评骆驼、吃骆驼、相骆驼,文艺活动也要突出这个主题,有三项活动组:一是首届国际骆驼节的专场文艺演出;二是诗歌朗诵;三是国际骆驼节的绘画书法、摄影展览等。

呼伦贝尔

发现者旅行指南

概览

♡ 亮点

■ 呼伦贝尔草原

世界最著名的三大草原之一,这里地域辽阔,风光旖旎,水草丰美,是我国目前保存最完好的草原,有"牧草王国"之称。

■ 莫尔道嘎公园

公园山峦起伏,古木参天,植被丰富,溪流密布,处处展现幽、野、秀、新的风采,享有"南有西双版纳,北有莫尔道嘎"的赞誉。

■ 呼伦湖

呼伦湖三面环水,绿草如茵,气候宜人。绮丽的自然风光和多彩的民族风情,融草原与蒙古族风情为一体的回归自然、享受自然的旅游胜地。

呼伦湖

■ 金帐汗旅游部落

位于"天下第一曲水"的莫日格勒河畔,是中外驰名的天然牧场,是体验北方少数民族传统文化、民俗民风、草原风光的最佳之地。

■ 必逛街道

三角地:呼伦贝尔的商业街以海拉尔区的三角地为中心,有许多同类商品店集聚于此,特色街区、餐饮区和娱乐区相互补充、依托,成了呼伦贝尔的购物中心。

⌒ 线路

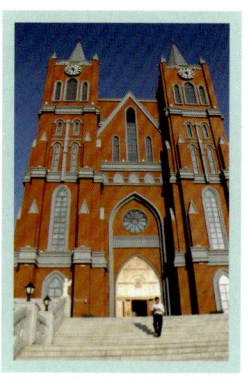

■ 呼伦贝尔经典一日游

早晨先去距离市区最近的呼伦贝尔大草原游览,接着驱车前往位于呼伦贝尔草原北端的额尔古纳,沿途会看到蜿蜒的额尔古纳河在辽阔的草原上静静流淌,像一道天然屏障分隔着中俄两国。河岸边布满了郁郁葱葱的白桦林和灌木。

■ 呼伦贝尔经典二日游

第一天上午先赴金帐汗蒙古旅游景区,中午至额尔古纳午餐。下午游览黑山头古城,返程中经过根河湿地,黄昏的根河湿地风景很美,适合摄影,夜宿额尔古纳市。第二天上午一路草原、森林过渡风光,至恩和。稍做休息前往室韦,体验更加浓郁的俄罗斯风情。

根河湿地

■ 呼伦贝尔经典三日游

第一天上午参观世界反法西斯战争海拉尔纪念园,下午去海拉尔森林公园观赏。晚上回呼和浩特市区食宿。第二天早上去呼和诺和草原,中午吃顿蒙古大餐。下午去呼伦湖。晚上住在湖西畔的新巴尔虎蒙古族牧民家。第三天先到国门景区,拍拍照,然后去中俄互市贸易旅游区买些特产,之后去俄罗斯套娃广场,晚上去中俄商贸步行街品美食。

为何去

这里的呼伦贝尔草原被誉为世界上最好的草原,水草丰美,河流交错。来到这里,可欣赏草原落日、品尝俄罗斯和内蒙古风味、骑马驰骋草原,亦可夜宿蒙古包、在雪天徜徉大森林、聆听悠扬的马头琴……在这美丽的雄鹰故乡,你会充分感受到草原的博大与淳朴。

呼伦贝尔草原

何时去

呼伦贝尔北部为林区,5月至9月游览最佳。5月树木新绿,漫山遍野开满杜鹃花。9月秋色染遍大兴安岭,是摄影的好时期。

杜鹃花海

南部以草原为主,7月至9月游览最佳。11月至次年2月中旬则是冰雪游的最佳时节。

每年3月15日到6月15日是防火期,此时到呼伦贝尔大部分地区都要办理防火证,这段时间风景凋敝,只有5月上旬大兴安岭林区的杜鹃花开遍山野尚可一游。

呼伦贝尔旅游示意图

区域解读

区号：0470
面积：约263 953km²
人口：约252.92万人
主要少数民族：蒙古族、鄂伦春族、鄂温克族、达斡尔族

地理 GEOGRAPHY

区划

呼伦贝尔市面积相当于山东省与江苏省两省之和，辖2个区（海拉尔区、扎赉诺尔区）、4个旗（阿荣旗、陈巴尔虎旗、新巴尔虎右旗、新巴尔虎左旗）、3个自治旗（鄂伦春自治旗、鄂温克族自治旗、莫力达瓦自治旗）、5个市（根河市、额尔古纳市、满洲里市、牙克石市、扎兰屯市）。

地形

呼伦贝尔市西部位于内蒙古高原东北部，北部与南部被大兴安岭南北直贯境内。东部为大兴安岭东麓，东北平原——松嫩平原边缘。地形总体特点为西高东低。

呼伦贝尔属亚洲中部蒙古高原的组成部分。大兴安岭以东北—西南走向纵贯呼伦贝尔市中部，形成三大地形单元：大兴安岭山地为林区，海拔700~1700米；岭西为呼伦贝尔大草原，海拔550~1000米；岭东地区为低山丘陵与河谷平原，海拔200~500米。

呼伦贝尔草原是牧业四旗——新巴尔虎右旗、新巴尔虎左旗、陈巴尔虎旗、鄂温克旗自治旗和海拉尔区、满洲里市及额尔古纳市南部、牙克石市西部草原的总称。由东向西呈规律性分布，地跨森林草原、草甸草原和干旱草原三个地带。除东部地区约占本区面积的10.5%为森林草原过渡地带外，其余多为天然草场。

气候

呼伦贝尔的岭东区为季风气候区，岭西区为大陆气候区。冬季寒冷干燥，夏季炎热多雨。年温度差、昼夜温差大。

呼伦贝尔市的北部为林区，最佳旅行季节为5月的5—20日和9月中下旬，5月树木新绿，漫山遍野开满杜鹃花；9月，秋色染遍大兴安岭，是摄影的好时光。南部以草原为主，最佳旅行季节为7~9月。11月至次年2月中旬则是冰雪游的最佳时节。

历史 HISTORY

历史大事记

● 先秦时期

在二三万年前，古人类扎赉诺尔人就在呼伦湖一带繁衍生息，创造了呼伦贝尔的原始文化。

夏商时期，东胡、秽貊、夫余等古族曾在今天呼伦贝尔及其周边地区放牧。

呼伦贝尔

● 秦至唐时期

前209年,强大起来的匈奴族征服东胡族,统一了北方草原,呼伦贝尔地区属其三部领地之一的左贤王庭辖地。

1世纪,活动在鄂伦春旗一带的拓跋鲜卑族"南迁大泽"(即呼伦湖),在呼伦贝尔草原上的海拉尔河、伊敏河、根河和呼伦湖一带居住,由狩猎业转向游牧业。在100多年的时间里,他们取代了匈奴的统治,建立了强大的鲜卑部落联盟。

4世纪,鲜卑人入主中原,建立北魏王朝,成为中国历史上第一个少数民族政权。

7—12世纪,鲜卑人的余部室韦部落和回纥、突厥、黠戛斯以及辽代的契丹、金代的女真族相继征战和统治呼伦贝尔。

8世纪,生活在额尔古东岸的成吉思汗的先祖蒙兀室韦部迁移至斡难河、克鲁伦河、土拉河的发源地肯特山区,蒙古诸部在呼伦贝尔悄然兴起。

● 宋至清时期

12世纪,成吉思汗在呼伦贝尔进行了几次大的决定性战役,最后统一了蒙古高原。蒙古帝国建立后,实行"领户分封制"。

1214年,成吉思汗将呼伦贝尔草原的大部分地区分封给他的大弟拙赤·哈撒尔(额古纳市黑山头古城便是他的故都),其余部分分封给他的二弟合赤温·额勒赤及外戚德薛禅家族,岭东地区分封给他的幼弟帖木歌·斡赤斤。元朝建立后,创立行省制。

元亡后,成吉思汗的子孙们退守蒙古草原,先后游牧于呼伦贝尔草原的是元顺帝的后裔和成吉思汗大弟后裔,直至归附后金。

清朝雍正十年(1732)为了加强边防,从布特哈地区调索伦(现称鄂温克)、达斡尔、巴尔虎、鄂伦春等族约3000余名官兵,连同家属迁到呼伦贝尔驻防,编为八旗两翼50佐。

1734年,清政府批准在今呼伦贝尔市海拉尔区正阳街建呼伦贝尔城,由喀尔喀地方迁驻巴尔虎官兵2400名,连同家属编为新巴尔虎八旗两翼40佐。从此出现了海拉尔城,呼伦贝尔行政区亦开始形成。1732年,先迁驻的巴尔虎称"陈巴尔虎",后迁驻的巴尔虎称"新巴尔虎",延续至今。

● 近代时期

东北沦陷时期,呼伦贝尔岭东为兴安东省,呼伦贝尔岭西为兴安北省,均直辖于伪满洲国。

2001年10月10日,国务院批准撤销呼伦贝尔盟,设立地级呼伦贝尔市。

一统蒙古部——阔亦田之战

宋嘉泰二年(1202)秋,在成吉思汗统一蒙古之战中,铁木真与王汗联军在阔亦田(今贝尔湖哈拉河上源处)击败北乃蛮部的战斗。阔亦田之战是铁木真与札木合集团的最后一次决战,也是争夺蒙古部领导权的最后一战。至此,铁木真成为蒙古部的唯一首领。少数不服从他的人无法立足,只好带着一部分部属,投奔克烈部首领王汗。

北乃蛮部首领不亦鲁黑汗(亦作盂禄汗、不欲鲁汗)联合篾儿乞惕部的脱黑脱阿、斡亦剌惕的忽都合,进兵攻打王汗和铁木真。札木合与泰赤乌、朵儿边、合答斤、撒勒只兀惕、塔塔儿等部残余势力,都会集于乃蛮不欲鲁汗旗帜下,联军来侵。

于是,王汗、铁木真联军从兀鲁回•失连真河(今内蒙古东乌珠穆沁旗乌拉根果勒、舍野月机果勒)退兵入金长城(边墙),依长城阿兰塞为壁。乃蛮军至,铁木真派阿勒坛、忽察儿、答里台三人为先锋,王汗派桑昆、札合•敢不、必勒格•别乞三人为先锋。

两军战于阔亦田之野,乃蛮联军败退。此时,札木合率兵自后策应,见大军已败,不战而走,向额尔古纳河下游退却。

铁木真与王汗分头追击,一人追泰赤乌,一人追札木合;王汗追至额尔古纳河,将札木合击败,大获全胜,札木合降。铁木真追击泰赤乌,至斡难河,大败之,或杀或降。战斗中,收降了后来成为著名将领的哲别。

鄂伦春人的简易树干屋——斜仁柱

呼伦贝尔东部生活着一群鄂伦春人,他们世代以游猎为生,迁徙频繁,为适应逐野兽而居的生活方式,鄂伦春族形成了独特的居住文化,并衍生了传统民居"斜仁柱"。

"斜仁"在鄂伦春语中意为树干,"柱"是房舍,"斜仁柱"即"树干支起来的房屋"。斜仁柱的搭建既不用钉子,也不用绳,

鄂伦春斜仁柱

柱顶会留有一个缝隙,以便通风、采光和放烟。

房架一般由细而笔直的桦木杆支撑,木杆的数量和长度随"斜仁柱"大小而定。

柱内部三面是睡铺,中间是火塘,大门入口的左右摆放水桶、铁锅,左右铺位的后面存放桦树桶、皮装、马鞍等。

覆盖物用以遮风保暖,夏天采用桦树皮,冬天采用狍子皮或蒿草。

柱门一般朝东南或西南方向。

只是利用木杆本身的枝杈交叉而成。先用几根顶端带枝杈、能够相互咬合的木杆支成一个倾斜度约60度的圆锥形架子,然后将其他木杆均匀地搭在这几根主架之间,使之形成一个伞状的骨架,上面覆上狍子皮或桦树皮后就完成了。

斜仁柱多搭建在山坡的背风向阳处,而夏天则多搭在地势较高、通风凉爽的地方。搭建时一般就地取材,男子砍树干、搭架子、扒桦皮、割芦苇,妇女负责煮桦皮、缝狍皮围子和桦皮围子。在两三个人的相互配合下,一个斜仁柱大约一个小时就可建成。

斜仁柱结构简单,拆盖极为容易,所用原料几乎俯首即拾。它是鄂伦春族游猎生活的产物。定居以后,鄂伦春人大都已住上了宽敞明亮的砖瓦或土木结构的房屋,这种较为原始的活动性住房只有在秋冬季外出狩猎时才偶尔搭建,用以栖身或暂避风寒。

驯鹿

家时,由一头驯鹿在前驮着"祖先神",人们将这头驯鹿视为"神鹿",人不能骑。

鄂温克人敬火如神。无论在家中还是野外,均不用有刃的东西拨火,不用水泼火,不能将污秽之物扔进火中。吃肉、喝酒时也要先敬火。每年的12月23日,牧区的鄂温克人还要举行祭火神仪式。祭火后3天内禁止拨火、掏灰。他们之所以如此敬重火,除了火在他们生产、生活中的重大作用外,还因为他们认为火的主人是神,每户的火主就是自己的祖先,如果失去了火主,这户人家也就香火难续了。

文化 CULTURE

鄂温克民俗文化

被称为"中国最后的狩猎部落"的鄂温克狩猎民族,在长期的发展过程中创造了弥足珍贵的文化遗产,桦树皮制作技艺在当地已有300多年的历史,敖鲁古雅鄂温克驯鹿文化更是中国独一无二的民俗。

鄂温克族讲究礼节,非常好客。年轻人见到长辈,要施礼问安和敬烟。最通常的礼节是屈膝、侧身、拱手作揖。家中来了客人被认为是喜事,牧区对客人敬奶茶,猎区则以鹿或犴的胸口肉以及驯鹿奶待客。

驯鹿也叫角鹿,俗称"四不像"。公鹿、母鹿都长角,性情温和。原为野生动物,经鄂温克先人的驯化,成为游猎民的交通和生产工具。驯鹿适应高寒山地气候,吃苔藓,善于在雪地和沼泽中行走,载重可达百斤以上。猎民搬家、打猎全靠驯鹿驮物。猎民搬

传统技艺中的一朵奇葩——达斡尔族曲棍球

据史料记载,唐代盛行"步打球"运动,这种运动与当代的曲棍球运动极为相似。步打球在辽代依然盛行,《辽史》中称为"击鞠",下端弯曲的击球棍称为"月仗"。随着时间流逝,此项运动后来在我国其他各民族中基本消失,而在达斡尔族中得到了传承与发展,现在这种曲棍球竞技运动主要分布在内蒙古莫力达瓦达斡尔族自治旗达斡尔族聚居区。

达斡尔传统曲棍球运动,达语称作"贝

阔他日克贝",其中的"贝阔"系指球棍,达斡尔球棍选择根部弯曲、枝干挺直的柞木削磨加工而成。达语中球被称为"朴列",其大小如棒球,分木球、毛球、火球三种,偶尔也使用骨球。木球用柞树根削磨制成;毛球用畜、兽毛搓制而成;火球主要用于夜间运动,它以桦树上长出的已硬化的白菌制成,壳硬内空,球上穿通数孔,注入松明,点燃后烟火不熄。

达斡尔传统曲棍球运动是传统曲棍运动的典型代表,是我国体育中的一项绝技,国家体委在1989年命名莫旗为"曲棍球之乡"。

兼具实战与表演——蒙古族搏克

"搏克"为蒙古语,意为摔跤,它是蒙古族"男儿三艺"之一,属蒙古族传统的体育项目。搏克已有近两千年的历史,西汉初期开始盛行,元代广泛开展,至清代得到空前发展。现在内蒙古自治区各地尤其是锡林郭勒盟、通辽市、呼伦贝尔市、巴彦淖尔市、鄂尔多斯市、阿拉善盟等地都有流行。

搏克运动的比赛形式古朴而庄重。按蒙古族传统要求,参赛选手上身穿牛皮或帆布制成的"卓得戈"(紧身半袖坎肩),裸臂盖背,"卓得戈"边沿镶有铜钉或银钉,后背中间有圆形的银镜或"吉祥"之类样字,腰间系用红、蓝、黄三色绸子做的"策日布格"(围裙),下身穿用32尺或16尺白布做成的肥大"班泽勒"(裤),"班泽勒"外套一条绣有各种动物或花卉图案的套裤,脚蹬蒙古靴或马靴。优胜者脖颈上配套五色彩绸制成的"将嘎"(项圈)。它是搏克手获胜次数多少的标志,获胜次数越多,"将嘎"上的五色彩绸条也越多。

现在,搏克已成为蒙古族农牧民群众辛勤劳作一天之后进行娱乐的方式,同时它又是"那达慕"的重要内容。

濒危的达斡尔族民间舞——鲁日格勒

"鲁日格勒"是达斡尔族具有代表性的民间舞。它因地而异,有"阿罕伯""郎突达贝""哈库麦""哈根麦勒格"等几种不同称谓。

在内蒙古和黑龙江嫩江流域的达斡尔族聚居区,"鲁日格勒"舞是对其民间舞的统称,多为妇女表演的自娱性舞蹈。据考证,"鲁日格勒"的汉语意思为"燃烧"或"兴旺",达语"鲁日格勒贝"可以引申为"跳起来吧"。因为表演时边舞边喊"罕伯、罕伯",所以"鲁日格勒"又有"罕伯舞"之称。

"鲁日格勒"舞历史悠久,据史料记载,古代达斡尔族人在春意微透的夜里聚集在村头的草坪上,围绕熊熊燃烧的篝火手舞足蹈,你呼我唤,于劳动之余以舞蹈形式抒发心声,调整精神,消除疲劳。"鲁日格勒"来源于达斡尔族的劳动生产生活,因此舞蹈中有采集、提水、捕鱼、飞翔、禽类斗闹的内容及舞蹈形象。如今,在鲁日格勒舞的原生地区,这种民间舞蹈备受冷落,面临失传的危机,亟须采取保护措施。

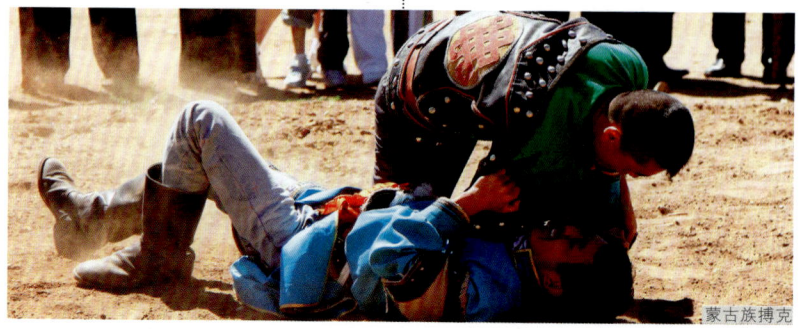

蒙古族搏克

海拉尔旅游区

景点推荐

呼伦贝尔民族文化园
吃喝玩乐样样不少

- 呼伦贝尔市海拉尔区西北方位
- 租车前往

呼伦贝尔民族文化园展示了呼伦贝尔具代表性的五个少数民族的风俗文化,是集旅游、度假、民俗体验、商贸、会展、餐饮、住宿为一体的多功能旅游区,包括鄂温克、鄂伦春、达斡尔、蒙古、俄罗斯在内的五个少数民族,都保留着独具魅力的民族特色。

园区划分为俄罗斯风情歌舞园、达斡尔风情园、五个少数民族特色文化体验区、鄂温克打牲部落、鄂伦春丛林部落、野外运动挑战区、冰雪乐园、度假式庄园牧场、蒙古成吉思汗部落连营、敖包山佛教文化区等。

链接

冰雪那达慕

呼伦贝尔民族文化园每年举办冰雪那达慕,巴尔虎、通古斯鄂温克旅游牧户在景区举办牧民冬季小型那达慕,可以共同参与体验民族盛会,还有摄影展、工艺品展。

到巴尔虎旅游牧户游客可以体验牧民生产生活,了解巴尔虎部落的文化历史和民俗民风,品尝巴尔虎特色的餐饮,欣赏巴尔虎歌舞,并可参与其中。

在通古斯鄂温克旅游牧户家游客可以了解通古斯鄂温克的生活习俗,品尝有民族特色的美食,还可以观看通古斯鄂温克服装服饰表演。

在冰雪世界里举办牧民冬季那达慕,那达慕的内容有赛马、摔跤、射箭,还有巴尔虎、通古斯鄂温克服装服饰表演。

海拉尔西山国家森林公园
城市中心的绿色之肺

- 呼伦贝尔市海拉尔区正阳街呼伦贝尔古城南门东侧
- 海拉尔区乘8路公交车可到
- 门票30元,可参观动物园、鸟语林

海拉尔西山国家森林公园早在清代就被列入呼伦贝尔八景之一(沙埠古松)而著名。它也是中国唯一以沙地樟子松为主体的国家级森林公园。

链接
樟子松

樟子松又名海拉尔松，天然生长在沙丘上，属松科常绿针叶乔木。属于欧洲赤松的一个变种，是中国北方珍贵的针叶树种之一，被誉为"绿色皇后"。树高可达30米，胸径100厘米，树皮厚，树干高直、体型健美、树盖如伞，具有耐寒冷、抗干旱、耐瘠薄的特点。

园内百年古树1000多株，其中胸径最粗者，可达100厘米，需二人合抱。站在名人峰上俯瞰茫茫林海，倾听阵阵松涛，足见祖国北疆自然风光之秀美。

古城雕塑

呼伦贝尔古城
重现历史古城

📍 呼伦贝尔市海拉尔区正阳街
🚌 乘1路公交可到

呼伦贝尔古城始建于1734年。古城城内有北城门、中门、八大商号、副都统衙门等建筑，附建镂空小品、人物雕像，再现了清代时的历史面貌，是集休闲、观光、购物、餐馆、住宿于一体的旅游景区，是大家感受历史的好去处。

链接
呼伦贝尔古城由来

清代雍正年间，清政府为了保卫《尼布楚条约》划定的额尔古纳河为界的北部边疆，在这一带建城戍边。建城至今270多年，为捍卫祖国边界发挥了巨大的历史作用。

随着政治、军事作用的加强，商贸和交通中心地位自然形成。到乾隆年间，晋、冀、鲁等地商人"不远万里接踵而来，他们在城内竞相购地建房，投资设肆"，呼伦贝尔城相继出现"巨长城""隆太号"等商业八大家。

成吉思汗广场
城市休闲中心

📍 呼伦贝尔市海拉尔区海拉尔河东胜利大街
🚌 乘8路公交可到

成吉思汗广场是呼伦贝尔市境内最大的广场，宏伟、壮观，也是海拉尔区的标志性景观之一。成吉思汗广场共有7个功能区，即历史文化区、儿童活动区、喷泉广场区、水上活动区等。建有成吉思汗的战将群雕、成吉思汗箴言碑林、成吉思汗迎亲铜雕等景观。

玩家 攻略

广场喷泉是灯光音乐喷泉，直径30米，是呼

成吉思汗广场

伦贝尔市最大的喷泉。夏季的晚上观赏喷泉的游客可达近万人。儿童游乐区建了很多儿童娱乐设施，有电瓶车、疯狂老鼠、森林狩猎、滑行龙、黄牛等，每天都会有很多儿童来这里玩耍。

古城副都统衙门
庄严雄伟古色古味

- 呼伦贝尔市海拉尔区正阳街呼伦贝尔古城南门东侧
- 乘1路公交可到

呼伦贝尔古城副都统衙门位于海拉尔河西海拉尔大街呼伦贝尔古城南门东侧，与呼伦贝尔古城同时修建。呼伦贝尔副都统衙门始建于雍正年间，透过历史可以看到海拉尔自清雍正十二年（1734）建城之日起就成了呼伦贝尔地区的政治、军事、经济和文化中心。但因光绪二十六年（1900）庚子之乱之时，被入侵呼伦贝尔的沙俄军队烧毁。

世界反法西斯海拉尔纪念园
一次爱国红色之旅

- 呼伦贝尔市海拉尔区北山
- 乘1路公交可到　40元

世界反法西斯战争海拉尔纪念园位于海拉尔城区北部，是在原侵华日军海拉尔要塞遗址上建立的，是集爱国主义、国际主义、革命英雄主义为一体的军事主题红色旅游景区，是国内少有同类题材主题公园之一。

玩家 攻略

园区分为地上、地下两部分，其中地面建有海拉尔要塞遗址博物馆（共分为四个展厅、九个部分）、主题广场、地面战争遗迹、模拟战争场景、游客服务设施等内容；地下工事遗迹，复原了日军司令部、士兵宿舍、卫生室、通讯室等，园区建设风貌气势磅礴、恢宏大气、深沉凝重、发人深省。

景点推荐

满洲里旅游区

满洲里国门景区 AAAA
一睹中国雄风

- 呼伦贝尔满洲里市以西9千米，中俄边境线中方一侧
- 在满洲里市区乘坐6路公交车到国门站即可到达
- 1月6日~1月25日：9:00~17:00；4月1日—10月31日：9:00~17:00
- 80元　0470-6210573

国门景区占地面积20万平方米，主要包括国门、41号界碑、满洲里红色秘密交通线遗址、仿制四代国门、和平之门广场、红色旅游展厅、中共六大展览馆、火车头广场等景观，是满洲里市标志性景区。

玩家 攻略

2008年，为了适应日益增长的中俄贸易发展，满洲里市新建了第五代国门，并对整个景区进行了改造提升，实施了景区扩建、硬化、绿化、亮化和美化工程。特别是新建的第五代国门，宏伟壮观，是全国乃至世界最大的国门。

◻ 红色国际秘密交通线

满洲里市红色国际秘密交通线教育基地是全国100个红色旅游经典景区之一，该红色旅游景区被国家旅游局评为国家AAAA级旅游景区，已被纳入国家红色旅游发展规划纲要。

玩家 解说

国门景区内的红色秘密交通线遗址、红色旅游展厅是其中重要的组成部分，展现了李大钊、陈独秀、刘少奇、周恩来、瞿秋白等我国早期领导人经满洲里秘密交通线前往苏联和共产国际，寻求真理、拯救中华民族的恢宏画卷，并在中国共产党的历史上留下了光辉的一页。

◻ 41号界碑

41号界碑是1994年8月中俄两国勘界结束时定在中俄边境线上的第41号界碑。1993年以前，这个位置是中俄两国贸易往来的客货混用通道，随着中俄贸易的发展，过货量的不断增加，1993年新建了公路口岸。满洲里国门与俄罗斯国门之间就有了第41号界碑。

玩家 解说

界碑面向中方一侧,界碑高1.2米,宽0.4米,厚0.25米,材质为花岗岩,庄重、威严而神圣。每一位游客来这里都一定会站在这里同界碑拍一张照片,作为珍贵的纪念。界碑是祖国领土的象征,庄严神圣,不可侵犯。

火车头广场

火车头广场位于满洲里市中心,建成于2004年6月。广场内的火车头是1940年的日制蒸汽机车头,下面的铁轨是1925年苏联制造的43铁轨,所说的43铁轨,是因为它每一延长米是43千克而得名。

玩家 解说

毛泽东主席在1949年赴苏联莫斯科途经满洲里时,乘坐的火车就是在这辆火车头牵引下驶出国门的。这辆火车头的车牌是"1861"号。

中俄互市贸易区 AAAA
我国第一家边境互市贸易区

呼伦贝尔满洲里市市区西端　满洲里从五道街乘公车到中俄贸易市场下车,往前走一段路即可到达

满洲里中俄互市贸易区是1992年由国务院批准建立的国家级开发区,辖区总面积138.8平方千米,其中0.2平方千米与俄联邦跨境相连的边境跨国开放区域是中俄两国政府共同协商建立的,是中俄边境线上首家互市贸易区。

玩家 解说

满洲里中俄互市贸易区位于国门的东北面,横跨两国双方区域,整体封闭,中间通道连接各自领土,互市贸易区入口处设海关、边检等联检机构。双方公民凭借两国政府认可的证件随时出入。

套娃广场 AAAA
世界上最大的套娃

呼伦贝尔满洲里市市区西郊
满洲里市区可乘坐6路公交车到达

俄罗斯套娃广场是全国唯一的以俄罗斯传统工艺品——套娃为主题的旅游休闲娱乐广场,集中体现了满洲里中蒙俄三国交界的地域特色和中俄蒙三国风情交融的特点,是集旅游观光和趣味性、娱乐性为一体的满洲里标志性旅游景区。

链接
套娃

套娃是俄罗斯的一种民间工艺品,是一个木制娃娃,表面雕刻光滑,大多都画成俄罗斯妇女的图案,花样复杂,色彩艳丽,看上去精致、雅观。令人称奇的是娃娃的腹部有一条切痕,从这条痕迹打开,就会发现娃娃的肚子里还有小一号的娃娃,依此类推,并且依旧做工精细。

套娃按照肚子里含有小娃娃个数的不同,分成5件套、7件套、12件套、15件套等。他们有的是长相一样的孪生娃娃,有的是神态迥异的姐妹们。现在常见的一般3个、7个、10个一套,最多的据说一套多达60个。

套娃最初出现于19世纪40年代,俄国人称之为"玛特廖什卡",因为当时"玛特廖娜""玛特廖莎"是最常见的姑娘名字,而这两个名字又源于拉丁文的"母亲"。它与套娃的特征颇为贴近,都寓意着旺盛的生命力、健康壮实的身体和人丁兴旺的后代。

满洲里套娃广场

满洲里婚礼宫
浪漫典雅的婚礼殿堂

- 呼伦贝尔市满洲里市区东侧东山植物园山巅
- 108元

满洲里婚礼宫是一座简朴、庄重、典雅的哥特式风格,是集旅游观光、欧式婚礼等功能于一体的综合性场馆,也是满洲里的标志性建筑之一。

呼伦湖 AAAA
内蒙古第一大湖

- 呼伦贝尔满洲里市南部
- 8:00~18:00
- 30元
- 0470-6530166

呼伦湖旅游景区坐落在金色湖畔三角洲上,这里三面环水,绿草如茵,气候宜人,是夏季游人观光、避暑的理想佳境。绮丽的自然风光和多彩的民族风情,又使呼伦湖成为一个湖泊生态景色为主题,融草原与蒙古族风情为一体的回归自然、享受自然的旅游胜地。

玩家 攻略

住宿: 到呼伦湖可居住在呼伦湖西畔的新巴尔虎蒙古族牧民家中,勤劳质朴的新巴尔虎蒙古族牧民会热情地以醇香的奶茶和奶制品来欢迎你。

美食: 到呼伦湖一游,必定要去品尝一下小河口饭店名扬天下的"全鱼宴",呼伦湖旅游景区以独特鱼虾可烹饪百余种菜肴,供游人品尝,不仅营养丰富,鲜嫩味美,而且造型美观、逼真,栩栩如生,宛如一件件艺术珍品,使游人赞不绝口,不忍下箸。此处真可谓:"烟波浩渺湖山美,鱼味天下第一家。"

满洲里婚礼宫

- 建筑高57.8米,简朴庄重,典雅秀丽。
- 楼体由是由暗橘红色的外墙和向上的尖顶所构成,周围有一圈石砌的围栏。
- 到了晚上,婚礼宫灯光亮起,金碧辉煌,宛若一座璀璨的城堡,夜间婚礼宫内部会有俄式婚礼表演。
- 正门高约6米,呈尖顶拱形,深黄色的门扉古朴厚重,给人神圣之感。
- 内部设有礼拜大厅、接待室、观光电梯、观光楼台、婚礼留影平台、休息及冷饮服务处等。

美景：呼伦湖的日出和日落时是最美的，不要错过了。

玩家 解说

呼伦湖又名达赉湖，为内蒙古第一大湖，中国第四大淡水湖，与贝尔湖为姊妹湖，是以保护珍稀鸟类、湿地生态系统、草原生态系统为主的综合性自然保护区。湖中共有鱼类30多种，鸟类17目41科241种，其中丹顶鹤、白鹤、黑鹳、大鸨、金雕等是国家一级保护鸟类。

□ 小河口

小河口景区位于呼伦湖东北岸，它以优美的自然环境、凉爽的气候吸引了中外游客，成为人们避暑纳凉的胜地。

游人不仅可以在小河口浴场尽情享受水浴和沙浴的乐趣，延伸到湖中的栈桥也为游客尽情地与湖水亲密接触搭建了平台，湖上快艇让游客感受了浪遏飞舟的快感，沙滩摩托、骑马、骑骆驼更是拥有别样的塞外风情，而且还可以撑杆垂钓，品尝钓鱼的清福。

□ 成吉思汗拴马桩

成吉思汗拴马桩地处呼伦湖西岸。这里是一处三面环水的峭壁，南临一湖碧水，石壁嶙峋峭拔，光滑如刀削；北、东面呈陡坡，下临湖湾；只有西部为缓坡与湖岸相连。山顶上有一座高大的凉亭。在山崖东10余米的

呼伦湖风光

湖水里，有一座高约10米、周长20多米的柱石突兀而立，柱石呈不规则形，上细下粗，石纹条条，纵横交错。石缝间筑有鸟巢，时有水鸟飞出，盘旋湖上。

玩家 解说

传说成吉思汗曾经在这里训练兵马，把他心爱的八匹骏马拴在这个柱石上，柱石因此得名"成吉思汗拴马桩"，并且成为草原上一道亮丽的旅游景点。关于拴马桩和八匹骏马的故事也在草原上流传下来。

◻ 金海岸

金海岸旅游景区位于呼伦湖西岸，风光秀丽，水草丰美，景色宜人。景区内有长达6千米的金沙滩环抱着一湾碧水，湖床平坦，水面宽阔，沙质洁净，波浪适中，湖水清澈无污染，湾内无礁石，是最理想的天然浴场。

玩家 攻略

区内建设有蒙古包、欧式木刻楞、跑马场等设施，可开展游泳、快艇游湖、骑马、乘数登车游览湖光美景；驾驶沙滩摩托车、卡丁车等活动，一显身手。

另外，还可品尝巴尔虎蒙古风味石烤全羊、手把肉、风干牛肉、呼伦湖天然鱼虾。

达永山四季滑雪馆
夏季体验滑雪的乐趣

- 呼伦贝尔满洲里市东湖区达永山
- 从满洲里市区租车往返 60元

滑雪馆坐落在满洲里市和扎赉诺尔区之间，交通便利，设施齐全，规模较大，是全国第三大室内滑雪馆，也是东北地区唯一的一家室内滑雪馆。主楼分为三层，楼体的建筑风格和满洲里市的城市建筑风格保持一致，都是尖顶的哥特式建筑。

玩家 解说

达永山四季滑雪馆是全国唯一一家用天然雪制成雪道的室内滑雪馆，是国内唯一可作为专业滑雪训练，并建有专业单板训练U形槽的室内滑雪馆。2007年国家残奥队、哈尔滨滑雪队以及沈阳单板速滑队夏季在此进行训练。滑雪馆还接待了备战世界大学生冬运会——单板滑雪队的队员。

四季室内滑雪馆四季皆可滑雪，是冰雪爱好者的好处去。

铁木真大汗行营
再现天骄雄风

- 呼伦贝尔满洲里市东湖区达永山
- 从满洲里市区租车往返

铁木真大汗行营是以蒙古游牧部落为景观的旅游景点，也是呼伦贝尔境内最大的蒙古部落。这里周边是丰美的天然牧场，历史上许多游牧民族都曾在这里游牧，繁衍生息。一代天骄成吉思汗曾在今东湖区二子湖畔训练兵马，铁木真大汗行营景点的设置，就是当年成吉思汗行帐的缩影和再现。

玩家 攻略

在营内就餐可以品尝到草原风味"全羊宴"——手把肉、烤全羊、烤羊排、烤羊肉串、烤羊腿、炒羊杂、熘羊尾、羊肉汤等美味菜肴，也可领略草原"三艺"（摔跤、骑马、射箭）的乐趣。

另外，蒙古族姑娘优美的祝酒歌，蒙古族小伙子演奏的民族乐器马头琴，蒙古民族的传统文化特色和蒙古人豪爽的性格，让人印象深刻。

玩家 解说

铁木真大汗行营由一个主战车及80个小营组成，四周不同颜色的元代战旗迎风飘动。主营设在一辆威震天下的勒勒战车上，直径16米，高5米，实用面积200平方米，是小营的7倍。80个小营全部用蒙古族独有的哈那杆支撑，绝对民族化、特色化。

铁木真大汗行营

呼伦贝尔北部旅游区

莫尔道嘎原生态森林旅游区
人间仙境世外桃源

- 呼伦贝尔额尔古纳市西南距拉布大林镇136千米
- 8:00~18:00
- 160元

莫尔道嘎是蒙古语"上马出征"的意思,是目前国内面积最大的森林公园,中国最后一片寒温带明亮针叶原始森林。

公园内分成龙岩山、翠然园、原始林、激流河、民俗村、界河游等6个景区。公园山峦起伏,古木参天,植被丰富,溪流密布,处处表现幽、野、秀、新的风采,享有"南有西双版纳,北有莫尔道嘎"的赞誉。

龙岩览胜

龙岩山位于莫尔道嘎镇中东侧,海拔1000米,东西长35余千米,西横卧一条长200余米的龙形巨岩,龙头高耸,威武峥嵘;龙身苍劲,铁骨铜甲;龙尾挺峭,深藏山中。龙岩山因此而得名。

玩家 攻略

这里也是一个摄影的好地方。特别是早晨朝霞乍露,淡粉色的云霞在森林间升腾,如果幸运则可见东方天际霞光四射,显现出佛光闪烁,一派吉祥气象。著名摄影家白海琦在国际摄影大赛上获金奖的《升腾》即摄于此。

成吉思汗公园

成吉思汗公园建在龙岩山上,已成为到莫尔道嘎国家森林公园旅游必到的一处景点。

成吉思汗公园内,四周竖立着各色狼牙军旗,迎风招展。18米高的大汗戎装跃马、拉弓射雕的巨型雕像矗立其中。雕像旁,蒙古式的点将亭台威严肃穆,两侧有刀、枪、矛、叉等古兵器分架排列。

◻ 熊谷景区

熊谷山高谷深，森林茂密，溪流奔涌，野果繁生，是野生动物的天然栖息地。因此间时有棕熊、野猪出没而得名。每到冬季，这里白雪皑皑，天地间冰清玉洁，浑然一色。山林雾气凝重，满山遍野，雾凇悬挂，营造出为人力而不能的童话世界，是观兴安雾凇的少有去处。

玩家 攻略

熊谷盘山公路绕谷环行，驱车而入，坡陡弯急，左旋右转，险象环生。登临山顶俯视，山下有谷，谷中有丘，原始林随地势起伏，高低错落，远亮近暗，层次分明。是登临、拍照、探险的极佳之地。

◻ 九曲松风

激流河又名贝尔茨河，是北部原始林区水面最宽、弯道最多、落差最大的原始森林河。它发源于大兴安岭西北麓的三望山，全长480千米，流速3～5米/秒，河网呈树枝状，河水流量充沛，是莫尔道嘎国家森林公园众多河流中最为壮观的水域旅游景区。

玩家 攻略

激流河下游水阔流急地段，有漂流水道全长10千米，连接白鹿岛度假村。一边体验漂流的刺激，一边欣赏两岸的美景，惬意非常。

◻ 苍狼白鹿岛度假村

在莫尔道嘎原生态森林旅游区内，激流河注入额尔古纳河入河口上游处，有两个修长小岛相偎而卧，河水呈"S"形回环于两个小岛之间，岛上野花丛生、红豆遍地，松黛桦橙，山光水色，美不胜收。这就是当地山民讲述着许多传说的苍狼、白鹿岛。

玩家 攻略

苍狼岛上建有哈撒尔王天然猎场，场中放养

链接

莫尔道嘎的由来

相传成吉思汗回室韦祭祖，之后提骑五百游猎于此，登上龙岩山，但见山明水秀，祥瑞之光在山林间升起，盘桓山头，流连忘返。忽一大雕自云头冲下，大汗提缰纵马，拉弓搭箭，弦响镝鸣，巨雕扑地。久有统一蒙古大志的铁木真，射雕成成，大吼一声莫尔道嘎(蒙古语意为"上马出征")，遂挥师西进，旗猎猎，马萧萧，征西辽、攻西夏、灭畏兀，终成大业。

莫尔道嘎龙岩山

着成群的野鸡、野兔，或下套，或箭射，亲身感受一番原始林狩猎的情趣。

白鹿岛住宿方便，岛上建有俄式尖顶木壁的别墅群，以及兼容山林特色和俄罗斯风格的夜总会、桑拿浴室等，娱乐活动丰富。

恩和俄罗斯族民俗村
浓郁的俄罗斯风情

- 呼伦贝尔额尔古纳市区北部，林区的边缘
- 额尔古纳市乘班车前往，行车约1小时30分

恩和俄罗斯族民俗村是中国俄罗斯族第一村，最原始和最古老的独特的民俗风情、自然景观和民族文化，在这里可以参观俄式古老民居、体验俄罗斯族的风土人情。

玩家 攻略

俄罗斯族房屋大多是俄式"木刻楞"，在这里住一晚，不仅能亲身体验"木刻楞"的温馨、品尝地道的俄式餐饮，桑拿浴解除一路的疲劳与风尘，还可以领略多彩的俄罗斯风情、欣赏到独具特色的俄罗斯族歌舞表演，如有兴趣可与他们一起载歌载舞。

室韦
魅力无限的边境名镇

- 呼伦贝尔额尔古纳市西北部
- 额尔古纳市乘班车前往

室韦魅力名镇景区位于祖国北部边陲，大兴安岭北麓，隔额尔古纳河与俄罗斯相望，2005年被评为中国十大魅力名镇之一。室韦是最具现代气息的边陲小镇，华俄后裔家庭建筑都是经过人工修饰而成的，既可以感受到少数民族的民俗风情，又可以体验俄罗斯族独特深厚的民族文化底蕴。

玩家 攻略

目前，室韦家庭旅游已经成为呼伦贝尔的一个特有的旅游产品，景区内有50户左右的家庭开展了家庭旅游，不出国门就能感受到异国的风情。

链接

蒙古族的发祥地

室韦虽然是俄罗斯民族乡，更是蒙古民族的发祥地，800年前成吉思汗就是从这里开始征服世界的，成吉思汗的童年和少年是在额尔古纳河流域度过的。随着时光流逝，蒙古大军逐渐壮大，不断扩张领地，蒙古人开始南下和西征，渐渐走出了额尔古纳河流域。但是室韦作为蒙古民族的发祥地却是不争的事实。

弘吉剌部蒙古大营
焕然一新的古老部落

- 呼伦贝尔额尔古纳市市区30千米处
- 额尔古纳市乘班车前往

弘吉剌部是蒙古草原上一个盛产美女

室韦彩虹

的部落，一代天骄成吉思汗的母亲、妻子、儿媳都出自这一部落。额尔古纳是蒙古族发祥地，而额尔古纳河流域则是弘吉剌部落几百年来生活的地方，其位置与弘吉剌部蒙古大营极为吻合，名字由此产生。

蒙古大营由103座蒙古包组成。其中包括了金顶大帐（比赛大厅），位于正中央，金顶大帐代表着黄金氏族，直径21米，象征着21世纪，全世界内径达到21米的蒙古包目前只有7座；大营中心位置是棋盘广场，其形状为国际象棋的棋盘。

玩家攻略

景区曾是第三届中俄国际象棋对抗赛的主赛场，经常举办象棋活动，有兴趣的人士，可以一展身手。

额尔古纳湿地
亚洲第一湿地

- 呼伦贝尔额尔古纳市布大林镇西北3千米处
- 乘客车抵达拉布大林汽车站，然后乘坐2路公交车可直达湿地公园 淡季20元，旺季60元
- 0470-6998222

湿地景区距离市区只有3千米，主峰海拔720米。额尔古纳湿地景区有"亚洲第一湿地"的美誉，总面积达到1260平方千米，是迄今为止保护最完整、物种最丰富的湿地系统。

额尔古纳湿地属于额尔古纳河及其支流的滩涂地，高处灌木丛丛，低处芦苇青青，红柳、野玫瑰、山丁子、稠李子交相辉映，构成了一幅绚丽多姿的画卷。

敖鲁古雅使鹿部落
体验鄂温克生活

- 呼伦贝尔市根河市区西郊4千米处
- 包车或自驾前往

部落以展示敖鲁古雅鄂温克原生态民俗为特色，敖鲁古雅为鄂温语，意为杨树林茂盛的地方，素有"驯鹿之乡"和"最后的狩猎部落"之美誉。鄂温克意为住在大山中的人们。

在这里可以看到纯正的鄂温克民俗、吃上特色鹿肉串、列巴、蓝梅果子酱、喝一口猎民自己泡制的白酒、品一口金莲花茶、听一首女主人动听的民歌、和驯鹿来一个亲密接触，真正地体会一下森林民族敖鲁古雅鄂温克的纯净生活。

玩家攻略

1. 每年6月18日为鄂温克族古老传统的节日瑟宾节。

2. 美食：面食"格列巴"，同烤饼做法一样，及油炸面食。肉食过去主要是狍子、犴、鹿、野猪、灰鼠肉及飞龙、鱼等。还有驯鹿奶及奶茶。猎民用野果熬成"笃斯酱"，酸甜可口；用桦树皮桶密封发酵酿成的"红豆酒"，也格外提神。

3. 现今部落分散保留7个猎民部落，饲养着中国唯一的1200头驯鹿种群。其中以布冬霞部落最为著名。

汗马国家级自然保护区
原汁原味的大兴安岭

- 呼伦贝尔根河市金河镇东北，大兴安岭西北坡
- 根河市客运站每天8:00~18:00每40分钟有一班到保护区的客车，票价10元，行程2小时

汗马国家级自然保护区是深度体验大兴安岭森林的原汁原味的最好去处。除了领略雄峻的山川、神奇的森林、罕见的野生动植物外，保护区还通过相应的宣传设施，举办有关活动，进行保护森林、保护自然、保

玩家攻略

湿地景区是绘画、摄影、摄像、写生爱好者的天堂，在额尔古纳市众多的宣传品中，大部分作品都出自这里。

额尔古纳湿地

护野生动植物的宣传教育。尤其对小朋友,这里能唤起他们保护自然的热情,增强他们的自然保护和爱护环境的意识。

玩家 攻略

保护区附近许多宾馆,价格多在200元上下。在一些小规模的旅店,通常只需几十元,而在草原部落可住帐篷,价格便宜,甚至免费。

冷极村
中国最寒冷的地方

- 呼伦贝尔根河市北50多千米金林林场内
- 租车前往

极冷村距中国冷极点13千米,是距冷极点最近的一个村落。在冷极村可以感受到冬天的极致低温。这里是中国最寒冷的地方,有记录最低温度曾达到零下52.6℃。长冬无夏,春秋相连。年无霜期只有70天,而结冻期却有着210天以上,年平均气温为零下5.3℃。

根河源国家湿地公园
亚洲最美的湿地

- 呼伦贝尔根河市大兴安岭主脉西侧,根河上游
- 包车或自驾前往

根河是国际河流额尔古纳河的源头之一,在根河流经的区域内造就了亚洲最美的湿地,是大兴安岭北部林区湿地的真实缩影。湿地公园拥有森林、沼泽、河流、湖泊等多种生态系统,森林与湿地交错分布,是目前我国保持原生状态最完好最典型的温带湿地生态系统。

伊克萨玛旅游风景区
原始森林遮天蔽日

- 呼伦贝尔根河市满归镇38千米处
- 在根河市乘班车到满归镇

伊克萨玛旅游风景区,位于伊克萨玛国家森林公园内,伊克萨玛是鄂温克语"美丽宽阔的河"之意。伊克萨玛四面被连绵的群山簇拥着,山腰间五彩缤纷的野花和伊克萨玛大桥给山峰装点得更加秀丽,山峰、草坪、绿树、激流河水,形成一片和谐的自然景观。

玩家 攻略

1. 公园内的主要河流——激流河,蜿蜒曲折,落差大,流速急,有漂流活动,非常刺激,可以体验一番。

2. 住宿可住在伊克萨玛度假村,位于伊克萨玛大桥东侧,依山傍河而建。度假村内有木屋、蒙古包、游泳池、野生动物园、林中憩园等。

鄂温克岩画
鄂温克的史前遗迹

- 呼伦贝尔根河市阿龙山镇区60千米处
- 在根河市乘班车到满归镇

鄂温克岩画掩映在六七米高的悬崖绿树丛中,印证了大兴安岭地区4000年前人类活动的印记。岩画是在崖壁上用简练的线条勾勒出一些符号,线条粗犷奔放,以暗红色为主,或三角形或四方形图案,还有一些人形和动物图形,展示了敖鲁古雅鄂温克游猎先民的社会风情和民族文化。

彩绘岩画
中国北方最早的彩绘岩画

- 呼伦贝尔市鄂伦春旗境内
- 租车前往

岩画是绘画或刻制在石头上的图画,它

根河源湿地公园

是人类没有文字之前文化的最大载体,岩画同时又是世界性的一种文化现象,是人类在长期劳动实践中创造的弥足珍贵的艺术珍品。

鄂伦春自治旗的彩绘岩画共分为三处:第一处神指峰彩绘岩画,第二处伊龙山彩绘岩画,第三处麒麟山彩绘岩画。

布苏里景区
隐藏在深岭中的军事基地

- 呼伦贝尔市鄂伦春旗托扎敏镇布苏里山庄
- 从阿里河镇乘长途车或包车前往
- 全天
- 80元

布苏里景区原名嘎仙沟军事基地,原隶属沈阳军区,当地人称军事要塞,是中国北方最大的军事基地原址,为原布苏里战备军事储备基地。

景点有陈列馆、叶剑英元帅等老一辈无产阶级革命家下榻的将军楼、可储存大量战略物资的地下油库和弹药库、北国第一哨、水上公园等军事题材等景观,又有学生夏令营营房和食堂等休闲娱乐、教育场所。

布苏里景区

达尔滨湖国家森林公园
体验大自然的美

- 呼伦贝尔市鄂伦春旗诺敏镇境内
- 可以先到鄂伦春旗的大杨树镇,从大杨树镇乘长途汽车到诺敏河农场,再与当地联系租车前往
- 全天

达尔滨湖国家森林公园位于自治旗诺敏镇境内,是大兴安岭唯一的大峡谷,森林覆盖率达75.3%,景区由达尔滨罗、神指峡、石海滩地、四方山天池等组成。

达尔滨湖湖面呈椭圆形,是由古代火山喷发的熔岩堵塞河谷形成的堰塞湖。湖的四周是浓密的原始森林,湖面四周是花的海洋,湖面时而鱼跃,鸿雁、丹顶鹤、白天鹅盘旋于湖面,被誉为林海中的"天然公园"。

玩家 攻略

每年的5月,兴安杜鹃漫山遍野,绿树、红花、石海、白雪构成了鄂伦春奇特的自然景观。

多布库尔民俗村
体验大自然的美

- 呼伦贝尔市鄂伦春旗大杨树镇多布库尔民俗村
- 先到大杨树镇,从大杨树镇乘长途汽车前往
- 全天

多布库尔民俗村内建有31栋具有北方民族特色的民居,鄂伦春猎人部落绕村而建,村民身着传统民族服装,半农半猎,男耕女织。这里是展示鄂伦春民族独特民族文化和民俗的窗口,为呼伦贝尔市民俗旅游名片和"五彩呼伦贝尔"精品线路之一。

苏古达乐景区
玩一把草原高尔夫

- 呼伦贝尔市鄂伦春旗阿荣旗301国道内蒙古与黑龙江交接处
- 先到阿荣旗,再租车前往
- 全天

苏古达乐景区是沿黑龙江方向进入呼伦贝尔地区首个蒙古族部落。景区有骑马、骑骆驼、射箭、草地足球、蒙古族歌舞表演、篝火晚会等蒙古族特色活动,领略蒙古人大口喝酒,大口吃肉的豪迈情怀。

景点推荐 呼伦贝尔东部旅游区

巴彦呼硕草原
体验天苍苍野茫茫的草原风光

📍 呼伦贝尔市鄂温克族自治旗锡尼河镇　🚗 包车从海拉尔前往鄂温克旗的巴彦呼硕草原旅游区,车程约半小时　💰 20元

巴彦呼硕草原有着悠久的历史人文景观和自然景观,草原风光特色突出。这里是我国三少民族之一的鄂温克族主要居住的地方,还居住有达斡尔、布里亚特、厄鲁特等少数民族,充满民族风情魅力。

玩家 攻略

巴彦呼硕敖包是鄂温克草原上最大的官祭敖包,是内蒙古所有旅游景区唯一先有敖包后建景区的旅游区。巴彦呼硕敖包还沿袭着传统敖包修建的形式修建,有主敖包一个,小敖包12个,手工铜顶13个,原始的石供桌、石香炉,透出古老的敖包祭祀习俗。

玩家 解说

巴彦呼硕草原旅游区每年都举办众多的民族节庆活动。每逢节日,草原上的人们身着盛装从四面八方云集敖包,一片欢腾。

每年5月初,当地牧民为庆祝春季接羔丰收而举行"丰收会";每年农历五月十三日有喇嘛主持祭祀敖包,称"敖包会";6月18日是鄂温克民族独有的传统节日"瑟宾节",与此同时一年一度的"国际敖包相会情歌节"也在这里举行;12月末,"内蒙古冬季那达慕"也在巴彦呼硕敖包山下举行。

红花尔基国家森林公园 AAAA
天然氧吧

📍 呼伦贝尔市鄂温克自治旗南端　🚗 包车从海拉尔前往　💰 60元

红花尔基国家森林公园河流纵横、湖泊遍布、物种资源丰富、动植物种类繁多,是集

> **链接**
>
> **《敖包相会》**
>
> 《敖包相会》是人们耳熟能详的蒙古情歌,这首歌就是从巴彦呼硕敖包唱遍了中华大地的。20世纪50年代,北京电影制片厂第一部以草原为题材的影片《草原上的人们》在巴彦呼硕敖包山上开拍,片中主题曲《敖包相会》至今仍在广泛传唱。
>
> 为了纪念在鄂温克草原上拍摄的第一部影片,弘扬敖包文化,草原人民请影片的小说原作者玛拉沁夫先生为这里题写了"天下第一敖包"的石碑。

天下第一敖包

休闲娱乐、观光度假、科普探险、野营狩猎等多功能为一体的大型国家森林公园。

公园以四季常青的沙地樟子松系统和浩瀚无垠的草原湿地景观为主,兼有连绵逶迤的冈峦山岭、风光旖旎的湖光山色、银装素裹的北国冰雪、丰富多彩的民族风情等景观资源。

玩家 攻略

这里有亚洲最大、我国唯一集中连片的沙地樟子松林带,樟子松现为国家二级珍贵保护树种。还可以在森林狩猎区体验狩猎的野趣。

公园内有风格各异的欧式木屋、民族风情村,就餐、住宿方便。

辉河国家级自然保护区
珍稀鸟类的栖息之地

- 呼伦贝尔市鄂温克自治旗巴彦托海镇
- 包车从鄂温克自治旗前往

辉河国家级自然保护区处于大兴安岭山地森林向呼伦贝尔草原的过渡带和草甸草原向典型草原的过渡带,集森林、草原、湿地于一体,具有低山丘陵、高平原、沙地、河谷等多种类型组合的地貌,是众多珍稀濒危鸟类生息繁衍的理想环境。

鄂温克草原
在草原上尽情策马奔驰

- 呼伦贝尔市鄂温克自治旗境内
- 包车从鄂温克自治旗前往

鄂温克草原是呼伦贝尔大草原的重要组成部分,草原占全旗总面积的62.5%。这里水草丰美、风光旖旎、河流纵横、湖泊密布,是未受污染、生态环境保护较好的一片绿色净土。

辽阔无垠的鄂温克大草原,蒙古包如点点星辰洒落于河边山冈,袅袅炊烟升腾起牧人千年不变的守候。草原白蘑、河畔柳蒿、遍地黄花等纯天然绿色食品,手扒羊肉、风味牛排、涮羊肉、布里亚特包子。

玩家 攻略

鄂温克有着丰富的冬季冰雪旅游资源,全年有6个月平均气温在零度以下。冬季到鄂温克旅游,尽享多彩的冰雪文化,感觉雪的晶莹、冷的庄严和具有浓郁地方特色的冰雪民族风情。

扎兰屯风景名胜区 AAAA
"吊桥"久负盛名

- 呼伦贝尔扎兰屯市及西北一带大兴安岭山地
- 柴河风景区60元。金龙山滑雪场360元(周末全天)

扎兰屯风景名胜区山上松桦茂密,山谷中溪泉众多,在密林深谷中有不少飞瀑涌泉;溪水汇集流入雅鲁河和绰尔河,河旁草木茂盛,河中又有许多丛林绿洲,自然形成若干处可供旅游观光的风景点,组成一处范围很大的驰名风景区。吊桥公园、柴河旅游区、秀水山庄等都是其主要景点。

□ 吊桥公园

- 呼伦贝尔扎兰屯市吊桥路1号

扎兰屯吊桥始建于1905年,以园内"吊桥"而得名。清东铁路通车后,园内只有悬索桥和衍桥,是专供当时的沙俄贵族们享乐的场所。现吊桥公园风光秀丽,是集水上娱乐、动物、花卉、碑廊等为一体的综合景区。

玩家 攻略

世界上只有两座百年以上的吊桥,其中一座位于俄罗斯的伊尔库斯克,另一座就是吊桥公园中的吊桥。

玩家 解说

公园以"吊桥"最负盛名,桥长约50米,宽10米。结构非常简单,只由两礅三节组成,礅面以石块铺成坚稳的桥道平台,每座礅面平台上,竖立希腊多利亚式圆柱两根,柱顶系着粗大铁链,悬吊着桥身,只要用手一推,整个桥身就会像摇篮似的摇动起来,煞是有趣。全桥造型独特,富有西方的浪漫色彩。

◻ 柴河旅游区

📧 呼伦贝尔扎兰屯市西南185千米的柴河镇境内

柴河旅游区因河得名,柴河风光气势博大,雄浑壮观。火山喷发造成典型的玄武岩河谷,沿河两岸多处山麓被切割成悬崖峭壁,汹涌的柴河、绰尔河及支流沿山谷奔流,青山叠翠,草木葱茏,形成多处自然景点,构成雄伟、瑰丽的自然景观。

旅游区由基尔果天池、卧牛湖、水帘洞、熊瞎子洞、老虎洞、九龙泉、柴河口、一线天、虎啸岩、月牙湾、独秀峰11处旅游景点组成。

玩家 攻略

景区火山天池较多。柴河两岸近千平方千米形成了20多座火山,火山口大多数在海拔千米之上,柴河源头一带300平方千米范围内集中分布着5个千米之上的天池,是摄影爱好者的好去处。

◻ 秀水山庄

📧 扎兰屯市市区北部8千米处的卧牛河畔

秀水山庄内建有俄式、欧式木屋、蒙古包、别墅、宾馆、人工湖、养鱼池。山庄内空气清新,自然景观使人心旷神怡。经过558级登山台阶到达卧牛山顶峰,可将秀水风景区和扎兰屯市区的风光尽收眼底。游人可在秀水山庄住宿,进行野餐、垂钓、登山、水上观

扎兰屯风景名胜区

光等多种活动。

巴林喇嘛山国家森林公园
奇峰怪石千姿百态

📧 呼伦贝尔牙克石市境内滨洲铁路线巴林火车站北部
🚗 从牙克石市乘班车或坐火车到巴林前往
📞 0470-7882217

巴林喇嘛山国家森林公园为牙克石市境内独特的石林景观,滨洲铁路和301国道由此穿过,交通便利。公园以大小28座突兀挺拔、陡峭嶙峋、巧夺天工、构造奇特的石峰组成。主峰远看似一诵经喇嘛面壁而坐,因而得名喇嘛山。

玩家 解说

喇嘛山国家森林公园极具特色,景区内奇山秀峰、碧水林海,素以峻拔奇秀著称。喇嘛山上岩石千姿百态,有喇嘛峰、仙人台、剑龙岩、醒狮岩、一线天等。清澈的雅鲁河水从山前流过。

达斡尔民族园
体验古老的达斡尔民族风情

📧 呼伦贝尔莫力达瓦达斡尔族自治旗尼尔基镇北
🚗 坐长途汽车到莫旗尼尔基镇租车前往
🕐 全天 💰 20元 📞 0470-4626336

达斡尔民族园规模宏大,民族园立意新颖,地方特色浓厚,具备举行节日庆典、民族祭祀、文体娱乐、民俗生态旅游、传统教育、休闲度假等多种功能,是莫力达瓦最具代表性的旅游景点。园内有反映达斡尔人生产生活的民俗村、植物园、按历史记载复原的雅克萨古城、民族英雄雕像群、斡包(用于进行民族祭祀活动)、金边壕等多个景点。

景点推荐

呼伦贝尔西部旅游区

白音哈达草原景区
白云下一望无垠的绿色

- 呼伦贝尔市陈巴尔虎旗白音哈达嘎查境内
- 自海拉尔租车前往
- 全天

白音哈达草原景区东有12平方千米的呼和诺尔湖，西南有蜿蜒曲折的海拉尔河以及莫日根河和海拉尔河汇流的湿地，301国道从景区东南侧穿过。景区四周是辽阔无垠的草原，草原植被覆盖率95%以上，是夏季开展观光避暑、生态旅游和冬季开展冰雪旅游的最佳之地。

玩家 攻略

景区东南侧小山峰上是整个景区的制高点，是观景的最佳之地。

景区建有那达慕场地、篝火场、旅游敖包、木制民族风格的可移动百人双面观礼台。主要民俗体验活动有草原那达慕、雪原那达慕、可汗登基大典、马文化表演、摔跤、射箭等40个旅游项目等。

景区住宿方便，极具特色的"可汗宫"，共分为金宫、银宫、玉宫（原石头蒙古包改造）、行宫（18项传统手工蒙古包）。

呼和诺尔草原 AAAA
芳草萋萋的青色海洋

- 呼伦贝尔市陈巴尔虎旗境内
- 6:00-23:00
- 旺季30元，淡季20元
- 0470-2858658

"呼和诺尔"蒙语意为"青色的湖"。呼和诺尔草原位于陈巴尔虎草原中心地带的呼和诺尔湖畔，景区内绿草如茵，河流和明镜般的湖泊点缀其中，水草丰美，景色秀丽，冬季的草原白雪皑皑，更具塞外风光。

玩家 攻略

景区设有一系列具有地方民族特色的旅游活动项目。主要有游牧旅游、访问牧民、骑马乘驼、观看蒙古族歌舞，观套马驯马表演、祭敖包等。同时，也可在成吉思汗帐房里领略"一代天骄"成吉思汗的雄风。

还可参加"那达慕"大会、民族歌舞篝火晚会、品尝民族风味、住蒙古包、摔跤、射箭、垂钓、乘船游湖、湿地探险、湿地观鸟等旅游活动，亲身体验"做一回蒙古人"的生活情趣。

玩家 解说

大自然不仅赋予了这里澎湃的绿色，还把

大型草原实景演出《天骄·成吉思汗》

《天骄·成吉思汗》以成吉思汗辉煌一生中最关键的生命片段为线索,向世人展示千百年来草原牧民的真实生活,还原和重现了古代草原上群雄逐鹿的震撼场面。璀璨的灯光、舞动的光影、逼真的效果,全新的艺术形式演绎了一场千古绝唱,再现了千年草原天地情怀。

以大草原实景为背景、以星空和月夜为舞台,这是剧目最大的特色之一。它突破了舞台剧的限制,为观众带来身临其境的现场感和宏大的视觉效果。

一泓碧水点缀其间,让草原的雄浑和水波的灵秀在这里融为一体,呼和诺尔(蒙语,意为青色的湖)的名称也由此而来。景区内有4平方千米的天然草原、12平方千米的湖泊,湖水与海拉尔河、莫日格勒河相连。

金帐汗旅游部落 AAAA
再现一代天骄成吉思汗金帐

呼伦贝尔市陈巴尔虎旗内　　乘坐往拉布大林方向的班车,在"金帐汗"下车步行即可到达　　全天　　20元

金帐汗旅游部落位于号称"天下第一曲水"的莫日格勒河畔,是"天苍苍,野茫茫,风吹草低见牛羊"的呼伦贝尔草原腹地,中外驰名的天然牧场。

金帐汗旅游部落是以部落样式为主体,以蒙古民族为主的北方少数民族传统文化、民俗民风、宗教技术、餐饮等综合旅游服务景区。

玩家 攻略

部落有以十几个品种、多个国家地区的具有50年至200年间经历沧桑的勒勒车轮为元素的几百个车轮。

部落有豪华套包41顶、标准包36顶、双人标包4顶、战车包10辆,可根据自己的预算和喜好选择,体验一夜蒙古包风情。

这里是草原上的影视基地,国内外几十部影视剧均在此拍摄。有《蒙古精神》《青藏线》《城市牧歌》《永远的马头琴》《敖包相聚》《托起草原》《猎鹰》《野马滩》《月亮背面》《静静的艾敏河》等十几部影视剧。

玩家 解说

部落拥有各式蒙古包和建筑,它们都有各自的功能:

索力德大帐: 迎宾大帐,大帐内供奉着一代天骄成吉思汗的铜像,并用蒙汉两种文字介绍他的传奇人生。大帐内挂满草原上各种兽骨兽角,还有九尾苏力德战旗,讲述古朴的民俗、远古的神奇故事。

敖包: 部落的制高点,神秘的充满蒙古族宗教民俗传统。参观达斡尔族人居所以及鄂伦春、鄂温克人的营地。

忽里乐台大帐和金顶大帐: 是集餐饮、歌舞、表演、会议为一体的多功能综合性大帐。

敖特尔: 蒙古族游牧专毡包,构建均按蒙古族传统结构设计。具有很高的欣赏性和实用性。

麦汗台: 是举办中小型那达慕的贵宾观礼台。

中国农机院胡列也吐度假村
一览边界风光

呼伦贝尔市陈巴尔虎旗境内　　租车前往　　全天

中国农机院胡列也吐度假村地处中俄边界,与俄罗斯隔河相望,三面环水,一面湿地,四周景色宜人,是游览草原风光、休闲避暑、领略边塞风情的最佳场所。

度假村建于河湖湿地上,河湖环绕,水系发达,河草长势茂盛,栖息多种鸟类,河面有鱼鸥、野鸭等,这里夏季鸟语花香,冬季一

中国农机院胡烈也吐度假村

贝尔湖秋色

片冰雪风光，纯朴善良的草原住民会向游客展示净土的古朴风貌，使人流连忘返。

贝尔湖
中国最美的界湖之一

- 呼伦贝尔新巴尔虎右旗阿拉坦额莫勒镇境内
- 经新右旗或满洲里租车前往
- 全天

贝尔湖坐落于呼伦贝尔高原的西南部边缘，是哈拉哈河和乌尔逊河的吞吐湖，为中蒙两国共有的湖泊。湖呈椭圆状，长40千米，宽20千米，其中大部分在蒙古国境内，仅西北部40.26平方千米为我国所有，贝尔湖被誉为中国最美的界湖之一。

"贝尔"蒙语意为"雄水獭"。和呼伦湖一样古代湖中盛产水獭，生活在湖边的蒙古人便以动、植物名称命山、河、湖、泉名称的古老习惯为湖命名。

玩家攻略

贝尔湖湖水清澈，为沙砾河床，是天然渔场，湖内盛产鲤鱼、鲇鱼、白鱼、红鳍鲅和狗鱼等，以"贝尔全鱼宴"享誉国内外。

□ 银海岸

银海岸位于贝尔苏木境内，中蒙湖——贝尔湖东北岸，距旗政府所在地阿拉坦额莫勒镇100千米。这里有美丽的沙滩、一望无际的莫能塔拉草原、碧绿的森林，有古老的乌尔逊河连接呼伦和贝尔姐妹湖的传奇风景，有多彩的民族风情，是一处绝佳的避暑旅游胜地。

玩家攻略

景区设有300米长游泳浴场，可供娱乐、住宿的木刻楞多功能厅，俄式木制别墅、民族特色蒙古包等设施。可开展民族特色的骑马、摔跤、射箭、乘勒勒车等活动项目。

宝格德乌拉山
我国最知名的敖包山

- 呼伦贝尔市新巴尔虎右旗阿拉坦额莫勒镇正南45千米
- 坐长途车到新右旗前往

呼伦贝尔草原

呼伦贝尔得名于呼伦和贝尔两大湖泊。呼伦的蒙语大意为"水獭"，贝尔的蒙语大意为"雄水獭"，因为过去这两个湖盛产水獭。呼伦贝尔被誉为"北国碧玉"。

呼伦贝尔草原总面积约10万平方千米，天然草场面积占80%，是世界著名的三大草原之一，这里地域辽阔，风光旖旎，水草丰美，3000多条纵横交错的河流，500多个星罗棋布的湖泊，组成了一幅绚丽的画卷，一直延伸到松涛激荡的大兴安岭。

呼伦贝尔草原是中国目前保存最完好的草原，水草丰美，生长着碱草、针茅、苜蓿、冰草等120多种营养丰富的牧草，有"牧草王国"之称。呼伦贝尔大草原的那份广袤、那份茂盛、那份浓重是众多草原无可比拟的。当你来到美丽、富饶、神奇的呼伦贝尔大草原，才能真正感受到什么是"蓝天绿地"，什么是"绿色净土"。

呼伦贝尔大草原是中国现存最丰美的优良牧场，有"最纯净的草原"之说。每逢盛夏，草原上鸟语花香、空气清新；星星点点的蒙古包上升起缕缕炊烟；微风吹来，牧草飘动，处处"风吹草低见牛羊"；蓝天白云之下，一望无际的草原、成群的牛羊、奔腾的骏马成为一幅绝美的风景画。

呼伦贝尔草原是消夏避暑的好地方，夏季最佳旅游时间为5月中旬至9月中旬；冬季最佳旅游时间为11月至次年的2月中旬。

"宝格德"是蒙古语,译为"神圣的","乌拉"为"山",宝格德乌拉即为"神山"或"圣山"之意。"敖包"汉译其意是"堆"。

在有文字记载的近三百年中,每年的农历五月十三和七月初三,生活在呼伦贝尔大草原上的牧民扶老携幼,从四面八方汇聚而来,自发地聚集在这里,进行最隆重、最神圣的民间朝圣、圣山祭祀活动,祈祷圣山保佑草原上的生灵兴旺平安。

克鲁伦河黄昏

玩家 攻略

宝格德乌拉山祭祀盛会是呼伦贝尔草原最大的民间敖包祭祀活动,也是新右、新巴尔虎左旗及周边地区主要的旅游节庆活动。

链接

宝格德乌拉山敖包祭祀

蒙古族的敖包祭祀形成于元代。祭敖包原本是萨满教的一项图腾祭祀活动,后来喇嘛教取代萨满教后,这一祭祀活动也被纳入喇嘛教,同时增加了宗教色彩。

自1738年开始,宝格德乌拉传统的祭山活动分为两次:一次为农历五月十三日,为新巴尔虎右旗独祭;另一次为农历七月初三,为新巴尔虎左、右两旗合祭(主祭者为两旗轮流)。

克鲁伦河
蒙古族的母亲河

- 呼伦贝尔市新巴尔虎右旗境内
- 新右旗包车前往 全天

"克鲁伦"在蒙古语中译为"光润"之意,取其转意"发扬光大"而命此河名。千百年来克鲁伦河始终以其博大的胸怀滋润着巴尔虎草原,千折百回流入呼伦湖。至今,这条母亲河在蒙古高原上静静地流淌,滋润着草原充满生机与活力,使河两岸的牧民们在天堂草原幸福地生活着。

玩家 解说

克鲁伦河发源于蒙古国肯特山东麓,自西而东到佐修奴勒庙附近进入我国境内,向东流经阿敦础鲁、阿拉坦额莫勒镇注入呼伦湖。全长1264千米,在我国新右旗境内长约206.44千米。

河面较宽一般达60米。水深2米左右,以夏秋流量最大,两岸有沼泽湿地分布,水草条件好,为优良的天然牧场。

巴尔虎蒙古部落景区 AAAA
以展现原生态巴尔虎民族、民风、民俗为特点

- 呼伦贝尔新巴尔虎左旗嵯岗牧场境内
- 满洲里包车前往 全天

巴尔虎蒙古部落景区位于巴尔虎草原的腹地,夏秋之季,绿草如茵,牛羊肥壮,气候凉爽,幽静宜人。整个景区分为中心区、民族竞技表演区、民族娱乐活动区、民族歌舞表演区、牧民生活体验区。

中心区整体布局是以成吉思汗登基大典的汗城为蓝本进行修建的,建有固定式战

巴尔虎草原

广阔的巴尔虎草原神奇、秀美,素有"北国碧玉"之称,是呼伦贝尔最好的天然牧场。巴尔虎蒙古部是蒙古族中最古老的一支,巴尔虎草原也是因到这里驻牧的巴尔虎蒙古部而得名。它是呼伦贝尔唯一一家以展现原生态巴尔虎民族、民风、民俗为特点的民族风情旅游景点。

巴尔虎草原是呼伦贝尔草原最重要的畜牧业生产基地,也是元王朝最后消亡之地,1368年朱元璋推翻元朝统治建立明朝后,元朝残余势力被迫退回蒙古草原,并不时派兵攻袭内地,直到20年后,明朝才在巴尔虎草原将元朝残余势力彻底打败。

车蒙古包、豪华蒙古包、蒙古地桌式多功能蒙古包等多种样式的蒙古包。

链接

"魂系巴尔虎"篝火晚会

巴尔虎蒙古部落在呼伦贝尔首家推出天天进行的"魂系巴尔虎"民俗民风歌舞演绎篝火晚会，晚会内容包括表现巴尔虎民族、民风的民族歌舞表演，和演员与客人互动的民族歌舞演绎两部分组成。

演员均为巴尔虎草原上的牧民，他们朴实、优美、率真的表演会让人最近距离地感受和体验原生态巴尔虎的民俗、民风。悠扬的蒙古长调、巴尔虎婚礼再现等，更让人醉情醉意醉心，陶陶然乐不思归。

甘珠尔庙
呼伦贝尔最大的喇嘛庙

🚌 呼伦贝尔市新巴尔虎左旗阿木古郎镇西北20千米处
🚐 新巴尔虎左旗包车前往　￥35元

甘珠尔庙又称寿宁寺，在全区数千座寺庙中排列第16位，曾以收藏甘珠尔经享誉国内外。甘珠尔庙由11座庙宇、4座庙仓、100多间伽蓝组成，建筑风格以中原、蒙古、西藏三种风格为一体，反映了三种文化的巧妙融合。远处望去，恰似"海市蜃楼"，成为碧绿的呼伦贝尔大草原上一道亮丽的风景线。

链接

甘珠尔庙庙会

甘珠尔庙除每天早晨举行索克钦会以外，每月农历二十九日举行"道格希德"会。农历三月二十二日至二十六日举行"桑吉德莫洛姆"法会，又称"春会"。每年农历六月十九日举行甘珠尔庙会。

八月十日至十五日举行七天伊罗герд大法会，又称"秋会"。在这七天里除庙中法会以外，还有民族那达慕盛会和繁华的一次大会。十月二十五日举办"安民灯会"，又称"千灯会"。农历十二月三十日举办一天"金布"法会。可见甘珠尔庙的规模之大，历史之悠久。

道乐都湖
草原中的七颗珍珠

🚌 呼伦贝尔新巴尔虎左旗以南100千米处，距阿尔山市98千米　🚐 新巴尔虎左旗或阿尔山市包车前往

这里由于集中分布着七个湖泡而得名"七仙湖"旅游景区，又称道乐都。道乐都蒙古语意为：七山环绕的广阔地，道乐都湖泡星罗棋布，水草丰美，樟子松林带连绵起伏；鹿、狼、野猪、狍子等野生动物时有出现；丹顶鹤、天鹅、大雁湖中戏水，成群鸥鸟盘旋天空。

玩家攻略

道乐都是连接内蒙古兴安盟与呼伦贝尔市、大兴安岭与大草原的十字中枢，是来自几个方向的游客所必经之地。

活动多样，包括观看参与巴尔虎民族传统体育运动，传统婚俗文化的绝佳场所，骑马、骑骆驼、射箭、游泳、钓鱼、沙滩排球、着装民族服饰摄影，傍晚组织大型篝火晚会等。

甘珠尔庙

巴尔虎草原

漠北草原自驾之旅

●北京—阿尔山—漠河

这条线路一路向北,直达黑龙江漠河。无垠的草原、纯净的大兴安岭是实现梦境的旅途。观金山岭长城,雄关要塞,威震千古。穿行于木兰围场,在一望无垠的草原,茂林密布的森林,寻找清代皇家狩猎园林往日盛况的依稀影子。

往北的风光,除了草原,还是草原,宁静而安详。也许很多人都曾留恋阿尔山的世外桃源,不想离去。在穿过莫尔道嘎色彩斑斓的"白桦林长廊"后,发现古树茂林,深山雪岭,是大兴安岭的本色。

总里程:2644千米
出行天数:单程约需13天
适用车型:适用于各种车型(越野车、SUV)
适宜出行季节:夏秋最佳
加油提示:河北路段加油站密集,内蒙古境内,离开干线和主要城市较难找到93#以上的汽油。

北京—木兰围场—克什克腾(647km)

行程:从北京沿京承高速,沿途重峦叠嶂、沟壑纵横,还可眺望万里长城的精华——望京楼。沿S50行驶至木兰围场游览,然后经乌兰布统行驶至克什克腾,一路草原风情,风光旖旎。

路况:北京到木兰围场路段,路况良好,维护较好。乌兰布统到克什克腾中间有段盘山路,大概10千米左右,路况很差,要小心驾驶。

克什克腾—锡林浩特—阿尔山(811km)

行程:从克什克腾出发,沿G303行驶至锡林浩特,在这里诺尔湖观日出日落,看天湖一色,不可错过美味的"全鱼宴",在锡林郭勒大草原上策马扬鞭。然后经东乌珠穆沁旗行驶至阿尔山,草原、大兴安岭、冰雪、温泉,都是来到这里的原因。

路况:路况良好,道路在一望无垠的草原上延伸,虽然路线较长,不过景色宜人。

阿尔山—呼伦贝尔(636km)

行程:从阿尔山出发,沿S203—G301行驶,呼伦湖似一颗明珠镶嵌在呼伦贝尔大草原上,伫立湖边,疲劳瞬间消散。满洲里耸立的国门,融合中西,既庄严肃穆,又热情奔放。再前往呼伦贝尔,呼和诺尔、白音呼硕、金帐汗蒙古部落,处处是美丽的草原风光。

路况:路况良好,都是柏油路。阿尔山至满洲里车少,人少,可以独自享受草原风光。满洲里至呼伦贝尔是繁华路段,汽车流量大。

呼伦贝尔—漠河(550km)

行程:从呼伦贝尔出发,沿S201—X904—X901行驶至莫尔道嘎森林公园,享受林海、蓝天、白云的夏季风光,和冰雪、雪岭的冬季风韵。途经恩和俄罗斯族民族乡,住一次俄式木刻楞房子,体验俄罗斯民族传统的饮食习惯和时令节气。然后走莫拉线—X324—S207到达漠河,在这个中国唯一可以欣赏到北极光的地方,观溢彩流光。

路况:路况良好,都是柏油路。莫尔道嘎镇有条金河公路是到金河镇的近道,75千米的砂石路。最后的黑龙江路段也是砂石路,沙尘大。

满洲里机场候机楼

攻略资讯

- 交通
- 住宿
- 美食
- 购物
- 娱乐

 交通

飞机

呼伦贝尔有两个民用机场,海拉尔东山机场和满洲里西郊机场,从满洲里到北京后,在北京乘海航航班当天可办理中转连程服务到达的城市达30多个。

航班:海拉尔机场已经开通北京、呼和浩特、哈尔滨、沈阳、南京、杭州、深圳、秦皇岛、广州、石家庄、天津、上海、大连、宁波、郑州、三亚(冬季)、俄罗斯赤塔、蒙古乔巴山、蒙古乌兰巴托等多城市;计划开通厦门、武汉、日本熊本等5个城市。

满洲里西郊机场已开通满洲里至北京、满洲里至呼和浩特、锡林浩特、乌兰浩特、通辽5条航线。

机场交通:海拉尔机场大巴:市区发车时间根据航班到达时间发车,不定时,一般是航班起飞前1.5小时市区发车。地点在海拉尔民航售票处,票价5元,车程20分钟左右。

满洲里机场大巴:市区下午2点半发车,一天只有一班。地点在口岸大饭店门口,票价10元,车程20分钟左右。

火车

海拉尔站始建于清光绪二十七年(1901)。海拉尔站每天有始发至哈尔滨、齐齐哈尔、大连、满洲里、莫尔道嘎等地的固定旅客列车。有途经海拉尔站到达北京、呼和浩特、绥芬河与由北京始发至俄罗斯莫斯科的国际旅客列车均在海拉尔站停靠。位于呼伦贝尔市海拉尔区,可乘1、2路公交到达。

满洲里火车站于1901年4月,由俄国修建东清铁路的第一座车站改建而成,为哈尔滨铁路局管辖的站。经过铁路有滨洲铁路。位于满洲里市南一道街,可乘6路公交到达。

汽车

海拉尔汽车站位于海拉尔区夹信子路。乘1、2路公交到火车站下车,然后步行到海拉尔汽车站。每天有发往莫尔道嘎、红花尔基、根河、牙克石、拉布大林(额尔古纳)、满洲里、阿尔山等地的班车,也有去往哈尔滨的班车。汽车站电话:0470-8333719。

满洲里国际汽车客运站位于华埠大街和湖北街交叉路口处北侧。

住宿

海拉尔区有各种不同档次的宾馆,在市中心地区的中央大街上集中了许多中高档的宾馆,一些小规模的旅店,价格会更便宜,通常只需几十元即可。另外,还可以在草原旅游区的蒙古包中,感受地道的草原风情。

海拉尔站

旅游旺季草原蒙古包住宿每人50元左右，豪华包450元左右，城市住宿家庭宾馆标间200元左右，其他大宾馆会相对再高一些。房价一般随着淡旺季不同而有较大浮动。

● **呼伦贝尔宾馆**

呼伦贝尔宾馆位于呼伦贝尔大草原中心城市海拉尔的伊敏河畔，市中心黄金地段，是呼伦贝尔市政务和旅游接待重要基地，尽占地利优势。宾馆拥有各式中高档及豪华客房，可同时容纳宾客500余人。其中5~7层为行政楼层，其他楼层为商务楼层。胜利大街32号 0470-8211000

● **呼伦贝尔春天主题酒店**

呼伦贝尔春天主题酒店位于华云大厦西北方向，正对海拉尔新火车站广场，周边环境舒适，交通便利。它是一家集商务会议、餐饮、住宿为一体的绿色低碳环保型酒店。酒店拥有各类客房，5个大中小各具特色的餐厅及1个宴会厅，可同时容纳240人。它还拥有专业会议会展公司，拥有容纳30~60人的多功能会议厅2个，满足客人承办中型会议的需求。海拉尔区 0470-3998888

● **更多住宿去处**

呼伦贝尔海拉尔宾馆/呼伦贝尔市海拉尔区兴安东路/0470-8358327

呼伦贝尔尼基金酒店/海拉尔区尼尔基路85号发达广场南侧/0470-2955777

满洲里金玉兰宾馆/满洲里市四道街120号（北国商城对面）/0470-3988988

满洲里索尼娅宾馆/满洲里市二道街明珠公寓11楼/0470-6237009

美食

呼伦贝尔市有中国最天然无污染的草原——呼伦贝尔大草原，这里所产的牛羊肉肉质鲜美，中外驰名；涮羊肉、烤羊腿和手把肉自然是不能错过的。

在额尔古纳市的恩和、室韦和临江等俄罗斯风情小镇还能吃到美味的俄国

呼伦贝尔住宿

蓝莓酱

大列巴

特色菜肴,大列巴、蓝莓酱和新鲜的牛奶,不但会满足你的胃,还会慰藉你的心灵。

美食小吃

● 烤羊腿

呼伦贝尔招待宾客的一道佳肴名菜,是从烤全羊演变而来。如今,在羊腿烘烤过程中逐步增加了各种配料和调味品,使其集形、色、味、鲜为一体,色美、肉香、外焦、内嫩、干酥不腻,上桌后香气扑鼻,肉鲜味美。

烤羊腿

● 大列巴

它就是大面包,这种面包巨大,比普通的盘子还要大。大列巴是以面粉、酒花、食盐为主要原料,按俄罗斯传统工艺精制而成。外表为圆形,有2.5千克重,是面包之冠。味道也别具芳香,具有传统的欧洲风味。

● 手把肉

内蒙古大草原各族人民千百年来最喜欢、最常食用的传统食品,它的制作和吃法别具一格:将羊按各关节带骨分割成数块,放入不加盐和其他佐料的白水锅内,用大火烧,保持原汁原味,适当控制火候,只要肉已变色,即可食用。手把肉鲜而不膻,肥而不腻,易于消化。

呼伦贝尔美食去处

呼伦贝尔的餐厅主要集中在海拉尔区和满洲里市,更多的餐厅都集中在海拉尔。海拉尔有中国最完美的草原——呼伦贝尔大草原,这里所产的羊肉质鲜美,与羊肉有关的菜品,在海拉尔几乎任何一个馆子都可以吃到正宗的,分量足而且价格合理。如果不喜欢或者不适应当地饮食,也可吃到川菜等其他地方菜肴。

手把肉

购物

呼伦贝尔的民族手工艺品以粗犷感和用途广而闻名。如银制艺术品、蒙古袍、蒙古刀和王爷腰刀、木雕壁画、木雕壁挂、根雕、瘤雕、树皮画等系列艺术品，风格天成，古朴高雅。

另外，野生土特产也不可错过，有草原白菇、黑木耳、炒米、费乌瑞它、甘草、榛子、沙果、笃斯、山里红、金针菇等。

呼伦贝尔特产

● 银制工艺品

北方牧猎民族最喜欢的传统工艺品。除银餐饮用具和服饰外，还采用先进工艺创新产品，制作出栩栩如生的动物造型、摆饰100多种。特别突出的有《马到成功》《成吉思汗白鬃烈马》等银摆件，在工艺上采取纯银镀金、錾工、花丝、石嵌、烧蓝等综合技术，是银制工艺的精品。

● 内蒙古地毯

选用当地优质绵羊毛为原料，用化学颜料和植物颜料染色，再经过手工编织、化学水洗等工艺加工而成，具有做工精细、弹性较强、手感柔软、光泽自然、图案多彩、经久耐用等特点。主要品种有天然色地毯、仿古式地毯、汉宫地毯、美术式地毯、艺术挂毯等。此外，还有裁绒驼鞴、马鞴、马褥子、汽车垫、坐垫、拜垫等产品。

● 白蘑

产于呼伦贝尔大草原，是伞菌中较为珍贵的品种。由于呼伦贝尔大草原夏季气候温凉湿润，光照时间较长，使白蘑有良好的生长环境。白蘑有多种食用方法，可以做馅、溜炒、涮火锅等，也可以晾干长期食用。

呼伦贝尔购物场所

海拉尔的友谊大厦、步森百货大楼、伊士丹购物广场、龙凤、温州城、开发区商城、418商场等商品丰富，都是购物的不错去处。

 娱乐

在呼伦贝尔的城镇、农区、林区汉族较为集中的地区，一般在春节、元宵节期间和农村的闲暇季节，群众文娱活动较活跃。形式主要有秧歌、二人转、单出头表演和冰雕、冰灯、彩灯展览等，近年城市还兴起了焰火晚会。

秧歌表演的形式有舞龙灯、腰鼓、踩高跷、跑驴、划旱船、担花篮、大头娃、耍狮子、戏曲人物的扮相造型等。有些秧歌中穿插活报剧表演。表演者浓妆艳抹，形象夸张，服装五光十色，鲜艳夺目。

节日和重大活动

节日	地点	时间
冰雪那达慕	新巴尔虎左旗	1月
冰雪旅游节	呼伦贝尔	12月23日
杜鹃节	呼伦贝尔	5月

冰雪那达慕

兴安盟

发现者旅行指南

概览

亮点

■ **阿尔山国家森林公园**

汇聚了各种美丽的自然风光，天池湖水犹如天空之镜，杜鹃湖畔杜鹃花盛放季节灿烂迷人，由火山喷发后岩浆流淌凝成的千姿百态的石塘林栩栩如生。

■ **阿尔山温泉群**

阿尔山地区受远古火山活动影响，形成了大规模的温泉群。不同的泉水具有不同的医疗作用。

■ **成吉思汗庙**

世界上唯一一座纪念成吉思汗的祠庙。始建成于1940年，是一座融汉、蒙古、藏三个民族建筑风格于一体的庙宇。

成吉思汗庙

■ **科尔沁国家级自然保护区**

以保护科尔沁草原、湿地生态系统及栖息在这里的鹤类、鹳类等珍稀鸟类为对象的综合性自然保护区，保留着草原的原始风貌。

■ **扎赉特旗神山**

内蒙古地区大山名川之一，系大兴安岭余脉，是一座独立的山峰，主峰海拔1158米。此山山体为土石结构，以花岗石为主，山势雄险，奇峰怪石别具一格。

线路

■ **阿尔山休闲二日游**

第一天欣赏生长在熔岩地貌上的千年落叶松森林，观赏哈拉哈河源头——三潭峡，一睹全国最大的火山堰塞湖——杜鹃湖，后徒步2千米，抵达未对普通旅游者开放的、原始静谧的、阿尔山地区最绚烂的火山堰塞湖鹿鸣湖，在最令人神往的中蒙界河哈拉哈河漂流。晚上推荐住在森林公园里。

如果前一晚住在森林公园里或是伊尔施市，那第二天在用过早餐后就返回阿尔山市，早上在市内逛一逛，千万别错过阿尔山别致的小火车站，中午在城区用午餐，下午前往阿尔山海神圣泉旅游度假区享受温泉。

千年落叶松森林

■ **原始风光之旅**

第一天从阿尔山市沿S203前往游览阿尔山森林公园，晚上返回阿尔山市住宿。第二天上午参观玫瑰峰景区，下午可到阿尔山滑雪场游玩。

■ **阿尔山畅爽一日游**

上午观赏距今1.54亿年前形成的壮观石林地貌，接着去飞仙岭游玩。傍晚返回阿尔山，在阿尔山火车站看夕阳西下。最后去中国温泉博物馆泡一泡，一天的疲惫顿消。

为何去

兴安盟境内的旅游资源除了自然草原风光外,还有被称为"天然火山地质博物馆"的阿尔山地质景观。景区内有第四世纪时期形成的火山群以及花岗岩石林地貌、火山群构造、河流水系、温泉群等。兴安盟草原地处大兴安岭东南麓,是著名的科尔沁草原的一部分,自古以来就是水草丰美的牧区。兴安盟的森林,是素有林海之称的大兴安岭南麓山地的天然次生林区。

阿尔山森林公园

何时去

兴安盟的最佳旅游时间是每年的夏季和秋季,而冬季前来则可亲近冰雪世界。

夏季的兴安盟空气湿润、温暖宜人,游人既可以爬山玩水,也可以策马驰骋,感受科尔沁草原的广袤与博大。

秋季无论是草原还是林海,都被秋风染上了各种各样的颜色。

冬季可以看到冰川雪原、雾凇奇观。

兴安盟林海

兴安盟旅游示意图

区域解读

区号：0482
面积：约59 806km²
人口：约160.42万人

阿尔山

地理 GEOGRAPHY

区划

兴安盟现辖两市（乌兰浩特市、阿尔山市）、三旗（科尔沁右翼前旗、科尔沁右翼中旗、扎赉特旗）、一县（突泉县）。

地形

兴安盟地处大兴安岭向科尔沁草原和松嫩平原过渡带上，大兴安岭横贯全境，西侧是蒙古高原的一部分，东侧是松辽平原的一部分。兴安盟是嫩江、松花江流域和科尔沁沙地源头，是大兴安岭林海的重要组成部分，可利用草原面积26 000平方千米、森林面积16 000平方千米，是重要的林区与牧区。境内水资源丰富，大小河流200多条，水库25座，总库容19亿立方米，水资源总量50亿立方米，是东北地区的"水龙头"。

在兴安盟近6万平方千米范围内，三分之一是草原，四分之一是森林，近五分之一的面积是以湿地类型为主的各类自然保护区。蓝蓝的天空，无边的草原，九曲十八湾的清清河水，神圣的温泉，使兴安盟被誉为无污染、无公害的"绿色净土"。

气候

兴安盟属温带半干旱季风气候，四季分明。每年的春、秋季节的大部分时间都干燥多风，昼夜温差大，而夏季湿热短暂，冬季寒冷漫长。

兴安盟的最佳旅游时间是每年的夏季和秋季。夏天的兴安盟，空气湿润、温暖宜人；而秋天秋高气爽，空气清新，非常适宜出行。

神奇宝地——阿尔山

阿尔山是中国境内的第七处活火山群，其中火山丘、火山口、火山口湖、火山石塘、蒸气蝶龟背岩也是世界仅有的火山地貌。阿尔山可以称得上是世界上的一座火山地质博物馆。

此外，阿尔山矿泉是世界最大的功能型矿泉之一。阿尔山周围就有冷泉、温泉、热泉、高热泉等温度不同、功能各异的饮用和洗浴矿泉逾百眼。其中国家4A级景区——阿尔山温泉疗养院内，在宽70米，长500米的芳草地上就出露有能够治疗心脑血管疾病、皮肤病、关节炎等八大系统疾病的矿泉48眼，其他矿泉集中分布在金江沟、银江沟一带。它的医疗功能得到了医学界的广泛认同。距市中心2.5千米处的五里泉矿泉为天然优质饮用矿泉水，富含锂、锶、硒等人体必需的微量元素和宏量元素，每天自涌量为1054吨，被矿泉水专家赞为"天下第一奇特大泉"。

阿尔山温泉小屋

历史 HISTORY

历史大事记

● 原始社会

在兴安盟境内陆续发现了许多"新石器时代"的遗物,证明大约在距今3000年至10 000年间,兴安盟就有人类活动。

● 古代

春秋战国到秦汉南北朝时期,这里是东胡族及其后裔鲜卑以及室韦游牧之地。

隋唐时期,这里是室韦、突厥族游牧之地。

辽金时期,这里分别归辽上京道泰州、金临潢府的管辖,主要是契丹和女真族活动的地区。金朝在大定年间开始修筑规模宏大的金长城,总长近5000千米,在兴安盟境内通过的共有4条。

元明时期,这里是哲里木盟辖区。元太祖成吉思汗在统一中国北方后,分封近亲功臣,兴安盟一带为其三弟帖木哥斡赤斤的封地。

清代,居住在兴安盟一带的是科尔沁蒙古。清廷对蒙古地区的管理,沿袭了满洲八旗制度,拆散蒙古部落,编成盟旗,使其互相制约,无法联合。科右前旗、科右中旗、扎赉特旗设置时间是清代,其中科右前旗、科右中旗属于科尔沁部。

● 近现代

民国时期,兴安盟延续了清代的蒙古封建王公制度,盟旗的设置和区域均未改变。

1931年6月,在兴安盟科右前旗的察尔森镇发生了震惊中外的"中村事件"。此事件后来被日本侵略者作为借口发动了九一八事变。

1932年6月,兴安盟在"伪满洲国"统治下设立兴安省,省府驻王爷庙(今乌兰浩特市)。

1947年5月1日,新中国第一个少数民族自治政权——内蒙古自治政府就诞生在这里,是党的民族区域自治政策最早实践地。

1952年,内蒙古成立东部区行政公署,驻乌兰浩特市,兴安盟的建制随之撤销。原兴安盟与呼纳盟合并,改称呼伦贝尔盟。

1980年,经国务院批准,恢复兴安盟建制,直到现在。

中村事件

科尔沁右翼前旗察尔森镇的居日很山一带,就是当年震惊中外的九一八事变导火索——"中村事件"的发生地。

日本侵华战争期间,日本关东军陆军大尉中村震太郎在日本关东军情报二部供职,直接受关东军特务机关长土肥原贤二领导，负责搜集中国军事情报工作。

1931年6月，日军参谋部大尉中村震太郎奉命到东北执行秘密军事侦察任务，随同者有一名旅居东北的日本退伍骑兵上士、一名蒙古人和一名白俄人。他们化装成中国农民，到兴安岭索伦山一带进行军事地理调查后，在准备经洮南返回途中，于6月26日在兴安区葛根庙附近苏鄂公爷府被当地驻防的中国屯垦军第三团所部拘获。经搜查，在他们的行囊和中村的棉裤中搜出调查笔记、军用地图甚多，并查出指北针、测绘仪器和一支南部式手枪。中村用地图对照现地，加以纠正改绘，凡他所经过的地区，关于雨量、气候、村落、居民、水井以及可容驻的兵力等都记载很详细。

由于间谍罪证确凿无疑，团长关玉衡遂下令将中村等人处死。然而，日本陆军总部却避开其特务活动不谈，于1931年8月17日发表了所谓《关于中村大尉一行遇难声明》，声称这是"帝国陆军和日本的奇耻大辱"，反诬中国军队无故开枪打死"大日本臣民"，以此作掩护，佯作交涉。

1931年9月18日，日本军队突然向东北军驻地沈阳北大营发动袭击，炮轰沈阳城，发动了震惊中外的九一八事变。

九一八事变不久，日本关东军在原科尔沁右翼后旗北居日很山顶为中村震太郎立一石墓碑，并在墓前建一座小庙。

1945年8月15日，日本宣布无条件投降后，当地农牧民愤怒地推倒墓碑，扒掉小庙。墓碑遗址至今留存，成为一处重要的爱国主义教育基地。

科尔沁草原

清廷后妃故乡——科尔沁大草原

科尔沁蒙古与后金、清在历史上存在着极其密切的关系,其中最重要的一个方面就是满蒙联姻。

1612年,努尔哈赤迎娶科尔沁部首台吉明安之女,开始了满蒙之间的姻亲联盟关系。据有关资料提供,皇太极后妃9人中有6人是蒙古人,他的两位皇后都来自科尔沁部;顺治皇帝也有6名蒙古后妃,皇太极的兄弟子侄共娶蒙古女子7人,其中5人来自科尔沁。从1612年努尔哈赤向科尔沁部台吉明安遣使求婚,至1912年清朝灭亡的整整300年间,科尔沁部王公之女嫁给清帝和王室成员的共有19人,清廷也有公主24人嫁到科尔沁部。这其中最广为人知的是孝庄文皇后。

与清室的频繁联姻,抬高了科尔沁蒙古的地位。科尔沁蒙古不仅是成吉思汗"黄金家族"的嫡亲后裔,有着皇族血统,而且与清朝皇族是世代姻亲,有着错综复杂的姻亲关系。

乾隆皇帝曾有诗句:"塞牧虽称远,姻盟向最亲",清楚地道出了满蒙合亲的真实目的,用今天的话来说,这是一种成功的民族统战政策。如果说当年秦始皇为巩固北疆劳民伤财修筑了一条砖石砌就的万里长城的话,那么,清朝统治者则通过这种政治合亲,缔造了一条无形的"万里长城",确实地为整个清朝北部边疆带来了安宁。

文化 CULTURE

蒙古族民歌瑰宝——科尔沁叙事民歌

草原无处不飞歌。在浩渺如烟的蒙古族民歌海洋中,科尔沁叙事民歌以其别具一格的艺术风格和深厚的民族文化底蕴,深受各族人民群众的喜爱。

科尔沁草原著名民间歌手查干巴拉

科尔沁叙事民歌主要流传在内蒙古东部的科尔沁草原上。叙事民歌自然更多地关注人的命运,关注人的心灵感受。由于科尔沁叙事民歌多在真人真事的基础上由民间艺人加工而成,所以绝大多数叙事民歌的歌名都是人名,如《达那巴拉》《乌尤黛》《哲德尔娜娜》《白虎哥哥》等。

在科尔沁叙事民歌编唱、流传的过程中,说唱艺人"胡尔其"功不可没。他们在走村串户"说书"之余,把一首首美妙动听的民歌播撒到科尔沁草原的每一个角落。同时,他们又从蒙古族老乡们那里学唱新的民歌,再按照自己的艺术理念对新学唱的民歌进行润色和加工。

近年来,科尔沁叙事民歌的价值越来越被国内艺术家们看重。著名民歌《嘎达梅林》近10年相继被多次改编成话剧、舞剧和电视剧。

乌兰浩特市景点

景点推荐

成吉思汗庙 文
当今世界上纪念成吉思汗的唯一祠庙

- 兴安盟乌兰浩特市兴安北大路82号罕山公园内
- 1、2路公交车可到达
- 40元 8:00~17:00

成吉思汗庙(简称成庙)坐落于乌兰浩特罕山之巅,是当今世界上纪念成吉思汗的唯一祠庙。它由蒙古族艺术家耐勒尔设计,融蒙、汉、藏三个民族的建筑风格于一体,采取古代汉族建筑中惯用的中轴对称布局手法,建筑主体圆顶方身,绿帽白墙,具有典型的蒙、藏建筑特色。

成吉思汗庙

- 正殿高28米,圆顶中央悬挂着长方形匾额,上书"成吉思汗庙"(蒙古、汉两种文字)。
- 寺庙坐北朝南,上圆下方,庙殿呈"山"字形。
- 东西两侧偏殿高16.6米,殿内陈列着元代服饰、书简、器皿等。
- 由庙殿向下,有81级台阶,庙前的院落占地6.8万平方米。
- 正殿建筑面积822平方米,内有16根大红漆明柱,并有成吉思汗全身铸铜座像。

葛根庙
著名藏传佛教寺庙
- 兴安盟乌兰浩特市东南30千米洮儿河左岸
- 免费

葛根庙坐落在陶赖图山南坡脚下,是东部十个旗供养的著名藏传佛教寺庙。其以梵通寺(朝克沁都根)、广乐寺(拉森都根)、广觉寺(胡硕都根)、宏济寺(查干都根)、慧通寺(居德伯都根)5大殿堂为主,配有葛根官、尼玛宫、葛根陵等小型殿堂,成为本旗历史上规模宏伟的最大喇嘛庙。总占地面积6万平方米。1928年西藏活佛班禅来此传经。文化大革命期间寺庙全部被扒毁。现在寺庙为近年重建。

"五一"会址
内蒙古自治政府成立大会会址
- 兴安盟乌兰浩特市五一北路东侧

"五一"会址是一座青砖建造的厅堂。因1947年4月23日至5月1日,内蒙古人民代表大会在这里召开并宣告全国第一个少数民族自治政权——内蒙古自治政府在此成立而得名。该厅堂建于1935年,曾是伪兴安陆军军官学校礼堂,东蒙军政干部学校礼堂,后为内蒙古党校礼堂。它是青砖灰瓦二层起脊建筑,坐东朝西,东西长94.5米,南北宽24.7米,建筑面积708.5平方米,占地面积为2334.15平方米。

乌兰东山观稻亭
全景式观赏乌兰哈达镇稻田风光的理想之地
- 兴安盟乌兰浩特市乌兰哈达镇乌兰胡硕嘎查东

乌兰东山观稻亭,距市区6千米,山上建有金属结构飞檐翘角古典式凉亭两座,饰以油漆彩绘,总面积120平方米。

这里是全景式观赏乌兰哈达镇稻田风光的理想之地。置身亭内向西眺望,万亩稻田尽收眼底。随季节更替,条块分明的稻田亦变换色彩,或水光如镜,或青翠如茵,或金黄似锦,让人感到此地的美丽与丰饶。极目遥望,蒙牛公司、成吉思汗赛马场和乌兰浩特市区也清晰可辨。

乌兰哈达镇稻田

景点推荐 乌兰浩特周边景点

满族屯草原
我国唯一以牧业为主的满族乡

📧 兴安盟科尔沁右翼前旗北部

满族屯地处乌兰毛都大草原，境内多低山丘陵，沟壑纵横。满族屯的森林资源、草原资源得天独厚，有天然草牧场1800平方千米，次生林50平方千米，大小季节性河流16条，风景秀丽，处处锦绣。

这里的草原深处有几十种野生动物，可供游人观赏。满族屯既是领略草原风光、民族风情的旅游胜地，又是一处天然的狩猎场。山、水、草原、敖包、金界壕和大方城遗址，构成了满族屯独特的古今辉映的自然和人文景观。

乌兰毛都草原
丘陵山地草原风光

📧 兴安盟科尔沁右翼前旗大坝沟镇乌兰毛都努图克

乌兰毛都草原地处兴安岭南麓，是兴安盟草原面积最大、牲畜头数最多的一个纯牧业区。这里属丘陵山地草原，地域广阔，水丰草美，草原风光独特。它是科尔沁草原中风景最美丽、植被最完好的一部分。草原上有野生植物82科560种，这里培育的"兴安细毛羊"远销日本、美国、加拿大、德国等10个国家。

> **链接**
>
> **乌兰毛都草原那达慕大会**
>
> 乌兰毛都草原的那达慕大会，是当地传统的群众性集会，每两年举行一次。主要内容有摔跤、赛马、射箭、套马、舞蹈等活动，还进行物资交流、科技展览和先进表彰等。每当召开那达慕盛会，牧民和游人云集这里，尽情享受蒙古族风情。
>
> 那达慕大会一般于7、8月间举行，会址选在宽阔平坦、水草丰美、景色秀丽的地方。会址中要搭起高台，周围有次序地临时搭起蒙古包、饭店、茶馆、货点等。大会期间，到处彩旗飘扬，人欢马叫，十分繁华，俨然是一座风格独特的草原城市。

金界壕 文
金长城遗址

📍 兴安盟科尔沁右翼前旗满族屯乡

在内蒙古自治区的大草原上有一条长城，那就是金界壕。因其是在金朝（1115—1234）修筑的，史称金长城。

金界壕包括壕堑、界堤、壕堡、边堡等设施。金修筑界壕以阻止北方游牧民族南下，在军事上有一定价值。但壕堑易为风沙所填平，失去效用，故不能从根本上解决问题。蒙古军攻克河北、山西等地后，界壕的军事防御作用也就随之消失，逐渐变成一条断续不全的遗迹。

> **链接**
>
> **金长城**
>
> 据记载，金廷镇压了北方部族的反抗后，采取了两项重大举措以巩固北方地区。一是把东北路招讨司机构从泰州迁到金山（今吉林白城市西北），并增设副招讨二员，以加强边防地区的管理；一是修筑界壕，以防御游牧民族骑兵的南下。金长城大约始建于金太宗天会（1123）年间，历时70余年。
>
> 金长城共有两条。一条起于大兴安岭北麓，由根河向西，穿过呼伦贝尔草原，到达蒙古人民共和国肯特省德尔盖尔汗山以北沼泽地带。史称"明昌旧城"或"兀术长城"。另一条自莫力达瓦达斡尔族自治旗起，沿兴安岭经科尔沁右翼前旗、突泉县向西入漠北，至锡林郭勒盟后，再向西南沿着阴山北延伸，止于包头市东黄河北岸。史称"明昌新城"或"金界壕"。
>
> 金界壕，蒙古语称"和日木"，意为"墙"。

图牧吉国家级自然保护区
大鸨的故乡

📍 兴安盟扎赉特旗南部图牧吉镇内

图牧吉国家自然保护区，是第一个以保护大鸨的繁殖地为主的自然保护区，我国鹤类分布最为集中的区域之一，也是我国仅有的少数大鸨繁殖区之一，被誉为大鸨的故乡。

保护区东南部宽阔的水面和大片的沼泽湿地，造就了大面积的浅滩草原区和广阔的深草区，为众多鸟类提供了充足便利的觅食条件，也为它们提供了不受惊扰的栖息繁衍的场所。每年春秋季节有成千上万只水鸟过境停歇。

扎赉特神山
扎赉特旗的象征和骄傲

📍 兴安盟扎赉特巴彦乌兰苏木、巴达尔胡镇、阿尔本格勒镇交界处

扎赉特旗神山是内蒙古地区大山名川之一，神秘而特有灵气的山。神山系大兴安岭余脉，是一座独立的山峰，主峰海拔1158米。此山向东北延伸逐渐降低，并分为前后两列，前列为大神山，后列为小神山。山体为土石结构，以花岗石为主，从远处看，青里透蓝，山体高大，山势雄险，奇峰怪石别具一格。

玩家 攻略

扎赉特蒙古族每年的8—9月在神山主峰前的草原上组织开展一次规模较大的摔跤、射箭、赛马为主要内容的传统那达慕（娱乐活动），那达慕期间还开展具有浓郁的民族特色和特殊的宗教风俗习惯的祭祀山神活动。

玩家 解说

神山，元代至清代初被称为朵云温都儿（朵云，蒙古语意思是祭品，古代蒙古语称山为温都儿）。在清乾隆年间被赐为乌力吉朝克图敖拉。藏语称其为拉喜扎力布，意指吉祥的神（帝）。

扎赉特神山

因忌讳直呼其名,人们称其为博格达敖拉(汉语意为"神山")。还有个说法是,传说元朝著名将军木华黎去世后在此显灵,故称神山。从而增添了神山旅游景区的神秘性和旅游文化内涵。

□ 石老爷山

石老爷山位于神山山群的西部,是神山的最高峰。石老爷山顶部有一块60多米高的巨石,似一位身经百战的将军,在硝烟弥漫的疆场上指挥着千军万马。

□ 神山水库

神山一带山高林密,水源丰富。通过人工引流和修饰,大量的山坡经流水和数不尽的山泉水汇集一处,形成了明镜般的高山湖,即神山水库。水库四周青山倒映,天光云影徘徊其中,如翠袖镶珠,何其明澈娇丽。

□ 仙人洞

在神山东侧山腰上有一个能容纳200多人的神秘大山洞,洞内空气湿润,通风、通阳光,是游人挡风遮雨休闲的好地方。当地人称其为仙人洞。

察尔森国家森林公园
集森林和草原风光于一体

📍 兴安盟科尔沁右翼前旗境内

察尔森国家森林公园,是集森林和草原风光于一体,树木繁茂,绿草如茵,每年都吸引大批国内外宾客旅游观光的胜地。民族旅游村有16座大型蒙古包,按民族风俗接待八方来客,马奶酒、奶茶、手把肉、烤羊腿、献哈达和民族歌舞等,会使人在娱乐之中品味蒙古民族的风土人情。

察尔森国家森林公园

绰尔河

绰勒水库旅游区
风景秀美的天然公园
◎ 兴安盟扎赉特旗绰勒水库境内

绰尔河是内蒙古自治区第二大河流，嫩江最大支流，兴安盟七河流之首。自西北向东南贯穿整个扎赉特旗，在扎赉特旗境内流程200多千米，景色秀美，是扎赉特人的母亲河。绰尔河两岸山地、丘陵、草原变化有序，风光明丽，景色宜人。绰尔河上的茂力格尔大桥和省际大通道大桥跨河横卧，雄伟壮观。

▢ 绰勒水库

位于绰尔河中游茂力格尔大桥上游150米处。坝址距扎赉特旗政府所在地音德尔镇20千米，是融灌溉、防洪、发电、养殖、旅游等功能为一体的大型水利枢纽工程。

绰勒水库周围自然风景最为优美。两岸峰峦叠翠，林木葱茏，花草繁盛，水草丰美，繁衍着多种珍禽异兽。

▢ 茂力格尔大桥

茂力格尔大桥位于绰勒水库境内。1981年，111国道上的重要桥梁之一——茂力格尔大桥落成。茂力格尔大桥横跨绰尔河，雄伟壮观。桥长455.5米，两岸引线长6千米，桥面净宽7米，两侧人行道各宽0.75米，是内蒙古自治区第三大桥。这里的山水美景、草原风光和雄伟的大桥，构成一幅美丽的画卷，被当地人称为"天赋公园"。

▢ 绰尔河漂流项目

绰尔河漂流旅游项目有可漂流河段三处，总长度60千米，从巴达尔胡镇王爷府至西拉哈达的10多千米河段是综合功能的漂流带。

杨树沟河谷森林草原旅游区
山水风景、美不胜收
◎ 兴安盟杨树沟林场和呼格吉乐图种畜场

杨树沟河谷森林草原景区包括杨树沟瀑布群、绰尔河上游两岸风光、草原石林、哈比日嘎山、白希哈达风光以及草原和森林等，是扎赉特旗直接进入阿尔山—柴河旅游景区的必经之路。这里的地容地貌集山地、丘陵、平原、湿地、湖泡、原始森林为一体，美不胜收。

景点推荐 阿尔山旅游区

阿尔山国家森林公园
火山熔岩、天下奇泉

阿尔山国家森林公园位于浩瀚苍莽、碧波万顷的内蒙古大兴安岭西南麓,园内有大兴安岭第一峰——特尔美山(海拔1378米)和大兴安岭第一湖达尔滨湖,有独具亚洲特色的火山爆发时熔岩流淌凝成的石塘林和天池。其矿泉资源得天独厚,世属罕见,举世闻名,矿泉群集饮用、洗浴、治疗于一体,被称为天下奇泉。

🌐 兴安盟阿尔山市林海街　📞 0482-7155555
💰 旺季180元,淡季150元(游玩时门票要随身携带,各个景点均要单独检票)
🕐 8:00~17:00,但务必注意冬季森林公园内一部分景点会关闭

□ 石塘林

石塘林是大兴安岭奇景之一。石塘林长20千米、宽10千米,是由火山喷发后岩浆流淌凝成。经过千年风化和流水冲刷,形成了石塘林独具特色的自然地貌,犹如波涛汹涌的熔岩海洋,有翻花石、熔岩垅、熔岩绳、熔岩碟、熔岩洞、熔岩丘、喷气锥、熔岩陷谷、地下暗河等神奇景观。这是目前国内唯一规模大、发育好、保存完整的熔岩龟背构造,也是目前全国唯一能在这里见到的一种玄武岩地貌。

最大的看点是:罕见地貌,触手可及。

□ 杜鹃湖

杜鹃湖位于阿尔山市东北92千米处,为

流动活水湖,四季风景美不胜收。当残雪消融、春回大地之时,湖边杜鹃花灿然怒放,花树相间,红绿分明,湖面如霞似火,湖中野鸟成群、灰鹤、天鹅栖息,成群的柳根鱼竞相觅食;夏季湖面浮萍田田,迎风摇曳,清香扑面,似江南美景;秋季水清如镜,湖周围层林尽染,湖面金波荡漾;冬季银装素裹,湖水成冰,晶莹剔透,是个天然的滑冰场。

玩家 **攻略**

森林小火车是捷克造蒸汽式机车,早在20世纪50年代,林区就开始用这种小火车从山上林场往伊尔施贮木场拉运木材,到1996年随着林区木材产量的锐减,小火车退出了历史舞台,小火车路基也在当年拆除,只留下兴安到杜鹃湖的一段。为纪念小火车在林区木材生产史上的重要作用,阿尔山林业局特意保留了一台小火车,供游人参观。

☐ 驼峰岭天池

驼峰岭天池为火山喷发后在火山口积水而形成的湖泊。水面海拔1284米,总体形态呈"左脚丫"形,东西宽约450米,南北长约800米,形成距今已有30万年。距森林公园大门约37千米,略显偏远但绝对值得驱车前往游览,站在湖水边,清风徐徐,倒影绰绰,仿佛远离人间。

最大的看点是:天人相接,心旷神怡。

☐ 天池

阿尔山天池海拔1323.3米,是全国第三高天池,呈椭圆形,东西长450米,南北宽300米,湖水久旱不涸,久雨不溢,水平如镜。

天池是火山喷发后火山口积水形成的火山口湖,因天池水既没有河流注入,也没有河道泄出,形成一种封闭式特殊类型火山口湖——玛珥湖。玛珥是由于岩浆与水气相互作用发生爆炸而形成的,玛珥湖周围的火山壁一般在几米至几十米高,顶部比较平缓,湖水清澈平静,水深数十米,也有的湖中无水就变成干玛珥湖。阿尔山境内共有7个规模较大、保存完好的玛珥湖,天池便是其中的一个。

☐ 地池

地池是熔岩湖后期陷落形成的破火山口积水而形成的湖泊。此湖周围为致密坚硬的玄武岩,因其水面低于地面而得名。水面海拔1123米。地池总体形态呈椭圆形,形成时代为晚更新世(距今约10万年)。

☐ 玫瑰峰

玫瑰峰由十几座错落有致、犬牙交错的花岗岩山石组成,奇伟挺拔,巍峨壮观。因石峰大部分呈红褐色,因此得名"玫瑰峰",也叫"红石砬子"。

山下古道沧桑,据说北方历史上有名的"诺门罕"战争发生时,这里曾是一条重要

玩家 **解说**

阿尔山冬季漫长,降雪量大,冰雪资源异常丰富,每年积雪期从11月至翌年4月长达6个月,积雪平均深度达半米以上,雪质上乘,风速缓缓,是黄金纬度上的最佳滑雪地。

如果你觉得薄薄的人造雪不能尽兴,哈尔滨亚布力又常常人满为患,那么阿尔山无疑是个两全其美的选择。在11月前往恰逢每年一度的"阿尔山滑雪(冰)节",每年均有不同主题的特色活动,还有滑雪培训的优惠。

阿尔山雪景

的军事通道。玫瑰峰的中间石阶向上，左侧山峰几乎呈90度直角，非常险峻。站在玫瑰峰最高处俯视四野，起伏连绵的山岭承载着五彩缤纷的万物，如浪涛翻滚的麦田像大海一样辽阔，哈拉哈河宛如银链绕峰而去。

◘ 乌苏荡子湖

原名49号泡子，水系平面或物体表面的大1.35平方千米，平均水深2.5米，东南西北环山，水面如镜，水质肥美，出产非常多鲤鱼、白鱼等冷水鱼。按照乌苏荡子湖的地貌形态以及水系漫延独特的地方，其也有多是火山喷出来形成的火垱口湖。

◘ 三潭峡

三潭峡位于阿尔山市东北78千米的哈拉哈河上游，阿尔山林业局天池林场境内，由映松潭、映壁潭、龙凤潭三个深潭组成。峡谷长约3千米，河身由巨细不等的片岩组成，湍急的哈拉哈河从河谷穿行，珠飞玉卷，火山熔岩布满河床，水深处波平如镜，难见其底，水浅处人可踏石涉水而过。峡谷南壁陡峭险峻，北壁由巨大火山岩堆积而成。这一河段六月冰雪尚存，被称为"夏季冰川"。

哈拉哈河
天然屏障"爱国河"

◉ 兴安盟阿尔山市中国与蒙古国边界

"哈拉哈"是蒙古语像，意为"屏障"，从河东岸看西岸如同一座长长的壁障在眼前，哈拉哈河由此地貌而得名。本地人又称这条河为"爱国河""母亲河"，因为哈拉哈河是一条国际河流，源于中国，流经蒙古就像一位远嫁异乡的姑娘，在国外漂泊半世，临末了又转身回到祖国的怀抱中。

哈拉哈河发源于大兴安岭西侧摩天岭北部的达尔滨湖，弯弯曲曲流入贝尔湖，其中有一段从未封冻的河流，当地人称之为不冻河。沿途有12条河流汇入，河面逐渐加宽，

哈拉哈河

最宽可达80米,河西岸比东岸高,有的地方在东岸一侧看不到西岸的情况。在哈拉哈河中、下游河段还可以乘木筏顺河漂流,充分领略大自然的风采。

玩家 攻略

哈拉哈河系乌尔逊河的上源,是开展钓鱼、漂流的好去处。哈拉哈河与乌伦河交汇的河谷,更是摄影爱好者的天堂,被誉为哈拉哈河最美的一段。景色异常优美,河两岸植被良好,古树参天,水流震撼般清澈。

樟松岭
全国保存最大的樟子松林带之一
阿尔山市西北25千米处

樟松岭是我国目前唯一保存完整的大面积天然樟子松。樟子松被誉为国宝。它在阿尔山西北形成规模相当可观的天然林带。山顶浑圆,林木茂密。这里气候条件较好,适应樟子松的生长,是阿尔山市天然樟子松的自然保护区。樟松岭森林中,鸟叫鹿鸣,生机盎然,被列为国家一、二类野生保护动物的獾子、狍子等珍稀动物在这里出没。

玩家 解说

樟松岭樟子松中最大的是母树。每年被大风吹落的松子,在阳光的哺育下,在他的周围萌发、生长,年复一年,就形成了一个群体。每个群体少则800株左右,多则3000至5000株。樟松岭树龄最大的至少有150岁,最粗的则三个人伸长胳膊手牵手才能围拢。这种树当地人称为"英雄之母""功勋之树",是至今留存有限的原始巨松。

阿尔山口岸景区
东北亚运输主干线的连接点
位于阿尔山市区西45千米的伊尔施镇

阿尔山口岸位于中蒙边界努木尔根河右岸门山处,与蒙古国东方省的松贝尔口岸相对应。在这里既可以领略异域风情,又可以体验独特的民族风情。景区内哈拉哈河两岸古树参天,遮天蔽日,郁郁葱葱,河中多小岛、沙洲、流急、弯多,是避暑、休闲、漂流、垂钓的绝好去处,沿河两岸草场平坦、茂盛,成为绝好的赛马场,口岸蛇曲河九曲十八弯,形成风光秀丽、极具研究价值的地貌景观。

好森沟
北方桂林
阿尔山市五岔沟林业局好森沟林场境内

25元

全年

好森沟是蒙语干沟之意,面积约为10平方千米,每逢春季这里干旱缺水,故称好森沟。景区内的砂、砾岩,经严重风化和差别侵蚀形成各种奇特的地貌景观,如麒麟峰、猎人峰、天河峡谷、仙人洞、雨塔石等,奇峰异石,姿态万千。大自然的鬼斧神工造就出这些奇峰异石,因而有人称其为"北方桂林"。

远望阿尔山好森沟

三角山
三棱锥状山体
◎ 兴安盟阿尔山市努木尔根河右岸

三角山为一制高点,山体呈三棱锥状,为燕山期花岗岩构成。锥顶建有边防哨所,为八角形二层建筑,有270多级水泥台阶和护栏通向山下。海拔1039米,山坡灌木丛生。从山顶鸟瞰河这边,山川如画、森林茂密;河那边丘陵起伏、绿草如茵,河界两国,情调各异。阿尔山口岸就位于三角山脚下。

白狼景区
秀美的高山密林
◎ 阿尔山市白狼镇

白狼景区多山,相对高度在300～500米之间,坡度较陡,可谓山高林密,这里以往生活靠伐木为生的林区施业人员,形成了自己独特的生产生活方式。白狼又是日伪时期重要的战略基地,有许多日伪遗留工事等等,是新时期较好的爱国主义教育素材。这里生态良好,森林覆盖率达到70%以上,配以奇峰异石(如海拔1506米的鸡冠山),供文人墨客为后人留下青垂千史的文章佳句。主要的景点有白狼峰、白狼民俗村、白狼种鹿场、把头树等。

飞仙岭
冰雪运动绝佳地
◎ 阿尔山市区南15千米处

飞仙岭原名为冻死人山,海拔1533米,属高寒地带,一年四季受西伯利亚寒流侵袭,冬季寒冷漫长。当地人因其海拔高,寒冷异常,故称之为"冻死人山"。

飞仙岭景区夏季花团锦簇,是天然的花园;每年都有大量游客来此观光,冬季银装素裹,漫山遍野的森林犹如冰雕雪塑,雾凇晶莹剔透,是冰雪运动、旅游的绝佳场地。目前已经开发成为一个户外天然滑雪、雪地摩托活动基地,以及雾凇观光的绝佳场地。

阿尔山矿泉群 AAAA
全国著名的旅游疗养胜地
◎ 兴安盟阿尔山市温泉街
● 海神圣泉洗浴168元,游泳68元;温泉博物馆368元 ⏰ 8:00～20:00

阿尔山温泉早在几百年前就为科尔沁草原、呼伦贝尔草原及蒙古草原上的游牧民所发现和利用。清咸丰三年(1853)黑龙江呼伦贝尔总管府派人考察、勘测,并于此后开始修建经营,从此阿尔山温泉得到正式开发和利用。1948年后,特别是1990年以后,阿尔山温泉的价值真正为世人所认识,并正在适度、合理、科学地开发利用。一片阳光,拂去尘世烦恼,一捧圣水,洗净天下尘埃。阿尔山矿泉是大自然留给自己的最后珍藏,也是阿尔山远古送给现代的圣洁礼物。

阿尔山市辖区内,分布着有名无名的矿泉,加在一起有百余眼之多。这些矿泉,从化学性质上可分为偏硅酸泉、重碳酸钠泉、放射性氡泉,从温度上可分为冷泉、温泉、热泉、高热泉,从功能上可分为治疗泉和饮用

> **链接**
>
> **白狼民俗村的传说**
>
> 据说过去这里人烟稀少,冬天大雪铺天盖地,常有狼群侵袭村落,由于狼群庞大,常常是狼夹着雪,雪卷着狼,滚滚而来,滚滚而去,分不清哪是狼,哪是雪,狼群去时,禽畜一扫而光,人们只有躲在大树上哀叹,每当人们看到白雪滚动时,就以为是狼群来了,把这种现象称为白狼,白狼的名字也就由此而来。

白狼民俗村

泉。疗养院矿泉因各泉眼含氡量不同而适合治疗多种不同的病症。

◻ 海神圣泉旅游度假区

海神圣泉旅游度假区因阿尔山温泉而出名,是全国著名的旅游疗养胜地。

海神圣泉疗养院矿泉群有48眼温泉,可治疗风湿、类风湿、皮肤病、心血管疾病等。矿泉分为南北两个泉群,南部为冷泉群,主要是放射性氡泉和偏硅酸泉,北部为冷泉、温泉、热泉、高热泉相间的温泉群,主要是碳酸氢钠泉、放射性氡泉、偏硅酸泉等。这样分布密集且温差悬殊功能各异的矿泉,在世界上也是罕见的。

◻ 金江沟温泉

金江沟温泉共有7眼矿泉,部分早已被人们开发利用,水质及疗效与疗养院泉水基本相同,最高水温达47℃,被人们称为"小温泉",也叫特日根阿尔山。金江沟温泉以有神蛇而出名,过去在各泉池中有许多蛇,大多数是美丽蛇种,当人们洗浴时,蛇便在水中舔舐人皮肤的患处,对皮肤病的治疗有很大帮助,但从未发生过蛇咬伤人的情况。

◻ 银江沟温泉

银江沟温泉群出露于沟谷西侧湿地与草坡交界之处,有泉眼5处,水温27.7℃。温泉水含有众多的矿物质,具有高氡、高氮、氩气的气体化学组成特征,其含氡、氮比值之高,国内罕见。该温泉群水质良好、无污染具有较高的医疗价值;这里沟谷宽阔,分布着大面积的湿地,沟两侧山峦起伏,森林茂密,自然景观优美,生态环境良好,是生态旅游、度假休闲的理想目的地。

◻ 五里泉

五里泉因位于阿尔山市北2.5千米处,而称为五里泉,泉水出自侏罗纪火山岩的西北

阿尔山温泉

向与东北向断裂的复合部位,来自3千米地下。泉水无色无味、清澈透明、清凉爽口、沁人心脾,水温为6.3℃~6.8℃,常年不变,水位不受季节变化的影响。泉水在地表和地下之间的循环周期为50年,也就是当地所流传的"五十年等一回"。此地的矿泉群,无论泉眼数量还是微量元素含量及涌出量都属世界第一。

玩家 攻略

五里泉泉水中含有13种人体必需的微量元素,为国内外罕见的含氡、锶、锂,低矿化度、低钠的偏硅酸天然矿泉。温泉具有较高的医疗保健价值,对人体主动脉硬化、心脏病、高血压、冠心病、风湿、类风湿及胃溃疡等有良好的医疗效果和保健作用。

◻ 中国温泉博物馆

中国温泉博物馆内有37眼具有特殊疗效的泉池,热泉、高热泉,室内四季如春,景色怡然,被誉为神泉圣水。置身此中游客可以透过玻璃360度环顾外面大自然的奇观异景。宽敞明亮的温泉游泳池,池长25米、宽9米,深度为1.2~1.8米,采用全过滤循环系统,可谓疗养胜地。

景点推荐 兴安盟南部旅游区

科尔沁国家级自然保护区
野生动物的王国、百鸟的乐园

📍 兴安盟科尔沁右翼中旗境内

　　科尔沁国家级自然保护区南北长约46千米,东西宽约44千米,总面积为1270平方千米,是一个以保护科尔沁草原、湿地生态系统及栖息在这里的鹤类、鹳类等珍稀鸟类为对象的综合性自然保护区。在保护区境内比较完整地保留着科尔沁草原自然景观的原有面貌。

□ 蒙古黄榆天然林

　　保护区内有280平方千米蒙古黄榆天然林。作为珍稀植物物种的蒙古黄榆,千姿百态、婀娜多姿;远远望去,林海茫茫,郁郁葱葱,庇护着这块神奇的土地,抵御着大自然对它的侵袭,生生不息,成为本地区重要的生态屏障。

　　蒙古黄榆为国家一级保护珍禽东方白鹳的栖息、繁衍提供了天然的隐蔽场所。每年都有3~5对白鹳在蒙古黄榆树上筑巢繁殖。众多的鹰隼类、雀形目鸟类也在此筑巢繁衍。

□ 科尔沁草原

　　保护区内有30平方千米的西伯利亚山杏天然次生林,或疏或密,与坨甸相间的草原、榆树疏林构成了科尔沁草原独特的原始景观和风貌。在这里游客还可以欣赏到草原上的大型飞禽国家一级保护鸟类大鸨的身影，时而翩翩起舞，时而似孔雀开屏。

蒙格罕山自然保护区
当地人民心目中的神山

◎ 兴安盟科尔沁右翼中旗西日嘎苏木依和哈达嘎查境内

蒙格罕山又名鲜卑山，地处大兴安岭中段东麓向科尔沁沙地过渡地带。它是科右中旗四大罕山之首，主峰海拔高度721.3米，总面积208平方千米。罕山顶峰平坦，四周沟峪纵横，山泉小溪潺潺流淌，飞禽走兽频繁出没。山峰重谷、气势恢宏，随处可见悬崖峭壁上造型各异、千姿百态的奇峰异石。

玩家 解说

蒙格罕山，是历代历史学家、考古学家感兴趣考察的山脉之一，也是人们的旅游胜地。在这里，您可看到千年的山峰、千年的古洞、千年的石刻题记，领略古鲜卑山的悠久历史，感受到古鲜卑民族灿烂的文化。

蒙格罕山又名古鲜卑山。很早以前，鲜卑人就生活在这里，此山是鲜卑人发祥地之一，也是汉晋时期鲜卑民族繁衍生息的后方根据地之一。

五角枫自然保护区
神奇的五角枫景观

◎ 兴安盟科尔沁右翼中旗代钦塔拉苏木境内

五角枫自然保护区是科尔沁草原最具

鲜卑族先民祭山

五角枫自然保护区

有代表性的地区之一，是一个以保护五角枫、榆树疏林系统和珍禽栖息地为主要保护对象的自然保护区，生态类型丰富，集疏林、草原、湿地于一体。

保护区环境优美，有大小湖泊10个，有图什业图王府遗址和王府公园一处，保护区内野生动植物资源十分丰富。保护区特殊的地理位置和优越的生态环境为众多迁徙鸟类提供了理想的栖息乐园。尤其是生长在沼泽、漫坨沙地上的榆树疏林，成为白鹳最理想的筑巢场所。

玩家 解说

五角枫林有绝美的历史，因科尔沁右翼中旗曾经是清代科尔沁十旗会盟地，军事、政治地位特殊，清廷公主曾下嫁到此。故有人猜想，在皇宫长大的公主嫁到科尔沁后，面对茫茫草原，朔风烈烈，难免怀念故园，可能哪位好心的奴仆，在这里撒下了京城枫树的种子，于是枫树便在科尔沁草原落地生根了。但因两地气候、土质有差别，从而导致物种变异，因而草原上的枫树与京城的枫树不同，五角枫因此成了乡愁哀思的寄托。

图什业图王府遗址
科尔沁蒙古族建筑艺术的奇迹

📍 兴安盟科尔沁右翼中旗代钦塔拉草原

图什业图王府遗址坐落在科尔沁草原风水宝地——代钦塔拉草原，距今已有130余年的历史。该王府规模宏大，蔚为壮观，现存王府园林、内童子山、外童子山、人工河、王府井等遗址。

玩家 解说

300多年前，科尔沁部首领奥巴被努尔哈赤封为"图什业图汗"。1636年，奥巴长子巴达黎被改封为王，它是第一代图什业图王，名列内蒙古四十九旗王公之首。传到十三代，巴宝多尔济世袭王位，它模仿北京紫禁城布局，营造图什业图王府。

翰嘎利湖生态旅游区
山水相连、风景优美

📍 兴安盟科尔沁右翼中旗巴彦呼舒镇北7.5千米

翰嘎利湖以霍林河为水源，是一个集灌

翰嘎利湖

代钦塔拉草原

溉、养殖、旅游观光为一体的综合性生态旅游区。这里既有风格独特的北国草原风情，又有着南国海滨沙滩阳光浴场的特色。湖区周围遍布着具有浓郁特色的"蒙古包""渔村""水上餐厅"。

老头山
兴安盟屋脊

◎ 兴安盟突泉县宝石镇西北部

老头山主峰海拔高1392.1米，是大兴安岭余脉，也是兴安盟屋脊。这里雨量适中，植被茂密，生态良好，潺潺溪水从山间流入查干楚鲁河，转向东南汇入蛟流河，是蛟流河的主要发源地。

链接

老头山的传说

相传很久以前，有位老者常到这山上采药，一天，在休息时，突然听到老人的咳嗽声，起来四处看还是什么也没见到，眼看太阳落山，便将锄头放在山上顺路回家了。次日上山一看，锄头不见了，并且怎么也找不到，于是他药材也不挖了，回家后向邻居一说，大家纷纷说这是山神爷显灵，不让人们上山采药，这山就是山神爷的化身……"老头山"的名字就从这儿流传下来了。

老头山

攻略资讯

- 交通
- 住宿
- 美食
- 购物
- 娱乐

阿尔山火车站

交通

飞机

乌兰浩特机场为国家3C级机场，可停靠中小型飞机。机场位于市区西北17千米处的义勒力特镇附近，目前已经开通了乌兰浩特至北京、呼和浩特的直飞航班。

阿尔山伊尔施机场位于伊尔施镇，距阿尔山市大概20千米，目前开通了与满洲里、呼和浩特、北京等城市的航线。

火车

兴安盟境内有白阿铁路、通霍铁路两条互不相交的铁路穿越，是连接内蒙古东部与东北、华北地区的重要纽带。

乌兰浩特火车站在乌兰浩特市西，目前开通前往北京、哈尔滨、大连、长春、白城、呼和浩特的始发列车。

阿尔山火车站目前只有往返于乌兰浩特、白城的车次。

 攻略

阿尔山火车站站前广场上有临时集市，卖些当地的土特产，但不到17:30就散集了。阿尔山火车站是内蒙古的重点文物。是白（白城）阿（阿尔山）线终点站。这可能是中国的小火车站中最漂亮的一个了，有点像瑞士的小站，黄昏时在站上看夕阳，很有感觉。

汽车

兴安盟境内有西南、东北走向的111国道和东西走向的302国道在乌兰浩特交会，加上省道S504，构成了公路旅游交通的主干。乌兰浩特市通往温泉胜地阿尔山市的省道S202公路已正式通车。通海公路（通辽—海拉尔）也从乌兰浩特通过。

乌兰浩特汽车站坐落于兴安盟乌兰浩特市东南，目前开通了前往哈尔滨、长春、沈阳、秦皇岛等地的省际客运线路及到达呼和浩特、通辽、白城等地的众多省内客运班车，也有车通往各旗县市、乡村苏木。

乌兰浩特车站

阿尔山雪景

住宿

在兴安盟旅游可以选择住在乌兰浩特市或各旗县的镇上，均有宾馆和招待所，相对住宿条件稍好。此外，因为该地区的观光景区普遍距离城镇较远，游客也可以选择在各风景区就近住宿。

阿尔山市有许多家庭旅馆、星级宾馆或大酒店可供选择。

如果是去森林公园旅游，因为森林公园在离阿尔山30千米的伊尔施市，所以建议直接去伊尔施。那里的小旅馆很多也较便宜。

● **兴安八大处酒店**

八大处酒店位于市中心广场路北，地处政务、商业中心地带。徒步10分钟内可到达火车站。🚩 兴安盟乌兰浩特市兴安北大道共建巷25号 ☎ 0482-8320066

● **阿尔山六和国际大酒店**

位于神泉雪城阿尔山中心广场北侧，坐落在国家AAAA级旅游景区，集住房、餐饮、娱乐为一体的豪华型度假酒店。🚩 兴安盟阿尔山市兴安盟温泉路（利民街与温泉路交会口）☎ 0482-7127177

● **乐游度假别墅**

欧式风格特色别墅，以丰富的花草装点庭院，优雅、温馨、舒适。西邻水上公园、西山落叶松林、国家队滑雪基地，东邻温泉博物馆、老火车站，空气清新，环境幽雅，距火车站1.5千米、长途客运站1.5千米、机场20千米，交通便利。🚩 兴安盟阿尔山市温泉街25号

● **更多住宿去处**

踏歌行家庭旅店/兴安盟阿尔山市区北侧/18848087556

贵贺宾馆/兴安盟阿尔山市宾馆南侧100米处/0482-7127555

乐游度假别墅

美食

兴安盟的饮食除了富有蒙古族特色外，还深受东北地区饮食习惯影响。

位于科尔沁草原腹地的蒙古族聚居区，饮食以蒙古族风味为主，肉食、乳食是日常生活中的主要食物。这里著名的美食有烤羊腿、手把肉、奶皮子、奶酪等。居住在兴安盟的汉族、满族等其他民族人们受东北地区饮食习惯的影响，多以米、面食为主食，口味偏重，烧烤、蘸酱菜、炖菜等都是人们喜爱的日常美食。兴安盟的特色风味小吃主要有蒙古馅饼、烤羊腿、荞麦挂面、王小二大饼等。

● 王小二大饼

又称吊炉大饼，系兴安盟已故回族厨师王小二创制。外焦里嫩、香酥可口，食用方便，经济实惠。

● 烤羊腿

烤出来的羊腿色泽焦黄，肉酥味美，是一道蒙古名菜。

推荐店铺：七间房全羊馆（阿尔山市满洲里路绿波小区3号楼）。

● 炖哲罗鱼

阿尔山的山哲罗鱼肉质鲜美，是上好的餐桌佳肴。哲罗鱼肉质白嫩，唯美绝伦，是难得的美食珍馐。可用于煎、炸、焖、炖、滑炒、剁椒、水煮等做法。尤以清炖最能保持其原有的风味。

推荐店铺：阿尔山风味楼（阿尔山市温泉街王府井门市楼；18604827136）。

● 炸野菜丸子

用采摘的各种野菜与玉米面混合制成丸子，炸后食用。推荐店铺：天池诚华山庄（阿尔山市天池镇内）。

炸野菜丸子

购物

兴安盟地处科尔沁草原腹地、大兴安岭山脉中段，野生灵芝、黑木耳、金莲花等特产远近闻名。阿尔山矿泉、红蚂蚁等加工产品也很畅销。由于兴安盟属多民族聚居区，各民族独特的工艺品深受人们喜爱，其中以蒙古刀、挂毯、各种民族服饰最受欢迎。

● 阿尔山黑木耳

又名云耳。阿尔山黑木耳中含有蛋白质、糖类等营养成分，钙、铁、磷等矿物质，以及植物碱、胡萝卜素、盐酸等微量元素，对于消化不良、体内结石、心脑疾病有很好的疗效，它还能够补血益气、清心润肺，是很好的保健滋补品。

阿尔山黑木耳

● 野生红蚂蚁

生长在大兴安岭的阿尔山地区，人工采集筛选，无污染，无公害，蚁种非凡，功效独特，药力悠长，天然纯正。当地有老人食用红蚂蚁，头发变黑，百年延寿。如果想买红蚂蚁干，阿尔山的一些山野珍品专卖店会有出售。

● **野生菌菇**

阿尔山有得天独厚的纯净自然环境，盛产很多菌类和野生蔬菜，尤其是野生的蘑菇，绿色健康，而且味道鲜美，是阿尔山出名的特产。在阿尔山的山野珍品专卖店和超市都能买到风干的蘑菇，在餐馆里也能吃到各种蘑菇制成的菜肴，十分美味。

阿尔山野生蘑菇

● **奶制品**

在草原上，奶制品是最常见的特产。奶食在蒙语中叫"查干伊德"，是纯洁吉祥的意思。兴安盟当地出售的奶制品有奶皮、奶条、奶酪等，奶香浓郁，保存时间也比较长，可以买回家和家人一起分享草原的味道。在各大小超市、专卖店都能买到各种各样的奶制品。

兴安盟购物场所

● **乌兰大街**

在乌兰浩特市，乌兰大街是购物的集中场所，位于大街两侧的有华联大厦、康达商场、兴达商业城、百货大楼等大型商场，商品种类众多，同时也云集了来自雪山草原的各种物产，是旅游购物的最佳场所。

● **阿尔山**

号称是中国最大的村子、最小的城市，这里的商业纯是为旅游开发的，物价很高。主要的购物场所有温泉市场和温泉街。

娱乐

在兴安盟，夏季可在哈拉哈河上顺水漂流，冬季在高质量的阿尔山滑雪场亲近冰雪世界。此外，还可去阿尔山温泉享受泡汤的乐趣。

在兴安盟的草原区会有各种蒙古族风情的娱乐活动，比如骑马、射箭等。每年7、8月，草原都要举办那达慕盛会，以民族体育比赛为主，有摔跤、射箭、赛马等传统项目，也兼有民族歌舞表演。在节日仪式和那达慕大会上，还会有带有竞赛性的精彩好来宝对唱表演。

阿尔山冰雪节：每年12月中旬，阿尔山都会举办内蒙古阿尔山冰雪节，推出了雪地摩托、滑雪圈等戏雪活动，游客可以参观自由式滑雪表演、游览温泉博物馆等。雪地运动与温泉洗浴相结合，是阿尔山冰雪节的最大特点，每年都会吸引大量游客。

哈拉哈河漂流：哈拉哈河位于阿尔山市区以北60多千米，是著名的漂流地点，有着"中蒙界河第一漂"之称，据说很容易漂到蒙古国。

漂流时间：集中在夏季，冬季停止开放，最好在9月前去漂流。

节日和重大活动

节日	地点	时间
阿尔山杜鹃节	阿尔山	5月下旬至6月上旬
五角枫旅游文化艺术节	科尔沁右翼中旗	10月初
全国中国马速度大赛	科尔沁右翼中旗	8、9月

发现者 旅行指南

通辽

概览

♡ 亮点

■ **大青沟**

是一处保存完好的古代残遗森林植物群落，横卧在通辽市南部的原野之上，与科尔沁沙带相接壤。

■ **珠日河草原**

在内蒙古这片辽阔的土地上，珠日河草原展开博大的胸襟迎接来自五湖四海的游客。通辽市一年一度的赛马节在这里举行。

■ **莫力庙水库**

被誉为沙海明珠，因其东面不远处有莫力庙，后来习惯叫它为莫力庙水库。水库的人工沙坝长1.1万米，底宽100米，堪称世界之最。

大青沟

■ **三大寺旅游区**

库伦是17世纪建立的古城，城内依北高南低的斜坡分层建筑有壮观的三大寺：兴源寺、福缘寺、象教寺。三大寺建筑具有蒙藏汉文化相结合特色，文化内涵深刻。

■ **奈曼王府**

清代奈曼部首领札萨克多罗达尔汗郡王的府邸，整个建筑风格具有鲜明的蒙古民族特色，设计和布局反映了当时王公的尊严和严格的等级制度。

 线路

■ **市区周边一日游**

上午到莫力庙游览，顺便欣赏莫力庙水库，下午到孝庄园文化旅游区参观。

■ **王府、寺庙、绿洲、沙漠二日游**

第一天早上驱车前往奈曼王府游览，感受独具蒙古民族特色的建筑风格。下午到三大寺——兴源寺、福缘寺、象教寺参观。

第二天早上驱车到塔敏查干沙漠，体味八百里瀚海的广袤无际。下午去大青沟游览，拜谒古代残遗森林植物群落。

■ **通辽郊区三日游**

第一天去扎鲁特旗，畅

莫力庙水库

游嘎达苏绿色休闲旅游区、桂兰农庄、东湖旅游区，享受绿色之旅。

第二天驱车赶往古榆园旅游区游览，再去牵手草原旅游区漫步，接着参观开鲁白塔、银砂九岛旅游区、怪柳林。

第三天到达西湖度假村，感受别样风情，午饭后去章古台经缘寺、奈曼王府参观。

为何去

通辽市不仅是蒙古族的文化发祥地,也是中华民族璀璨的红山文化和富河文化的发祥地之一。从北至南,草原、绿洲、沙漠以及点缀其间的湖泊、山峰数不胜数,景色瑰丽。

通辽美景

何时去

每年的7—10月时为到通辽旅游的最佳时间。

夏秋时节的科尔沁草原碧野千里、风景如画,此时无论是纵马在草原上驰骋,还是欣赏草原落日的余晖,都是一大享受。特别是每年的宝马节以及那达慕大会,是草原人民娱乐交流的盛会,场面壮观,内容精彩丰富,不容错过。

科尔沁草原

通辽旅游示意图

区号：0475
面积：约59 535km²
人口：约316.36万人

地理 GEOGRAPHY

区划

通辽辖1个区（科尔沁区）、1个县（开鲁县）、5个旗（库伦旗、奈曼旗、扎鲁特旗、科尔沁左翼中旗、科尔沁左翼后旗）、1个县级市（霍林郭勒市）。

地形

通辽市地势南部和北部高，中部低平，呈马鞍形。北部为大兴安岭南麓余脉的石质山地丘陵，占通辽总面积的22.8%，海拔高度400~1300米；南部为辽西山地边缘的浅山、黄土丘陵区，占通辽总面积的7%，海拔高度550~730米；中部为西辽河流域沙质冲积平原，占通辽总面积的70.7%，海拔高度120~320米，其中在西辽河流域冲积平原与山地、丘陵之间的过渡地带分布着起伏不平的沙丘和沙地，海拔高度200~400米。

气候

通辽市年平均气温0℃~6℃，年平均日照时数3000小时左右，无霜期140~160天，年平均降水量350~400毫米，蒸发量是降水量的5倍左右，年平均风速3~4.4米/秒，全年8级以上大风日数20~30天。

历史 HISTORY

历史大事记

● 先秦时期

远在近万年前，这片土地就已经有人类生息。这里曾是中华民族璀璨的红山文化和富河文化的发祥地。

大约在3000年前，这里的古代居民进入了奴隶社会。据考古发现证实，通辽市土地上的第一代居民是东胡族和山戎族。

春秋时，东胡人便已揭开了通辽地区古代文明的序幕。后来，东胡人为燕国所败北撤，秦王朝统一中国后，通辽地区的中南部属辽东郡与辽西郡管辖，便成了秦的一部分，其他多数在东胡管辖区。

● 秦至唐时期

西汉初，匈奴主宰了包括通辽境内的大漠南北广大地区，继之而起的是被匈奴控制的东胡族的后裔鲜卑和乌桓族。

汉武帝时，曾三次出兵匈奴后获胜，使通辽同内地的联系更为密切，大大促进了这一地区生产力的发展和繁荣。

东汉末年，鲜卑族首领檀石槐统一了鲜卑各部落，建立了部落军事联盟，包括大漠南北的广大地域，科尔沁草原亦属军事联盟的一部分。

通辽风光

南北朝时期,科尔沁草原上兴起了新的民族契丹。自4世纪中叶,契丹族就游牧于西拉木伦河和老哈河流域,唐初形成部落联盟。隋、唐时,整个通辽都在以契丹人为地方长官的中原王朝的统一控制之下。

● 宋至清时期

辽代,通辽畜牧业十分发达。金王朝建立后,通辽行政上归北京路临潢府管辖。

1206年,成吉思汗建立蒙古帝国,通辽纳入了蒙古帝国的版图。

元朝时期,通辽归辽阳行中书省大宁路管辖。

明朝时期朱棣北伐之后,通辽又属"三卫"所辖之地,大部分属"扶余卫"管辖。明嘉靖三年(1524),哈布图哈萨尔第十五世孙奎蒙可·塔斯哈刺率二十万部众开辟嫩江流域的广阔牧场。历经200年的生息繁衍,逐渐强盛,成为漠南蒙古诸部中的强悍部落。从此通辽大部分地区成为科尔沁部落的驻地。

到了清朝,改往日部落制为盟、旗制,清朝崇德元年(1636)建哲里木盟。后来清政府又先后在蒙古王公贵族的封地设厅、府、州、县的建制,哲里木盟基本上归长春、昌图、洮南三府管辖。

● 近代时期

1912年"中华民国"成立以后,哲里木盟10旗归北洋政府蒙藏院管辖,同时受东三省监督和节制。

解放战争时期,哲里木盟先后改称哲里木省、哲里木盟,分别隶属于东蒙古人民自治政府、兴安省、辽西省、辽吉省、辽北省。

1949年4月,哲里木盟划归内蒙古自治区。

1953年3月,哲里木盟建制撤销,所属各旗县市归内蒙古东部区行政公署管辖。

1954年4月,内蒙古东部区行政公署撤销,哲里木盟建制恢复,管辖范围与撤销前相同。

1969年7月,哲里木盟划归吉林省。

1979年7月,哲里木盟复归内蒙古自治区。

1999年10月,撤销地级哲里木盟建制,成立地级通辽市。

科尔沁草原走出的大清国母

清太宗孝庄文皇后,姓博尔济吉特氏,蒙古名字布木布泰,是蒙古科尔沁贝勒寨桑之女,孝端文皇后侄女儿,顺治皇帝生母,康熙皇帝祖母。生于明万历四十一年(1613),逝于康熙二十六年(1687)。

孝庄文皇后一生经历清初三朝,正是由乱到治的关键历史时期。她全力辅佐皇太极、顺治、康熙三帝主政,对调和清宫内部矛盾和斗争,稳定清初社会秩序,促进国家的统一做出了重大贡献,被后人称为"清代国母"。

名单 通辽历史名人

清代国母孝庄文皇后

清代名将僧格林沁

民族英雄嘎达梅林

世界马头琴大师齐·宝力高

蒙古族民间歌手、民间诗人琶杰

孝庄文皇后画像

她的丈夫皇太极猝死后,诸王叛乱。在这关键时刻,孝庄凭着自己的地位和聪明才智,笼络各方势力,帮助清王朝稳固地位。

清初战乱频繁,国库空虚,兵饷不足,孝庄经常将后宫省下的钱物拿出来赈济兵民。她这种节省官中开支赈济灾民的做法,一直影响到康熙、雍正两朝。

康熙8岁丧父,10岁丧母,幼年由孝庄抚养成长,又赖孝庄辅政。孝庄不过多出面参政,然而康熙处理朝中大事,必先征求她的同意而后决。

75岁时,孝庄病重,逝于慈宁宫。孝庄一生为开创清朝鼎盛之局面,呕心沥血,费尽心血,实属中国历史上少见的蒙古族女政治家。

文化 CULTURE

蒙语说书

蒙语说书在当地又名"乌力格尔",流行于通辽地区。它产生于800多年前,最初为讲故事,后加入了"朝尔"(类似马头琴)或四胡等乐器伴奏,内容多为草原上广为流传的英雄故事和历史传说。这种艺术形式简单生动,易于流传,故事内容精彩,深受牧民们的喜爱。经典剧目有《阿拉坦嘎拉巴汗》《博迪嘎拉巴汗》《青史演义》《唐五传》《封神演义》《三国演义》等。

科尔沁蒙古剧

科尔沁蒙古剧诞生于20世纪20年代左右,流行于科尔沁草原的广大地区,在不断的探索发展中融合了蒙古族民间歌舞、民间音乐、民间文学等艺术形式,表演自然生动,语言通俗直白。经典剧目有《嘎达梅林》《达那巴拉》《陶克陶胡》《梅其其格》《金珠》等。

科尔沁蒙古剧

通辽市区景点

景点推荐

莫力庙民俗度假村
清史上著名的大型庙宇

通辽市科尔沁区莫力庙苏木　　从市区出发沿303国道西行28千米路南，车程约20分钟

莫力庙距今已有300多年历史，有着丰富的历史文化底蕴，并以这座清史上著名的大型庙宇而闻名。莫力庙始建于清代顺治年间，经清世祖福临御批拨款后由孝庄文皇后的哥哥达尔罕王主建，工程历时10年，于康熙初年建成。后经雍正、乾隆历代不断扩建，规模越来越大。清仁宗琰为其送金匾一方，命名为"集宁寺"。其在藏传佛教中的地位仅次于布达拉宫。

玩家 攻略

每年7月中旬，是前往莫力庙度假的最佳时间，景区将举办莫力庙草原民族文化艺术节，可免费参观莫力庙古迹、祭敖包、大型民族歌舞表演、赛马、搏克表演、篝火晚会等民俗活动。

度假村是距离科尔沁区较近的一处蒙古族民俗旅游区，有32个传统蒙古毡包，最大的"成吉思汗大营"可同时容纳300人就餐并观看民族歌舞表演。旅游区内还可骑马漫游草原、坐勒勒车，尽享策马奔腾的豪迈之情。

莫力庙水库
沙漠中的水库

通辽市科尔沁区西南45千米处

莫力庙水库是亚洲最大的沙漠水库，人

摩托快艇

工沙坝堪称世界之最,目前已入选世界纪录协会世界最大人工沙坝候选世界纪录。水库的东面不远处有座始建于清代顺治年间的喇嘛庙——莫力庙,所以习惯叫它为莫力庙水库。

莫力庙水库水草风美,风光秀丽,被誉为"沙海明珠"。原国家副主席乌兰夫、著名作家叶圣陶、老舍、魏巍,歌唱家郭兰英,全国人大常委会副委员长布赫都曾来此考察观光,并留下珍贵的诗词、题词。

玩家 攻略

旅游区有五大餐厅和餐饮一条街,一次可接待2000人就餐。沙湖备有大型游船、摩托快艇、脚踏船等供游人乘坐观光。北冰洋浴场和湖湾沙滩水清沙净,是游泳、沙浴的好去处。此外还有歌舞厅、露天舞场、垂钓区、商贸街等游乐设施。

西拉木伦公园
通辽最大的开放式公园

- 通辽市科尔沁区交通路西拉木伦大街交汇东北角
- 从市区乘坐2路、16路等公交车到西拉木伦公园站下即可

西拉木伦公园是通辽市市民游玩的最佳去处,其前身是哲里木盟果树园,1984年改建公园,面积约0.4平方千米。公园远景以人工湖和马头琴组雕为中央景点,设花卉观赏区、园林树木观赏区、动物观赏区、儿童游乐区、文化娱乐区、湖面游乐垂钓区等6个功能分区。

玩家 解说

公园广场的中轴线上有两座雕塑相当引人注目。

一座位于广场南端,是一个通体墨绿的烈士雕像。烈士的名字叫徐永清,解放战争时期任这个地区民主政府的县长,留下了不少可歌可泣的英雄事迹,1945年牺牲于任上。

另一座雕塑位于广场北面的湖心岛上,大约有两层楼那么高,雕塑的造型是由三架赫红色的巨大的马头琴顶起一本"厚重"的青铜大书。

大乐林寺
以莫力庙为原型修建的寺庙

- 通辽市西拉木伦公园北侧
- 从市区乘坐12路东环、50路、52路公交车到北水厂下即到

大乐林寺始建于1993年,全称为吉祥密乘大乐林寺,为喇嘛教依法活动场所。该寺具有汉藏建筑风格,它的建筑有雄伟的山门、天王殿、法轮亭、大雄宝殿,殿前有近2米高的古佛两尊,殿内有33尊镏金铜佛像,其中有3尊泰国有关单位赠送的镏金铜佛像,工艺精致、全区罕见。整个大殿金碧辉煌,宏伟壮观,大殿外墙壁有21幅佛教壁画,活灵活现。

玩家 攻略

每年农历正月十五、二月初八、四月初八、六月十五、十月二十五日,寺庙内会举行祈愿会、嘛呢会、吉祥颂、满金大会。

科尔沁博物馆
内蒙古成立较早的地区博物馆

- 通辽市科尔沁区建国路文化体育广场北侧

内蒙古科尔沁博物馆创立于1975年,前身为哲盟博物馆,是内蒙古自治区各盟市中建立最早的地区级综合博物馆。馆址占地面积20 000余平方米,主体展厅为仿古建筑,红柱黄瓦,金碧辉煌。1986年,全国政协副主席、佛教协会主席赵朴初先生来馆视察,在看完《哲盟古代简史》等展览后,兴致勃勃地为展厅正大殿题写了"哲盟博物馆"五个楷书大字的匾额;1988年,著名文化名人、

诗人贺敬之先生,在对馆藏北方民族文物惊叹之余,又欣然命笔为临街仿古牌楼题写了"哲里木盟博物馆"草书匾额。

吐尔基山水库旅游景区
大型水库

📧 通辽市科尔沁区以东

吐尔基山水库景区坐落在辽代古墓发掘地吐尔基山脚下,始建于1958年,是通辽大型水库之一。

在吐尔基山东南约7.5千米处又有一山再现,人们叫它小吐尔基山。这一大一小两座山形如一对孪兄弟,在浩瀚的沙漠中遥遥相望。连绵不断的沙丘形如一条巨龙紧紧裹着这二山一水,形成了独特的自然塞外景观。20世纪70年代水库管理处利用这一独特的自然优势开展旅游业,设有自然观光、天然浴场、沙滩浴、垂钓、餐饮等旅游项目。2002年,水库管理处在泄水涵洞上方修建了防古凉亭一座,取名叫响水亭。2003年修建了水上长廊一处,由钢筋砼筑成,长廊一端始于坝面,另一端向水库延伸,给人一种不用坐船就能浮于水面的感觉。

哈萨尔圣地风情园
科尔沁蒙古族特色鲜明

📧 通辽市科尔沁区建国路

哈萨尔圣地风情园内设有古老的萨满式歌舞、武士思乡曲,表演的节目有"蒙古宫廷宴乐"、格言训歌、完整的婚礼歌曲,还有察干萨剌礼仪、母亲颂歌、妇女思乡歌、长篇英雄史诗、乌力格尔、民族服饰等文化艺术形式,还有一代宗师现场演奏马头琴(潮儿)、四胡、三弦、古筝等民族民间乐器,以及民间艺人现场加工民族民间工艺品。

景区的建设也别具一格,采用开阔式无围墙设计,象征草原的辽阔。景点内设立的蒙古包群有200余座。其中,有象征科尔沁所属十旗会盟的中型蒙古包10座。中心位置设大型蒙古包一座,为多功能科尔沁饮食文化演艺厅,占地3000平方米,直径56米,是目前国内最大的蒙古包,堪称"天下第一包"。

景观内不仅有鲜明的科尔沁蒙古族特色,而且在客人享用餐饮娱乐的同时,让长期居住在都市里的居民在郊外的大自然里享受各种民俗文体活动,原生态和多功能于一体的民俗风情园,是人们休闲度假的好去处。

西拉木伦公园

景点推荐 通辽周边景点

大青沟
沙漠绿洲,秀美沟壑

- 通辽市科尔沁左翼后旗境内,距沈阳200千米
- 全天
- 50元;电瓶车30元/人
- 0475-5582166

大青沟是一处保存完好的古代残遗森林植物群落,在蒙语中被称为"冲胡勒",是内蒙古著名的珍贵阔叶林自然保护区。大青沟与沟外的沙化现象形成了鲜明的对比。沟内的小河涓涓淌过,清冽澄明,入口甘甜芳香。沟内的景致更是朦胧中夹杂清丽,好似梦幻世界一般,素有"沙漠绿洲""沙海明珠"和"天然野生动植物基因库"等诸多美誉。

玩家 攻略

空中游览摄影指南:美丽的大清沟不仅地奇林茂,从空中浏览更是另一种景象。不管是林间漫步还是策马扬鞭或是激浪河流,感受的仅仅是平面的大青沟。乘坐轻型飞机在大青沟上空飞翔更是一种别样的风情,从高处感受林海莽莽、碧湖蓝天,遥望远处草原碧清,点点毡帐。春天看谷中百花织地,夏天体验绿树连荫,秋天赏似火枫林,从空中体验立体的大青沟,在大自然释放被城市禁锢的心情。

玩家 解说

大青沟有一个美丽的传说,女神菊丽玛降生在科尔沁草原的普通蒙古包里,自小聪颖,带领草原人民构建了美丽、祥和的幸福家园。然而这一切被丑恶贪婪的女魔尼古勒所破坏,尼古勒使用诡计杀死了菊丽玛。在她所倒下的地方,出现了一条深长的大沟,沟内长满了珍稀树木、名贵药材,林间栖息着彩蝶珍禽。这条深长、秀美、富饶的沟壑,就是后来草原蒙古人所称的"冲胡勒",汉族人所说的"大青沟"。

▢ 原始森林景区

位于大青沟源头以下1千米处,向人们展示着大青沟地区"林涛万顷接天碧,幽谷百丈入地青"的奇特的地貌和自然景观。有"夫妻树""五兄弟树""嘎达梅林小路""蜗角枫""莲中寺""御马桩""野猪滩""白蛇洞""青龙泉"等18个小景点。

▢ 三岔口漂流探险景区

位于大小青沟汇合处,是一个融景物观赏和漂流娱乐于一体的风景区。有"放火警钟"、"金龙剑"石雕、"菊丽玛女神"雕像等小景点。

珠日河草原
马背上的草原

- 通辽市科尔沁左翼中旗境内
- 通辽长途汽车站有到珠日河的长途汽车
- 8:30~17:30 35元 0475-8227778

牧民的理想天堂就是美丽的科尔沁草原中心地带——珠日河草原旅游区,它是独具民族特色的旅游景点。珠日河草原香花遍野、风光迷人、春夏秋三季各具特色,高亢的牧歌、苍劲的马头琴声,渲染出"天苍苍,野茫茫,风吹草低见牛羊"的雄浑景象。

旅游区的建筑整体设计突出民族特色。鸟瞰旅游区呈雄鹰展翅型,气势磅礴,造型典雅,富丽堂皇;东西两侧为豪华宴会厅和歌舞娱乐厅;迎宾包两侧是由18个豪华型固定包和14个传统毡包组成的蒙古包群。

玩家 攻略

旅游区主要有马队迎宾、赛马表演、摔跤表演、射击表演和祭敖包、射箭、打布鲁、骑马漫游、骑骆驼、坐勒勒车、垂钓、篝火晚会及民俗表演等具有民族特色的游乐项目。在这里你可尽情领略到马背民族独有的情趣和特色,是令人难得的一种享受。

每年8月18日的赛马节是蒙古族人一种大型骑马、射箭、摔跤的民族活动。这一天,四面八方的人们向这里涌来。值得一提的是草原的篝火晚会,在辽阔的草场,火光升腾,草原神秘、深奥及厚重呈现得淋漓尽致。

玩家 解说

蒙古民族是马背上的民族,科尔沁马是马中的极品,它的雄姿是草原上一道亮丽的风景。在珠日河草原有一个具有国际标准的赛马场,一年一度的"8·18赛马节"就在这里举行。科尔沁文化是中国蒙古族文化的典型代表和集中体现,珠日河草原位于科尔沁草原的腹地,是清代国母孝庄文皇后及民族英雄嘎达梅林的诞生地。在珠日河草原,能深切地感受到科尔沁文化的博大、典雅和高贵。

阿古拉草原
保存完整的原始草原

- 通辽市科尔沁左翼后旗(甘旗卡镇)阿古拉镇
- 40元

在科尔沁大草原腹地,保存着一块十分完整的原始草原——阿古拉草原旅游区,距大青沟约100千米。阿古拉是远近闻名的风水宝地,也是一代名将僧格林沁的家乡。阿

玩家 攻略

阿古拉草原是集湖泊、草地、大山、沙漠于一体的具有浓郁蒙古族风情的风景旅游区,位于双合尔山下的白音查干淖尔湖已成为北方独具特色的候鸟乐园。草原旅游区境内还有沙漠探险区、民俗风情度假区等娱乐休闲区域。

阿古拉草原

古拉草原旅游区资源得天独厚，保存完好的万亩原始湿地风光无限。居住在草原深处的阿古拉人民能歌善舞，长期保留着蒙古民族传统的生产、生活习惯，民俗风情浓郁。

孝庄园 AAAA
以孝庄文皇后出生地为主题的大型景区

📍 通辽市科尔沁左翼中旗花吐古拉镇　💰 45元

通辽市孝庄园文化旅游区简称孝庄园，是以清代国母孝庄文皇后出生地为主题的大型历史人文景区。景区原是达尔罕亲王府旧址，总占地面积666.67公顷，有孝庄故居·达尔罕亲王府、嘎达梅林纪念馆、白龙湖、科尔沁与后金盟誓碑、科尔沁蒙古风情园等十余处景点，核心景点是孝庄故居·达尔罕亲王府。

玩家 解说

孝庄文皇后博尔济吉特氏原是蒙古科尔沁贝勒寨桑之女，13岁时嫁给后金大汗皇太极为侧室福晋。皇太极称帝后，封年龄最小的她为永福宫庄妃。她为皇太极生了3个女儿和一个儿子——九阿哥福临。皇太极死后，福临继承皇位，改元顺治。她"母因子贵"晋封为皇太后。顺治死时年仅24岁，由8岁的康熙继承皇位。康熙尊自己的祖母为太皇太后。她辅佐顺治、康熙两位幼主，为清初的繁荣和稳定立下汗马功劳。孝庄皇后也因此成为明末清初杰出的女政治家，深受清朝各帝的尊敬。康熙二十六年十二月二十五日（1688年1月27日），75岁的孝庄文皇太后病逝，葬入清东陵风水墙外的昭西陵。

阿日昆都楞草原
中国最美的50个草原之一

📍 通辽市扎鲁特旗阿日昆都楞镇

阿日昆都楞草原水草肥美，丘陵起伏，海浪似的马群，金色霞云的驼群和白云似的羊群在绿海中游动。传统的蒙古包和现代的蒙古包相映生辉，为阿日昆都楞草原组成了一幅美丽动人的图画。在这条宽约5千米、长约40千米的地带上，至今仍保存着比较原始的草原景观和民族特色。每年夏季，都有众多的蒙古包和牛、羊、马群汇集在这里，绵延数十里，成为蒙古族牧民的游牧场和夏营地。

三大寺旅游区 AAAA
蒙藏汉文化相结合

📍 通辽市库伦旗驻地库伦镇中部

库伦是17世纪建立的古城，城内依北高南低的斜坡分层建筑有壮观的三大寺：兴源寺、福缘寺、象教寺。库伦旗是清代内蒙古唯一实行政教合一的喇嘛旗，是蒙古族崇尚的宗教圣地。兴源寺是旗政教中心，福缘寺为财政中心，象教寺为喇嘛住所。兴源寺始建于清顺治六年（1649），有"八十一间殿堂"之称，为藏汉结合式喇嘛庙，现设博物馆。福缘寺建于乾隆七年（1742），有山门殿、诵经殿、佛殿、老爷庙等四重殿宇及偏殿、钟鼓楼。象教寺为四进院落，山门内有弥勒殿、无

玩家 攻略

兴源寺大规模的法会每年举行4次，即农历正月初一至十五、四月初十至十五、六月初六至十五、九月二十一至二十五。其中，农历正月和六月的法会中会表演查玛舞，这是第8任札萨克达喇嘛额尔德尼绰尔济于清康熙十二年（1673）赴西藏返回时传入的一种舞蹈，完整的查玛舞有120人参加。

兴源寺

兴源寺主殿

- 主殿面阔九间,进深九间,为二层建筑,整座建筑体量硕大。
- 大殿的设计博采汉、蒙、满、回等民族建筑风格之长熔于一炉,同时,巧妙运用了形体组合和空间对比,于严整中求谐调,封闭中求疏朗,闭而不塞,庄严典雅。
- 梁、枋、斗拱、门、窗均施以木雕彩绘,雕梁画栋,图案绚丽多彩。
- 殿内供奉佛教鼻祖释迦牟尼像,左右两侧各有几尊铜象和泥塑像。
- 大殿内外共有64根朱漆沥金龙大柱。

量佛殿、玉柱堂、佛母殿、寝殿、影壁等。三大寺建筑具有蒙藏汉文化相结合特色,文化内涵深刻。

塔敏查干沙漠
八百里瀚海
📩 通辽市库伦旗

塔敏查干沙漠号称"八百里瀚海","塔敏查干"在蒙古语中是"魔鬼"或"地狱"的意思。它自奈曼旗东部深入到库伦旗,曲折蛇行入科尔沁左翼后旗境内。沙漠呈东西走向,在库伦北部坨甸区的南沿,海拔250~300米。在这浩瀚的沙海中,植被稀少,只有腹地生长的黄柳条、沙蒿、骆驼蓬等少许沙地植被。金光灿灿的明沙望不到边,有的沙丘高达70~80米,连绵起伏,广袤无际。

玩家 攻略

塔敏查干沙漠旅游区内增设了沙漠骑马、骑骆驼、沙漠探险、滑沙、沙滩排球、足球、沙地跑车等游乐项目,游玩者众多。

奈曼王府 文
内蒙古仅存的一座保存完好的清代王府
📩 通辽市奈曼旗大沁他拉镇

奈曼王府是清代奈曼部首领札萨克多罗达尔汗郡王的府邸,建于清同治二年(1863),距今150余年。其整体呈四合院格局,正殿和配殿前放着一排红漆明柱,上托滚龙脊瓦,形成方形回廊,再加上门窗上的雕刻彩画,雀替木刻,金碧辉煌的殿堂与回廊衬以庭院中的青松翠柏,奇花异草,参天古木,显得格外清静幽雅。整个建筑风格具有鲜明的蒙古民族特色,设计和布局反映了当时王公的地位和严格的等级制度。

奈曼王府

开鲁白塔

我国长城以北仅存的元代塔式建筑

📧 通辽市开鲁镇东南　📞 0475-8239021

开鲁白塔由大青砖砌筑,通高16.5米。全塔由多级组成,最底层为方形塔座。基坛上承托着八角形塔身,塔身13层,呈锥形。塔顶由圆盘和宝珠合成。其势巍巍,劲秀挺拔,酷似利剑指天。

玩家 解说

相传千年以前,开鲁县曾是蒙古的一座王城,城里老王爷有一个聪明俊俏的小王子。一天傍晚,小王子到城内的水泡子附近游玩时消失了。王爷派人四处寻找,也没有发现小王子的踪影。住在城里的喇嘛和僧侣说:"小王子是被泡子里的妖怪掳走了。"老王爷十分悲痛,就花重金在水泡子旁边建了塔和一座庙宇,以怀念小王子。

怪山旅游区

形状古怪,植被罕见

📧 通辽霍林郭勒市西北14千米处

怪山旅游区占地11.4平方千米,耸立在哈布其勒水库岸边,是广阔草原的守护神,原名浑迪罕乌拉,蒙古语意为山谷中的最高峰。因其形状古怪、天气异常、植被在当地罕见且有着悠久的传说而得名。

怪山自然生态保护区春天百花盛开,夏季绿树成荫,秋天枫叶似火,冬季白雪茫茫,独具塞外草原风光。

鸿雁湖

风景优美的旅游区

📧 通辽霍林郭勒市西南

鸿雁湖旅游区位于霍林郭勒西南的三湖湿地保护区,这里气候宜人、景色优美,野生动植物种类繁多,每年春天成群的鸿雁等候鸟迁徙至此,与美丽辽阔的草原构成一幅秀美的画卷。

鸿雁湖旅游区以原始草原风光为基础,以淳朴的民族风俗为依托,开展丰富多彩的民俗旅游项目及水上娱乐项目,并设有酒吧、迪吧,让游客感受在茫茫草原上泡吧和K歌的浪漫情趣,是夏季避暑度假的理想之地。

辉特淖尔草原

世界上保存比较完整的原始草原之一

📧 通辽霍林格勒市西南

辉特淖尔草原旅游区是当今世界保存比较完整的原始草原之一。科尔沁草原和锡林郭勒草原在这里交汇,扎哈淖尔、敦德扎哈淖尔、辉特淖尔三个自然湖泊点缀其中。这里夏季景区绿草如茵,气候凉爽,再加上典型浓郁的蒙古族风情,使这里成为集草原风光旅游、民族风情旅游为一体的得天独厚的旅游避暑胜地。

这里牧草肥美茂盛,草的种类繁多,其中营养价值高牲畜喜食的有牧草600多种。在这里除了草种类繁多以外,还有大面积的野菜,草原白蘑(中国四大口蘑之一)。还盛产120多种中药材,有防风、柴胡、川乌、龙胆等,据药物专家推测储量约达300万千克。野生动物资源更加丰富,有黄羊、狍子、鹿、狼、赤狐、野兔、野鸡、沙半鸡、百灵鸟等,数不胜数。

辉特淖尔草原

攻略资讯

- 交通
- 住宿
- 美食
- 购物
- 娱乐

红山军马场

 交通

飞机

通辽机场位于通辽市区西南7千米处，从市内可乘坐3路公交车到达。通辽机场为4D级机场，现已开辟了通辽至北京、呼和浩特、大连的航线。

通辽机场

火车

通辽火车站位于通辽市科尔沁区南顺大街，是全国六大铁路编组站之一，大郑、京通、通让、通霍、集通五条铁路干线在这里交会，是连接东北与华北、西北、西南的铁路交通枢纽。目前通辽站已开通了前往北京、乌鲁木齐、杭州、大连等地的客运列车。

汽车

通辽市境内有111、303、304等4条国道纵横贯通，并和多条省道组成三纵四横的公路交通网络，北达吉林吉安，东到丹东，南抵北京，西到锡林郭勒。通辽市长途汽车站位于通辽市科尔沁区新建大街，现已开通了到达长春、沈阳、大连、北京、乌兰浩特等地的长途班线。长途汽车站问询电话：0475-8234065。

通辽火车站

住宿

通辽市内宾馆酒店很多,住宿选择的空间大。市内酒店宾馆集中在通辽站到人民公园一带,交通便利,距离步行街也不远。西拉木伦公园周边也有多家酒店及实惠的旅店分布。

● 通辽威士大酒店

这是一家集餐饮、住宿、会议、康乐为一体的四星级旅游饭店。酒店拥有客房近200间,各类房型满足不同需求。✉ 通辽市科尔沁区科尔沁大街661号 ☎ 0475-8216600

● 通辽碧桂园凤凰酒店

通辽碧桂园凤凰酒店毗邻美丽的辽河公园与科尔沁艺术学院,是通辽市一家豪华商务度假酒店。四周风光旖旎,犹如身临世外桃源。酒店集客房、餐饮、会务、娱乐、休闲等项目于一体,拥有豪华客房,尽享舒适自在。✉ 通辽市经济技术开发区哲里木大桥以北100米 ☎ 0475-8807888

● 更多住宿去处

通辽金芒果快捷酒店/通辽科尔沁大街与平安路交会处/0475-8932222

通辽霍林河宾馆/通辽科尔沁区明仁大街121号/0475-2203180

通辽好望角宾馆/通辽科尔沁区建国路与霍林河大街交会处/0475-2879888

通辽碧桂园凤凰酒店

美食

蒙餐和东北菜都是通辽的特色。烤羊排、奶茶、炒米和牛肉馅饼等风味美食不可错过。如果是秋冬去通辽旅行,各式火锅也是滋补驱寒的不错选择。

美食小吃

● 奶茶

蒙古语叫"乌古台措"。它是在煮好的茶中加入鲜奶熬制成,喝时要加少许盐,还可加黄油泡炒米和奶制品。有暖胃、解渴、充饥、助消化等功效,既可代汤下饭,又可招待客人。

奶茶

● 烤羊排

内蒙古的烤羊排外焦里嫩,肉烂味香,是招待客人的必备菜之一。

● 炒米

含水量低,耐储存,便携带,是牧民的主要食品之一。加工好的炒米黄而不焦,脆而不硬,酥香可口,泡在奶茶里吃,特别美味。

炒米

美食去处

向阳商业街有很多特色小吃,美食比较集中的地方有平安路一带。

购物

通辽是草原上各种物产和民族工艺品的集散地。在这里不仅可以买到山杏、木耳、蕨菜等草原特产，还可以买到蒙古银碗、蒙古刀、蒙古袍、马头琴等众多的蒙古族精美工艺品，以及独一无二的中华麦饭石、多伦族的马鞍等。

通辽特产

草原山杏：扎鲁特旗作为"山杏之乡"有着1533平方千米可利用野生山杏资源，133平方千米山杏封育区。

菜包：也叫饭包，是通辽地区老百姓非常喜爱的一种饮食。

炒米：牧区最常见的熟食，蒙古语"胡尔申巴达"，是以糜子经过焖蒸、锅炒、碾磨等工艺加工而成。

蒙古族白食：白食蒙古语叫查干伊德，是牛、马、羊、骆驼的奶制品。白食是蒙古人待客的最高礼遇。

麦饭石：一种特殊的非金属矿产资源，即与饮食有关的药用赉石。麦饭石其形似斑状，或黄或白，颇似麦粒。

牛肉干：草原牧民自古就有晾晒牛肉干习俗，是招待贵客的食品。只有尊贵的客人来时才会拿出烹制。

通辽购物场所

通辽的购物场所主要集中在繁华的明仁大街附近，这里有通辽市百货大楼和通辽市露天市场，以及众多专卖店、特色商品店等。此外，位于民主路的通辽批发城客流量也很多。

娱乐

通辽市的娱乐富有浓厚的草原气息，想更深入体验当地民俗的游客不妨参加。

霍林郭勒国际草原婚礼节：婚礼节于7月份开始，活动期间，霍林郭勒市有着浓厚的节日氛围，巨大的展板、美丽的装饰迎接各地到来的客人。婚礼上有赛马、射箭、摔跤、文艺欣赏等传统娱乐节目，以及美味可口的马奶酒、手抓肉、牛肉干等民族饮食。

阿古拉双合尔·楚古兰节："楚古兰"蒙语意为"聚会"的意思。每年农历五月初五端午节，科尔沁蒙古族有登高、爬山、沐浴、祭敖包的习俗，群众就近进行活动，有山的爬山，没山的爬坨子。有爬得越高积福越多之说。

在这天会举办阿古拉双合尔·楚古兰节，活动内容主要包括有祭敖包仪式、男儿"三艺"表演、蒙古族歌舞比赛、祭拜白塔、登山比赛、民间艺术表演、游泳比赛等。位置：通辽市科尔沁左翼后期阿古拉镇。

8·18哲里木赛马节：一年一度的8·18哲里木赛马节8月18日—8月20日举行。届时会有马术表演、全国速度赛马比赛、蒙古马速度赛马比赛、搏克表演、民族歌舞演出敖包祭祀等活动。位置：通辽市珠日河草原旅游区。

节日和重大活动

节日	地点	时间
库伦"安代"艺术节	库伦旗	7月左右
八月十八赛马节	通辽珠日河草原旅游区	8月18日

八月十八赛马节

发现者 旅行指南

赤 峰

概览

♡ 亮点

■ 阿斯哈图石林
是世界上罕见的花岗岩石林，为第四纪冰川遗迹，石林成峰，千姿百态，峥嵘险峻，被专家称为世界地质奇观。

■ 乌兰布统
是清朝木兰围场的一部分，这里丘陵与平原交错，森林和草原有机结合，更以其迷人的欧式草原风光，闻名中外。

■ 美林谷滑雪场
以欧式滑雪小镇为主题，是全亚洲规模最大的滑雪场。雪地娱乐项目丰富，交通方便，是户外滑雪的首选之地。

美林谷滑雪场

■ 克什克腾世界地质公园博物馆
馆内设有地质遗迹厅、生态环境厅、4D影院、标本陈列厅、游戏厅、贵宾接待室、历史文化厅和图书馆，充分体现了克什克腾的美丽与神奇。

线路

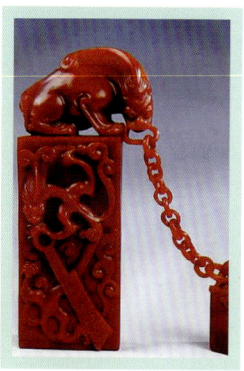

■ 赤峰市老城区一日游
上午游力王工艺园，看国礼制作购土特产，再到昭乌达路中段赏巴林石，步行街购物；午饭后到赤峰市植物园、南山生态园，亲近大自然。

■ 草原、湖泊、沙漠、石林、温泉三日游
第一天从赤峰经乌丹至玉龙沙湖，骑驼、马观沙漠，驾车穿沙，午餐蒙古包内品尝蒙餐，之后赶往大板看巴林奇石馆，再经林西至热水塘洗温泉。夜宿温泉酒店。

第二天吃过早餐，自热水出发，往北走热黄线至阿斯哈图石林，上山观石林等自然奇观，下午到白音乌拉游牧文化区体验蒙古民族风情，到白音敖包景区赏沙地云杉、漂流，夜住林场或星星塔拉度假村，有篝火晚会、燃放烟花等活动。

第三天从白音敖包出发，玩赏草原风电厂赏风机，在达里诺尔湖旅游区观鸟、火山、岩画等景点，午餐后至乌兰布统，领略草原风光。

■ 克什克滕草原风情三日游
第一天到经棚镇，从这里出发在宽阔的贡格尔草原上尽情驰骋。继续东行，草原明珠的达里诺尔湖俨然天堂般的景色壮美无比。晚上住在附近的蒙古包。

第二天一早起程，到达白音敖包。中午可尝尝当地的马奶酒、烤全羊。下午直奔阿斯哈图石林。晚上可住在附近的乡镇招待所。

第三天早起去黄岗梁，后到达热水塘镇，这里的地热温泉闻名已久，经历了一天的奔波，在温泉中洗去疲惫，愉快的旅程也随之结束。

为何去

赤峰市是一方孕育了古老文化与自然石文化的胜地。内蒙古高原与辽河平原在这里交会,生成了高原独有的风光。历史上的辽国在这里繁衍生息,留下了上京和辽代祖陵遗址。

辽上京遗址

何时去

到赤峰旅游的最佳时间为夏秋,尤以夏秋之交最为理想。但此时日照强烈,需要准备防晒用品。

赤峰景观以沙漠、草原等为主,夏秋之际气候相对温和,草原翠绿,沙漠金黄,林叶尽染,可以观赏到最佳景

银肯塔拉沙漠

色。此时去勃隆克沙漠旅游区,是观赏自然奇景和体验蒙古族风情的好去处。这里有金色的沙山、碧绿的湖水、如茵的草原、奇异的怪石。种种看似奇异的组合就这样完美地融在一处,让人如在梦中一般。

赤峰旅游示意图

区号：0476
面积：约90 275km²
人口：约431.5万人

红山军马场

地理 GEOGRAPHY

区划

赤峰辖3区（红山区、松山区、元宝山区）、7旗（阿鲁科尔沁旗、克什克腾旗、敖汉旗、喀喇沁旗、翁牛特旗、巴林左旗、巴林右旗）、2县（宁城县、林西县）。

地形

赤峰地处蒙古高原向辽河平原的过渡地带，西北是大兴安岭南麓，西南被七老图山脉环绕，东南由努鲁尔虎山脉形成天然屏障，东北紧靠辽河平原，腹地多丘陵台地。

特定的大地构造环境、复杂的发展演化过程及气候变迁造就了赤峰雄奇俊美、千姿百态的地理奇观。草原、森林、山峰、沙漠、湖泊、温泉、石林、冰臼、冰雪等景观一应俱全，素有"内蒙古缩影""内蒙古名片"之称。

气候

赤峰冬季漫长而寒冷，春季干旱多大风，夏季短促炎热、雨水集中，秋季短促、气温下降快、霜冻降临早。最佳旅游时间夏秋，尤以夏秋之交最为理想。但此时日照强烈，需要准备防晒用品。赤峰景观以沙漠、草原等为主，夏秋之际气候相对温和，草原翠绿，沙漠金黄，林叶尽染，可以观赏到最佳景色。

历史 HISTORY

历史大事记

● **远古时期**

赤峰市历史悠久，早在一万年以前，赤峰地区就有人类生存，在各个时期都创造了各自的灿烂文化：

距今8150~7350年新石器早期的兴隆洼文化；距今7150~6420年的新石器中期的赵宝沟文化；距今6660~4870年的新石器中晚期的红山文化；距今5300年的新石器晚期的富河文化；距今5000~4870年新石器晚期的小河沿文化；距今4500~4200年新石器晚期、北方青铜器早期的夏家店下层文化。

● **先秦时期**

前21世纪，商族先民"邑于紫蒙之野"（今老哈河流域），至前20世纪初，迁居于"砥石"（今西拉木伦河上游克什克腾旗南部山川）。

夏代，商族先民由西辽河上游，越过内蒙古高原，进发中原，灭夏建商，开创了先秦时期鼎盛的历史文化，为中华文明做出重大

祭敖包仪式

贡献。

前19世纪前后,"天之骄子"东胡族发祥在今赤峰老哈河一带,并以土方、屠河、徒河不同称谓见之于中国史籍。

前666年,赤峰林西县官地镇,开始了对铜矿的开采、冶炼。在中国古代矿产采冶和科技发展史上具有重要地位。

前300年,燕国国君昭王修筑长城并设右北平郡,郡址即今宁城县甸子乡黑城村,也是赤峰历史上首次设立郡县,是中国历史上最早修筑的长城之一。

● **秦至魏晋**

前221年,秦灭六国,建立统一的中央集权国家,设立郡县,推行统一措施。今赤峰属秦国辽西、右北平郡所辖。

前215年,秦国开始修缮、扩建、连接秦国万里长城。经赤峰南部松山区的当铺地、王家店、水地、安庆沟及敖汉一带,境内长250千米,沿线有多处烽火台、戍守城堡。

前128年,汉武帝为安定北疆发动了长达10年的汉匈战争,小战数十次,大战十余次,辽西、右北平(今朝阳、赤峰)一线战事尤为激烈,今宁城南部山区是当时重要的战场。

前119年,西汉王朝为了阻止匈奴再度南下,修筑万里长城。今赤峰地区正扼汉长城中段,在喀喇沁、宁城南部山区,烽火台密布,遥遥相望,城堡坚森,约150千米。

166年,鲜卑首领檀石槐分其地为三部,今赤峰为东部宇文鲜卑居地,亦即契丹先祖,《耶律羽之墓志铭》在追述契丹先祖时明确记载:"其先出石槐,历汉、魏、隋、唐以来世为君长"。

220年前后,南迁的东部鲜卑,先后崛起段部、慕容部和宇文部三个强大部落,今赤峰地区为宇文部活动的中心。

魏晋之后,赤峰地区先后崛起库莫奚和契丹两部族。库莫奚,后单称奚,为东部宇文部之别种。契丹,原为鲜卑部种,于公元344年从鲜卑部族分离独立,自号"契丹"。这是契丹民族发展史上第一个里程碑,标志着契丹将自立于民族之林。

400年,契丹族,由原来的青牛、白马两个部落,逐渐发展壮大为八部落,今翁牛特旗东部海尔金山(辽称木叶山)为其发祥地。

● **唐至元**

660年12月,唐遣大将薛仁贵、辛文陵等,率军攻伐契丹,大军进入草原,战于黑山(今巴林右旗小罕山),俘松漠都督阿不固,解至洛阳。

676年,唐高宗时期,西方佛陀波利来到中国,并首次到今巴林左旗召庙传播佛教,这是赤峰地区最早关于寺院和游僧的记载。

902年，契丹第一座私城、农业和民族手工业聚落建成，故城在今巴林左旗查干哈达伊斯营子，为今查干哈达中学所在地。为契丹城市建设和城市经济发展奠定了基础。

916年，契丹首领耶律阿保机建立了奴隶制国家，自称皇帝，国号契丹，后改"大辽"，形成了中国历史上第二次南北朝局面。

918年，辽太祖耶律阿保机在今赤峰巴林左旗林东镇南处，兴筑皇都，后改为上京，为辽代五京之首。

983年，契丹在今巴林左旗南波罗城北，今喀喇沁旗西桥乡、今赤峰市松山区西南地区开始了农耕，是研究游牧的契丹族发展农业的重要史料。

1003年，辽于赤峰宁城大明镇筑城，号大定府，史称中京，是辽代五京之一。在辽国中后期契丹民族历史上曾起过重要作用。

1215年，木华黎率蒙古军攻金临潢府（原辽上京）。继而攻打金北京（原辽中京），败其留守奥屯襄，围其城。二月克中京，归为蒙古属地。

1270年，元改北京路总管府为大宁路（今宁城大明城），是元朝首都连接漠南、漠北，通往东北的交通枢纽。是时，商贾云集，资货山积，成为北方重要经济区。

1290年，8月23日夜，武平路（今宁城县大明镇）发生强烈地震，官府民舍倒塌700余间，死伤7000余人，并出现地裂、黑砂喷射地象。

● 明至清

1370年4月，妥欢贴睦尔病殁应昌城，太子爱猷识理达腊（昭帝）于应昌继位，称必力克图汗，建元宣光，国号仍称元，史称"北元"。5月，明将李文忠、右副将军冯胜攻克应昌城，俘顺帝孙买的里八剌、妃嫔、大臣及大批宝玉、图籍等。

1391年，明太祖朱元璋封其第17子朱权为宁王，进驻大宁（今宁城县大明镇），镇守北方。

1629年10月12日，皇太极率大军在西拉木伦河上游起兵伐明。

1667年，下嫁巴林右翼旗多罗郡王色布腾的固伦淑慧公主在大板镇王府西侧主持修建圆会寺（俗称西大庙），又请来额尔德尼嘎布其喇嘛封为达喇嘛住持西大庙，并令其主持全旗教务。从此喇嘛教在巴林右翼旗开始传播。

1742年，有张、马、白等10户回民自山东信阳等地迁来赤峰定居，后人称"赤峰穆斯林十大家"。

● 近现代

20世纪70年代在翁牛特旗三星他拉出土的距今5000余年前的大型玉龙，更在全国引起轰动，被誉为"华夏第一龙"。证明赤峰地区的古文化和中原地区一样，是远古中华文明的重要源流之一。

1983年10月10日，经国务院批准，撤盟建市，现实行市管县体制。

链接

辽五京

契丹建立的大辽，因辽帝四时巡行，有四时捺钵制度，故国都并不固定，先后建立五个都城，史称辽五京。

上京城在今内蒙古巴林左旗南。辽太祖命蓟州汉人康默记董理修建，一百天建成。城墙高两丈，幅员广二十七里。城北是皇城，墙高三丈。皇宫南门为承天门，东为东华门，西为西华门。城南是汉城。有市肆交易。

名单 赤峰历史名人

大辽巾帼萧太后
辽太祖耶律阿保机
北方草原画家胡瓌
民族画家耶律倍
辽佛学大师鲜演

辽萧太后

中京城在今内蒙古宁城西大名城。辽圣宗命燕蓟汉人工匠仿上京城制建造。两年建成，迁移汉人民户入城居住。中京城建立后，皇帝即常驻于此。建有驿馆，接待宋、夏、新罗使臣。

东京在今辽宁辽阳。城高两丈，幅员三十里。宫城在城东北隅，城高三丈。南部外城为汉城，有南市、北市贸易。城内居民多为渤海人和汉人。

南京在今北京市西南，又称燕京。城墙高三丈宽一丈五尺，幅员三十六里，是五京中最大的城。宫城在西南隅。西城颇有凉殿。

西京在今山西大同。原为军事重镇，城方圆二十里。辽兴宗升号西京大同府，未建宫城。辽道宗时在城内建华严寺，铸有历代皇帝像。

文化 CULTURE

中华第一玉龙——红山文化

红山文化是一个距今五六千年间在燕山以北、大凌河与西辽河上游流域活动的部落集团创造的农业文化，也是中国北方新石器时代最具代表性的古文化。其遗存最早发现于1921年。1935年对内蒙古赤峰红山后遗址进行了发掘，1954年提出了红山文化的命名。

1971年，被考古界誉为红山文化象征的"中华第一龙"——红山文化玉龙在赤峰市红山文化遗址出土，赤峰市也因此被誉为"中华玉龙之乡"。

玉龙和成批精美玉器的发现，向世人展现了史前时期北方西辽河流域的灿烂文化，使中华文明提前到5000年。

小河沿文化

小河沿文化晚于红山文化而早于夏家店文化，其时代大体与中原庙底沟二期文化相当，距今3000年左右，是以敖汉旗小河沿乡白斯朗营子南台地遗址命名的。属于该文化的遗址还有林西锅撑子山、敖汉旗石羊石虎山墓地、喀喇沁旗娄子店西山、赤峰市三座店、辽宁朝阳庙前地。小河沿文化不是对红山文化的简单承袭，它与红山文化既有联系又有区别，小河沿文化经过发掘的除南台地外还有翁牛特旗的石棚山墓地。

夏家店文化

它是内蒙古早期青铜文化的代表，位于内蒙古自治区的赤峰市。夏家店遗址是中国北方青铜时代早期的遗址。其文化内涵包括夏家店下层文化和夏家店上层文化。遗址内出土有大量石器、陶器、铜器、玉器、骨角器等遗物，其中以在夏家店下层文化层内发现的青铜器最为重要，其生产技术水平足以同时代中原地区最发达的文化相媲美。它的发现为探寻中国北方青铜文明提供了重要资料。

夏家店遗址

中华艺术宝库中的奇葩——契丹文化

"辽文化"以植根本土的原生(土著)文化为主体,以中原唐文化为依托,并汲收西域、东北各民族先进文化的内容,构成了博大精深、恢宏壮观的"契丹文化",开创了赤峰历史上第三次文化辉煌时期,"契丹艺术"——绘画、乐舞、建筑、书法、雕塑等则是中华艺术宝库中的奇葩。

辽的绘画艺术在中国绘画史上成就突出。它以描写边塞草原风光、游牧骑射生活为主题,在中国画坛中构成"北方草原画派"。

文化教育得到高度的重视,发展民族文化,创契丹大字、契丹小字,这两种文字与汉文并行在辽及辽所辖的地区使用了近300年。辽也极重视儒学,佛教文化与道教文化也广为推崇和兴盛。

辽的雕塑艺术也有极大的发展,石刻雕像、玉石雕塑丰富精湛,其中表现其游牧生活题材的玉饰件,一直影响到金、元以后,开"春水、秋山"玉之先河。

辽的制瓷艺术也有长足发展,其中辽三彩在继承唐三彩上吸收转化为本民族的特技。

辽墓壁画

赤峰特色的蒙古族婚俗—阿日奔苏木婚礼

阿日奔苏木婚礼,是阿鲁科尔沁旗阿日奔苏木地区的蒙古族传统婚礼形式。它是在蒙古族漫长的游牧生产生活过程中形成的一种婚俗,具有浓郁的草原民族特色,反映了蒙古族人民诚实豪放的性格和多彩多姿的生活。

婚礼中的蒙古包、乘马、勒勒车、蒙古族服装、蒙古族奶食品和肉食品以及婚礼上演唱的一些蒙古族长调歌曲,均表现了草原蒙古族特有的文化。婚礼主持人和祝赞词家,在婚礼过程中所用的祝赞词,是蒙古族口头文学的精品。

世界上最长的史诗——《格斯尔》

《格斯尔》是传唱千年的史诗。主要流传于中国青藏高原的藏族、蒙古族等民族中,是关于古代英雄格萨尔神圣业绩的宏大叙事,以韵散兼行的方式讲述了格萨尔王为救护生灵而投身下界,率领岭国人民降伏妖魔、抑强扶弱、完成人间使命后返回天国的英雄故事。

《格斯尔》以其独特的串珠结构,融汇了众多神话、传说、故事、歌谣、谚语等,形成了气势恢宏、篇幅浩繁的"超级故事"。它为多民族共享的口头史诗,是草原游牧文化的结晶,代表着古代藏族、蒙古族民间文化与口头叙事艺术的最高成就。

巴林右旗是蒙古《格斯尔》文化的主要发祥地之一,文化底蕴十分深厚,至今保留着全国唯一的一处格斯尔庙,以及格斯尔拴马桩,格斯尔山豁口,格斯尔阿贵(山洞)、手记长篇《格斯尔王传》等。国际格斯尔文化研讨会,曾两度在巴林草原召开。

2008年巴林右旗被文化部命名为"格斯尔文化之乡"。2009年《格斯尔》被列入联合国教科文组织"人类非物质文化遗产代表作"名录。

赤峰南部旅游区

景点推荐

敖汉旗博物馆
感悟北方悠久历史和灿烂文明

- 赤峰市敖汉旗新惠镇惠文广场北侧
- 在赤峰汽车站乘坐班车到新惠镇
- 免费

敖汉旗博物馆，是一座展示中国北方悠久历史和灿烂文明的国家二级博物馆，有馆藏文物5000多件，其中国家一级文物112件，二、三级文物600余件，既有价值连城的文物瑰宝，又有极为罕见的稀世奇珍。

现有文物展厅5个，敖汉旗博物馆有展厅面积1500平方米，举办的展览分别是"辽河源的文明曙光——史前文物展""画笔下的大辽风情——辽墓壁画精品展""马背上的帝国风云——辽、金、元文物精品展"。

玩家 攻略

在文物征集和收藏方面，其藏品之多、文物品类之全、品级之高，在全国县级博物馆也是第一位的。在5000余件文物藏品中，有400余件为文物珍品，其中一部分是在全国仅见的国宝级文物。

玩家 解说

作为全国文物大旗（县）的敖汉旗，有不可移动的古代遗址点4200多处，居全国县级之首，是中国北方著名的小河西文化（距今10 000年）、兴隆洼文化（距今8000年）、赵宝沟文化（距今7000年）、小河沿文化（距今5000~4500年）的发现命名地。

它们的发现和命名，填补了中国北方考古编年的空白，还将这一地区新石器时代的历史向前推进3000年，敖汉旗成为学术界公认的中国北方乃至东北亚地区历史文化研究的中心。

赤峰市博物馆
见证赤峰悠久历史

- 赤峰市新城区宝山路北口西200米
- 乘37路公交可到达
- 免费
- 0476-8255185

赤峰市博物馆，其建筑风格体现了东方古典建筑庄重典雅和现代建筑流畅简洁的完美结合。整个建筑由主楼和塔楼两部分构成，主楼体雄伟庄严，塔楼为重重飞檐凌空飞翘。博物馆馆藏数以万计的珍贵藏品，是

玩家 攻略

馆内现存一部金字《甘珠尔经》，无论装潢、书法都堪称佛教经典之珍品。经页为上好的磁青纸，这种纸坚韧、厚实，翻阅方便。经文是用纯金粉手写在深蓝色的写经纸上，笔力刚健流畅，是珍贵的书法艺术瑰宝。

馆内还有一件用近十万颗海珠串织的团龙袍。这件珍贵龙团袍系下嫁给巴林郡王乌尔衮的康熙皇帝三女儿荣宪公主的朝服。

赤峰市博物馆

赤峰8000年来的历代珍贵文物。如红山文化彩陶，夏家店下层文化的青铜礼器和夏家店上层文化的青铜车马具等带动物纹饰的器物、牌饰，还有辽三彩鸳鸯壶等一大批各朝各代国宝。

红山国家森林公园
中华文明的发祥地之一

- 赤峰市红山区东北部的英金河畔
- 全天
- 免费

红山国家森林公园是全国唯一的人工森林公园，由凤凰峰等9个山峰组成，主要景区红山山石皆呈红色，怪石嶙峋，赤壁似火，绿树绕红山，巍伟壮观。红山既是赤峰的象征，也是中华文明的发祥地之一，它把中华民族的文明史提前了1000多年。

旺业甸国家森林公园
绝美的森林景观

- 赤峰喀喇沁旗旺业甸镇 赤峰包车前往
- 全天开放 免费

旺业甸国家森林公园群山起伏，森林茂密，风景秀丽。清代，这里是木兰围场的一部分，康熙、乾隆曾多次到此围行打猎。公园内有茅荆坝、玉女峰、韭菜楼、滴水壶等多处美景。

□ 茅荆坝

茅荆坝口呈马鞍形地貌，坚硬的花岗岩形成较高的山峰，相对较软的片麻岩，则易被侵蚀，形成隘口。地势在海拔1300～1700米之间，自然景观具有鲜明的东北、华北向内蒙古高原过渡的特点。茅荆坝风光秀丽，坝底生长着良好的人工针叶树纯林，山坡上多以针阔混交林为主要景观。

玩家 攻略

每逢深秋季节，漫山遍野的红叶点缀于各种林木之中，色彩鲜明，形成了五彩斑斓的画卷，让人流连忘返。

□ 玉女峰

玉女峰是茅荆坝自然风景区最大的凌空观景台，不仅是最好的观景点，还是景区最佳景点之一，四周为天然次生林环绕山顶周围近1平方千米的地貌，坡度较缓，形成高山草甸，最高点海拔1850米。站在这里举目远眺，周围群山峻岭，景色美不胜收。

□ 韭菜楼

韭菜楼是这里最独特的景点之一，是喀喇沁最高的山峰之一，主色调为绿色，浓浓的绿，犹如春夏之际的韭菜，青翠欲滴。有椅子岩、象鼻山、鸳鸯洞等胜景，神态各异，栩栩如生。

美林谷滑雪场
亚洲最大的滑雪场

- 赤峰市喀喇沁旗，距赤峰110千米
- 9:00～17:00
- 30元 0476-3962888

美林谷滑雪场是一个将浪漫的欧洲滑

雪度假理念与充满东方神韵的华北天然雪域环境相结合、近40平方千米的滑雪度假旅游天堂，被誉为"东方雪源圣地"。整个雪道工程预计分三期开发完成，全部建成后雪道总长度能达到70千米以上，将是全亚洲规模最大的滑雪场。

玩家 攻略

滑雪场将在未来创造四个亚洲之最：雪道累计长度最长、雪道种类最齐全、雪道变化最丰富、雪道森林覆盖率最高。现已开出了五条雪道供游客滑行，其中四条中高级雪道，一条初中级雪道。

场内有单板公园、双板公园以及雪地摩托、雪上飞碟、雪圈、雪橇、雪地自行车、雪雕景观、冰上曲棍球等多种雪地娱乐项目。

喀喇沁亲王府 AAAA
内蒙古王府之首

赤峰市喀喇沁旗王爷府镇王府村　　8:30~17:30
50元，讲解30元　　0476-3929111

喀喇沁亲王府始建于康熙十八年（1679），距今已有300多年历史，是内蒙古建成年代最早、建筑规模最大、规格等级最高、现状保存最完好的蒙古王府。整体建筑宏伟壮观，布局严谨，体系庞大，结构精巧，现已建成中国清代蒙古王府博物馆。

玩家 指路

自驾：沿京密线，途经顺义、怀柔、密云、承德、茅荆坝一直向东北方向行驶，过茅荆坝隧道即进入内蒙古喀喇沁地界，再行20多分钟即可到达喀喇沁王爷府镇。

公交：在赤峰可乘坐巴士到达喀喇沁锦山

喀喇沁亲王府

王府东西两侧建有跨院，每个跨院有若干四合院，由垂花门和回廊相连。

亲王府建筑属无斗拱官式大木结构形制，砖作要求严格，用材考究，结构严谨。

王府花园，位于承庆楼之后，与北山毗连呼应，园内建有亭台楼阁，广植花木。

承庆楼，是王府的后罩楼，又称佛堂，面阔五间，为硬山式单檐二层建筑。

回事厅，面阔五间，为管旗章京，是亲王协理处理公务的场所。

书塾，厅轩围廊式建筑，面阔三间，供王府子弟读书的场所。

府门，面阔三间，前置月台，每逢重大仪式，或迎送朝廷官员、贵宾都要走此门。

议事大厅，又称银安殿，是王府中规格最高的建筑，居于高高的月台之上，连脊七间，这里是亲王处理旗内事务、召见重要客人及举行庆典之所。

镇,换乘锦山——旺业甸的公共汽车,亲王府下车即可。

玩家 攻略

王府内月台上的古松——龙凤松,东边的为凤松,西边的为龙松,自然生长,惟妙惟肖。被列入"中华奇树"之中。

每年8月,喀喇沁旗将举办一年一度的王府旅游文化节,届时会隆重推出"王爷出行""公主下嫁""王府雅乐""王府礼仪、服饰"等展演活动。

黑里河漂流景区
塞外第一漂

赤峰市宁城县黑里河镇打鹿沟门村　￥80元

黑里河漂流景区位于黑里河国家级自然保护区内的黑里河中段,全长5千米。漂流峡谷雄伟、壮观,河段水流清澈,水路九曲连环,落差近百米,大小落差30多处,沿途两岸怪石峥嵘、花木繁茂,蜂鸣蝶舞,既富惊险刺激,又可尽享自然美景,被誉为"塞外第一漂"。

玩家 指路

景区距县城需2小时左右车程,沿平双公路至宁城县甸子镇十家转打虎石水库方向18千米处。漂流码头位于黑里河镇西泉村,原西泉乡政府附近。

玩家 攻略

5—10月正是鸟语蝉鸣、万木葱茏、稻花飘香的盛夏时节,在享受自然美景的同时体验漂流,刺激无比,饱尝清凉之感。

辽中京遗址
辽代的五京之一

宁城县天义镇铁匠营子村与南城村之间

为第一批全国重点文物保护单位。建于辽统和年间,号大定府,是规模宏大的陪都,辽圣宗以后的统治中心。明初废弃。现城垣大部保存较好,东西长方形,包括外城、内城、宫城三层。

外城南部现存有砖塔两座。位于中央大道东北方的大塔,通称大明塔,八角十三层密檐式,通高80.22米,传此塔为辽圣宗时感圣寺内所建舍利塔。附近还有一座半截塔。

辽中京遗址大明塔

塔身覆满精致佛雕,浮雕刀法简练清晰,是辽代雕塑艺术中的佳作。

塔座为须弥座,下部为阶级式,上部砌出仰莲瓣,精雕细琢。

夯土台基,高约6米。塔高约80米。

转角柱:每层八角,都砌成塔形,上刻塔铭及佛名。

塔檐为仿木结构,二层以上为密檐,共十三层。

塔身第一层,每面嵌镶浮雕造像,正中镶成起券佛龛,龛内莲座上趺坐佛像,姿势各不相同。佛像两侧为菩萨像,塑像之上砌出华盖,两侧上方各有飞天一对。

克什克腾旅游区

阿斯哈图石林 AAAA
自然遗宝,世界奇观

📍 赤峰克什克腾旗巴音查干苏木　🚌 赤峰汽车站乘到克什克腾旗经棚镇的长途汽车,在克什克腾旗汽车站可乘到白音郭勒的车前往阿斯哈图石林景区

🕐 7:00~17:00　💰 140元。特色导游中、英、蒙三种语言服务。讲解员价格10人以下50元,10人以上20人以下80元,20人以上100元

📞 0476-5070998

阿斯哈图为蒙古语,汉译为"险峻的山峰",阿斯哈图石林是世界上罕见的花岗岩石林,为第四纪冰川遗迹,被专家称为世界地质奇观,现为克什克腾国家地质公园的重要组成部分。

阿斯哈图石林山下是宽阔的草原,河流在草原上蜿蜒流淌,夏季时节,蒙古族牧民的蒙古包、牛羊群散落分布在沿河的草原上,与阿斯哈图石林构成了一幅独特景观画面,使阿斯哈图旅游更具吸引力。

玩家 攻略
除了神奇的自然景观,还有丰富多样的娱乐活动,如祭祀神泉敖包、篝火晚会、民族歌舞、跑马场、漂流、滑草等。

草原夏季昼夜温差大,日照强度高,晴雨不定,注意备好防寒衣物、防晒物品及雨具。参观石林时不要攀登,以免发生意外。

山下的旅游服务中心区建有大型旅游停车场、游客服务中心、蒙古包群、别墅区等,可以提供住宿、餐饮、娱乐、车辆、导游等多种服务。

▪ 九仙女景区
九仙女景区即1景区,这里是阿斯哈图石林里最大的一个区,它将石林的秀、美、灵、形演绎得淋漓尽致,让人目不暇接。九仙女景区内主要月亮城堡、将军床、擎天双柱、罗汉阵、九仙女、平衡石等石景。

▪ 拴马桩景区
拴马桩景区即2景区,这里的石景多伟岸和挺拔,气势宏伟,它主要由原始次生白桦林、高山草甸草原植物体系和花岗岩残留岩柱组成。主要有书山、双足宝鼎、三结义、拴马桩等石景。

玩家 解说

　　石林一般高5~20米，底部相连，呈现方形或条形。按岩石名称划分，又可分为10种类型：石林、石柱、石墙、石缝、石胡同、石塌、石棚、石洞、石壁和险石。

　　其景观令人叫绝：石塔，塔身塔座分明，昂扬矗立；石墙，砌面平直，砌块参差；石狮，面目清晰，栩栩如生。有华山之险、泰山之奇、黄山之秀。立石林之巅，极目远眺，峰峦叠翠，碧野无垠，百鸟争鸣，獐鹿出没，莽莽林海，涓涓细流，如诗如画。

阿斯哈图石林

▢ 鲲鹏罗草原

　　鲲鹏罗草原景区即3景区，景区内有一处岩石景观，似一只大鸟落在草原上，长29米多，宽24米多，名曰"鲲鹏落草原"，此鸟身卧草原，翅首向天，仿佛随时随地都要展翅高飞，然而奋翅了千百年却再也飞不上蓝天了。传说成吉思汗射落大鸟化为此景。主要石景有姊妹峰、鲲鹏落草原、北天门等。

▢ 五鼠拜月

　　五鼠拜月景区即4景区，这里的石林形象精美，是动植物景观与石林景观的结合美结合。主要有螳螂石、南天门、城市风光、五鼠拜月等石景。

黄岗梁
第四纪冰川遗迹

📍 克什克腾旗北部大兴安岭主峰黄岗峰脚下

　　黄岗梁国家森林公园，总面积0.2平方千米，区内有黄岗峰、木叶山、阴山等27座山峰组成黄岗山脉。其中黄岗峰海拔2034米，是大兴安岭最高峰。黄岗梁地区保存了第四纪冰川最完整的形态，且类型多样，是典型的山谷冰川，黄岗梁两侧有冰斗、"U"形谷、角峰、条痕石、漂砾等冰川遗迹，是迄今发现的保存最好、冰川地貌齐全、科研价值最高的第四纪冰川遗迹。

　　黄岗梁地处蒙古植物、华北植物以及东北植物区系的交汇地段，生物呈多样性分布，极富代表性及典型性，有极为重要的保护价值。林木遮天蔽日，密林中人马皆不能过。在山岭沟壑之中，生长着常绿乔木、落叶松、枫、桦等30多种树木。

玩家 攻略

　　黄岗梁还有着"千花百药山"的美称。在上千种植物中，夹杂有40多种名花异卉，从春到秋，白头翁花、金莲花、迎春花、罂粟花、紫茉莉、石竹花、芍药、月季、菊花等山花烂漫，林间的空地是花的海洋、花的原野。花草间有50多种珍贵的中草药，如黄芪、手参、黄芩、柴胡、车前子等，应有尽有，素有"一把拉三草，草草皆是药"之说。

青山景区 AAAA
千姿百态的岩臼景观

📍 赤峰市克什克腾旗东部　🕐 5月1日~10月15日
💰 80元，含索道120元　📞 0476-5226464

　　青山景区以岩臼景观著名，拥有我国目前及世界上发现规模最大、形成最好、类型最多、保存最完整的岩臼群。岩臼群是因花岗岩形成的山体岩石经第四纪冰川运动，形成的千姿百态的地质奇观。

　　青山山体土石分明，山的阳面和沟谷两侧全是裸露的岩石，山的阴面却绿树成荫，花草繁茂。前山险峻，浩浩雄风，具有阳刚之气；后山坡洼，娇俏温婉，多显阴柔之美。

　　青山有着深厚的文化底蕴，那里发现的石器、陶片、古石庙印记着先民们生产生活的画面，民间流传的神话传说，民间故事赋予了青山神秘、深邃、悠远的文化内涵。

阿斯哈图石林

玩家 指路

公交：赤峰汽车站乘到经棚镇的长途汽车，从经棚转车到青山景区。

自驾：从赤峰出发到西部大通道新井加油站后走景区油路行驶15千米后可到达。经棚至景区15千米处为306国道，自306国道至景区。

玩家 攻略

景区内拥有全长1230米的内蒙古第一高山游览栈道，直通山巅，天堑变通途，为游人提供了方便。

有众多的娱乐项目，如骑马、骑骆驼、羊拉车、沙地摩托车、自驾越野车、射箭、漂流、水上游船、快艇、水上自行车、民族歌舞、篝火晚会、那达慕、蒙古族婚礼等。

青山的白桦林、紫桦林非常美。每到深秋，枫叶如丹、白桦耀金、层林尽染、色彩斑斓，各种野果树硕果累累，景色迷人。

小心路滑，深草处小心蛇虫，雨天请勿在树下避雨。

链接

青山岩臼的成因

关于青山岩臼的成因，多数专家认为是冰川作用的产物，即冰成说。冰成说认为，早在第四纪冰川时期的几百万年以前，青山被厚厚的冰层覆盖，1000~2000米厚的大冰盖下形成的冰川融水，具有300~400大气压的压强，这种压融水有向下的巨大动能，它携带着石块快速流动、旋转，不断冲击岩石形成冰臼。

而有争议的地方则在于以往发现的岩臼多分布在冰谷和冰床等低洼处，而青山岩臼则分布在山脊和山顶部的花岗岩上，令人费解。如果冰说成立，就不可避免地涉及地质学界已争论80多年的中国东部有无第四纪冰川存在的重大问题，从而涉及中国古环境、古气候、古地貌、古人类、古生物等问题的研究。

另一种说法是风蚀说，认为距今10 000~1800年间，存在着风力极强的"赤峰风道"，"窝穴"是风蚀而成。虽然说法不一，但都认为具有极高的科研和旅游价值。

白音敖包保护区
世界唯一的原始沙地云杉林

克什克腾旗达来诺日镇 ● 全天 ¥ 40元

白音敖包国家级自然保护区的主要保护对象是世界仅存的珍稀的沙地云杉林生态系统。沙地云杉是世界上仅有的一类树种，是纯原始林，也是我国沙地云杉母树林基地。该树种木质坚硬，耐寒耐旱，四季长春，生命力强。白音敖包沙地云杉天然林，宛如一道绿色屏障，屹立在从白音敖包到黄岗梁西麓的20千米长的带状沙地上，这里是目前世界上发现的唯一一片原始沙地云杉林地，有"生物基因库""生物活化石"的美誉。

保护区最高点为敖包山，海拔1498米，在山顶可俯瞰保护区沙地云杉林的全貌。贡格尔河横贯保护区北侧，敖包河由南缘悠然而去，犹如两条白丝带，构成了森林、草原、河流和谐共处的美丽图画。

玩家 指路

公交：克什克腾旗汽车站有发往景区的客车。克什克腾旗汽车站问询处：0476-5235732。

自驾：沿G303国道行驶45千米处右转行驶28千米到达白音敖包；自经棚至白音敖包75千米为二级油路，自白音敖包至石林75千米为三级油路，可自驾车前往，或乘班车前往；景区门口有大型停车场。

玩家 攻略

白音敖包山是克什克腾旗五大敖包之一，是贡格尔草原上蒙古族祭祀的圣地。每年农历五月十三日有大型祭祀敖包活动。届时，还有骑马、篝火晚会、燃放烟花、下马酒献哈达、漂流等活动开展。

热水塘温泉
著名的疗养型温泉

📍 克什克腾旗东北30千米处的热水塘镇

热水塘温泉为地热水温泉，至今开发利用400多年，水中含人体所需或对疾病有疗效的氧、氟、硅、镭等47种化学微量元素，水温在83摄氏度左右，对各种皮肤病、风湿病、高血压和心脏血管等病症有特殊疗效。清康熙曾驾幸热水温泉沐浴，九世班禅也曾在此沐浴讲经。现已列为全国十一个甲级温泉的第二个疗养温泉。

克什克腾世界地质公园博物馆 AAAA
独特的花岗岩石林

📍 赤峰克什克腾旗经棚镇

🚌 赤峰汽车站乘车到经棚镇前往即到

🕐 9:00~18:00

💰 140元，学生80元

克什克腾世界地质公园博物馆外观呈水

玩家 攻略

克什克腾世界地质公园博物馆是中国目前面积最大、功能最全、技术最先进的现代化世界地质公园博物馆。

克什克腾世界地质公园博物馆

平条状，生动形象地展现了公园内独特的花岗岩石林景观特征。馆内设有地质遗迹厅、生态环境厅、4D影院、标本陈列厅、游戏厅、贵宾接待室、历史文化厅和图书馆。

通过图片展示、文字说明、电子设备演示及实物等展示形式，将公园内丰富的地质遗迹、优美的自然景观和独特的人文景观展现出来，充分体现了克什克腾的美丽与神奇。

平顶山
保存完整的大型冰斗群

📍 克什克腾旗东南部西拉沐沦河畔的万合永镇，距经棚镇51千米

平顶山平均海拔1370米。平顶山是我国迄今发现数量最多、发育最好、期次最全、保存最完整的大型冰斗群。平顶山"冰斗"群园区岭高谷深，层峦叠嶂。这些冰斗分布于群山之间，形成了大量的刃脊和角峰，远远望去冰斗错落有致，层次分明，角峰突兀，鳞次栉比，刃脊绵延起伏，势比长城。

玩家 解说

顺着蜿蜒曲折、起伏逶迤的羊肠小道，穿岩缝，爬冰脊，翻角峰，入谷底，冰川遗迹随处可觅。冰斗、角峰千姿百态，争奇斗艳，空灵飞动，泉涌鸟鸣之声不绝于耳。山高谷深，人迹罕至，原始植被保存完好。若登顶，须从灌丛下部穿行，蜿蜒曲折，犹如蛇行。至顶则万峰俱在脚下，远观山间，云雾腾涌，绿树如茵，如临人间仙境。

达里诺尔湖 AAAA
内蒙古草原上的一颗璀璨明珠

- 赤峰克什克腾旗西北，距锡林浩特市90千米
- 6—9月6:00~18:30，其他月份8:00~17:00
- 120元
- 0476-5090024

达里诺尔湖是内蒙古第三大湖，是一个以保护珍稀鸟类及其赖以生存的湖泊、湿地、草原、沙地、林地等多种生态系统为主的综合性国家级自然保护区。保护区内台地高原植被、湖积平原草原植被、低湿地植被和沙地疏林草原植被丰富，构成了一幅江南画卷。

玩家 攻略

最佳游季：秋季到七彩王国浑善达克一睹五彩缤纷的疏林景观。初冬时节，一定不要错过达里诺尔湖的万千候鸟晴空盘旋的胜景。严冬，到达里诺尔湖加入冬捕大军中也是一个不错的选择。

食宿：达里诺尔湖宾馆坐落于贡格尔草原腹地，达里诺尔湖畔，是一个集餐饮、住宿、休闲、娱乐、度假、商务于一体的综合性旅游宾馆。

历史遗存：达里诺尔湖周围还有砧子山岩画、曼陀水云洞、应昌路遗址、隆兴寺遗址、金界壕等大量历史遗存，达里诺尔的姊妹湖——岗更诺尔（牦牛泡子）和多伦诺尔（鲤鱼泡子）分列在东西两侧，盛产达里诺尔湖里没有的鲤鱼。

链接
达里诺尔湖中的美味

由于独特的高原气候、特殊的苏打半咸水湖水质、纯天然无污染的自然环境，使得达里诺尔湖成了赤峰市最大的天然渔业基地，盛产的鲫鱼和瓦氏雅罗鱼（俗称华子鱼）营养丰富，肉质细嫩，富含多种氨基酸和微量元素，成为人们盛宴的佳肴。

瓦氏雅罗鱼含有多种对人体有益的微量元素和矿物质，系纯天然滋补食品。达里诺尔湖鲫鱼在我国北方同类产品中生长速度最慢，鱼龄最长，所产商品鱼均在5~10龄，与同类产品相比鱼体最大，味道最鲜，营养价值最高，素有"赛甲鱼"之称。

碧海银滩

碧海银滩景区内碧蓝的湖水，银色的沙滩，郁郁葱葱的柳灌林木，挺拔俊美的香蒲、芦苇，交相辉映，还有那从草甸开始铺设经树林、湿地曲折蜿蜒一直通向湖水中的木栈道、那掩映在树林里的凉亭、浩瀚的湖水、水中的小船，这一切宛若人间仙境。若是在夏天亦可见到各种水鸟栖息于湖面上。

应昌路遗址

应昌路遗址又叫鲁王城遗址，是成吉思汗岳父的封地，东、西、北三面均有平峦环抱，由内城、外城及关郊部分组成。城址遗迹至今仍较好地保留在地面上。城内较为平坦，街道宽窄不等，主次分明，长短适宜。临街巷内，市肆明显，有保存较好的成组建筑址多处。

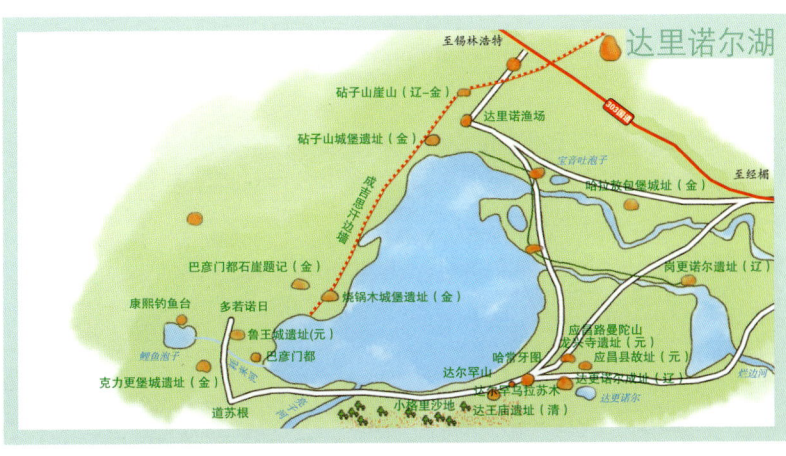

玩家 解说

当初元大明被大明推翻后，一路北退，来到这里，建立了元朝最后的都城，现在留下的只有几个石礅。在这里有一条小河自城南面流过，注入达里诺尔。这是一处富饶美丽的夏季牧场，夏日水清草茂，牛羊遍野，在这里瞭望草原胜景、饱览草原风情，别有一番情趣。应昌路建于元初，历经整个元代，明初亦曾沿用。元末顺帝妥欢帖睦尔迫于明军追击而北迁应昌，并以此为据点，凡二年余，直至病故应昌。这期间，应昌路实际上成为元的最后都城而载入史册。

曼陀山庄

曼陀山庄位于达里诺尔湖南岸的曼陀山上，东临贡格尔草原，南接小腾格里沙漠。

曼陀山庄因附近的曼陀山得名，"曼陀"寓意神仙居住的地方。曼陀山庄既有山川、湖泊、沙漠、丛林、草原等自然景观，也有辽、元代人文古迹。向东6千米是元代龙兴寺遗址、净梵水云洞，向西15千米是北元都城鲁王宫遗址，向北15千米是成吉思汗堡等名胜古迹。现已建成融现代派和塞北草原民族风情的综合性旅游度假乐园。

北岸景区

达里诺尔湖北岸主要有水上乐园、野禽世界、自然博物馆等景点。进入景区后首先看到达里诺尔自然博物馆，讲解了达湖的生物、环境，达湖周围的火山群，达湖南边的浑善达克沙地等。博物馆东侧是达里湖渔场，渔场的一个胡同有条通往湖边的路。湖边建了些凉亭和码头，由于湖水每年都在退缩，大约走2千米才来到了湖边，即水上乐园。沿湖东边公路向南大约五六千米可到观鸟台。观鸟台是个小棚子，有木栈道与湖岸联通，小棚子里有望远镜，可以远看鸟儿，春秋时节可以看见天鹅。

玩家 攻略

最好是沿路开车一直到北河口子和南河口子，那里才是天鹅等鸟类的聚集栖息地，几乎没有人，而且距离草丛更近，摄友"打鸟"更方便。

砧子山

平坦的草原上出现的一个非常显眼的山包包，叫砧子山，远望还真像铁匠用的砧子。它是由于火山喷发所形成的近于圆柱形山体，可以去爬砧子山，山上有岩画，人物、动物清晰可见，栩栩如生，静静地向游人们讲述着远古的人文故事。砧子山附近还有几个平顶的山包，它们共同构成中国最大的火山群遗址——达里诺尔湖火山群。

玩家 解说

位于达里诺尔湖北岸的砧子山突兀独立在一望无际的草原上，百里之外都可看到，远望如同打铁用的砧子，故名"砧子山"。砧子山属自然

达里诺尔湖

传统的达里诺尔湖冬捕

达里诺尔湖冬捕一直沿用传统的捕鱼方式,在零下30℃左右的冰面上作业,世世代代,延续至今。目前已成为达里诺尔湖一道亮丽的风景,场面之壮观、气氛之热烈,使达里诺尔湖的冬季不再寒冷、万物生灵不再寂寞。

每年12月中下旬,气温下降到零下20℃,湖面的冰层厚度达到50厘米,这里便开始一年一度的冬季捕捞。工人首先在出网口和入网口凿开冰眼,两口之间约1500米,然后在入网口两侧等距依次开凿小冰洞,冰洞之间约20米,由两侧呈弧形通向出网口。然后,在入网口用两根长20多米的木杆牵着两张宽25米、长300多米的网扇沿冰洞向出网口穿行,网扇的尾部连接一个能容纳10万公斤鱼的大兜网,两根木杆到达出网口后捕捞便进入了拉网阶段。一般一网都能捕捞1万公斤以上,最多时,一网打出了6万公斤。

达里诺尔湖冬捕下网、打眼、走杆、拉网、出鱼,每一个环节、工人的每一个动作都是一道风景,都是摄影爱好者理想的创作题材。在镜头内既有达里诺尔湖冬季的自然美景,又有工人们愉快热闹的工作场面,画中有人,人入画中,体现了人与自然的和谐。

当看到渔民们收获后露出喜悦的笑脸,当看到老牧民用自己虔诚的心将鱼儿放生,不由自主地加入他们的行列,体验一下打鱼的乐趣和对自然生灵的崇敬。

当体验了一天辛勤劳作而又富有收获的时候,晚上买来鲜活的鱼,在路边小店炖上一锅,品尝来自纯天然环境下的有机鱼,更是一番美味在心头。吃着鲜香美味的达里诺尔湖鱼,喝着醇香甘甜的马奶酒,欣赏着悠扬动人的马头琴曲,真有一种身在他乡为故乡的感觉了。

遗迹,是火山喷发时形成的山体之一,那些玄岩和火山喷口,至今仍然历历在目。

在距今25万~22万年前,砧子山为达里诺尔湖的岛屿之一,湖水的冲刷使山体变呈圆柱形,砧子山上至今仍留着湖蚀崖和湖蚀龛等被湖水冲刷的痕迹。湖蚀崖上还较完整地存留有古岩画。爬山时要小心一种叫"哈拉海"的野草,扎到手上时感觉又痒又疼。

贡格尔草原
距离北京最近的内蒙古草原

克什克腾旗西北部

贡格尔草原水草丰美,风光秀丽,数条河流牵沿串泊,达里诺尔、岗更诺尔、多伦诺尔三个姊妹湖由沙里河、亮子河、贡格尔河、耗来河串起,为贡格尔草原戴上了一条美丽的项链。这里独特的草原民族风情和饮食文化,会让人体味到草原的宽广、博大。

草原上动植物资源丰富,共有野生植物500多种、野生动物300多种、鸟类130多种,行走在草原上,不时有珍禽异鸟翩然而至,野兔、野鹿等可爱的小动物更是时有出没。

在草原东北部还有一片珍稀的红皮云杉林,是世界上仅存的两处红皮云杉之一,有"神树""活化石"之称。

浑善达克沙地
中国著名的有水沙漠

克什克腾旗境内,锡林郭勒草原南端

浑善达克沙地是我国十大沙漠沙地之一,是离北京最近的沙源。浑善达克沙地东西长约450千米,平均海拔1100多米,是内蒙古中部和东部的四大沙地之一。浑善达克沙地是中国著名的有水沙漠,在沙地中分布着众多的小湖、水泡子和沙泉,泉水从沙地中冒出,汇集入小河。这些小河大部分流进了高格斯太河,也有的只流进水泡子里,还有的只是时令性河流。

浑善达克沙地水草丰美,景观奇特,风光秀丽,有人称它为"塞外江南",也有人称它为"花园沙漠"。那里野生动植物资源比较多,是候鸟的产卵繁育地,还有很多珍稀的植物和药材。

西拉木伦河大峡谷
探秘休闲奇趣地

✉ 克什克腾旗中部，西起响水电站，东至龙口漂流

西拉沐沦大峡谷地质学被称为西拉沐沦深断裂，沿西拉沐沦河呈近东西向延伸，长340千米，宽50千米，是该地区最重要的深断裂之一。西拉沐沦大峡谷上游峡谷北岸为浑善达克沙地，南岸杨桦枫松郁郁参天。峡谷中四季变化分明，集休闲、探秘、摄影、越野穿越、徒步旅行、平湖垂钓于一体。

桦木沟
融动植物景观与自然景观于一体

✉ 克什克腾旗西南部桦木沟

桦木沟国家森林公园地属七老图山脉的赛罕坝地带，地带性植被有森林、草原和荒漠。隐域性植被有草甸、沼泽地、盐生、沙生植被类型。现区内分布的乔木林主要树种为白桦、山杨、黑桦、稠李等，人工林主要树种为沙地云杉、樟子松、落叶松，灌木林主要树种为河柳、榛子、山杏、草莓、杜鹃、胡枝子等。

公园内丰富的植物资源、多样的生态环境条件为野生动物的栖息繁衍提供了良好的条件。根现有国家二级保护动物黑琴鸡5000余只、东北马鹿上百头、鹰类几十种。常见的主要动物种类有蒙古兔、野猪、狍子、狼、狐狸、獾、艾虎、猞猁及多种鸟类。

乌兰布统
迷人的草原风光

✉ 赤峰克什克腾旗西南部乌兰布统旅游开发区
🕐 全天开放 💰 120元，导游员价格：100元/天
📞 13847616816

乌兰布统草原位于克什克腾旗最南端，与河北围场县的塞罕坝林场隔河相望，距北京只有300多千米。乌兰布统是清朝木兰围场的一部分，因康熙皇帝指挥清军大战噶尔丹而著称于世，更以其迷人的欧式草原风光，成为中外闻名的影视外景基地。

这里属丘陵与平原交错地带，森林和草原有机结合，既具有南方优雅秀丽的阴柔，又具有北方粗犷雄浑的阳刚，兼具南秀北雄之美。四季皆宜，处处皆景，是摄影之乡、天然画廊、露天影棚。

玩家 指路

乌兰布统草原距北京仅300多千米，如果驾车，从北京出发走承德线只需4个小时就能到达。赤峰每天都有往返北京、大连、沈阳、哈尔滨的火车。

因为景区内有一些景点轿车不易通行，路况多为自然路，所以建议在某些时候到达乌兰布统后，选择包车前往，景区内各跑马场都有自驾车可租，淡旺季价格不同，可自行商定。提醒一点：跑马场的自驾车都是按小时计价的，也可整天租，在秋季摄影时建议整天租，可相对节省费用。

玩家 攻略

旅游活动：有篝火晚会、焰火燃放、民族歌舞、蒙古族婚礼表演、影视城、骑马、射箭、马术

乌兰布统

表演、祭敖包等众多具有草原特色的旅游活动。

住宿：周末度假、避暑（房价一周内又以周五、周六两日为最高），建议提前三到四天预订房间或尽量错开周末出游。

衣物：乌兰布统早晚温差较大，日照强烈，出行时应带一件薄外套、遮阳帽、太阳镜，注意防晒、补水。如果计划凌晨去赶日出，应带上头灯（手电），备好防水性能佳的徒步鞋（鞋套），以免露水打湿鞋袜。到秋季摄影，需准备厚外套或薄羽绒服，防风御寒。

提示：进入景区后，车速不易过快，小心慢行，不要碾压草原。注意路边指示牌，每个景点附近都有路线指示，以免走错。

▢ 将军泡子

将军泡子是当年康熙皇帝亲征，击溃漠西噶尔丹叛军的地方。将军泡子水面开阔，四面环山，是拍晚霞照片的最佳地点。在泡子边的蒙古包里住一晚，围坐在篝火旁欣赏如泣如诉的马头琴和抑扬悲壮的蒙古长调，

感受别样的情怀。夜深，细细体味枕边寂静草原之夜浪漫情趣，耳旁风吹芦苇的沙沙声会催人入眠。清晨早起呼吸草原清新空气，观湖面晨光，看第一线阳光把眼前的一切都染成金色。

玩家 解说

据史书记载和民间说法，噶尔丹于1685年率兵打到了塞罕坝，并且就在将军泡子这里布下了由几万峰骆驼组成的骆驼阵，清军的大炮万炮齐鸣，惊散了噶尔丹的骆驼阵，噶尔丹只好落荒而逃。强烈的震动改变了此地的地理结构，致使地下水涌出形成了一个大泡子。由于在大战中康熙皇帝的舅父佟国纲将军血浴沙场，将军泡子由此得名。

▢ 乌兰布统影视基地

乌兰布统影视基地位于红山军马场内，这里风光旖旎，地形开阔，景色奇特。有辽阔的草原、延绵起伏的山脉、一波三折的河

乌兰布统大草原

流、峰回路转的丘陵、疏林倒影的沙地,既能演绎宏大的场面,又能展示细腻的原始风貌,因此受到众多影视剧组的青睐,成了著名的影视外景拍摄基地。所以,乌兰布统还是中外闻名的影视拍摄基地,素有"草原电影城"的美誉,影视界把这里称为露天影棚。影视基地每拍一部影视剧就将一块石碑放在草原上,很多游客都围在石碑旁数着影视剧的名称并拍照留念。

玩家 解说

近些年,在乌兰布统影视基地,《汉武大帝》《康熙王朝》《还珠格格》《大汉天子》《贞观长歌》《昭君》《新射雕英雄传》《血泪情仇》《静静的艾敏河》《狼草原》等70余部影视作品外景在这里摄制完成;到这里拍摄部分镜头的影视及广告、专题片,更是不计其数。

□ 古战场

乌兰布统古战场位于克旗境内西南浑善达克沙地南缘。与河北围场县的塞罕坝林场隔河相望,属著名皇家猎场一部分。在沙漠与草原接壤处,一峰突起,旷世极天。康熙以20万大军与噶尔丹大战于此。

□ 盘龙峡谷

位于原乌兰布统乡境内,系乌兰公河汇入西拉沐沦河的深谷河道。两岸陡峭丛林茂密,谷底湿地水草丛生,野花怒放,河水九曲十八湾,像一条巨龙盘卧于此,故称"盘龙峡谷"。是备受摄影家青睐的拍摄景点。

□ 公主湖

公主湖位于原乌兰布统乡境内,原是沙漠中涌出的甘泉,后被建成人工湖,水面约五十亩,深3~5米,湖边白桦树和各种灌木、杂草、野花组成一幅美丽的画卷,夏秋季节,在晚霞与晨雾的映衬下,波光闪闪,水天一色。白云蓝天,明月寒星倒映水中,使公主湖平添了许多魅力。公主湖还是众多摄影家坝上采风的必拍素材之一。

乌兰布统大草原的四大特点

乌兰布统大草原以其迷人的欧式草原风光,成为闻名的影视外景基地。这里的草原有四个显著特点:

森林草原结合。这里的森林和草原有机结合,既具有南方优雅秀丽的阴柔,又具有北方粗犷雄浑的阳刚,兼具南秀北雄之美。

草甸子广阔。虽不是一望无际,但置身此地,必会感触到"天似穹庐,笼盖四野,天苍苍,野茫茫,风吹草低见牛羊"北朝民歌的意境。

"百花草甸"景观。影视基地一带的草甸,每到夏季,草原上一片生机,百花盛开,10余天换一茬花种。这次来是黄色,过10余天再来也许就是粉色、红色……每一茬总有领衔花种为主色调,其余各色陪衬其间。

桦林景观。最鲜明的特征是疏密相间,疏可驰马,密不通风。草甸边缘的慢坡,有的地段长满了桦树,大片的桦林密不通风。钻进去,枝叶遮云蔽日,不知道桦子有多大。有的地段桦树稀稀疏疏,有单棵的,有三五一簇的,有几十棵成丛的,美不胜收。

以上四大特色,每年都吸引了数以万计的艺术家到这里采风、创作。摄影家称这里是摄影之乡,创作基地,是历届大赛大展获奖及优秀作品的高产园地。美术家称这里是油画临摹的范本,天然画廊;影视家称这里是露天影棚。

据不完全统计,近10年,在这里摄制了70余部影视剧。其中《还珠格格》《康熙王朝》《射雕英雄传》《汉武大帝》等10余部大片的大部分场景都是在这里拍摄的,到这里拍摄部分镜头的影视及广告、专题片更是不计其数。

赤峰北部旅游区

景点推荐

赛罕乌拉圣山旅游区
蒙古人心中的圣地

- 赤峰市巴林右旗大板镇北100千米
- 赤峰汽车站发往大板的客车每天6:00开始,每30分钟一趟
- 6月15日~9月30日
- 免费
- 0476-6216099

赛罕乌拉是蒙古语,汉语意为美丽神圣的大山。景区春有山花,夏有鸟鸣,秋有红叶,冬有雪景,"林密鸟语麋鹿鸣,山泉水滩鸳鸯游",有"天然氧吧"之称。

赛罕乌拉顶峰海拔2000米,地势平坦,方圆20千米,景区公路盘旋而上直达顶峰,无尽风光尽收眼底,是自驾车旅游者的最佳选择。

玩家 攻略

每年的农历五月十三日是蒙古族祭敖包的日子,祭日到来前,来自巴林草原和周边盟的蒙古人纷纷云集赛罕乌拉,盛况空前。

娱乐活动:有乌兰牧骑演出、蒙古茶饮、洗浴、篝火晚会、登山、品矿泉、骑马、摔跤、射箭等蒙古民族特色活动。

推荐路线:赛罕乌拉圣山旅游区—庆云山景区—庆州白塔—六味神泉—荣升景区—巴林石旅游区—赛罕乌拉圣山旅游区。

庆州白塔

庆云山旅游区
群岭中的仙山

- 赤峰市巴林右旗大板镇北100千米
- 赤峰汽车站发往大板的客车每天早6点开始,每30分钟一趟
- 6月15日—9月30日 0476-6290921

景区位于赛罕乌拉北麓,距旗政府所在地大板镇90千米,是远近闻名的"百鸟园"。景区内保存有大量的距今500万~300万年的冰臼、冰川漂砾、冰蚀长城、风蚀蘑菇等冰川遗迹。

▢ 辽庆陵

辽庆陵在景区北部,辽代历经三朝共90余年建成,气势宏伟,工程浩大,墓室奇特,与庆州释迦佛舍利塔遥相呼应。

庆陵位于庆州故城北15千米处的庆云山下,是一座由葬圣宗的永庆陵、葬兴宗的永兴陵、葬道宗的永福陵组成的大型陵园建筑群。三座皇陵依山起势,因峰显形,将巨大的山势和王者之气有机地融为了一体,以表现皇帝至尊无上的主题。

玩家 攻略

时至今天,这处皇陵已经与附近的罕山、比吐神庙及白塔构成了一道独特的风景,成了人们夏日旅游观光的理想之地。

这里自然景观多样,有草原,有奇峰,有沙地,有疏林,有奇石,有冰臼,有神泉,有湿地。还有绵延数百米,被称为"世界地质奇观"的冰蚀长城,矗立1000余年的释迦牟尼舍利塔,"一口泉水六个味,酸甜苦辣加涩咸"的六味神泉。

▢ 白塔

白塔,其真名叫释迦牟尼舍利塔,是佛教徒用来供奉释迦牟尼火化后的舍利而建的佛塔,因其外观呈现白色,人们便习惯上叫它白塔。全塔上下还镶嵌着828面或圆形或菱形的铜镜,在阳光照耀下,灿烂夺目,使佛塔显得更加挺拔、雄伟、庄严、和谐。

玩家 解说

白塔总高73.27米,底座为八角形。塔的全身是仿木结构,每面转角处为砖雕圆柱。塔顶的8条脊上,各铸有一个铜人,每个铜人前都有一个铜制的螭首(没有角的龙头),每个螭首前又有一个铜凤。这些饰物,把佛塔装扮得格外壮丽。

白塔的每一层的四面都有塔门,门两旁则雕刻着天王、飞天、雄狮及各种人物,且每处雕像栩栩如生。

▢ 比图六味神泉

比图六味神泉位于大兴安岭西南端的赛罕乌拉山脚下。"比图"系蒙古语,汉语意为"密林",因此山生长有大面积杨桦树林而得名。矿泉四周山清水秀,草木茂盛。

泉池方圆15米,池中有6个泉眼,泉眼喷出的水各有滋味,分为苦、辣、酸、甜、涩、咸6种味道。神秘奇妙,举世罕有,被称为"六味神泉"。

玩家 攻略

泉水中含有锂、锶、偏硅酸、游离二氧化碳

等28种元素,具有强身壮骨、养颜美容、防病治病等特殊功效,一定好好享用一番,不容错过。

巴林奇石馆
世界鸡血石看中国,中国鸡血石看巴林

- 赤峰巴林右旗大板镇查干沐化沧街中段
- 汽车站发往大板的客车每天6:00开始,每30分钟一趟
- 30元 0476-6222294

巴林奇石馆坐北朝南三合院落,为仿古建筑,院内正厅五间,东西侧厅各五间,恢宏典雅。内设三个展厅和一个销售厅,占地面积600多平方米。

巴林奇石馆为珍藏和展示巴林石精品之地,馆内现珍藏巴林鸡血石、巴林福黄石、巴林冻石、巴林彩石、巴林图案石及巴林工艺精品2000余件。

玩家 攻略

其中最引人注目的是极品"巴林鸡血石王",此石墨赤分明,血色鲜艳欲滴,绝世无双,被视为镇馆之宝,将永藏馆内。

鸡血石王重34千克,高51厘米,宽34.7厘米,厚27.4厘米,呈朱砂血红,若鸡血泼洒,鲜红悦目,晶莹欲滴,点点入石。此石墨赤分明,血色鲜艳欲滴,无论质地、斑纹、血色、光泽,凡上乘石料所具有的优秀品格都集于一身,身价近亿元。

链接

巴林石

巴林石因出产于赤峰巴林右旗而得名。巴林石的主要特点:色彩斑斓,纹理奇特,温润柔和,非常适合于雕刻、珍藏、观赏,是雕刻家、藏石者首选的上乘石料,是中国四大名印石之一,被列为中国国石的候选石。

巴林石按其质地、颜色、纹理、形象、光泽及伴生矿物,可分为鸡血石、福黄石、冻石、彩石及图岩高岭石等。其中鸡血石质地温润,血色鲜艳,硬度适中,是印章石材极为珍贵的品种。福黄石质地透明而柔和,坚而不脆,色泽纯黄无瑕,集细、洁、润、腻、温、凝六大要素于一身,凤毛麟角,珍贵至极,金石界素有"一寸福黄三寸金"之说。冻石质地细润清亮,呈透明、半透明状,色泽丰富。彩石以色彩见长,绚丽多彩,富于情趣,常伴有天然图景隐现其中。

据专家测定,巴林石色泽、硬度、质地与中国传统雕刻原料寿山石、青田石、昌化石齐名,可与宝石、玛瑙媲美。

荟福寺
清代佛教古刹

- 赤峰巴林右旗大板镇荟福路南段
- 由赤峰发往大板的客车每天早6点开始,每30分钟一趟。每天由呼和浩特市至通辽、海拉尔对发火车6趟均经过大板站
- 30元

荟福寺,蒙古语叫"豪特劳敖垴勒图苏模",是巴林右旗13大寺庙仅存之一。始建于清康熙四十五年(1706),由康熙之女固伦荣宪公主主持兴建。属藏传佛教格鲁派(格鲁派)喇嘛寺庙,香火日趋旺盛。

清康熙皇帝在大板南巴彦汉山中猎得猛虎,供奉于荟福寺,又有"虎庙"之称。寺庙建筑基本上保留着历史的原貌。大殿主体外观斗拱飞檐气势恢宏。殿内天井阁楼、雕栏画舫,120幅佛陀版画和数百幅神话故事色泽艳丽,形象逼真,栩栩如生,明清建筑特色一览无余。

玩家 攻略

荟福寺位于大板中心市场荟福路南端,于大板体育场西邻;北与康熙行宫相连,地处大板街商业繁华路段,地理位置优越。

阿鲁科尔沁自然保护区
鸟类栖息的天堂

- 赤峰市阿鲁科尔沁旗
- 自阿鲁科尔沁旗包车前往

阿鲁科尔沁,意即"北方弓箭手",阿

阿鲁科尔沁自然保护区

鲁科尔沁自古就是山清水秀，鸟语花香的旅游、围猎场所，古人赞誉为"六月驼毛飘满地，浑疑春风落杨花"的富庶之地。

阿鲁科尔沁自然保护区草原比较典型，是具有代表性的独特的沙地草原，更富于变化、更表现多姿。两水之间，两丘之距，一洼洼盛满了绿，一洼洼盛满了蓝。绿色延伸到山巅似乎戛然而止，翻丘越岭，又是一片碧绿的原野呈现眼前。

<u>玩家</u> 指路

景区内的湿地已经成为鸟类栖息的天堂。已有150多种珍稀鸟类在这里栖息、繁殖，其中，有世界受胁鸟类4种、国家一级保护鸟类8种、国家二级保护鸟类28种。每年春季候鸟云集，雁飞鹤舞，一派生机勃勃的景象。

达拉哈草原风情旅游区
感受草原风情之美

📧 赤峰市阿鲁科尔沁旗扎嘎斯台镇北达拉哈嘎查
🚌 自阿鲁科尔沁旗乘班车前往罕苏木苏木　💰 免费

达拉哈草原旅游区位于赤峰市阿鲁科尔沁旗扎斯台苏木达拉哈嘎查，"扎斯台"是蒙古语，意为"有鱼的地方"。旅游区有大小湖泊近百个，湖里盛产鲤鱼、鲢鱼、鲫鱼等各种鱼类。湖的四周芦苇密布，北面是一望无际的黄柳、沙棘、柠条等沙地植物群，南部是宽百余米雪白的沙滩。游览湖泊景观、湿地景观、沙地疏林景观、草原风光。

<u>玩家</u> 攻略

在这里有骑马、乘勒勒车、垂钓、乘坐快艇等娱乐活动。可以尽情享受蒙古包的古朴、奶茶的芳香、纵马奔驰的豪情、特色的全鱼宴、全羊宴，领略草原人的民族。

召庙旅游区
闯三关拜佛教圣地

📧 赤峰市巴林左旗查干哈达苏木　🚌 赤大高速公路和305国道可到达　💰 50元，讲解员价格50元/次
📞 0476-7888699

召庙景区位于巴林左旗林东镇南20千米的群山之中。这里群山耸立，庙宇成群，古木丛生，龙泉溅玉，既有千年石窟古刹之深邃，又有山峰幽谷之奇妙，自古就有北五台之称。

召庙为清代善福寺，飞檐斗拱，雕梁画栋，轻声缭绕，香火旺盛，是闻名遐迩的佛教圣地。召庙所处的灵岩山，气宇轩昂，丛岩叠构，怪石嶙峋，古洞穿插，峰顶一块桃形巨石挺立崖端，因而俗称桃石山。

<u>玩家</u> 攻略

每年农历四月十三至四月十七召庙会举办庙会，其庙会已传承近千年，到时会有数十万的香客、游客来祈福、进香。

石房子
神秘的巨石石室

📧 赤峰市巴林左旗达英格乡303国道北侧
🚗 包车前往

石房子，就是著名的"辽代石室"，石室建在离辽祖陵不远的山坡处，由七块巨型花岗岩石板构筑而成，全部由巨大的花岗岩拼成，房子只有一门向南，无窗；巨石高3.5米，宽4.8米，长6.7米，厚0.4米；石板之间用铁楔子相连接。

召庙旅游区

玉龙沙湖

链接

契丹人为何建石房子

权威的观点有三种：一是，石房子朝向东南，契丹人崇拜太阳，这里是用来祭祀的地方；二是，辽太祖耶律阿保机出生在此，作为纪念石房子被保留了下来；三是，耶律阿保机殒命，暂时停尸于此。

玉龙沙湖 AAAA
沙漠、湖泊交相辉映

- 赤峰翁牛特旗乌丹镇布日敦嘎查
- 赤峰经赤大高速至乌丹镇转205国道至三星他拉玉龙口右行30千米进入勃隆克景区
- 7:00~18:30　80元　0476-6350666

玉龙沙湖旅游区是集草原、沙漠、山林、湖泊和蒙古族风情于一体的综合旅游区。蜚声海内外的"中华第一龙"就出土在这里。

旅游区所在地叫布日敦，汉语是"草木齐全"的意思。这里最具特色的是沙漠、沙湖、沙松和响沙，是科尔沁沙地的一部分，有"八百里瀚海"之称。

玩家 攻略

玉龙沙湖设有多种娱乐活动项目，沙漠冲浪、骑马、乘驼、镭战、热气球、水上滚筒、沙浴、垂钓、攀山、篝火晚会、民族歌舞、蒙古族传统体育活动等。

玉龙沙湖湖面达6.67平方千米，湖中有十几座沙岛，十分独特，湖内生长着鲫鱼、草鱼等鱼类，品尝新鲜的美味，是景区一大特色。

景区内建有大中小型蒙古包，亲身体验蒙古族生活习俗，享受蒙古族风味美食。

木叶山旅游度假区
契丹族的发祥地

- 赤峰翁牛特旗海拉苏镇
- 海拉苏镇包车前往
- 8:00~18:00　50元

木叶山是辽代契丹族的发祥地，有白马青牛的传说。此处有一望无际的草场、苇塘、摇曳多姿的天然柳林、虬枝乱舞的卧榆、清澈见底的小溪、千姿百态的石林，"卧佛山""海龟山""鸡冠山"惟妙惟肖，另外山上还有韩桑杰匪洞、契丹遗址、古代岩画群等遗迹。

九佛山
怪石奇松人间仙境

- 赤峰市林西县南部西拉沐沦河北岸
- 全天　免费

九佛山奇岩高崖，趣石秀木，幽谷险道，自然景观奇特壮美。因主峰附近有9尊大佛形象的山峰而得名，景区内气候湿润，生态环境优越，森林茂密。

景区内有观赏价值的景点200余处。许多岩石如刀切斧劈般直冲云天，形成多处"一线天"独特景观。石峰顶部，布满大大小小的冰臼，冰臼内一年四季积水不断，风吹波闪，如诗如画。

玩家 攻略

九佛山四绝：奇松、怪石、云海、冬雪。每年9月举办采摘节，新鲜野果任采摘，趣味无穷。

攻略资讯

- 交通
- 住宿
- 美食
- 购物
- 娱乐

 交通

飞机

赤峰玉龙机场位于内蒙古自治区赤峰市喀喇沁旗牛营子镇玉龙村，距离市区15千米，省道S206左侧。机场售票电话：0476-8333956

航班：目前已经开通了赤峰到北京、上海、天津等城市的航线。有固定航线数条，赤峰至北京每日3到4个班次。

机场交通：有公交机场专线，在火车站、赤峰宾馆、天王酒店、黄金大厦、红城新世界、金狮皇冠酒店、长途汽车站、玉龙国宾馆、九天国际酒店、行政审批中心处可以乘车。

火车

赤峰火车站位于红山区站前街，乘坐1、2、7、10、21、33、107路公交可以到达。赤峰站每日有始发至北京、沈阳、哈尔滨、大连、承德、山海关等地的固定旅客列车，有途经赤峰站到呼和浩特、齐齐哈尔、通辽、满洲里、乌兰浩特、建平县等地的旅客列车均在赤峰站停靠。

汽车

赤峰现有短途汽车站、长途客运总站、彩虹桥客运站。原来火车站对面的长途汽车站搬到了中昊运输公司旁边，就是现在的新长途汽车站。

长途客运总站：位于松山区铁路桥西面，中昊运输公司附近。有6、18、21、39、111等路公交车经过汽车站，汽车站电话：0476-8334251。

短途汽车站：位于长青街长青公园对面，主要为发往平庄、元宝山和风水沟以及红卫矿等地的班车，基本上每小时发一班。

彩虹桥客运站：原来叫西客站，位于玉龙大街东段彩虹桥西侧。汽车站电话：0476-8468380。

住宿

赤峰的住宿比较便宜，市区里比较好的宾馆价格在150元左右。住宿主要集中在红山区，交通便利，宾馆众多。此外，新城区还有条件更好的四星、五星级宾馆，价格在200~800元不等。

另外，到赤峰的游客一般会直接去克什克腾旗或者去草原，会有一部分游客选择到经棚住宿或者在草原上住蒙古包。

● 红山宾馆

红山宾馆始建于1958年，隶属于红山区人民政府，是红山区人民政府接待处。它

贡格尔草原

坐落于红山区的中心城区，具有8800平方米建筑群，集住宿、就餐于一体。拥有总统套房、豪华套房和标准房100余套，床位价格自128~1800元不等，有不同档次的大、中、小会议厅10余个。📍赤峰市红山区哈达街中段24号 📞0476-8220472

● 经棚宾馆

经棚宾馆位于经棚镇应昌路中段，是一家被旅游局指定的涉外定点接待单位，占地面积4900平方米，营业面积13 000多平方米，内设豪华套房、豪华标间、标间、三人标间、单间等。📍赤峰市克什克腾旗经棚镇

📞0476-5222888

● 更多住宿去处

金狮·皇冠酒店/红山区钢铁西街中段/0476-8881933

如家快捷酒店（赤峰火车站店）/赤峰市红山区昭乌达路西二段1号/0476-8286222

玉龙国宾馆/赤峰新城区玉龙大街60号/0476-8828888

赤峰克什克腾旗金城宾馆/赤峰克什克腾旗经棚镇/0476-5233955

赤峰克什克腾旗兴达宾馆/赤峰克什克腾旗经棚镇解放路中段/13474861210

金狮皇冠酒店

美食

赤峰的饮食习惯结合了蒙古族特色和东北风味。赤峰蒙古族饮食以粮、乳、肉、奶茶为主。而在地理区域上属于东北的赤峰因为接近辽宁，饮食上的东北特色也很是明显，东北酸菜、大炖菜等，都可以在赤峰品尝到。

凉拌山芹菜

东北酸菜

许多食用山野菜，如金针、藏菜、杏仁、苦菜、山芹菜、山韭菜、蒲公英、白蘑、哈拉海等，游客可购买成品山野菜。

● **塞飞亚草原鸭**

生长于内蒙古天然、绿色、无污染的大环境，养殖基地、种鸭繁育孵化基地全部建在山坡与林地之中，形成了林中建场，场中有林的独特养殖方式。塞飞亚草原鸭是全国鸭产业首家获得"绿色食品证书"的产品。

美食小吃

● **赤峰马奶酒**

以草原鲜牛奶为主要原料，传统配方结合现代科学工艺精制而成，营养丰富。蒙古奶酒属营养型保健品，具有奶味醇正、透明醇香、香气沁人、清雅绵柔、口感协调、回味悠长的特点。酒精度不高，喝起来口感又酸又甜，初饮时觉得酒力不大，但后劲很足，不伤身。

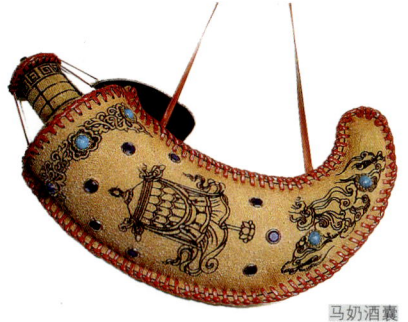

马奶酒囊

塞飞亚草原鸭

美食去处

位于红山区的园林路分布着多个餐厅，各家环境装饰风格各异，具有浓郁的民族特色，所经营的菜肴种类有地方特色的名吃——对夹、烧卖、手把肉、涮羊肉、自助烧烤、清真菜等风味美食。

● **山野菜**

在赤峰广袤的草原和森林中，生长着

购物

赤峰素有"旱码头"之称,当地除了可购到蒙古草原常有的特产,像蒙古饰品、仿辽瓷器等,还有以巴林石为代表的矿物资源,是其购物最为出彩之处。

赤峰特产

巴林石:因出产于赤峰巴林右旗而得名。巴林石色彩斑斓,纹理奇特,温润柔和,非常适合于雕刻、珍藏、观赏,是雕刻家、藏石者首选的上乘石料,是中国四大名印石之一,被列为中国国石的候选石。

蒙古族传统工艺品:包括民族服饰、饰品、蒙古靴子、哈达、蒙古包、蒙古刀、银制酒具、弓箭、马鞭、真皮动物、工艺品、牛皮工艺画、牛角制品、动物骨制品等,极富民族特色,收藏或者送给亲友都是很好的选择。

仿辽瓷器:做工考究,以逼真的制作工艺融合了草原风格,体现了浓厚的民族风情,仿真程度令世人难辨真伪。

仿辽瓷器

赤峰购物场所

赤峰商业步行街:位于赤峰市红山区,10多年来,一直是赤峰市的商业中心。步行街内有同济大厦、新华商场、百货大楼、购物城、天峰商厦、宝峰商厦、紫荆大厦等17家较大百货商厦,商品种类基本能满足购物需求。

松山区商业步行街:是松山区的主要购物地点,可以满足不同需求的消费者。

众联广场:在新城区政府广场西南,可以说是赤峰比较高端的购物商场,商场中品牌齐全,价格也十足高。来这里购物的一般是本地较为富有的一部分人。

娱乐

赤峰以蒙古族传统的特色娱乐活动著名,有赛马、赛骆驼、摔跤、射箭射击、拔河、民间歌手弹唱、马头琴演奏《江格尔》演唱、民间舞蹈。土尔扈特蒙古族舞蹈有群舞、独舞、男女对舞,还有随歌伴舞,舞姿飘逸豪放,显示出草原民族独有的特色。

节日和重大活动

节日	地点	时间
燃灯节	通辽部分地区	农历十月二十五日
世界蒸汽机火车摄影节	克什克腾旗	每年冬季
红山文化节	赤峰	8月左右
草原文化旅游节	克什克腾旗贡格尔草原	6～9月
冬季旅游节	美林谷滑雪场	冬季

马头琴演奏

锡林郭勒

发现者 旅行指南

概览

亮点

- **锡林郭勒大草原**

  世界闻名的大草原之一，贝子庙、锡林河九曲等景点均分布在草原上。

- **乌里雅斯太山景区**

  巍峨、秀丽、古老、神奇，素有"草原庐山"之美誉。

- **灰腾草原**

  典型的草甸草原，而且可以看到火山喷发形成的凝灰岩岩块，盛产口蘑。

- **元上都遗址**

  元上都曾作为元朝第一个都城，元上都遗址是中国元代都城系列中创建最早、

锡林郭勒大草原

历史最久、格局独特、保存最完整的都城遗址。

- **浑善达克沙地**

  最具美感和生命气息的有水沙漠，最佳越野、采风地。

- **二连盆地白垩纪恐龙国家地质公园**

  独一无二的恐龙景观文化资源，国家级地质公园。

线路

- **锡林浩特—锡林九曲—平顶山—灰腾梁—正蓝旗两日游**

  第一天游览贝子庙、参观锡林九曲，然后在希日塔拉草原尽享草原风情，之后拜谒平顶山。

  第二天游灰腾梁，亲临元上都遗址追忆古人，再去乌和尔沁敖包林场、蔡木山大渡口、姑娘湖，体味神奇与幽静的完美结合。

- **锡林浩特—苏尼特—二连浩特经典三日游**

  第一天到锡林浩特，游杨都庙，下午去参观乌里雅斯台。

  第二天观赏查干淖尔，然后去苏尼特左旗拜谒宝德尔草原石林，后品鉴洪格尔岩画，游览查干敖包庙，晚上到达二连浩特市区。

元上都遗址

第三天参观边贸口岸、国门，游览恐龙地质公园、伊林驿站遗址、二连盐池。

- **锡林浩特—西乌—东乌三日游**

  第一天到锡林浩特，参观毛登牧场，后去蒙古汗城拜访，登临成吉思汗瞭望山，然后到达西乌县城。

  第二天从西乌县城出发，游览额吉淖尔，然后到达东乌县城，登临乌里雅斯太山，拜访珠恩嘎达布其口岸，再回到东乌县城。

  第三天从东乌县城出发，拜访喇嘛库伦庙和满都宝力格苏木。

❓ 为何去

锡林郭勒盟是蒙古族聚居的地区之一,保留着浓郁的蒙古族传统民俗。人文景观也是锡林郭勒的另一道风景。这里有始建于秦、辽、金代的古长城遗址,有突厥人留下的神秘的石人,恐龙墓地"通古尔"的发现吸引了更多的游人和考古学家。

乌里雅斯太山

🧭 何时去

锡林郭勒盟近年春秋两季时,沙尘暴等灾害性天气较多,出行时最好避开扬沙天气。

到锡林郭勒游玩的最佳旅游时间为夏季。

夏季的锡林郭勒既无酷暑之感,又能赶上那达慕大会,是体验蒙古风情的最佳时机。

草原放牧

晚上气温很适合在野外露宿,在草原上看落日也非常壮观。

但锡林郭勒即使在夏季昼夜温差也较大,所以太阳落山以后,需根据气温变化添加衣服。

锡林郭勒旅游示意图

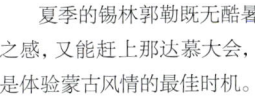

区域解读

区号：0479
面积：约202 580km²
人口：约105.16万人

地理 GEOGRAPHY

区划

锡林郭勒盟辖9旗（阿巴嘎旗、苏尼特左旗、苏尼特右旗、东乌珠穆沁旗、西乌珠穆沁旗、太仆寺旗、镶黄旗、正镶白旗、正蓝旗）、2市（锡林浩特市、二连浩特市）、1县（多伦县）。

地形

锡林郭勒系蒙古语，意为丘陵地带的河。它以高平原为主体，兼有多种地貌，既有低山丘陵又有盆地。位于西乌珠穆沁旗境内的古老格苏乌拉峰海拔1957米，是锡林郭勒盟的最高峰。浑善达克沙地位于锡林郭勒盟中部，由西北向东南横贯中部，属半固定沙地。

盟内主要河流有20条，分为三大水系，分别是正蓝旗、多伦县境内的滦河水系，中部的呼尔查干淖尔水系，东北部的乌拉盖水系。大小湖泊1363个，总面积500平方千米，其中淡水湖672个。

锡林郭勒草原是内蒙古草原的主要天然草场，有草甸草原，是水草丰美的牧场；典型草原，地表水比较丰富，牧草质量好；荒漠草原，位于锡林郭勒盟西部，植物群落适宜饲养羊和骆驼；沙地植被，主要分布在锡林郭勒盟的西部和中南部地区，沙生系列为沙地植被的主体，伴有大量榆树、柳树、桦树等灌木、半灌木林。

气候

锡林郭勒属于温带半干旱大陆性气候，四季分明，各具特色：春秋短暂，大多是晴空万里，偶尔狂风大作，黄沙迷漫，对喜欢冒险的旅游者来说，颇具诱惑；冬季漫长，常为冰雪覆盖，一片银装世界，千里草原分外妖娆，旅游者可切身感受千里冰封、万里雪飘的北国风光；夏季凉爽，是真正的避暑胜地，最高气温不过25℃，且日温差较大，早晚须盖棉被。

这里地域辽阔，人口稀少，资源富集，景色秀美，人情淳朴。每年的6—8月，锡林郭勒草原鲜花遍地，一片花的海洋，是一年中最好的旅游时间。

内蒙古草原的主要天然草场—锡林郭勒大草原

锡林郭勒大草原是世界闻名的大草原之一，面积1.08万平方千米，可利用优质天然草场面积18万平方千米。主要保护对象为草甸草原、典型草原、沙地疏林草原和河谷湿地生态系统。

锡林郭勒大草原旅游资源丰富而立体，

锡林郭勒风光

不仅有传统人文精神的象征——贝子庙和祭祀圣地白音查干敖包,还有闻名于世的元上都遗址和金界壕历史遗迹。更有举世闻名的二连盆地恐龙之乡(恐龙化石公园),以及浩瀚无际的浑善达克沙地。

曾被联合国教科文组织列为国际生物圈网络的国家级草原自然保护区——锡林郭勒草原自然保护区,如今仍为绝大多数旅行者考察观光、游览体验必达的胜地。繁花似锦的锡林郭勒草原"风吹草低见牛羊"的美景,锡林河九曲十八湾像是飘落在草原上的洁白哈达,使人流连忘返。

历史 HISTORY

历史大事记

● **远古时期**

据考证,锡林郭勒盟的二连浩特市、苏尼特左旗、苏尼特右旗等地曾是恐龙的乐园。多伦县境内奇特的环形水系,则是侏罗纪与白垩纪之间陨石陨落的爆炸坑。

锡林郭勒盟今苏尼特右旗、镶黄旗和东乌珠穆沁旗境内发现了旧石器时代人类生存的遗址,这是盟内发现最早的人类生活的印记。

● **五代时期**

1115年,女真部建立大金国,东部属临潢府庆州所辖,北部由广吉剌部所居,南部属宣德州辖地,中部正蓝旗一带由西北路招讨司所辖,设置桓州(正蓝旗侍郎城遗址),西部为汪古部所辖。

● **元朝时期**

1202年,铁木真来到今东乌珠穆沁旗境内,在作战中东进至兀鲁灰河打击克烈王罕部(今东乌珠穆沁旗北部乌拉盖河),并将其消灭,后统一蒙古各部。

1210年,金在西北路边墙上构筑乌沙堡(今河北张北),成吉思汗派大将哲别带兵袭击乌沙堡。

1211年,成吉思汗率蒙古铁骑军,从克鲁伦河出发,大举攻金。成吉思汗军穿越乌珠穆沁草原,通过达里泊(今克什克腾旗达里诺尔湖),进军桓州(今正蓝旗西北侍郎城遗址)、昌州(今太仆寺旗白城子遗址),占领金人刚修缮好的乌沙堡和乌月营(锡林郭勒草原南部,确切地名待考),与40万金大军会战野狐岭(今张家口西北)、会堡(今河北怀来境内),直达金中都城(今北京),后扫平漠南广大地区,建立元大都(今北京)。

成吉思汗死后,其孙忽必烈在锡林郭勒

草原上继承帝位，建立大元帝国，并在锡林郭勒草原上建筑了著名的元上都（今正蓝旗境内）。其后的元朝八位皇帝也都在元上都相继继位，自元世祖忽必烈开始，元朝历代皇帝已经真正成为锡林郭勒草原的家乡人。

● 清朝时期

1616年女真首领努尔哈赤立国，占领察哈尔部地区。

清康熙十四年（1675）把察哈尔部原辖区划分为蓝、白、黄、红各分正镶二旗，称蒙古八旗。其中镶黄、正白、镶白、正蓝均在本盟南部地区。

清崇德、顺治、康熙年间，对锡林郭勒河一带的苏尼特、阿巴嘎、阿巴哈纳尔、浩济特、乌珠穆沁等五部先后分别设置左、右翼两个旗，共10旗，会盟于锡林河北岸的"楚古拉干敖包"山上，命名为锡林郭勒盟。

● 近现代

今天锡林郭勒盟的南部地区，曾是原察哈尔盟辖地。察哈尔盟始于1937年。中华人民共和国成立后，1958年10月撤销察哈尔盟建制，其辖域划归锡林郭勒盟，锡林郭勒盟辖9旗（东乌珠穆沁旗、西乌珠穆沁旗、阿巴嘎旗、苏尼特左旗、苏尼特右旗、正镶白旗、正蓝旗、商都镶黄旗、太仆寺旗），两县（多伦县、化德县）。

1966年设立二连浩特市。

1983年撤销阿巴哈纳尔旗改设锡林浩特市。

文化 CULTURE

草原盛会那达慕

锡林郭勒盟每年一度的草原盛会——那达慕，源于14世纪的蒙古帝国时期，是全盟境内最具规模和影响力，拥有最高规格的蒙古族群众参与表演、竞赛的大型活动。

每当7、8月盛夏来临，草木最茂盛、牛羊最肥壮的时节，牧民们就会携家带口从锡林郭勒盟草原的各个角落赶着勒勒车、骑着摩托车或者步行会聚到锡林浩特市郊参与那达慕大会，以此庆祝草原的丰收喜悦之情。那达慕大会举行之日，商贩云集，说书献艺应有尽有，热闹非凡。

蒙古族古老文化的缩影——祭敖包

"敖包"是蒙古语音译，汉语意思为"堆子"，有用石块垒起的，也有用土堆起来的。多筑于山顶丘陵之上，大多呈圆形，顶端插有柳条等，形似烽火台。一般由"3""7""9""13"数字来组成，"13"在草原表示凯旋吉利的象征。

最早期的敖包是茫茫无边草原上举行各种形态的宗教活动的场所，后来逐渐还肩负起作为识别方向、道路、边界标志的职责，还兼有寄托情感的寓意和文化延伸的使命。

祭敖包是蒙古民族萨满教隆重的祭祀之一，也是蒙古族最为隆重热烈而又普遍的

名单 锡林郭勒历史名人

清代天文学家明安图

翻译家代古师·阿格旺旦皮勒

著名草原诗人嘎莫拉又名杜嘎尔苏荣

草原明星都荣扎那

诗人作家纳·赛音朝克图

明安图

敖包

祭祀活动。锡林郭勒盟是祭敖包历史遗存保存较为完整的地区,被列入国家级非物质文化遗产。

锡林郭勒盟草原"祭敖包"活动多在6—8月举行。有的一个旗、一个苏木独祭,也有几个苏木、几个旗联合祭祀的。锡林郭勒盟大草原最出名的敖包祭祀活动在白音查干。

祭敖包时先献上哈达和供祭品,再由喇嘛诵经祈祷,众人跪拜,然后往敖包上添加石块或以柳条进行修补,并悬挂新的经幡、五色绸布条等。最后参加祭祀仪式的人都要围绕敖包从左向右转三圈,祈求降福,保佑人畜两旺,并将带来的牛奶、酒、奶油、点心、糖块等祭品撒向敖包,然后在敖包正前方叩拜,将带来的石头添加在敖包上,并用柳条、哈达、彩旗等将敖包装饰一新。

祭典仪式结束后,举行传统的赛马、射箭、投布鲁、摔跤、唱歌、跳舞等文体活动。有的青年男女则偷偷从人群中溜出,登山游玩,倾诉衷肠,谈情说爱,相约再见的时日。这就是所谓的"敖包相会"了。

蒙古族勒勒车制作技艺

勒勒车又名大辘轳车、罗罗车、牛牛车,"勒勒"原是牧民吆喝牲口的声音。勒勒车是为适应北方草原的自然环境和蒙古族生活习惯而制造的交通工具,这种车轮体高大,车身轻便,对于草地、雪地、沼泽地等有较强的适应能力,即使损坏也容易修理。

勒勒车车质地坚硬,耐磕碰,车体又轻,着水受潮不易变形,适宜在草原、沙滩上通行。车体整个不用铁件,结构简单,便于制造和修理。上面有用柳木条弯曲成半圆形的车棚。棚周围包以羊毛毡,形成篷帐,用以遮阳光、挡雨、防雪、御寒。

勒勒车制作技艺并不复杂,但人们生活方式的改变对其传承冲击很大,随着经济的发展和社会的进步,勒勒车逐步退出了历史舞台,除少数偏僻地区还有牧民使用外,目前草原上已难以见到。

东乌旗地处锡林郭勒草原腹地,目前仍存有一定数量的勒勒车,种类也比较齐全,具备保护勒勒车制作技艺的条件,它的几个旅游景点都开展了乘坐勒勒车活动。

景点推荐 锡林浩特景点

贝子庙 AAAA
锡林郭勒盟最大的庙宇

✉ 锡林郭勒锡林浩特市北部的"额尔敦陶力盖"敖包南坡下 🚌 乘1路公交可达
🕐 8:00~18:00 ¥ 20元 ☎ 0479-8221343

贝子庙是锡林郭勒盟现存最古老的一座庙宇群之一,始建于清乾隆八年(1743年),因建在贝子旗(清时),且又是贝子巴拉吉尔道尔吉主持建造,故名贝子庙。整个建筑群落东西长600多米,南北宽200多米,占地面积12万平方米。

与内蒙古自治区的武当召、锡拉木伦召、百灵庙同为内蒙古中西部四大藏传佛教寺庙。

玩家 攻略

贝子庙外有一条热闹的商业街,有各种民族特色的纪念品。

贝子庙美食手把肉即用手把着吃肉之意。羊、牛、马、骆驼等牧畜及野兽的肉均可烹制手把肉,但通常所讲的手把肉多指手把羊肉。

拜完贝子庙,再爬敖包山,手扶敖包顺时针转三圈,便可祈福。

锡林河九曲
锡林郭勒草原上最美的河曲之一

✉ 锡林郭勒锡林浩特市南15千米处 🚗 交通便捷,自驾或包车都可以 🕐 全天 ¥ 免费

锡林河九曲河水流势顺地形形成河道弯弯曲曲,在草原上蜿蜒,犹如一条银色丝带迎风起舞。这里河面开阔,右岸坡陡,左岸坡缓,河床两侧河漫滩上生长着大量的芦苇及其他水生植物,增加了河曲的美感。在此河曲的下游,即为锡林河水库,是垂钓爱好者的好去处。

玩家 攻略

四季皆宜,夏季最好。上午10点前和下午4点后是锡林九曲湾最美的时候,日出日落风景甚美。

河岸上坐落着集草原观光、娱乐、洗浴、住宿、购物于一体的锡林河草原旅游度假区。

链接

锡林九曲的传说

相传当年成吉思汗夫妻路过此地,登高俯视,河道六旋九弯,在绿茵中穿行,牛羊撒落,百鸟低盘,湖水泛光,景色迷人。成吉思汗夫人在遐想静思中不知不觉把丝巾撒落在地,化作九曲长河。

锡日塔拉草原旅游度假村
可以住蒙古包的度假村
- 锡林郭勒锡林浩特东南15千米处的林河畔
- 锡林浩特汽车站乘旅游巴士可达

草原度假村占地总面积9平方千米,这里地势宽敞平坦,牧草茂盛,空旷恬静。旅游区建设各式蒙古包50多顶,目前已建成项目有王爷包、中型蒙古包、微型蒙古包共14顶,可接待游客160人,是内蒙古锡林郭勒大草原的典型地段,游人可以充分体味草原风情的独特韵味,是娱乐休闲的佳地。

锡林郭勒赛马场
功能完善的大型国际赛马场
- 锡林郭勒锡林浩特市额尔敦南路西侧

锡林郭勒赛马场占地面积26万平方米,设有7000人的宾客、观众座席,可同时举行赛马、马术表演、马球等比赛,还可作为草原上日常的文艺表演、体育比赛、群众集会、经贸活动的场所,冬季还能成为群众冰上运动的活动场地。

额尔敦敖包
始建于清代的敖包
- 锡林郭勒锡林浩特市区北端

额尔敦敖包始建于清乾隆十八年(1753),由13个敖包组成,并且按照蒙古族崇尚数字9的习俗,额尔敦敖包山的台阶一共建了171阶。171是19个9组成,171相加也是9。

玩家 攻略

额尔敦敖包的传统祭祀日为每年农历五月

贝子庙

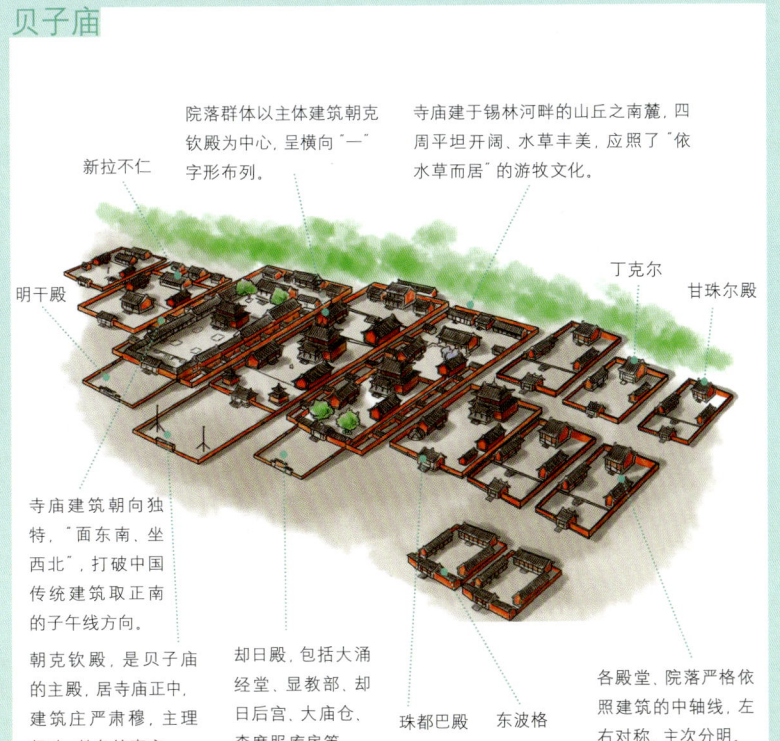

- 新拉不仁
- 院落群体以主体建筑朝克钦殿为中心,呈横向"一"字形布列。
- 寺庙建于锡林河畔的山丘之南麓,四周平坦开阔,水草丰美,应照了"依水草而居"的游牧文化。
- 明干殿
- 丁克尔
- 甘珠尔殿
- 寺庙建筑朝向独特,"面东南、坐西北",打破中国传统建筑取正南的子午线方向。
- 朝克钦殿,是贝子庙的主殿,居寺庙正中,建筑庄严肃穆,主理行政、教务等事宜。
- 却日殿,包括大涌经堂、显教部、却日后宫、大庙仓、查度服库房等。
- 珠都巴殿
- 东波格
- 各殿堂、院落严格依照建筑的中轴线,左右对称,主次分明。

十三。

祭敖包一般只许男人祭祀,而额尔敦敖包男女都可以祭。

祭完敖包后,还要举行规模不等的那达慕,主要项目是赛马和摔跤,利用这个机会人们可以互相交流,男女青年可以互表爱意。

玩家 解说

"额尔敦"蒙古语,译为"宝","敖包"意为"堆子",额尔敦敖包可译为"宝山"或"宝地"。

链接

敖包的由来

关于敖包的由来,草原上有着许许多多的说法。

一种解释说,敖包最早是用来祭祀祖先的。草原蒙古民族的葬礼多采取野葬。蒙古人在亲人去世后,用毡子将尸体裹住,按照喇嘛指示的方向,用牛车拉上尸体在草原上奔跑,尸体掉落的地方被认为是亲人安葬之地。

为便于以后祭奠亲人,在送葬时要带上母骆驼和小骆驼。在尸体掉落之地将小骆驼的腿割破,让血流到该处。次年,再带着母骆驼和小骆驼来寻找。因骆驼嗅觉灵敏,闻到遗留的血腥味便起哀鸣,由此可以判定亲人安葬的确切位置。这时,人们在上面放一些石头做标记,日积月累就形成了敖包。

另一种说法与一代天骄成吉思汗有关。据说,在公元13世纪时,铁木真经常与蒙古各部争战。每征服一个部落,他总要在高山或高处堆起土堆,或用石块垒成石堆,插上旗帜作为标志,意为征服。

随着时代的变迁,敖包的内涵逐渐丰富,形式也多样起来。最初只有一个代表保护神的敖包,后来演变成三个敖包:中间较大的代表天神,右侧代表地神,左侧代表先祖,七个敖包即代表七个卡尔格佛,十三个敖包即供奉十三个勇士。

平顶山
观看日落的最佳地点

锡林郭勒锡林浩特市境内　市内有直达平顶山景区的旅游专线　8:00~16:00　10元

平顶山是一处由火山喷发而形成的独特的山。这里的群山相互依偎,大大小小排列有序,而顶部却刀削般地平整,构成一幅奇特的景致。

日出时,朝霞为平顶山抹上了一层胭脂,使群山显得格外妩媚;日落时夕阳的余晖洒遍草原,人们能清晰地看见太阳沉入大地。晚霞中山凹里的人家炊烟袅袅更令人思绪万千。

链接

平顶山的传说

相传一代天骄成吉思汗征战时路过此地,一山脉挡住去路,周围牧草茂盛,战马只顾躲在山后食草不肯前行,大汗一怒之下横刀挥去削掉山头,以警示属下,于是便留下这一奇特的景观——平顶山。

灰腾草原
盛产口蘑的草原

锡林郭勒锡林浩特市锡张公路55千米处　全天　免费

灰腾草原位于灰腾玄武岩台地之上,海拔1300米左右,是典型的草甸草原。在这里不仅可以看到典型草原的景观、植被,而且还可以看到火山喷发形成的凝灰岩岩块。

这里的植被以典型草原植被为主,代表性植物有大针茅、线叶菊、地榆、羊草、冰草等。景色四季各异。灰腾草原还是双孢菇的产地,方圆数百里,到处是双孢菇群。

玩家 解说

历史上人们在灰腾草原采集到大量的蘑菇后,常常送往张家口加工销售,因而张家口就成为蘑菇产品集散地,所以统称为"口蘑"。实际上口蘑不产在张家口,真正的产地是在灰腾草原区。

灰腾草原

苏尼特旅游区

景点推荐

赛汉塔拉旅游娱乐园
领略草原风光和民族

- 锡林郭勒苏尼特右旗赛汉塔拉镇东南3.5千米
- 乘班车到苏尼特右旗前往 80元

娱乐园总占地面积约10平方千米。园区栽种树木18万多株,树苗圃2000平方米,标准化羊饲舍180平方米,饲养鸵鸟场地8000平方米,蔬菜大棚144平方米,人工草场0.87平方千米。大小蒙古包90顶,其中有48顶洁白的毡房餐厅,可同时供600多人就餐,套间客房20套。

园区地处古河道上,地下水资源丰富,白云蓝天,绿树成荫,湖光山色,鸟啼鹿鸣,是一处以草原生态风光和民族风情为主,人造景点为辅,集旅游、度假、消遣为一体的草原生态旅游区。

玩家 攻略

主要景区有人工湖、恐龙博物馆、野生动物园、民族竞赛场、金顶大帐和蒙餐、蒙古茶吧文化区。

园区内饲养了多种野生动物供游人观赏。有狼、孔雀、鸿雁、灰鹤、野鸭、梅花鹿、鸵鸟等多种野生动物,人们在茶余饭后漫步其间,悠然自得,别有一番情趣。

园区的东南面是那达慕大会的主会场,每年的那达慕大会就在这里召开,举办摔跤、赛马、射箭等传统的蒙古民族竞赛项目,夏季举行篝火晚会和民族歌舞表演。

苏尼特王府
融合藏传佛教和汉族宫廷建筑风格

- 锡林郭勒苏尼特右旗朱日和镇所在地东
- 走208国道至朱日和镇前往

苏尼特王府是锡林郭勒盟最早的一座

官殿,又称德穆楚克栋鲁普王府,背靠敖包山,依山取势。始建于清代同治二年(1863),苏尼特王府建造宏伟,是历史闻名的晚清时代古迹,苏尼特王府沿袭了藏传佛教传统建筑风格,造势宏伟,结构独特,雕刻精美。

毕力图庙
藏派与汉式庙宇的合体
✉ 锡林郭勒苏尼特右旗巴音朱日和苏木毕力图敖包东北部

毕力图庙原名包日敖包,始建于1708年,具有独特的地方特色和民族风格,建筑构造沿袭了藏传佛教传统建筑风格。

毕力图庙共有朝格秦殿、道格西德殿、珠日殿、丹珠日殿、伊苏殿等5个殿12个馆,1913年被炸毁,只剩下一个殿堂,1945年再一次遭受了破坏,1966年"文革"期间基本被完全毁坏,1989年经重新修缮,立起了金顶,恢复了法事。

玩家 攻略
庙内每年举办千盏灯会,祈福百姓幸福、安康、祈愿牲畜兴旺、生活富裕。

二连国门
一睹北国之门雄风
✉ 锡林郭勒二连浩特市北部军事区
🚗 租车前往
💰 免费

二连国门被誉为祖国的北大门,横跨铁道,建成于1984年9月21日,国门上方嵌有"中华人民共和国"7个红色大字,门楣上着庄严的国徽。是集旅游观光、军旅体验、爱国主义教育为一体的综合性景区。

由入口迎宾区、沿途引景区、火车纪念广场区、国门参观区、军犬训练参观区和界碑参观区6部分组成。国门下方的中蒙铁路,是连接首都北京和乌兰巴托、莫斯科的铁路

扎门乌德火车站

交通大动脉,被誉为"欧亚大陆桥"。

玩家 攻略
国门塔身镂空,可拾级而上,远眺具有俄罗斯建筑风格的蒙古国边境扎门乌德火车站大楼,具有民族特色的居民小木楼及具有草原风情的蒙古包群,不觉上瘾的,还可通过高倍望远镜,蒙古边城扎门乌德可以一览无余。

二连国门界碑
全国边界站点唯一一处双号双立界碑
✉ 锡林郭勒二连浩特市北部军事区

矗立在中蒙边境二连——扎门乌德口岸的是815、816号界碑。界碑距二连浩特市和蒙古国的扎门乌德市均为4.5千米。目前的815(1)、815(2)、816(1)、816(2)号四块界碑分别矗立在两条铁道的两侧,大理石碑身,两面分别嵌有两国镀金国徽,庄严肃穆。

二连浩特口岸
中蒙两国唯一的铁路口岸
✉ 锡林郭勒西部
🕐 全天开放
💰 免费

二连浩特口岸位于中国正北方,东西南三面与美丽富饶的苏尼特草原相邻,北与蒙古国扎门乌德隔界相望,是中国通往蒙古国的唯一铁路口岸,与蒙古国扎门乌德口岸隔界相望,是国务院首批批准的全国13个沿边开放城市之一。

二连盆地白垩纪恐龙地质公园

二连盆地白垩纪恐龙地质公园 AAAA
真实的侏罗纪公园

📍 锡林郭勒二连浩特市市区东北9千米处的盐池附近　🚍 附近没有公交站,只能租车或包车到达
💰 50元

二连盆地白垩纪恐龙地质公园主要由恐龙科普馆、矿物晶体馆、恐龙化石原地埋藏馆、"伊林"驿站博物馆等四部分组成,是一个集地质遗迹资源保护、地学知识科普教育、人文历史展现于一体的科普教育场所。

公园内地质遗迹类型丰富多样,根据地质遗迹的分布和地域上的组合特点,将公园划分为二连盐池恐龙化石群遗迹景区、二连浩特口岸文化景区和宝德尔花岗岩石林景区。

玩家 攻略

地质公园内的晚白垩世恐龙化石群遗迹闻名中外,拥有独一无二的恐龙景观文化资源,参观各种恐龙化石、恐龙蛋化石等遗迹,一定让你不虚此行,惊喜不断。

玩家 解说

二连地区是亚洲和我国最早发现恐龙化石及恐龙蛋化石的地区之一,素有"恐龙之乡"的美誉。早在7000万年前,这里湖泊密布,气候湿热,密林丛生,是恐龙生息繁衍的乐园。

从19世纪90年代开始的100年中,先后有俄、美、加、荷兰、比利时、波兰、日本、德国、蒙古等国和我国的古生物学家、地质学家在这里进行过7次大型考察和挖掘,已陆续发现盘足龙、欧氏阿莱龙、鸭嘴龙、似鸟龙、甲龙和角龙化石10余种,出土了大量较完整的恐龙骨骼化石。其中,恐龙蛋化石的发现创我国最早纪录。

通古尔盆地
恐龙墓地

📍 锡林郭勒西北地区的边境袖珍口岸城市二连市和苏尼特左右二旗一带

通古尔古生物化石区是中国最早发现的中新世哺乳动物化石产地,曾出土亚洲最大的恐龙化石,近几年又发现了一些世界罕见的珍品化石标本。迄今为止,在通古尔一带已发现的恐龙化石有亚洲似鸟龙、欧洲式阿莱龙、姜氏巴克龙、蒙古满洲龙等。现在此地建有恐龙博物馆。

洪格尔岩画群
古游牧民族的生活印记

📍 锡林郭勒苏尼特左旗西北部

洪格尔岩画群有600多幅古岩画,距今已有四五千年的历史。

据专家分析，这些岩画都是远古时期的北方游牧民族所绘，他们在日常的放牧、狩猎等单调的过程中，在石块上记录下一个个生活场面，虽然线条简单，构图粗陋，但其形象生动，别具特色。

玩家 攻略

洪格尔岩画群主要包括呼和朝鲁岩画点、毕其格图岩画点及巴日塔图、陶恩图、托来岩画点。

链接

玄石坡、立马峰的由来

据史料记载，这组石刻是明成祖朱棣于永乐八年（1410）敕命所为。那时，因漠北胡人新军本雅失里举兵攻打明朝。

永乐七年（1409），明朝大将军丘福率军10万北征，结果明军大败，丘福战死沙场。

永乐八年（1410），明成祖亲率大军从北京出发，二次北征，沿途节节取胜。为壮声势，明成祖每到一地都要祭祀天地、祖宗，并立石碑铭记。玄石坡和立马峰是明代皇帝朱棣北伐途中祭天所留遗迹。

玄石坡和立马峰
见证历史的大型卧牛石

✉ 锡林郭勒苏尼特左旗（满都拉图镇）昌图锡力苏木境内 🚌 乘当地旅游专线巴士可达

玄石坡和立马峰是裸露在地面的黑白相间的大型卧牛石，其中一块卧牛石的阳面上横刻有"玄石坡"3个楷体大字，每字约60厘米见方，深4厘米。石上有自然台阶。最末一级台阶上凿有10厘米深的香炉一鼎，为祭祀之用。玄石坡碑铭北面9米处，另有一块高1米左右的卧牛石，上刻"立马峰"三个同样大小的字。其背后的石崖上有4个直径17厘米的马蹄印，象征着最高军事统帅乘马伫立之处。

宝德尔草原石林景区
风景优美怪石林立

✉ 锡林郭勒苏尼特左旗满都拉图镇东北141千米

宝德尔草原石林景区东西长8千米，南北宽5千米，占地40平方千米。景区怪石林立，造型奇特，像哲人深思、如雄鹰栖息、似群龟蠕动、似骏马奔腾，犹如海市蜃楼在这里展现。

石林由无数的石雕群组成，其典型特征是间隔5~7米的一根根一座座石柱拔地而起，石林在地表并非一个整体而是由一块块状如饼子的石头堆积而成，时大时小，奥妙神奇。

宝德尔草原石林秋色

锡林郭勒南部旅游区

景点推荐

宝拉根艾拉旅游点
赏草原风景，尝蒙古餐饮

📍 锡林郭勒呼海大通道南

旅游区集旅游、餐饮、娱乐、食宿等服务为一体，可同时接待300人左右。

周边是广阔的天然草原，每到夏秋季节是草原最美的季节，蓝天白云，绿草如茵，骏马在广阔的草原奔驰，肥壮的牛羊在草原上觅食，野生动物出没其间，形成干旱草原独特的自然景观。

天鹅湖景区
观察候鸟的胜地

📍 锡林郭勒正镶白旗乌兰察布苏木　🚗 明安图镇上满沽线行56千米到阿拉腾嘎达苏，往东下乡村路行15千米即可到达景区

景区集多种景观类型于一体，构成草原、沙地、湖泊、湿地浑然一体的独特风光。景区背依的连绵沙丘是驾车冲沙和沙地探险的好地方，面临的一碧万顷草地，随风起伏，风光无限，是观光理想之所。

天鹅湖盛产天然鲫鱼，味道鲜美。景区内百鸟翔集，天鹅翩翩，是观察候鸟的胜地。

玩家攻略

旅游服务时间：每年5—10月。

景区主要经营蒙古特色餐饮、烤全羊、住宿、篝火晚会、骑马、骑骆驼等活动内容。

骑马

元上都遗址
元代创建最早的都城

📍 锡林郭勒锡林浩特市南面
🚌 从多伦到正蓝旗驻地敦达浩特镇每天有三趟班车,6:30、14:00和14:30,车票6元。也可以坐私人面的或者出租车,10元左右,但是一般要等凑齐多人才出发。1小时可到 🎫 免费

元上都初名开平府,为公元1256年忽必烈所建,是中国元代都城系列中创建最早、历史最久、格局独特、保存最完整的都城遗址。1263年升为上都,曾作为元朝第一个都城和夏都。遗址呈方形分为外城、皇城和宫城三重城垣。其中宫城是整个建筑的重中之重,是皇帝和后妃们夏季避暑时的居住之地,风格以自然为主。

玩家 攻略

参观遗址的推荐时间为夏季,那时地面杂草丛生,漫上遗址台基,遗址的全貌比较容易辨识。

▢ 外城

外城整体呈曲尺形,围绕于皇城之西、北两面扩建而成,西、北两面墙长2220米,东墙长815米,南墙长820米,占地面积约2.88平方千米。现存城墙地基宽10米,顶宽2米,存高为3~6米。外城自西门北侧225米处,斜向修一条东西向的隔墙至皇城北门瓮城西墙,将外城分为皇城以西、以北两部分。城墙均为黄土夯筑,夯层厚约20厘米,薄厚不均,夯实程度不若皇城,外表未有砖石包砌。

元上都遗址

▢ 皇城

平面近方形,东墙长1410米,西墙长1415米,北墙长1395米,南墙长1400米,占地面积约1.64平方千米。现存高度多在6~7米,墙基宽12米,顶宽约5米,向上渐斜收。四墙外侧筑有马面,每面墙6个,共24个。马面底宽12米,凸出墙体约5.4米,现存高度约5.8米。中间为黄土夯筑,内外两侧均用自然石块包砌,石墙厚0.5~0.6米,外侧石块略平整。

▢ 宫城

平面近方形。东墙长605米,西墙长605.5米,北墙长542.5米,南墙长542米,占地面积约0.32平方千米。四面均存有高度不同的夯土墙体,最高5米,墙基宽10米,顶宽5米。部分墙体存有包砖。中间为黄土夯筑,内外两侧包砌青砖。砖墙底部垫有石条或片岩做基础。

▢ 关厢

东关长约800米,并向东北方延伸;南关长约600米,与滦河南面的建筑相连,今河岸还存有连接两岸的石桥基础;西关向西延伸约1000米;北城墙外侧无建筑及街道遗迹,因外城北部为帝王游幸的宫苑之故。在距离北墙1千米以外的山麓,有大片建筑遗迹,多为整齐排列的小型建筑物。

▢ 铁幡竿渠

刘秉忠初建上都城时,因地多有沼泽,便在山上立铁幡竿以镇水,"铁竿屹立海水竭,卧龙飞去空冥冥"。此铁幡竿所立之山被称为铁幡竿山。元上都西北方的哈登台敖包即为铁幡竿山。在敖包西侧仍保留着铁幡竿的基座。铁幡竿渠是由元代著名科学家郭守敬于元成宗大德二年(1298)设计修建的。铁幡竿渠在元上都外城西门外450米处又折向东南,在西关大街北侧折向正南入闪电河,修筑渠道的目的是为了保障都城的安全。

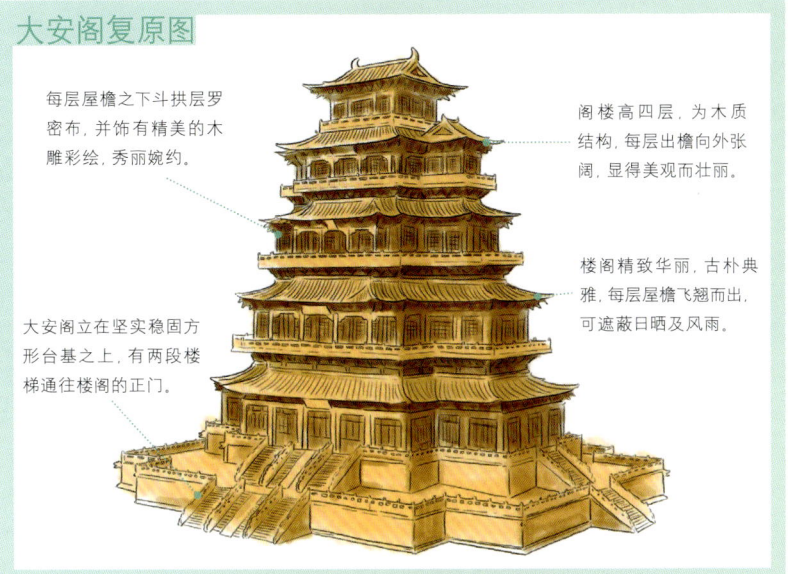

大安阁复原图

- 每层屋檐之下斗拱层罗密布,并饰有精美的木雕彩绘,秀丽婉约。
- 阁楼高四层,为木质结构,每层出檐向外张阔,显得美观而壮丽。
- 楼阁精致华丽,古朴典雅,每层屋檐飞翘而出,可遮蔽日晒及风雨。
- 大安阁立在坚实稳固方形台基之上,有两段楼梯通往楼阁的正门。

大安阁

锡林郭勒盟正蓝旗上都镇东北元上都遗址内。《马可·波罗游记》中曾经这样形容元上都大安阁:"和烈汗在都城用大理石和(其他)石头建造了一主坐宏大的宫殿,大厅和层间涂上了黄金,然后用各种各样的鸟兽和花卉图案加以装饰,精美绝伦,巧夺天工,让人叹为观止"。

大安阁为元上都的正殿。史料记载,大安阁为拆迁宋代原熙春阁仿建,雄伟壮观,金碧辉煌,是元代皇帝处理朝政,接见外国使节之所。元世祖忽必烈正是在这里接见了马可·波罗一行。由此,才产生了著名的《马可·波罗游记》,并在世界广为流传。后大安阁毁坏于元朝末年时元上都城中的大火。

忽必烈夏宫
夏季避暑的好去处

- 锡林郭勒正蓝旗上都镇3.5千米
- 包车前往,或走308省道至81千米处

有草原、森林、沙漠、湖泊、文物古迹等丰富的旅游资源,是一处集娱乐、餐饮、住宿、休闲度假、体验牧人生产生活、察哈尔民俗风情展示、研究蒙元史及察哈尔文化功能于一体的综合性旅游景区,建有大中小型传统蒙古包共有80顶,就餐、住宿方便。

玩家 攻略

体验牧民生产、生活方式、品尝奶制品、搭蒙古包,感受民族习俗;参观祭敖包、喇嘛诵经、民族婚礼等民俗风情。

忽必烈夏宫

浑善达克沙地
沙漠花园

🏠 锡林郭勒正蓝旗境内　🕐 全天　💰 免费

浑善达克沙地东西长约450千米，面积大约5.2万平方千米，平均海拔1100多米，沙地中沙丘起伏，间有丘间低地和滩地，是内蒙古中部和东部的四大沙地之一。

这是中国著名的有水沙漠，在沙地中分布着众多的小湖、水泡子和沙泉，泉水从沙地中冒出，汇集入小河。沙地东北缘生长着沙地云杉，是世界同类地区尚未发现的稀有树种，被称为"生物基因库"和"活化石"，野生动物更是门类繁多。

玩家 攻略

浑善达克沙地是我国沙区最大的风区之一，适合开展骑马、骑骆驼或汽车越野等特殊旅游项目。

每年三四月份，湖水刚一化开，大批候鸟从南方飞回来，在浑善达克沙地的小湖、泡子的芦苇、蒲草中产卵、育崽。

几乎没有公共汽车可以到达浑善达克沙地，走进它的唯一方式只能是自驾。当然，进入沙地前一定要找个好的向导，否则将会遇到包括迷路在内的很多困难。

玩家 解说

浑善达克在蒙古语中意为"孤驹"。相传成吉思汗西征时，所骑之马为其最心爱的"孤驹"，经过此沙地，因此得名。

浑善达克沙地

高格斯台风景区
感受草原美景的神秘悠远

🏠 锡林郭勒正蓝旗境内
🚗 走207国道120千米处以西30千米

高格斯台郭勒意为"韭菜之河"，位于浑善达克沙地之中。这里有天然沙漠的草原风光，常年流淌的溪水，林草繁盛，水草肥美，素有"空中牧场"之誉。这里夏天气候温润，凉爽宜人，登高眺望颇有几分"江南水乡"的风姿。

玩家 攻略

景区建设有休闲旅游、沙地探险、牧民生活体验、拓展训练等娱乐活动，适宜自驾车游。

玩家 解说

在高格斯台河西岸沙丘上，密集分布着林龄均在百年以上的沙地榆古树林，堪称"活的文物""国之瑰宝"。古榆树有的粗大，3~4个人才能合抱；有的受恶劣自然条件的摧残，长得歪七扭八，奇形怪状；有的因为沙土被大风吹走，树根暴露在地面2~3尺，将枝叶高高架起，模样很像盆景；有的根系已被风沙吹得露到地表外，却依然顽强地生长着。

黑风河景区
天然公园

🏠 锡林郭勒正蓝旗上都镇东北约40千米处

自然景区内分布着原始森林及众多河流，河水清澈透明，岸边有沙滩、草滩，每到夏季天鹅、红嘴鸥、野鸭等水鸟在这里栖息。

河两岸为蒙古族牧民的夏营地，在领略森林、沙丘、草原、蓝天、白云之后，还可以体验蒙古民族骑马、歌唱、摔跤等情趣和手把肉、奶酒的香甜。

这里山美水秀，树奇花艳，自古以来就是牧民"逐水草而居"的极佳的夏营地，也是牧人举行"那达慕"的理想场地，被人们誉为"天然公园"。

上都湖原生态旅游牧场景区
尽享草原娱乐的乐趣

- 锡林郭勒正蓝旗桑根达来镇巴音苏日戈夏营盘
- 包车前往

上都湖地处浑善达克沙地东南缘与低山丘陵的交汇处,是距京津塘城市圈半径最短、设施最全、规模最大、旅游内容最为丰富的草原原生态旅游牧场。周围是蒙古族牧民的夏营地,南部与乌和尔沁敖包林场原始次生林区相连,北部为浑善达克沙地,草地、山水、林地与沙地融为一体,景致独特。

景区划分为生态牧场、草原生态环境论坛中心、蒙元文化游牧部落游客体验营地、自驾车营地、度假馆会五大模块,是夏季旅游、消暑、垂钓、水上游艇、休闲、美食、体验沙漠湖光、山水、森林与民族风情的理想之地。

玩家 攻略

景区设有自驾车环湖、草原骑马、骑骆驼、沙地卡丁车、泛舟湖上、淖尔垂钓、草原观星、观鸟、草原篝火晚会等,度过一个愉快的下午。

太仆寺御马苑 AAAA
策马奔驰追云望月

- 锡林郭勒太仆寺旗贡宝拉格苏木南1千米
- 锡林郭勒盟乘班车到太仆寺旗　全天

景区占地10平方千米,建筑面积1.3万平方米,草场覆盖率100%,可同时接待1000人就餐,700人住宿。内建有标准速度赛马场、马术绕桶赛场、御马博物馆、御马大酒店、战车式蒙古包群、奈曼风情包群、小型蒙古包60顶。景区集养马、驯马、赛马、马具制造、马文化展览、马匹交易及马皮、马肉、马奶制品研发于一体,是中国最具代表性的综合马业基地和旅游胜地。

玩家 攻略

在这里可寻访清王朝皇家御马场的足迹,品尝风味独特全羊宴,亦可欣赏参与赛马、摔跤、射箭、勒勒车、篝火晚会、小型那达慕、乌

太仆寺御马苑

兰牧骑表演等活动,骑骏马飞奔,乘骆驼漫游,纵酒高歌,弯弓射箭,篝火起舞。

玛拉盖草原
建有太仆寺旗第一座寺庙

- 锡林郭勒太仆寺旗贡宝拉格苏木崩崩山嘎查

旅游区总面积1平方千米左右,草场覆盖率60%,水资源充沛,依托玛拉盖庙而建,有厨房3间、水房1间、厕所1间、演出台1个、景区大门2个、娱乐包、接待包、商品包6顶、龙形餐饮包9个,代表中华民族各族特色的蒙古包56个、办公室6间、职工宿舍10间、停车场、特色养殖喂养队、娱乐场、餐饮包20顶、住宿包100顶等设施,可同时接待500人就餐,300人住宿。

玩家 攻略

1.每年农历五月十三至六月十五是玛拉盖庙世祭日,其间举行的庙会上有多种活动,商贾云集,热闹非凡。

2.农历六月十三是太仆寺左翼牧场5个牧群的祭祀仪式,这一天,不分官员、喇嘛和俗人,男女老少均着节日盛装,带上供奉和要出售的物品、牲畜等,从四面八方赶来,除给庙内供奉外,剩余的牲畜、皮毛、奶食品等在庙会上出售或兑换日用品。

3.农历六月十四日是跳鬼节,各庙喇嘛传信于玛拉盖庙,参加跳鬼的喇嘛头戴各种鬼怪面具,身着专用服装,随着低沉的音乐手舞足蹈,以示避邪驱鬼,祈盼幸福吉祥。庙会期间,赤诚、多伦等地的商人、牧民也前来赶会,做买

卖,甚为热闹。

庙会的最后一天是抬麦达尔出巡日,喇嘛抬着事先做好的大型佛像,绕庙一周,意为颂佛。

贡宝拉格草原
昔日皇家御马场,今日北京后花园

- 锡林郭勒太仆寺旗境内
- 全天　免费　0476-8263204

贡宝拉格,蒙语意为深深的泉水。贡宝拉格(贡宝拉嘎)草原是距离北京最近的天然草原,属于锡林郭勒草原的一部分。与河北省交界,距张家口市149千米,距北京市350千米。

这里是野生动植物生长的乐园,狼、沙弧、野兔等在这里出没,百灵、喜鹊、沙鸡等在这里鸣唱、翱翔,麻黄草、甘草、狼毒、防风等珍贵药材数不胜数,金莲花、马兰花、芍药花、地椒花等争奇斗艳、竞相开放。

军事拓展基地
军事迷的最佳旅游胜地

- 锡林郭勒太仆寺旗宝昌镇宏大村穆家营子村

军事拓展基地总面积10平方千米,核心区2平方千米,建筑物面积10 000平方米,可同时接待500人就餐,200人住宿。

基地地处三山峡谷之中,地形复杂,草地、林木、灌木、山泉交错,夏季气候凉爽宜

攀岩

人。利用战时遗址修缮扩建防空通道8千米,修缮军事营房30间,修建的攀岩道、蹦极台等是进行野外拓展训练的理想旅游胜地。

玩家 攻略

景区以防空洞旅游及爱国主义教育、军事拓展为主,开发军事娱乐、野外观光、观山游览、激光对抗演练、攀岩、模拟手榴弹投掷、器械练习、军事拓展、爱国主义教育等旅游项目。

多伦湖 AAAA
蔚蓝宁静的塞外明珠

- 锡林郭勒多伦县大河口乡境内
- 80元

多伦湖景区由7个相连的大小水潭组成,形成2个湖心、2个大半岛、1个沙半岛。

多伦湖

多伦湖

链接

多伦湖鲤鱼的由来

多伦湖盛产鲤鱼、鲫鱼等十几种营养丰富的淡水鱼,在这里可以品尝到不同口味的鲜鱼宴。

相传,原来多伦诺尔湖内并没有鲤鱼,是康熙皇帝在达里诺尔湖钓过鱼后,来到多伦诺尔湖见偌大水面的湖中无鱼,便叫人用骆驼从黄河驮来数十尾鲤鱼,放养在湖中。至今人们仍把多伦诺尔称鲤鱼泡子。当年用牛皮口袋驮来的数十尾鲤鱼的后代不断繁衍,成为这里的人们取之不尽,用之不竭的财富。

烟波浩渺的多伦湖,像一块镶嵌在高山和草原中间的翡翠,山、湖、草原相映成趣,自然景观丰富多彩,有塞北小江南的美誉,是避暑度假、休闲娱乐的好地方。

玩家 指路

沿多伦县城向东行驶20分钟即到,沿途有明显的路标,途经大唐煤化工、联邦物流,过曲家湾大桥到多伦湖景区东入口,主入口308省道从景区横穿而过。

玩家 攻略

多伦湖设有滑沙、钓鱼、农家乐、采摘游、游艇、草原露营、篝火晚会、水上乐园、水上观光、漂流等项目,不失为一个赏湖、娱乐之处。

多伦湖建有依山傍湖的环湖路,只要驱车环湖一周,多伦湖所有的美景都会尽收眼底。每年举办的自行车公路赛,已经成为该地区一大品牌。

多伦湖秋季最美,曾被旅游休闲杂志评为中国最美的两个秋景之一,另外一个是九寨沟。

西山湾水库
钓鱼的好去处

锡林郭勒多伦县城东15千米处
从县城乘出租车到达 全天 30元

西山湾水库水面面积13.34平方千米、库容1亿立方米。沿库区两岸及库区内湖心岛、半岛、沙半岛和山、水、沙、草、林浑然一体,构成一幅既壮观又秀美的立体画卷,特色鲜明,类型多样,适合于休闲、度假旅游。景区内有池沼公鱼(音译)又名贡鱼,据说当年专供"老佛爷"(慈禧太后)享用,体长4~6厘米,味美。

玩家 攻略

钓鱼收费每人5~10元/天。

景区有北岸码头和过水凉亭区、半岛度假

厄莫山和观音洞

据史料记载,清康熙四十五年(1706),在西山湾设了一个叫"正红旗营坊"的满族兵营,营坊官兵的眷属也都随军搬迁过来生活在这里,满族也就扎根于此。厄莫山是当地满族群众崇拜的山岭,视为母亲山(厄莫为满语,意为母亲),山上的厄莫亭是供游人休憩修建的。

观音洞是人们敬香拜菩萨的地方,传说康熙年间八旗兵初来乍到,不服水土,得了皮肤病,腰腿疼,于是他们到厄莫山求告观世音菩萨,让病痛尽快好起来。有一天,在河水的旁边出现了一潭不深也不凉的活水,八旗兵就到这儿来洗澡,没想到病好了。据说有人曾见过观音菩萨站在这个水面上,他们认为这潭清水是菩萨用净瓶的甘露点化而成的。为纪念此事,修建了观音洞。为尊重民族的宗教信仰,大坝施工时将观音洞保留下来,就是现在的观音洞。

区、沙岛休闲区、发电机房参观区、原始榆树林休闲区等5个区域，北岸码头是游客乘船观库区景色的出发地。

大渡口生态旅游区
四季皆宜的旅游区
🚩 锡林郭勒蔡木山自然保护区的北端

大渡口生态旅游区占地46平方千米，有绵延50多里的蒙古高原断裂带，深平均100米左右，峡谷之间最宽处1000米，最窄处400米左右，主要以山杨、白桦的混交林为主，同时伴有灌木和乔木，覆盖率13.6%，峡谷内生产杨、榆、桦、枫等树木，还有近百棵自然生长的百年云杉。

在这片天然林里盛产大量沙棘、山杏、山榛子、秋子梨、山楂、欧李等营养丰富的纯天然野果，也生活着多种飞禽。

玩家 攻略

大渡口生态旅游区自然景观有蛇皮河、地下森林、松树坑等。

榆木川景区
夏日避暑的好去处
🚩 锡林郭勒多伦县30多千米的三道沟林场境内
🚌 从县城乘出租车到达

榆木川位于滦河西岸，是亚洲少有的天然榆树林，沿河岸呈狭长林带，又称万亩榆木川，林中地势平坦，树木密集，水源充蕴，再加上海拔高度在1400米以上，景区内形成了独有的小气候，夏季，林中气候凉爽宜人，在背阴沟泊中，有常年不化的寒冰。

榆木川中的榆树树龄大部分都在百年以上，树木天然形成，形态各异、多种多样，有拧在一起的"情侣树"，有偎依在大树身旁的"母子树"。

链接

榆木川的历史典故

史书记载，明成祖朱棣在永乐二十二年（1424）七月征伐北元阿鲁台布（元朝灭亡之后，蒙古人退守至长城以北建立政权，历史上称为北元），得胜回朝途中生病。为找一处景色优美、气候凉爽的地方养病，选中了现今三道沟林场的榆木川，因疾病难医（据说是被传染了痢疾）最终病死在榆木川。

在盛夏七月之季，朱棣的尸体却完好地保存运到了京城，原因就是保存明成祖的尸体就是取榆木川背阴沟泊中的冰块冷却，灵柩在前面前行，后面紧随着运输寒冰的快马队，源源不断的冰块运送过来，才确保朱棣尸骨不腐运到京城。

蒙古马文化博物馆
了解蒙古族博大精深的马文化

博物馆建于2008年5月，馆外顶呈马掌形，整体外观造型体现了传说中马掌图案能够带给人们好运和对马文化发展前景的美好憧憬。展区分图片文字区和实物区两部分。图片文字区主要用浮雕壁画、灯箱图片、文字解说、影像资料等方式全面展现了蒙古马文化的内涵。

馆内现陈列有400多件展品。中间的欧亚地图造型，记载了蒙古马曾经在特殊历史时期的辉煌。

榆木川

景点推荐

乌珠穆沁旅游区

乌里雅斯太山
领略草原风光和民族

- 锡林郭勒东乌珠穆沁旗乌里雅斯太镇以北
- 乘班车到乌里雅斯太镇前往

　　乌里雅斯太山蒙古语意为有杨树之山。乌里雅斯太山巍峨、秀丽、古老、神奇,素有"草原庐山"之美誉,伴它而生的乌里雅斯太山景区怪石嶙峋、曲径通幽、绿草如茵、鲜花绽放、风光秀丽、景色宜人,素有"草原盆景"之美誉,以其优美的自然风光,神奇的历史传奇,独特的地质地貌而著称,是一处集观草原、赏山石、体验民俗、感受口岸风光和异国风情、休闲度假等为一体的综合型旅游景区。

玩家 攻略

　　景区包括草原风光观赏区、牧区生活生产浏览区、草原文化展示区、民族游艺娱乐区、草原高尔夫练习场、牧人之家旅游点、东伊河风光旅游区等。

景区与珠恩嘎达布其口岸、蒙古国混都仑海鲁斯太旅游度假村、蒙古国白音海里苏太度假村、得里岗嘎旅游度假村形成了跨国精品旅游线路。

景区内建有娱乐项目,蒙古族传统的骑马、摔跤、射箭、篝火晚会等娱乐活动,亦可登山、打草原高尔夫等,也可野炊、观草原日出、日落、祭祀敖包,领略民族歌舞神韵。

乃林郭勒
风光旖旎心旷神怡

锡林郭勒盟东乌珠穆沁旗满都宝力格苏木所在地以东35千米处 从锡林浩特乘东乌旗班车,或打车(包车200元)11点到东乌旗

乃林郭勒系蒙古语,意为乃林河。伴它而生的乃林郭勒景区,地处草甸草原湿地,水资源充沛、自然景观优美、民俗风情独特、景色幽静宜人,是集草原风光、山水河流、历史遗址、原始游牧为一体,汇集蒙古民族风貌、蒙古民族风俗、山峦草原情趣的草原旅游胜地。

玩家 攻略

旅游区包括夏季牧场、观鸟塔、天鹅湖、游牧文化展览馆、金长城、乃林郭勒蒙古艾里、乃林郭勒九曲湾等7个景区,其中游牧文化展览馆、乃林郭勒九曲湾景区深受旅游者的青睐。

景区设有搏克、骑马、套马、驯马、坐勒勒车、牧羊、挤马奶、祭敖包等旅游活动,可举行篝火晚会、小型那达慕等。同时可接待200人就餐,40人住宿。

额吉淖尔
内蒙古三大盐场之一

锡林郭勒东乌旗额吉淖尔境内

"额吉淖尔"系蒙古语,意为"母亲湖",盛产晶莹透彻、色美味厚的大青盐。额吉淖尔盐湖面积25平方千米,湖面海拔829.8米,呈椭圆形状,湖面白波粼粼、水雾蒸腾,凝以白雾。湖内地下水丰富,湖底局部以承压水越层上蹿湖内,因而有平地涌泉的奇特景观,湖中浓盐卤香,浸溢四周,捞出水面便已形成天然晶块。

古往今来,洁白如玉的青盐晶块已成为当地牧民表达纯洁盛情象征的礼物。

玩家 解说

据探明,额吉淖尔盐湖食盐储量达到2300万吨,芒硝储量达到3700万吨。1946年建立额吉淖尔盐场,现在年生产规模达到食盐10万吨以上,是内蒙古三大盐场之一,也是全国109家食盐定点生产企业之一,其生产的"母亲湖"系列盐产品远销全国各地。

额吉淖尔盐湖

祭敖包

固腊卜赛汗国际敖包
盛况空前的敖包祭祀

锡林郭勒乌拉盖管理区贺斯格乌拉牧场北部50千米处　包车或自驾前往

固腊卜赛汗乌拉系蒙古语，意为三座美丽的山，由三座连体的山组成的，山顶上的敖包是典型标准化敖包。敖包用石块垒起，中间1个大敖包，上面插满枝条，枝条上挂满五颜六色的哈达和纸旗等，外围12个小堆。

每年农历五月，远近牧民都要来固腊卜塞汗国祭敖包这里举行各种方式的祭祀活动，祈求草原风调雨顺，家人幸福平安。每隔三年这里都要举行一次大规模的祭祀活动，蒙古国及兴安盟、东乌珠穆沁旗和周边几十千米的牧民或坐勒勒车或骑马、骑摩托车，带着祭品赶来，诵经念咒，所有的人都围着敖包从左向右转三圈，祈神降福。

祭敖包结束后，牧民们还要举行传统的赛马、摔跤比赛，并聚集在一起唱歌、跳舞。

珠恩嘎达布其口岸
体验异国风情

锡林郭勒东乌旗嘎达布其镇境内，距旗政府所在地乌里雅斯太镇68千米　从东乌旗乘班车前往

历史上称"蒙马处"，距蒙古国毕其格图口岸相7千米，是中蒙两国人民友好往来的通道。是继满洲里、二连浩特之后内蒙古自治区又一连通欧亚的重要枢纽。珠恩嘎达布其口岸旅游资源十分丰富，草原生态景观悦目畅怀，民族文化源远流长，民俗风情自然纯朴，异国风情多姿多彩。

玩家 攻略

口岸拥有国门景观、界碑景观、边界线景观、联检风景区等4个口岸景观和5个"牧人之家"旅游点。

口岸开辟了乌里雅斯太镇—乌里雅斯太山景区—珠恩嘎达布其口岸；乌里雅斯太镇—珠恩嘎达布其口岸—蒙古国毕其格图口岸—蒙古国混都仑海里苏太度假村；乌里雅斯太镇—珠恩嘎达布其口岸—蒙古国毕其格图口岸—蒙古国白音海里苏太度假村三条旅游线路。集草原生态景观、口岸景观、民俗风情、异国风情为一体。

乌珠穆沁博物馆
了解乌珠穆沁的历史、文明

锡林郭勒东乌珠穆沁旗所在地乌里雅斯太镇乌珠穆沁广场西侧　租车前往

博物馆建造风格独特，极具民族特色，寓意蒙古族是崇尚火的民族，而外观和装饰的天然大理石以及玻璃墙又透着一股现代气息。整幢建筑俨然凸显了民族特色，极富现代感又不乏典雅庄重。内部展厅由大厅、《草原流韵》民俗一厅、《草原流韵》民俗二厅以及《草原春秋》历史展厅组成。

玩家 攻略

馆藏文物品类丰富，主要有陶器、瓷器，铜器、漆木器，民族乐器、佛教器、玉器、石器、丝织品、金银器、铁器具等。

喇嘛库伦庙
民族宗教活动的重要场所

锡林郭勒东乌珠穆沁旗库伦庙广场北侧

喇嘛库伦庙又名"集惠寺"，是蒙古地区佛教三大著名库伦之一。1781年，该庙创始人罗桑贡措热西活佛率20名徒弟把几座蒙古包四周垒筑库伦（库伦蒙古语，即寺庙院墙），众僧在蒙古包内集会诵经，坐禅修身，

"喇嘛库伦"一词由此而来。

鼎盛时期,有1500多名僧徒,下辖4个寺院、3个和林(蒙古语,即20户)、25个庙仓、5大院、20多座殿堂庙房,在文化大革命中全部被毁。2004年对主要建筑进行了修缮,使其成为北方一座规模宏大的寺庙。

嘎黑拉庙
传统气息浓郁的庙群

- 锡林郭勒东乌旗道特淖尔镇乌拉盖社区
- 锡林浩特乘班车到道特淖尔镇前往

建于清乾隆五十九年(1794),原乌珠穆沁左翼旗所属六寺之一,法名"演教寺",是乌珠穆沁左翼旗六寺中经过抗日战争唯一幸存的一座寺庙。院内有大经堂、东西神庙、善愿庙、密宗殿、大明神殿等建筑。

玩家 解说

"文革"中惨遭损毁,1984年恢复法事活动,1988—1990年新建阁楼式经堂,十世班禅确吉坚赞为该寺赐"演教法轮寺"匾额,重现昔日辉煌,现为旗级文物保护单位。

蒙古汗城 AAAA
大汗雄风

- 锡林郭勒西乌珠穆沁旗巴拉格尔高勒镇南15千米
- 锡林郭勒长途客运站每日有三次班车开往西乌旗
- 全天
- 免费
- www.mghcly.com

蒙古汗城景区占地面积20平方千米。主要以蒙古民族文化观光、休闲娱乐和草原观光为主。整体布局是以《成吉思汗》登基大典的汗城为蓝本进行修建的。

蒙古汗城旅游景区建筑风格以元朝成吉思汗时代的蒙古部落风格为准,整体上由以金顶大帐为中心的各种蒙古包群体组成。这里绿草如海,畜群如云,被誉为"游牧文化之源、民族服饰之都、蒙古长调之乡、摔跤健将摇篮、北方华丽草原",是蒙古族风俗文化保存最完整的地区。

玩家 攻略

住宿就餐方便,还可以观看赛马、摔跤、射箭等蒙古活动,参加独具艺术魅力的蒙古族原生态歌舞演出、篝火晚会和充满英雄气息的小型那达慕。

蒙古汗城

乌兰五台

锡林郭勒

乌兰五台
佛教圣地

- 锡林郭勒西乌旗巴拉嘎尔高勒镇西南45千米
- 自锡林浩特包车或乘班车到巴拉嘎尔高勒镇前往

"乌兰五台"中的"乌兰"蒙古语译为"红",乌兰五台属历史上的"五个五台山"之一,与山西五台(黄五台)齐名,当时五台分为红黄蓝绿白,是佛教圣地之一。每年农历五月十三日为乌兰五台祭敖包日,进行佛事、摔跤、赛马等活动。

玩家 攻略

景区广场内设有停车场,停车场北侧是五台庙。

在五台庙前矗立有整齐美观的六个白塔与山上的两个白塔组成了八座如来宝塔,分别为:莲聚塔、菩提塔、四谛塔、神变塔、降凡塔、息诤塔、胜利塔、涅槃塔。

从五台庙为起点由北向东有圣火、六字经文、成吉思汗足迹、孛儿帖皇后足迹、骑羊护法神、大黑天神、天母足迹等,绕过五台庙向西有吉祥天母、金鹰、长明灯、文殊菩萨、吉祥天母洞、成吉思汗帐台、成吉思汗马桩、佛母洞、圣泉洞等26处拜点,是人们向往的佛教圣地。

游牧文化保护区
领会牧民"逐水草而居"的生活

- 锡林郭勒西乌珠穆沁旗巴拉嘎尔高勒镇以南50千米
- 从锡林浩特乘西乌旗班车前往

保护区地形地貌奇特,境内既有典型的草甸草原,还有森林草原和沙漠草原,属于草甸草原向森林草原的过渡地带。四面是覆盖着碧草的低缓山丘,中间是碧草如茵的盆地,巴拉格尔河如一条明亮的玉带,曲折盘旋,纵穿草地,草原如毯,毡包如扣,牛羊如云,河水潺潺……展现出一幅旖旎的画卷。

玩家 攻略

在这里可以通过走访牧户,亲自放牧、挤奶、做奶茶、奶酪,到牧民家做客住蒙古包、穿民族服饰、吃特色民族饮食、欣赏民族歌舞表演,观看套马、赛马、摔跤、打马鬃等蒙古民族传统文化活动,做一天游牧民。

九世班禅行宫
因班禅而建的寺庙

- 锡林郭勒西乌珠穆沁旗巴拉嘎尔高勒镇中心
- 从锡林浩特汽车站乘西乌旗班车,车程2个多小时

又称东克尔庙,主庙占地面积398平方米,始建于1931年,是乌珠穆沁王苏努玛阿日巴登邀请第九世班禅来此地咏《东克儿》经而建立的寺庙,庙宇建筑融合了蒙、藏两个少数民族的艺术风格,也是蒙、藏两个民族相互往来的友谊见证。

九世班禅行宫

景点推荐

阿巴嘎旅游区

别力古台札桑
骑马射箭不亦乐乎

📍 锡林郭勒阿巴嘎旗别力古台镇西北25千米、101省道495千米处 🚍 自锡林浩特包车或乘班车到巴拉嘎尔高勒镇前往

别力古台札桑位于成吉思宝格都山民俗文化旅游景区内,占地面积33 000平方千米,建筑面积6676平方米。

景区外观突出元明建筑风格,同时结合了蒙古族元素,造型特异、古老而新颖,共分主区、豪华蒙古包区、传统蒙古包区三个区域。

玩家 攻略

景区设有接待厅、酒吧、豪华蒙古包等,提供民族歌舞表演、篝火晚会、骑马、小型那达慕、体验牧人生活等各种活动项目。

查干朝鲁图珠洒乐
尝美食、赏风光

📍 锡林郭勒阿巴嘎旗别力古台镇 🚍 从锡林浩特乘阿巴嘎旗班车前往

查干朝鲁图珠洒乐为蒙古语,其中"珠洒乐"为夏营盘之意。景区景色优美,蒙古包群宏大,布局巧妙,有造型逼真、雕工精致的蒙古族额吉赶着勒勒车迁居珠洒乐的雕塑,南部有珠洒乐湖,可在湖边垂钓,在湖中泛舟。

玩家 攻略

在此白天能品尝地道的蒙古族美味佳肴,有被蒙古族牧人视为天赐饮料、具有清火解毒健胃功效的高级饮品——策格,制作手法独特、味道别具一格的当地蒙古族高日好(石头烤肉);夜晚还可以参与热情奔放的篝火晚会,还可欣赏蒙古族艺人和蒙古族姑娘表演的浓郁的民族风情歌舞。

成吉思宝格都山
横看成岭侧成峰
◎ 锡林郭勒阿巴嘎旗别里古台镇西北35千米

成吉思宝格都山系火山玄武岩地质结构，形成于上新世第三纪。山体占地面积约3.8平方千米，海拔1360米，相对高度308米。

山体突兀挺拔，山势由东向西倾斜，东南西面险峻陡峭，西北坡度平缓，山顶平坦，像万吨巨轮抛锚在草原上。山周围水草丰美，保持着干旱典型的草原原貌，地下水资源十分丰富，草场植被保持良好。山上有两处敖包，当地牧民一直祭祀至今。

玩家 解说

山体随观视角度不同而显现出不同的形状，从呼锡公路此山的正南往北看，呈马鞍状稳坐在碧绿的草原上。从宝格都乌拉苏木政府所在地往南1.5千米左右从东向西看，整座山神态逼真酷似一代天骄成吉思汗头像仰视苍穹，那宽宽的额头、浓浓的眉毛，突起的鼻梁，以及嘴唇和下巴均清晰可见，故名成吉思宝格都山，意为"成吉思汗圣山"。

乌里雅斯台
北国江南
◎ 锡林郭勒阿巴嘎旗洪格尔高勒苏木南15千米处

该区是森林保护区，生长着茂密的天然森林，以榆树为主，还有杨树、桦树、黄柳、红柳等树种。乌里雅斯台沙地河谷被几条巨大沙梁环绕，周围环境封闭，原始林木茂密，可进入性极差，野生动植物资源丰富。

高格斯台河从中而过，在河水流过的弯曲浅滩处，有鲢鱼、鲫鱼等天然鱼类生长，沙丘环抱，绿草茵茵，河水潺潺，空气清新，静谧幽美，自然景观十分优美。

玩家 攻略

在这里游客可以体验汽车、摩托车冲沙，骑马、骑骆驼、徒步穿越沙梁以及在与世隔绝的纯自然环境中野营等探险经历。

杨都庙
阿巴嘎旗唯一仍保持宗教活动的寺庙
◎ 锡林郭勒阿巴嘎旗洪格尔高勒镇境内

始建于清同治三年（1864），由杨都巴

阿巴嘎旗别力古台镇哈日阿都文化节

嘎的一个诵经发展而来的，占地3000多平方米，清廷赐名"施善寺"。

杨都庙由大庙、小庙和却日殿三部分组成。大庙建筑面积449.44平方米，是杨都庙的主体建筑；小庙位于大庙东南140米处，由两座院落构成，分东西两院，共占地面积4756平方米；却日殿位于小庙东院的正面，占地748平方米，内有16根柱子，保存较好。

玩家 攻略

杨都庙为自治区级文物保护单位，每年农历六月开一次庙会。

哈日乌素
沙丘环抱的"塞外桃源"

锡林郭勒阿巴嘎旗洪格尔高勒苏木南20千米左右

哈日乌素是沙漠中罕见的一潭深湖，这里金沙固边，天蓝水碧，云淡风轻，一边是油绿的草野，缀满各色小花，一边是或缓或陡的金色沙丘和山坡。沙丘和山坡的斜线在水面上形成的道，上下对称，浑然天成，是荒漠、半荒漠地区不可多得的自然生存综合体湖水。

水中芦草丛生，鸟类繁多，包括野鸭、百灵、鸿雁、杜鹃等上百种鸟类，湖水中的鱼种丰富，有草鱼、鲢鱼、鲤鱼、鲫鱼等。哈日乌素被称为"沙地珍珠"。

玩家 攻略

在这里游客可依湖赏草，观飞鸟翔游，还可亲自钓鱼、捕鱼等。

突厥石人墓
了解突厥墓葬习俗

突厥石人墓作为景点散布在锡林郭勒东乌珠穆沁旗、阿巴嘎旗、西乌珠穆沁旗、正蓝旗和多伦县等地。

这些石人的形态基本相似，有站、坐、跑、行者；有男、女、老、幼，石人多数为墓前殉葬品，高1.3米左右。隋唐时期，锡林郭勒草原曾是突厥人生活的地方。经考证，这些石人是突厥人留下的遗迹，其雕塑线条流畅、逼真，表现出我国古代突厥人雕塑艺术的精湛高超。

链接

突厥石人

据史书记载，突厥民族是一支古老而神秘的民族，它是铁勒的一支，铁勒即战国秦汉时期的丁零。突厥起源地是在叶尼塞河上游，是一个以狼为图腾的部落。

突厥人有其独具特色的"墓葬习俗"，而突厥石人和这种文化有着莫大的关系：人死之后，将死者的尸体停放在毡帐内，其子孙及其亲属杀马、羊，放在帐前进行祭祀，并牵着马绕帐走七周。然后进帐用刀将脸划破，血泪交流，连续这样的七次，才算完结。

以后再选一个日子，取死者所乘之马及所用物品，与尸体一齐烧掉。将烧光后的骨灰，等待着时间埋葬——春季死的，秋末草木发黄才能埋葬；秋冬死的，等到春天草木茂盛时才能埋葬。

埋葬骨灰时，亲属对其进行祭祀及走马划面等仪式，与初死时所举行的一样，墓表上刻一石条，画上死者形象及其生前征战的情况。身前战场上杀一人，则立一石块，因此，有的多至千百块，并以所祭的羊、马头刻在石表上。

所以突厥石人便是当时埋葬死者时的纪念物。

哈日乌素美景

攻略资讯

- 交通
- 住宿
- 美食
- 购物
- 娱乐

赛乌苏国际机场

锡林浩特火车站

 交通

飞机

锡林郭勒盟有两个机场，分别为锡林浩特机场和二连浩特赛乌苏国际机场。

锡林浩特机场位于锡林浩特市区西部7.5千米处，每日都有航班往来于北京、呼和浩特等地，在客流高峰和特定时间，会增开一些到达各旅游城市的临时旅游航线。

二连浩特赛乌苏国际机场在锡林郭勒盟边境城市二连浩特市赛乌苏科技园区附近，位于二连浩特市区东南约27千米。机场已开通二连浩特到北京、呼和浩特的航线。

火车

锡林郭勒盟内只有锡林浩特一个火车站。锡林浩特火车站已开通了到达呼和浩特的旅客列车。去往锡林浩特可以先乘火车到达呼和浩特或者集宁南，然后再转乘从呼和浩特或者集宁南到锡林浩特市的火车站。

汽车

锡林郭勒盟的公路交通发达，境内有207、208、303三条国道穿过，101、204、304等9条省道贯穿全境，还有乡道、县道等各级公路，自驾游很方便。

锡林浩特长途汽车站位于锡林郭勒锡林浩特那达慕大街，现已开通开往赤峰、呼和浩特等省内班线和到达北京等地的省际班线。

另外，其他各县、旗也都有汽车站，每天来往于锡林浩特。

除了长途汽车外，从锡林浩特市前往锡林郭勒盟的其他市镇的景点，还可以选择包车。

锡林浩特至西乌珠穆沁旗的班车较多，车程2小时左右，若赶不上班车则可乘坐出租车，一般凑齐4人发车。

锡林浩特市前往东乌珠穆沁旗旅游区多为包车或自驾车，因为草原上景点分散，且该区的长途车都是镇与镇之间的交通往来，并不深入草原。锡林浩特市前往东乌旗乌里雅斯太镇有中巴班车。

西乌珠穆沁旗距东乌珠穆沁旗约120千米，班车、出租车较多，也可以包车。

住宿

锡林郭勒盟锡林浩特市区的住宿业是比较完善的，从星级宾馆到经济实惠的小旅馆，各种档次俱备。

另外住宿也可选择各个度假村，如奥奇牧村、葛根敖包度假村、赛汉塔拉旅游园、蒙古汗城等景点都提供住宿服务。

锡林郭勒盟的商务型酒店一般集中在锡林浩特市的繁华地带，锡林浩特元和建国饭店、锡林郭勒盟玖苑国际饭店，还有锡林浩特上都苑宾馆等优质的服务给人宾至如归的感觉。

● 锡林郭勒元和建国饭店

五星级，地上12层，地下1层，房间总量241间套。有天下一品中餐厅、西餐厅、别具一格的权金城烧烤等餐饮场所。附近有锡林广场、锡林会展中心、元和赛马场、贝子庙等景点。✉ 锡林郭勒锡林浩特市南京路6号（南广场旁） ☎ 0479-8299299

● 锡林郭勒盟玖苑国际饭店

五星级，饭店开业时间2011年8月，楼高13层，有200多间客房，房间装修精致、典雅，住宿环境温暖、舒服。是锡林郭勒盟的地标性建筑，紧邻恬静宜人的锡林湖畔，步行可至蒙元文化博物馆。✉ 锡林郭勒锡林浩特市锡林大街88号 ☎ 0479-6938888

● 锡林浩特上都苑宾馆

四星级，宾馆整体属庭院式园林景观，结合蒙元文化设计而成。有欧式风格、中式风格、现代风格的客房。有室内游泳馆、乒乓球馆、网球场、羽毛球馆、台球厅、健身房、放映厅、KTV、桑拿等场馆。院内配有全电脑音控音乐喷泉、假山、叠泉供客人观赏。✉ 锡林郭勒锡林浩特市经济开发区锡林大街西段党政大楼东侧 ☎ 0479-8285252

● 更多住宿去处

锡林浩特碧海快捷宾馆/锡林浩特市贝子庙街109号/0479-8226666

民族宾馆(察哈尔街店)/锡林浩特市察哈尔街(锡林郭勒盟东供电局)/0479-8816868

唐会商务宾馆/锡林浩特市贝子庙大街中段18号/0479-8800008

丰源酒店/锡林浩特市锡林大街30号/0479-6998555

虹皓宾馆/锡林浩特市察哈尔大街东段(锡林盛世小区大门东侧)/0479-6900188

如家快捷酒店（锡林浩特团结大街店）/锡林浩特市团结大街19号/0479-8800555

美食

锡林郭勒盟食物大体上分为三类，即肉食品、奶制品和粮食食品。风味佳肴有烤全羊、手把肉、烤羊腿、涮羊肉等。奶制品主要有鲜奶、奶茶、奶豆腐、奶皮、奶酪、奶酒

元和建国饭店

等。粮食食品主要有蒙古包子、饺子、黄油卷子、蒙古面条等。

在多伦县、西乌珠穆沁旗和太仆寺旗等旗县可品尝到无污染的草原山野菜、野生蘑菇、全鱼宴和莜面食品。

美食小吃

●烤全羊

蒙餐宴席中一道最讲究的名菜，色、香、味、形俱佳，多在隆重宴会或祭典供献时用。

烤全羊

●烤羊腿

锡林郭勒大草原风味名菜之一。选取羊后腿嫩肉烘烤而成，佐以甜面酱进食，若和黄酱、葱段、荷叶饼食用最佳。

●奶茶

又称蒙古茶，是蒙古族最喜爱的饮料，一日三餐都离不开。烧制奶茶，是先将砖茶打碎些许，放入一个特定的纱布袋，也有直接放入水中，待茶色浓度适当时，取出纱袋或滤去茶叶，兑入鲜奶即成。锡林郭勒盟南北部地区烧茶有淡、咸之分。

●奶豆腐

是蒙古族最常见的奶食品之一。制作方法是将酸奶子放在锅中经慢火熬煮，放入布袋挤压而成。奶豆腐有酸味、甜味不等，依主人的口味采用不同方法而制成。

●奶酪

回锅的酸奶叫熟酸奶，把熟酸奶包进布里用石头轧压或埋进沙子里榨干乳清便成了酸奶酥，将酸奶酥捏压成奶酪形状的就是酸酪。在酸奶酥中加进糖料，用鲜奶搅和食用能充饥解渴。酸酪保存时间较长，表面虽起醭，里面却不变质发霉。它的酸度很强，具有解毒助消化之作用。

奶酪

●奶酒

又称"蒙古酒"。制用方法是把发酵的牛奶放入锅中温火熬煮，蒸馏后酿成透明醇香的奶酒。这种饮料酒精度不高，本地牧民常用它招待尊贵的客人。

美食去处

锡林郭勒是以草原美食著称的地方。这里的餐馆很多，基本都能够吃到当地的特色菜。

●手把肉一条街

这里的手把肉物美价廉，一斤普通的手把肉大多在四五十元。手把肉虽然卖相不算美观，但味道非常鲜美，没有膻味。它位于锡林浩特市察哈尔大街的东段,毗邻有名的贝子庙,市内有很多公交车都可以到达,在锡林浩特市打车也是很便宜的,任何地方都是5块钱。

●更多美食去处

玛拉沁手把肉/锡林浩特市察哈尔大街东(近和平KTV)/0479-8276359

顺亿饭店(锡林大街店)/锡林浩特市锡林大街附近/0479-8284699

杭盖蒙餐/锡林浩特市察哈尔大街40号/0479-8223335

鲜羔楼/锡林浩特市杭盖路/0479-8233999

蒙古包子大王/锡林郭勒锡林浩特贝子庙

乌力吉图茶庄/锡林浩特市贝子庙广场西侧(近贝子庙街)

购物

锡林郭勒草原自然资源异常丰富,当地的白蘑、杏仁等中草药材,来源于天然牧场奶系列食品,极富蒙古族特色的手工艺制品,都是在锡林郭勒盟旅游购物的上佳选择。

●苏尼特羊肉

锡林郭勒苏尼特左旗和苏尼特右旗主产,号称"肉中人参",具有"鲜嫩多汁,无膻味,肉层厚实紧凑,高蛋白,低脂肪,瘦肉率高,肌间脂肪分布均匀,富有人体所需各种氨基酸和脂肪酸,容易消化"等很多优点,适于制作涮羊肉,曾是元、明、清朝皇宫供品,也是北京"东来顺"涮羊肉馆专用羊肉。

●蒙古刀

刀身一般采用优质钢打制,长十几厘米至数十厘米不等。刀柄和刀鞘有钢制、银制、木制、牛角制、骨头制等多种,表面有精美的花纹,有的还填烧珐琅,镶嵌宝石。近年研制生产的驼骨彩绘鞘蒙古刀成为工艺珍品。还有工艺精湛、实用的马头弯刀。

蒙古刀

●察哈尔服饰

继承和发展了传统服饰款式风格,形成了较典型的款式风格。因为察哈尔部落曾经是蒙古皇宫禁卫军,所以他们的穿戴还具有蒙古元代皇宫服装的特色,比如领口和大襟都不绣花,领边、领座、大襟、垂襟和开衩衣边则用绸布进行镶边。

●口蘑

锡林草原名产之首,是草原上获誉颇佳的一大土特产品。口蘑是直接食用的名贵真菌,可分为白蘑、香蘑、青腿蘑、鸡爪蘑、黑蘑等不同品种,肉质细嫩醇厚,味道鲜美,有"素中之荤"的美称。

●鹿茸

雄性梅花鹿、马鹿尚未骨化的幼角,含有丰富的营养,如维生素、蛋白质、钙、镁、磷等营养物质。可入药,有养血补肾、强筋壮骨的功效。

●白瓜子

内蒙古出口的土特产品,是葫芦科蔬菜作物倭瓜和西葫芦的籽。炒熟后可直接食用,也可加料制成多味瓜子,味道香美,还可以做糕点的辅料。白瓜子所含蛋白质、脂肪、维生素很丰富。

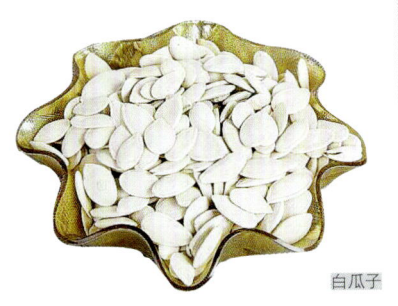
白瓜子

锡林郭勒购物场所

锡林浩特是锡林郭勒盟的中心市镇，其额尔敦北路集中了一些购物商场，像蒙古包楼购物中心（锡林浩特市额尔敦北路14号，8225675，特色商品有日用百货、服装、鞋帽、旅游商品等）、锡林商厦（额尔敦北路，8225700）、维多利广场（额尔敦北路，8215505）、锡林浩特市白马商场（额尔敦北路，8224331）等。还有其他街道的一些商场，如贝子庙商城（贝子庙大街）、迎新民族工艺品店（锡林浩特市贝子庙科信广场，8234410，特色商品有民族商品和旅游商品）、锡林浩特市鹿城商场（宝力根街，8216048）、锡林浩特市驰誉连锁店（乌兰街，8246840）等。

另外，贝子庙东广场可以集中购买蒙古草原风情纪念品，比如炒米、蒙古刀、蒙古马靴、马奶酒、奶豆腐、干奶酪等特色纪念品，可以买来送人或者留做纪念。

娱乐

锡林郭勒传统娱乐活动主要有赛马、摔跤、射箭、音乐舞蹈四种。音乐舞蹈具有民族特色，舞蹈节奏欢快，歌曲悠长高亢，马头琴旋律优美，地方风味很浓。每当节日和喜庆的日子，牧民聚集到一起，载歌载舞，草原上充满了欢乐的气氛。

敖包祭祀大典： 在敖包祭祀大典上，将会有来自锡林郭勒地区的各族群众身着节日盛装，以蒙古民族传统礼节和庄重的宗教仪式，来到额尔敦敖包，敬献哈达，祈求风调雨顺，政通人和，百姓安康。

时间：农历五月十三（6月或7月）。

地点：锡林郭勒盟内各旗都有，举办的盛大程度不同。

那达慕大会： 是蒙古族人民一年一度的传统节日，在节日的大会上有惊险动人的赛马、搏克、令人赞赏的射箭，有争强斗胜的棋艺，有美妙多姿的歌舞，有各种展览，进行物资交流。在那达慕大会周边也会有一些临时的商品街，卖当地的特产，十分热闹。

时间：8月初。

地点：大会以嘎查、苏木为单位，或以旗县为单位举行，同时分为大、中、小三种类型。

篝火晚会： 是草原人民一种传统的欢庆形式，人们载歌载舞，异常欢快。

节日和重大活动

节日	地点	时间
白节	锡林郭勒盟	农历腊月二十三到次年正月
马奶节	锡林郭勒盟	农历八月下旬

搏克

发现者 旅行指南

乌兰察布

概览

♡ 亮点

■ **辉腾锡勒草原**

99个天然湖泊点缀在碧绿的草原上,构成了独特的自然景观。处处可见的风电塔,是人与自然和谐相处的最好见证。

■ **格根塔拉草原**

夏秋之季,250多种花草植物竞相开放,10余种野生动物经常出没,矫健彪悍的马群,浓郁的蒙古风情,构成特色鲜明的民俗风情草原旅游区。

■ **凉城岱海旅游区**

盛夏时节,略呈椭圆形的岱海宛如莲叶初露,翠色可人。

凉城岱海

■ **黄花沟**

这里山峦起伏,沟壑纵横,两崖壁立,蜿蜒伸展。每当盛夏,更以绚烂的黄花闻名。

线路

■ **乌兰察布草原湖泊二日游**

用两天的时间游览乌兰察布最美的景点,草原湖泊,策马奔腾。

第一天上午到二龙什台森林公园赏景,下午去岱海。

第二天畅游辉腾锡勒草原。

■ **格根塔拉草原一日游**

上午游览葛根塔拉草原,中午可品尝民族风味的奶食、手把肉、马奶酒等。晚上有时间的话,还可参加篝火晚会。

烤羊尾

■ **乌兰察布市区一日游**

上午游览风景秀美的老虎山生态公园,再去察哈尔民俗博物馆闲逛。午饭后去集宁国际皮草城酣畅购物,接着游览"塞外圣洁明塘"黄旗海。

为何去

乌兰察布自北向南地跨蒙古高原、乌兰察布丘陵、阳山山脉、黄土丘陵4个地形区。美丽的草原风光在这里从来不是难得一见的稀景,辉腾锡勒、葛根塔拉、灰腾梁等草原共同组成了乌兰察布独具特色的草原风景地带。

辉腾梁

何时去

每年的夏秋季节是到乌兰察布旅游的最佳时间。

此时的大草原天气凉爽、风和日丽,蓝天白云之下,无论是纵马驰骋在一望无际的辉腾锡勒草原上,还是流连于有着塞外仙湖美誉的岱海之滨,欣赏青山绿草环绕中的一湖碧水,宜人的天气都会让人倍感舒爽、惬意。

格根塔拉草原

需要注意的是,秋季的草原上昼夜温差较大,应适时增减衣物,注意保暖。

乌兰察布旅游示意图

区号：0474
面积：约54 491km²
人口：约287万

地理 GEOGRAPHY

区划

乌兰察布辖4个旗（察哈尔右翼前旗、察哈尔右翼中旗、察哈尔右翼后旗、四子王旗）、5个县（商都县、化德县、卓资县、凉城县、兴和县）、1个市（丰镇市）、1个区（集宁区）。

地形

乌兰察布市地形自北向南由蒙古高原、乌兰察布丘陵、阴山山脉、黄土丘陵4部分组成。阴山山脉的支脉大青山、灰腾梁横亘中部，海拔为1595~2150米，最高峰达2271米，灰腾梁最高海拔2118米。大青山以南部分地形复杂，丘陵起伏、沟壑纵横、间有高山。大青山以北地区是比较平坦的天然大草原。

乌兰察布市境内有黄河、永定河、内陆河3大水系，主要河流17条，湖泊35处，水面486平方千米，其中岱海、黄旗海位列内蒙古自治区7大湖泊入列。

气候

乌兰察布市地处中温带，属大陆性季风气候，四季特征明显。因大青山横亘中部的分隔，形成了前山地区比较温暖，雨量较多，后山地区多风的特殊气候。全年气候比较干旱，雨量集中在每年七、八、九月份。乌兰察布春季多发沙尘暴，冬季过于寒冷，不适宜旅游。

历史 HISTORY

历史大事记

● **原始社会**

乌兰察布是大窑文化的辐射区域。1万年前，乌兰察布大地就有了人类的生息繁衍，这里的先民们已懂得制作粗糙的生活工具。由此拉开了乌兰察布地区史前文明的帷幕。

● **春秋战国**

战国时，乌兰察布大部分的区域是赵国和匈奴的领地。

赵武灵王时，修筑了一条东起代（今河北蔚县），西至高阙（今巴彦淖尔市乌拉特前旗）的长城，即赵长城。

● **秦汉时期**

秦并六国后，在原来这里的赵地设置云中、代郡、雁门三郡。秦亡后，匈奴乘中原楚汉相争，无暇他顾之机，大举南进，占领了这里的大部分地区。

西汉时，匈奴在今天的乌兰察布市四子王旗境内，建立了最高的政府机关——中部

乌兰察布风光

单于庭。

北魏前夕，拓跋、鲜卑在盛乐（呼和浩特市和林格尔土城）设立北都，建立代政权，续据匈奴故地。

● 隋—清时期

隋唐时，突厥又在今和林格尔境内建大利城进行管辖。

宋、元、明、清历代，这里都是北方少数民族契丹、女真、鞑靼、瓦剌、蒙古相继生息之地。

从清朝天聪年间开始把这块北方各民族世代生息繁衍的地方正式命名为乌兰察布。

● 近现代

1911年11月在农民张占魁的领导下发动了丰镇厅"小状元"起义，给这里的各兄弟民族播下了反帝、反封建的种子。

1936年11月13日至18日，在傅作义指挥下红格尔图战斗初战告捷。

1958年，乌兰察布盟机关由固阳迁至集宁。这时的乌兰察布盟辖有：1市、6旗、11县共18个县级区域。

2003年12月1日，国务院批准撤销乌兰察布盟，设立地级乌兰察布市。

文化 CULTURE

民俗文化"活化石"——隆盛庄传统庙会

隆盛庄镇位于丰镇市东北部，是乌兰察布市地区最早的集镇之一。清乾隆十二年（1747），被招垦种的农民来此定居，逐渐成为牲畜、皮毛、粮食的集散地。提起隆盛庄，人们就会想起一年一度的六月二十四庙会，是典型的乌兰察布市民间民俗活动之一。

隆盛庄传统庙会除了物质交流以外，民俗展演也是庙会的一个主要内容。庙会中各路民间艺术表演也纷纷加入，特别是山西艺人代入的抬阁、脑阁，以及当地的民间社火、秧歌，为庙会增添了浓浓的民俗色彩。

隆盛庄"六月二十四庙会"是一幕具有民俗风格的社会全景剧，从集会、祭祀到贸易，错落有致，是一场官民共同参与的民俗文化大宴，它既传承了黄河文化又渗透了草原文化，是人类早期文化和民间艺术活动的"活化石"。

名单 乌兰察布历史名人

北魏建立者拓跋珪
清代学者博明
清代文学家法式善
农民起义领袖张占魁

景点推荐 集宁及周边景点

玫瑰营天主教堂
集宁教区的主座教堂

📍 乌兰察布市察哈尔右翼前旗玫瑰营镇

玫瑰营镇天主教堂，始建于1899年。1900年和1907年两次扩建。据载，第二次鸦片战争后，比利时帝国从法国人手中获取了在内蒙古各地传教的特权，于1874年在这里设立了传教公所，进行布教并设堂讲经。教会根据《圣经》中的"玫瑰经"，将当地地名改为玫瑰营，一直沿用至今。

教堂建筑占地面积300多平方米，青砖砌墙，铁瓦覆顶，保持了西欧建筑的样式。后又增建修女院、婴儿院等房舍500多间。1927年后中国人自任主教，玫瑰营教堂成为集宁教区的主座教堂。

察哈尔民俗博物馆
察哈尔民俗风情

📍 乌兰察布市集宁区怀远大街兴工路

察哈尔民俗博物馆坐落在集宁区老虎山南麓，与集宁战役馆相呼应，是点缀老虎山生态公园的一道景观。博物馆占地面积24 267平方米，该馆主馆设计为三层建筑，设计风格充分体现察哈尔文化特点，将传统蒙元文化和现代文化理念有机结合，同时又尽量回避世俗"蒙元文化"单位表现方式，避免"符号化"，既可以满足文化收藏保护的需要，又不失为旅游、休闲的一处亮丽景点。

集宁国际皮革城 AAAA
中国北方皮革时尚风向标

📍 乌兰察布市集宁新区现代物流园内满达西路
🚌 3路、8路公交车国际皮革城下车即到

集宁国际皮革城是集购物、餐饮、休闲、娱乐为一体的现代化皮革潮流购物广场，是中国北方地区最大的、最专业的皮革批发零售交易中心，华北地区单体量最大的皮革购物广场，中国北方皮革时尚风尚标，国家4A级购物景区，乌兰察布市旅游局批准的唯一一家商业旅游购物中心。

集宁国际皮革城有近2000个专业商铺，

2000多个停车位,日客流量万余人,成交量高达7成以上。

黄旗海
"塞外圣洁明塘"

📍 乌兰察布市察哈尔右翼前旗土贵镇以北10千米处

黄旗海因盛产鲫鱼而闻名,其蒙语为昂盖淖尔(又称乞尔海子),因在察哈尔正黄旗二苏木境内,故汉名称黄旗海或二苏木海。

黄旗海系第三纪地壳断裂运动形成的断陷盆地。四周环绕低山、丘陵、台地,岸畔曾是平阔的草原,芦苇丛生,水草丰美,水鸟翔集,牛羊成群,是蒙古族世代繁衍生息的乐土,也是察哈尔蒙古族的主聚居地,史为正黄旗,列八旗之首。

中华人民共和国成立前,黄旗海所产的鲫鱼以"官村鲫鱼"之名(官村即土贵乌拉的旧称)畅销京津地区。中华人民共和国成立后,黄旗海鲫鱼曾上过国宴。

黄旗海的鲫鱼曾负有盛名,黄旗海畔富饶的牧场曾养育了世代的察哈尔儿女,尽管如今的黄旗海已失去它昔日的风貌,但它仍以"塞外圣洁明塘"之誉称深深地埋在人们的心中。

老虎山生态公园
特有的"城中山"

📍 乌兰察布市集宁区虎山路
🚌 1、4、5路公交可到达
💰 免费 🕐 全天

老虎山生态公园始建于1980年,公园建成后,因其人文历史和园林风貌成为乌兰察布市一处著名的风景区,闻名自治区内外。不仅是市民休闲娱乐的场所,而且是游客观光的风景胜地。同时,因集宁战役指挥部遗址坐落其中,成为集宁地区重要的爱国主义教育基地。

老虎山生态公园总体共设9个区,它们分别是:大门瀑布区、纪念碑区、植物园区、虎石区、虎山游乐区、赵家大院、老潭区、冯将军林和老城遗址。

链接
老虎山的传说

据说很久以前山上有一岩洞,洞里住着一只斑斓猛虎,时常北上灰腾梁,南下黄旗海,争雄逞霸,它来去飞沙走石,雾土连天,搅得当地百姓不得安宁。后来山下来了一位和尚,他在山坡猛虎经常出没的地方立了一块石碑,上面刻着"泰山石敢当"五个大字,以做避邪之用。这石敢当本是古代的一位战将,生前打遍天下无敌手,死后被玉帝封为泰山之神,专管人间善恶祸福、飞禽走兽等,所以凡是邪魔都回避他。自立了那石碑后,再也不见那只斑斓猛虎,只是山的西北侧出现了一块貌似虎形的大石头。传说是那只猛虎所变,故后人称之为"老虎山"。

老虎山生态公园

庙子沟遗址
新石器时代遗址

📍 乌兰察布市察右前旗新风乡

庙子沟遗址是新石器时代的遗址,于1985年10月被发现。到目前为止,该遗址是内蒙古自治区发掘面积最大、出土遗物最多的一处古聚落遗址,其出土器物具有中原半坡期的文化特征,故应为仰韶文化阶段,距今5500~5000年(仰韶中晚期阶段),被命名为"庙子沟文化"。

景点推荐 乌兰察布南部旅游区

岱海旅游区 AAAA
"草原天池"

- 乌兰察布市凉城县岱海湖畔
- 35元
- 8:00~18:00

岱海是内蒙古第三大内陆湖,也是著名的渔业生产基地,有"高原仙湖"之美誉。湖泊南北长10千米,东西宽35千米,略呈椭圆形。历代达官贵人、文人墨客前来观赏其"鸿鹭成群,风涛大作,浪高丈余,若林立,若云重"的自然美景。清朝时康熙皇帝多次巡边来到岱海,在此兴建行宫,取名"凉城"。

玩家 指路

在凉城县乘去丰镇的车,中途路过岱海旅游区。

玩家 攻略

景区建有岱海温泉酒店、岱海城堡酒店、岱海温泉城日式酒店、岱海度假别墅酒店,可提供各类客房400余套,满足不同层次住宿需求。

□ 岱海温泉

岱海温泉位于凉城县岱海镇,原名"马刨泉"。水温常达38℃,日出水量2740多吨,泉水中含有锶、锂、锌、硒等多种微量元素,对风湿性腰腿疼痛有显著疗效。近年来,随着旅游事业的快速发展,温泉景区已发展成为集浴疗、娱乐、餐饮、旅游、住宿于一体的消夏避暑度假区。

□ 岱海滑雪场

岱海滑雪场是内蒙古中西部地区规模最大的滑雪场,具有雪期长、雪质好的特点,每年11月下旬至次年3月中旬是最好的滑雪期。雪场占地总面积为20万平方米,其中造雪总面积为10万平方米。滑雪场内滑雪器材齐全,还配有滑雪圈、雪地摩托、雪地高尔夫、狗拉雪橇及儿童雪地乐园等娱乐设施。

隆盛庄古镇
中国首批传统村落

- 乌兰察布丰镇市东南40千米处
- 免费　全天　0474-3267776

隆盛庄始于乾隆年间，当时因南接内地，北依草原而成为著名的旱码头。古迹遍布镇内，南庙、清真寺、芦家大院等保存完好。"六月廿四传统庙会""上三元"干货制作技艺以及"四脚龙舞"等非物质文化遗产是隆盛庄繁荣文化的印记。

苏木山森林公园
幽深雄奇的公园

- 乌兰察布市兴和县城南部45千米处

苏木山森林公园平均海拔2000米以上，最高峰黄石崖2334.7米，是乌兰察布市境内的最高点。

苏木山森林公园东西长35千米，南北宽10千米，总面积133平方千米，森林覆盖率68.8%，是内蒙古自治区中西部地区最大的人工林场，成为内蒙古自治区中西部地区的天然植物王国。同时，这里还是野生动物繁衍生息的乐园，有梅花鹿、狍子、獾子、野兔、老鹰、杜鹃、百灵、半雉、啄木鸟、黄鹂等走兽飞禽穿绕林间。

二龙什台国家森林公园
沙坡头的后花园

- 乌兰察布市凉城县蛮汉镇境内

二龙什台国家森林公园地处内蒙古凉城县西北部的蛮汉山，距呼和浩特市60余千米。前身是国有蛮汉山林场，1993年林业部批准成立国家森林公园，面积为26.68平方千米。

蛮汉山最具特色的二龙什台和鹞崂台两个大峡谷，花木繁茂，河溯如织，鸟音争鸣。公园内山峰林立，草木茂密。这里是树的海洋、药的宝库、动物的乐园。公园内生长着云杉、樟子松、油松、落叶松、黄波罗、华山松等珍贵

二龙什台国家森林公园

树种。这里也是内蒙古地区药用植物的王国，甘草、地龙、黄芪、芍药等草药随处可见。国家森林公园还是野生动物繁衍生息的乐土，狼、狍、獾、狐狸、刺猬、野兔等出没在林间。

玩家 攻略

5—6月，早春灌木和报春花卉相继开放，山花烂漫，姹紫嫣红，空气清新，春意融融，是森林公园春游赏花观景的美好季节。9—10月则是森林公园观赏山林秋色的最佳时节。

察尔湖 AAAA
休闲度假好去处

- 乌兰察布市兴和县城关镇衙门号
- 0474-7213218

察尔湖距集宁区80千米，度假区属大青山余脉，水面处于群山环抱之中。

景区群峰起伏，连绵不断，山清水秀，如诗如画。度假区有野生动物、野生植物、野生药材、山野菜和食用菌，是以农业观光、水上娱乐、登山及拓展训练、马术培训、游船快艇、房车营地、滑冰滑雪、低空飞行、新能源应用体验、狩猎打靶、少年儿童夏令营基地等为主要内容的休闲度假旅游区。

红召九龙湾
以山、溪、瀑、泉著称

- 乌兰察布市卓资县红召乡红召村

九龙湾位于卓资县西北部，蜿蜒曲折，因其自然形态宛如九条龙横卧在大青山间而得名。

九龙湾全长15千米，宽约7千米，面积

约100平方千米,属大青山分支。九龙湾旅游区以其山、溪、瀑、泉而著称。良好的生态环境,使九龙湾水草丰茂,牛羊成群,同时也成为山禽野兽的栖息地。

九龙湾旅游区名胜景点多达20多处,其中最有名的是龙泉潭,最奇特的是榆树石,最陡峭的山是青羊圈山,最神秘的洞为蜜汁洞,最古老的庙为召庙。九龙湾以层层叠叠的森林为背景,以悬崖峭壁为屏障,以奇花、异草、泉水、瀑布、山溪为点缀,构成"塞外桂林"的景色。

巴音锡勒草原
真正的原始大草原

📧 乌兰察布市卓资县城北30千米处
🎫 免费 🕐 全天

巴音锡勒大草原是内蒙古中部的一个真正的原始大草原。草原保持着原始风貌,具有800年历史的敖包山、成吉思汗墙是草原特有的名胜古迹,另有天然奇观的99个半子(湖泊),大小不一、形状各异,每个海子都有一个美丽的传说。碧绿的大草原各色花争奇斗艳,百灵鸟在空中歌唱,野兔在草地上奔跑,凉爽宜人的草原,正是游客避暑观光的圣地,在这里,你会领略到天苍苍,野茫茫,风吹草低见牛羊的塞外风光。

武要古城
西汉北部军事重镇

📧 乌兰察布市卓资县梨花镇土城子村

武要古城西连平顶山,东依卧佛山,北邻大黑河和京包铁路,南倚京藏高速和110国道。城址位于狭长的沟谷间,地势开阔平坦。古城背后的大黑河南岸有赵长城和烽火台,东北有大黑山。

据考证,这是一座战国时期重要的军事城堡,历经战国到明清10多个朝代,至西汉时期成为定襄郡武要县古城,故称武要古城,是西汉北部军事重镇。20世纪80年代考古发现,有汉、唐、宋等多个朝代的遗物。

古城所在的土城子村和大黑山至今流传着许多关于樊梨花的传说故事。据传说,这里是樊梨花的屯兵习武之地。大黑山之中有九十九洞,其中之一为樊梨花洞,有樊梨花悬棺、马鞍、马靴等遗物。洞中常有风声嘶鸣,似有兵器交接之声。当地有人投鸡入洞,只见毛飞不见尸肉。梨花镇也因此而得名。

链接
樊梨花

樊梨花,中国古代女英雄,以她与薛丁山(其历史原型为薛仁贵之子薛讷)平定西北边乱、沙场挥戈与共的故事而家喻户晓。其传奇故事被多种形式的文艺作品所表现,尤其是电影、电视剧、歌舞戏剧等多次演绎,是中国古代巾帼英雄的典型形象。她是中国古代四大巾帼英雄之一,和花木兰、穆桂英相比,她身上的神话色彩似乎还要浓厚一些。《说唐》《薛家将》在讲到薛丁山征西的故事时,无一例外都要讲到这样一位富有叛逆精神并且敢于大胆追求理想爱情的古代女子。

辉腾锡勒草原
鲜花草原,清爽乐园

📧 乌兰察布市察右中旗辉腾锡勒草原
🕐 8:00~18:00 📞 0474-5612818

辉腾锡勒草原位于阴山山脉东,海拔1800多米,面积300多平方千米。辉腾锡勒,蒙语意为寒冷的山梁,属于世界上保持最完好的典型的高山草甸草原,植被覆盖率达80%,野生动植物种类多达300多种,其中世界珍稀植物有18种之多。

这里冬季寒冷,夏季凉爽,99个天然湖泊点缀在碧绿的草原上,构成了独特的自然景观。处处可见的风电塔,是人与自然和谐相处的最好见证。每年6—9月间,辉腾锡勒草原鲜花盛放,成为花的海洋,被称为"世界上原生态的鲜花草原"。

玩家 指路

从乌兰察布市集宁区(火车集宁南站)坐汽车到察右中旗,然后从察右中旗包车去辉腾锡

乌兰察布南部旅游区 403

玩家 攻略

辉腾锡勒草原天气多变,早晚温差大,风大。建议带上冲锋衣裤、抓绒T恤和防雨用具。

有的地方蚊子多,带上防蚊药等。

骑马:50元/小时。

蒙古包大多是地席,晚上又凉又潮,多带衣物和防潮设备。

辉腾锡勒草原

勒草原。或者从乌兰察布市集宁区内有旅游专线车直达,车程约2小时。

□ 草原明珠度假中心

草原明珠度假中心位于辉腾锡勒草原中部,坐落在亚洲最大的风力发电机群中。该中心是集会议接待、草原观光、度假、文艺表演、宴庆、娱乐为一体的规模宏大、功能齐备、服务优质的草原旅游AAA级景点。还有民族风情特色的热炕蒙古包80余顶,豪华蒙古包、战车蒙古包80余顶(内设有独立卫生间和洗浴设施),能同时接待1000人就餐的10个蒙古包餐厅,1000多人住宿的各式蒙古包。

□ 外事旅游中心

外事旅游中心位于辉腾锡勒草原东部6千米处,昔日是历代帝王将相、达官贵人的消夏避暑之地,如今已是平民百姓休闲度假、避暑观光的游览胜地,被中外游客誉为"天堂草原、清凉乐园"。

黄花沟旅游区
天然大花园

📍 乌兰察布市察右中旗辉腾锡勒草原22千米处
💰 45元　⏰ 8:30~18:00　📞 0474-5612818

黄花沟旅游区与辉腾锡勒草原相连,位于乌兰察布草原腹地。这里山峦起伏,沟壑纵横,两崖壁立,蜿蜒伸展。每年春夏季节,这里长满鲜艳的黄花,景色别致,故名黄花沟。黄花沟旅游区占地约15平方千米,由神葱沟和黄花滩两大自然风景区组成,共有12大景观。这12大景观将塞上雄浑的高原风光与江南秀丽的湖色山水奇妙地融为一体,形成了独特的观光旅游胜地。

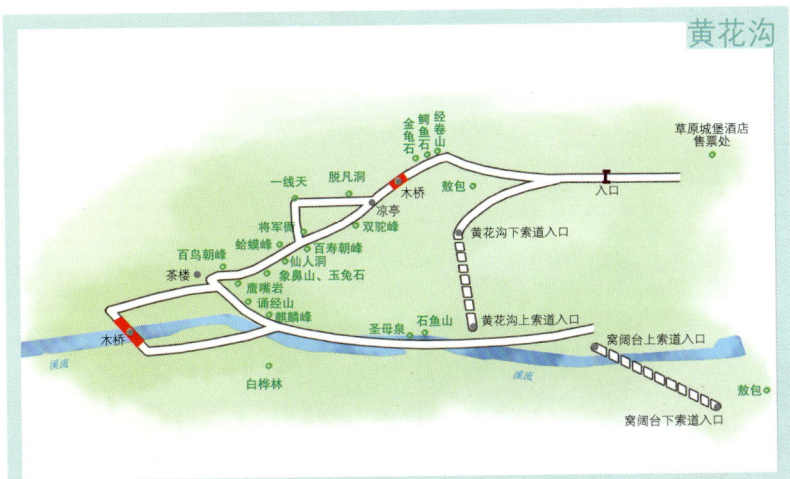
黄花沟

玩家 指路

公交：市内有直达黄花沟景区的公交线路。

自驾：从北京走京藏高速公路到卓资县口下，转卓资县到察右中旗的公路，走至公路与京能辉腾锡勒风电场的交叉路口，西转直走即到。

玩家 解说

相传很久以前，黄花沟是王母的后花园，神葱是王母的一道佳肴，泉水是神童浇灌花园之水，这个美丽的神话传说，为游人一览奇景又增添了几分神秘感。

察哈尔火山地质公园
火山群奇观

乌兰察布市察右后旗乌兰哈达苏木境内

0474-6207225

察哈尔火山共有20余座。该火山群形成于地质历史的第四纪晚期，最后一次喷发距今约1万年，属年轻的休眠状态下的"活火山"。由于地壳内部岩浆经过管状通道喷出时，各火山口喷发的强度和喷出的物质不同，形成了穹状、岩渣、混合火山锥等四种特征的火山锥，具备了中心式火山喷发的全部特征。地质专家惊叹这是保存完好，举世罕见的火山群奇观。

阿贵庙
百年古庙

乌兰察布市察哈尔右翼后旗境内

阿贵庙是一座喇嘛庙，始建于清康熙八年（1669），以后经过250多年的陆续修建，形成了气势宏伟的建筑群落。由于坐落在阿贵山上，俗称阿贵庙，清康熙皇帝敕名"善福

阿贵庙

寺"，蒙语叫赛思宝音图。阿贵庙的整体群落坐北朝南，依山傍水，鳞次栉比。山上山下错落有致，远远望去，金碧辉煌，十分壮观。

玩家 攻略

每年农历五月十五，这里都要举行祭敖包活动，同时举行那达慕大会。农历六月十五日举办庙节，也叫庙会。庙会时佛事活动非常隆重，远近牧民群众扶老携幼，驱车乘马踊跃而来，热闹非凡。从农历六月十六日开始诵读《雅日乃经》，直至八月初二诵经结束。从五月十五日到八月初三，各种佛事活动频繁，也是旅游的最佳时期。

黄羊滩生态园
生态景观独特

乌兰察布市化德县白音特拉乡

黄羊滩生态园位于白音特拉乡政府所在地的前方，始建于2001年，该生态园涉及京津风沙源治理工程23.33平方千米。

景区林草旺盛、物种繁多，视野开阔，鸟语花香。近年来，经过人工改造已经和四吉滩生态区连为一体，经过科学规划、合理开发将会体现独特的生态景象。这里人工植被和自然植被相结合，已经体现出了坡、川、沟、景的综合生态旅游景观。

水漩公园
绿柳垂绕，百花织锦

乌兰察布市商都县

商都县水漩公园占地0.17平方千米，是一个集文化、健身、休闲、娱乐等各种功能于一体的综合性公园。公园内建有5000平方米的演艺广场，12 000平方米的人工湖，66延长米的景观游廊，400延长米的景观花架，45平方米的凉亭5座，2500平方米的儿童游乐场，2800平方米的老年人活动中心，高大的仿古大门和12根生肖柱。

整个公园突出绿化主题，绿化面积达到18.6万平方米，占公园面积的60%。盛夏时节，公园内绿柳垂丝，百花织锦，异常美丽。

四子王旗旅游区

景点推荐

格根塔拉草原 AAAA
景色优美的天然牧场

- 乌兰察布市四子王旗查干补力格苏木王府一队
- 可从呼和浩特市乘班车到集宁再转车到四子旗,也可直接从呼和浩特市或集宁包车前往
- 10元　0474-5208888

格根塔拉草原旅游中心是国家旅游局在内蒙古投资最多、规模最大的蒙古民族风情旅游景点之一,位于乌兰察布大草原的腹地,与呼和浩特有柏油马路相通。

格根塔拉草原蒙语意为"夏营盘""避暑胜地",这里牧草茂盛、牲畜遍地,草原特色浓厚迷人,自古以来就是优良的天然牧场。每年7月25日至31日举办的那达慕草原旅游节集蒙古民族文艺、体育、生产生活习俗之大全,赛马、摔跤、射箭,风情独特,使游客流连忘返。

玩家 攻略

每年的夏秋两季是格根塔拉草原旅游的最佳时机,特别是8月下旬的那达慕盛会时期。

草原上住宿建议自带帐篷,当地还备有供1万人住宿的帐篷出租,备有食品出售,也可住蒙古包。

气候变化无常,最好带上雨衣或雨伞,草原昼夜温差较大,一般可低达10℃左右,所以到这里不妨多带衣服。

玩家 解说

四子王旗是哈萨尔第十五世孙诺颜泰统辖的杜尔伯特部落。诺颜泰的杜尔伯特部落,也是明朝末期奎蒙古塔斯哈喇东进随同迁徙的部落。"诺颜泰有子四。长僧格,号墨尔根和硕齐;次索诺木,号达尔台吉;次鄂木布,号布库台吉;次伊尔扎吉,号墨尔根台吉。四子分牧而处,后遂为所部称。"蒙古语为杜尔伯特部落,即四子部落。1636年授扎萨克赐达尔汉卓里克图号,建四子部落旗,也就是现在的四子王旗。

大红山
草原奇观

乌兰察布市四子王旗脑木更苏木东北45千米处
0474-5214444

大红山也叫脑木更山,山势南北走向呈长方形,山顶较为平整。南北长约15千米,东西宽约10千米。这里虽然属于无水草场,但雨季牧草茂盛,常有季节性水潦,是天然草场。山顶上有数个敖包,其中最高的"乌罕特音勃尔和图敖包",海拔1129.9米,山地特产"发菜"闻名中外。山顶平整,草场优良,好似一个天然的动物园。世界上已经罕见的动物——盘羊,在这里也能见到,黄羊、狐狸等其他野生动物经常出没。

希拉穆伦庙
"塞北布达拉宫"

乌兰察布市四子王旗乌兰花镇西北62千米处红格尔苏木 0474-5214444

希拉穆伦庙始建于清朝乾隆二十三年(1758),是四子王旗贵族出生的老布胜单巴拉布杰,即第一世活佛学习藏传佛教后回归故里,为传播喇嘛教而选址兴建的。嘉庆元年(1796)清廷赐名浩特勒·额伊勒图苏莫(普和寺)。

此庙曾是四子王旗规模最大、喇嘛最多的一个召庙,在清朝一代曾管辖过察哈尔、绥远地区数十旗和青海部分地区的喇嘛要务,从而号称"塞北布达拉宫"。其最盛时期庙宇轩昂,气势恢宏,建有五大独贡、四大拉布仁、四座庙仓、五座汉白玉佛塔及360余处喇嘛住所。

奥特奇沟
怪石嶙峋、景色绝佳

乌兰察布市四子王旗红格尔镇境内

奥特奇沟位于塔布河河谷上游,北距希拉穆伦庙10千米。其沟长约10千米,塔布河深30~50米。河谷两侧,怪石嶙峋,形成多种多样的象形石。旱生的灌木生于岩壁上,构成一派震撼人心的自然美景。河谷内,塔布河弯转曲流,间或有水鸟跃起,飞鸿成图。

沟的北端是历代活佛避暑胜地。现今仍留有活佛避暑山庄的遗迹及石砌甬道。在部分巨石上还刻有王爷跪拜等石雕图。此间,夏凉冬暖,空气清新。据说过去草木茂盛,绿树成荫,还栖息着金雕、野鸡、盘羊等飞禽走兽。

四子王旗胡杨林
我国第三片珍贵的胡杨林

乌兰察布市四子王旗脑木更苏木黑沙图嘎查

胡杨,蒙古语叫"陶来",是当今世界上最古老的杨树品种,被誉为"活着的化石树"。有"活着千年不死,死后千年不倒,倒地千年不朽"之说。对胡杨树的这种盛誉,使得杜尔伯特人无比自豪——"不到戈壁草原,不知道草原深处绿洲的雄大气派;不亲临胡杨林,也无从领略胡杨树的神奇之美"。

据有关专家勘察鉴定地处四子王旗的胡杨林,从发现至今已有300年的历史,纯属天然,现保存300多株,占地面积0.33平方千米,辐射区1.33平方千米。

胡杨林秋色

攻略资讯

- 交通
- 住宿
- 美食
- 购物
- 娱乐

乌兰察布市区风光

🚗 交通

飞机

乌兰察布民用机场正在建设中。新建乌兰察布机场为国内支线机场，场址位于集宁区马连渠乡三成局村附近，场址距集宁南站直线距离11.3千米，距集宁新区15.2千米。

火车

乌兰察布市交通便利，铁路运输发达，京包、集二、集通、丰准等四条铁路在乌兰察布纵横贯通，形成了以集宁为中心的铁路交通运输网络。集宁火车站和集宁南火车站现有开往北京、呼和浩特、兰州、西安、石家庄、天津、包头、通辽、二连浩特等地的客运列车。

集宁火车站

集宁长途汽车站

国道、208国道和京呼高速公路为骨干，公路交通四通八达，是内蒙古中部地区重要的公路交通枢纽。

集宁长途汽车站位于乌兰察布市集宁区怀远北大街183号(火车站斜对面)。电话：0474-8215161。

🏠 住宿

乌兰察布旅游住宿多集中于集宁区，最好选择在市中心附近，交通、购物都很方便。在草原还可以选择住蒙古包，体验蒙古族风情。

● 金浩建国饭店

一家集客房、餐饮、娱乐、休闲、健身、商务功能为一体按照五星级标准打造的豪华饭店。✉ 乌兰察布市集宁区工农大街12号
📞 0474-8219999

汽车

乌兰察布市公路交通发达便捷，以110

●乌兰察布宾馆

乌兰察布市最新落成的商务及休闲于一体的大型宾馆。宾馆设有单人间、标准间、三人间、套间,可同时容纳200人住宿。宾馆内设有餐厅,尽享草原风味。交通便利,环境优雅,服务一流。🏠 乌兰察布市集宁区恩和大街185号 ☎ 0474-8204800

●乌兰察布白泉山庄

白泉山庄酒店位于集宁区泉山公园,地理位置优越,是目前乌兰察布市地标性建筑之一。房间宽大明亮,性价比较高。🏠 乌兰察布集宁区泉山路98号 ☎ 0474-8188888

美食

乌兰察布的传统美食继承了蒙古族饮食的特色,以红食、白食、粮食为主,烤全羊、手抓肉、奶茶、奶皮子等传统蒙古族美食都可以在这里品尝到。另外,乌兰察布以其独特的地理位置和自然生态环境,盛产各具特色的优质谷粮作物,豆面、荞面等都是具有浓郁地方特色的食物。

山药鱼:以土豆和莜面为原料,在笼屉里蒸熟蘸着汤吃,汤的佐料范围广,其中肉类,以羊肉汤为佳,菜类中口蘑汤算上等。山药鱼是一种美食,营养丰富,味道甜美,青白软嫩、酸辣咸香,调料有酸菜、酱油、香油、盐、辣椒油、葱姜蒜末等。

沙葱包子:在乌兰察布草原上,主人用采摘来的新鲜沙葱和刚宰杀的大尾羊肉所做的沙葱包子招待客人,是与手把肉、烤羊腿一样最好的待客佳肴。

油炸馃脖:油炸馃脖(或油炸馓子、油炸果子、油炸麻叶)是蒙古族喝奶茶时的小吃,都是用小麦面粉加糖、鸡蛋、酸奶或牛奶、奶油或牛油和面,然后捏成麻叶形或拉成馓子形,或补成片,再切成小棒形、三角

山药鱼

形,用牛油或羊油(现也用植物油)炸成金黄色,可直接食用,也可泡入热奶茶。

丰镇月饼:选用当地的优质深井矿泉水,无污染的特级小麦粉,纯胡麻油和一级的白糖、冰糖、蜂蜜等原料,现磨现用,不加任何添加剂,采用具有200多年历史的传统工艺烘焙而成。出品的月饼色泽鲜润、香酥可口,回味悠长。

卓资山熏鸡:制作加工有近百年的历史,是全国三大名鸡之一。这里的本地鸡个头大,肉质肥嫩,是家禽肉制品的上好原料。

购物

乌兰察布有生长在阴山的荞麦等各种特色农产品,也有来自草原的麻黄、黄花、甘草、柴胡等名贵草药,尤其不可错过的是各式皮件、皮绒。

卓资山熏鸡

乌兰察布特产

● **集宁皮件**

集宁皮件产业发展历史悠久，基础较好。集宁国际皮革城总占地0.2平方千米，建筑面积25万平方米，是北方地区最大的、最专业的皮革销售集散地，华北地区单体量最大的皮革购物中心。

● **鸿茅药酒**

鸿茅酒，又名鸿茅祛风酒，产于凉城县岱海南岸的厂汉营乡。我国素有"南有茅台，北有鸿茅"之说，足见其声誉之高，但茅台是以香醇著称，而鸿茅则以疗效闻名。

● **白瓜子**

白瓜子是内蒙古出口的土特产品，其中凉城县的雪白瓜子，片大、仁足、色白，曾荣获1983年外贸部颁发的基地产品优质奖。

白瓜子

● **皮绒制品**

皮绒制品（羊绒被、羊绒毯、羊剪绒制品）具有吸湿保干、冬暖夏凉、蓬松柔软、不板结、天然阻燃、安全可靠、防尘阻电、抗菌抑螨等优点。

乌兰察布购物场所

集宁区是乌兰察布地区重要的商业中

羊绒被

心。市区内商业繁荣，购物场所众多，以集宁乌兰大街、解放路为中心的商业圈，乌兰商场、乌兰察布购物中心、集宁百货公司、集宁百货大楼等现代化的大型购物商场中商品种类众多，品质优良。

娱乐

乌兰察布市，作为一个民族风情浓郁的地区，各色娱乐活动丰富多彩。

草原特色娱乐：著名的草原那达慕盛会，汇集了来自四面八方的蒙古族同胞，摔跤、射箭、骑马等传统体育竞技活动火爆热闹。

盛大的祭敖包，是蒙古族人民重要的祭祀活动，浓郁的蒙古族风情和古老的祭祀仪式会令远道而来的客人耳目一新。

现代娱乐：乌兰察布市也不缺乏现代娱乐场所，在集宁区内也有着众多广场、绿地和现代化娱乐场所，热闹繁华的市中心附近酒吧、KTV等娱乐场所林立，每当夜幕降临时，这里都是年轻人聚会娱乐、放松休闲的好地方。

索引

A

阿尔山国家森林公园	292
阿尔山口岸景区	295
阿尔山矿泉群	296
阿尔寨石窟	172
阿古拉草原	317
阿贵庙	204
阿贵庙	404
阿鲁科尔沁自然保护区	349
阿日昆都楞草原	318
阿善遗址	119
阿斯哈图石林	337
安答堡子古城	132
敖汉旗博物馆	333
敖鲁古雅使鹿部落	262
敖伦苏木古城遗址	131
奥特奇沟	406

B

八道桥沙漠	228
巴丹吉林沙漠探险区	223
巴尔虎蒙古部落景区	271
巴林喇嘛山国家森林公园	267
巴林奇石馆	349
巴彦呼硕草原	265
巴音昌霍格草原	156
巴音满都呼恐龙化石区	206
巴音锡勒草原	402
白狼景区	296
白音敖包保护区	339
白音哈达草原景区	268
白云鄂博草原	132
白云鄂博矿区奇石根艺展览馆	133
宝德尔草原石林景区	370
宝格德乌拉山	270
宝拉根艾拉旅游点	371
北方兵器城	122
贝尔湖	270
贝子庙	364
彼得大教堂	119
毕力图庙	368
碧海阳光国际温泉	172
别力古台札桑	384
布苏里景区	264

C

彩绘岩画	263
策克口岸	235
查干朝鲁图珠洒乐	384
察尔湖	401
察尔森国家森林公园	290
察哈尔火山地质公园	404
察哈尔民俗博物馆	398
察罕苏力德游牧生态旅游区	170
绰勒水库旅游区	291
成吉思宝格都山	385
成吉思汗广场	157
成吉思汗广场	252
成吉思汗陵宫	155
成吉思汗庙	286
成吉思汗中心广场	155
赤峰市博物馆	333
敕勒川草原文化旅游区	99
敕勒川人家旅游度假村	95
春坤山	129

D

达尔滨湖国家森林公园	264
达拉哈草原风情旅游区	350
达里诺尔湖	341
达斡尔民族园	267
达永山四季滑雪馆	258
大渡口生态旅游区	378
大红山	406
大后套旅游区	206
大乐林寺	314
大青沟	316
大窑文化遗址	98
大召	88
岱海旅游区	400
道乐都湖	272
定远营古城	222
东风航天城	235
多布库尔民俗村	264
多伦湖	376

E

额尔敦敖包	365
额尔古纳湿地	262
额吉淖尔	380

额济纳胡杨林景区 227	贡格尔草原 343	红墩子峡谷 226
额济纳神树 229	古城副都统衙门 253	红花尔基国家森林公园 265
鄂尔多斯博物馆 158	固腊卜赛汗国际敖包 381	
鄂尔多斯草原旅游区 159	怪山旅游区 320	红山国家森林公园 334
鄂尔多斯文化旅游村 173	怪树林 229	红召九龙湾 401
	广福寺 131	洪格尔岩画群 369
鄂尔多斯野生动物园 171		鸿雁湖 320
	H	呼和诺尔草原 268
鄂温克草原 266	哈达门高原牧场 97	呼伦贝尔古城 252
鄂温克岩画 263	哈达门国家森林公园 97	呼伦贝尔民族文化园 251
恩格贝生态旅游区 164	哈拉哈河 294	呼伦湖 256
恩和俄罗斯族民俗村 261	哈日乌素 386	忽必烈夏宫 373
二连国门 368	哈萨尔圣地风情园 315	胡杨岛 178
二连国门界碑 368	哈腾套海 203	桦木沟 344
二连浩特口岸 368	海拉尔西山国家森林公园 251	怀朔古城 129
二连盆地白垩纪恐龙地质公园 369		黄岗梁 338
	海森楚鲁怪石 225	黄河大峡谷 161
二龙什台国家森林公园 401	汉森酒庄 175	黄河三盛公水利枢纽工程 202
	汗马国家级自然保护区 262	
		黄河渔村 180
F	翰嘎利湖生态旅游区 300	黄花沟旅游区 403
飞仙岭 296	好森沟 295	黄旗海 399
	和格尔土城子遗址 95	黄羊滩生态园 404
G	和林格尔汉墓壁画 104	灰腾草原 366
嘎黑拉庙 382	河套人文化遗址 172	辉河国家级自然保护区 266
甘德尔山生态景区 181	贺兰山福因寺(北寺) 218	
甘其毛道口岸 199		辉特淖尔草原 320
甘珠尔庙 272	贺兰山广宗寺(南寺) 219	辉腾锡勒草原 402
高格斯台风景区 374		荟福寺 349
格根塔拉草原 405	黑城遗址 231	浑善达克沙地 343
葛根庙 287	黑风河景区 374	浑善达克沙地 374
根河源国家湿地公园 263	黑里河漂流景区 336	霍尤沟 99
更多本地旅游区景点 156	弘吉剌部蒙古大营 261	
贡宝拉格草原 376	红城遗址 233	

J

鸡鹿塞	204
集宁国际皮革城	398
甲渠侯官遗址	235
金界壕	289
金銮殿生态旅游区	101
金沙湾生态旅游景区	175
金帐汗旅游部落	269
晋陕大峡谷	103
镜湖生态旅游区	206
九城宫生态园	159
九峰山自然保护区	126
九佛山	351
九世班禅行宫	383
居延海	232
军事拓展基地	376
郡王府	159

K

喀喇沁亲王府	335
开鲁白塔	320
科尔沁博物馆	314
科尔沁国家级自然保护区	298
克鲁伦河	271
克什克腾世界地质公园博物馆	340

L

喇嘛洞召	100
喇嘛库伦庙	381
老虎山生态公园	399
老头山	301
冷极村	263
辽中京遗址	336
隆盛庄古镇	401
绿城遗址	233

M

玛拉盖草原	375
满巴拉僧庙	180
满洲里国门景区	254
满洲甲婚礼宫	256
满族屯草原	288
曼德拉山岩画	226
毛乌素沙漠	170
玫瑰营天主教堂	398
梅力更风景区	122
梅力更召	122
美岱召	126
美林谷滑雪场	334
蒙格罕山自然保护区	299
蒙古汗城	382
蒙古历史文化博物馆	154
蒙古马文化博物馆	378
孟王栓海子	200
庙子沟遗址	399
明代烽火台	180
明清博览园	100
明长城遗址	104
莫尔道嘎原生态森林旅游区	259
莫力庙民俗度假村	313
莫力庙水库	313
木叶山旅游度假区	351

N

纳林湖旅游区	204
乃林郭勒	380
奈曼王府	319
南海湿地保护区	120
南山生态百亭园	103
内蒙古博物院	91
内蒙古赛马场	91
廿四顷地天主教堂	127

P

平顶山	340
平顶山	366
葡萄湾	103
普会寺	130

Q

七星湖	165
气壮山河门景	153
乔家金街	119
乔家旧址	119
秦长城遗址	128
青山翰墨园	176
青山景区	338
清公主府	90
庆云山旅游区	348

R

热水塘温泉	340

S

赛罕塔拉生态园	123
赛罕乌拉圣山旅游区	347

赛汉塔拉旅游娱乐园 367	天池草原生态旅游区 198	乌兰东山观稻亭 287
三大寺旅游区 318	天鹅湖景区 371	乌兰夫故居 101
三角山 296	铁木真大汗行营 258	乌兰夫纪念馆 90
三盛公天主教堂 205	通古尔盆地 369	乌兰毛都草原 288
上都湖原生态旅游牧场景区 375	同和太奇石林自然景区 200	乌兰淖尔景区 179
神光响沙 167	突厥石人墓 386	乌兰五台 383
神泉生态旅游区 102	图牧吉国家级自然保护区 289	乌里雅斯台 385
圣道 155		乌里雅斯太山 379
十二连城 161	图什业图王府遗址 300	乌梁素海 195
石房子 350	吐尔基山水库旅游景区 315	乌日斯草原文化旅游区 221
世界反法西斯海拉尔纪念园 253	托托城 102	乌审召 171
世珍园 157	**W**	乌素图国家森林公园 96
室韦 261	万部华严经塔 92	乌素图召 95
水镜湖休闲度假旅游区 161	万家寨水库 104	乌珠慕公园 177
水漩公园 404	旺业甸国家森林公园 334	乌珠穆沁博物馆 381
四子王旗胡杨林 406	维信国际高尔夫度假村 196	五当召 124
苏古达乐景区 264		五角枫自然保护区 299
苏勒德祭坛 155	乌不浪口风蚀地臼地质公园 199	五塔寺 86
苏木山森林公园 401		五原博物馆 201
苏尼特王府 367	乌海市博物馆 181	武要古城 402
绥远将军衙署博物院 90	乌海市高效农业示范区 177	"五一"会址 287
T	乌海市煤炭博物馆 177	**X**
塔尔湖度假村 201	乌海市蒙古族家具博物馆 176	西鄂尔多斯四合木自然保护区 174
塔敏查干沙漠 319	乌海市青少年科技馆 181	西拉木伦公园 314
塔王府 228	乌拉山国家森林公园 198	西拉木伦河大峡谷 344
太仆寺御马苑 375	乌拉特蒙古大营旅游度假区 197	西山湾水库 377
太清宫 91		希拉穆伦庙 406
陶亥召 160	乌兰布和沙漠生态旅游区 202	希拉穆仁草原 121
套娃广场 255		希热庙 199
腾格里沙漠 220	乌兰布统 344	稀土广场 133
		锡林郭勒赛马场 365

锡林河九曲	364	
锡日塔拉草原旅游度假村	365	
席力图召	88	
响沙湾	166	
小佘太秦长城遗址	198	
小召子	127	
孝庄园	318	
玄石坡和立马峰	370	

Y

亚欧版图	153
延福寺	221
杨都庙	385
杨树沟河谷森林草原旅游区	291
一线天地质生态旅游景区	179
伊克萨玛旅游风景区	263
伊利乳业工业园	94
伊斯兰风情街	86
阴山岩画	203
银肯塔拉沙漠	169
油松王	160
游牧文化保护区	383
榆木川景区	378
玉龙沙湖	351
元上都遗址	372

Z

扎赉特神山	289
扎兰屯风景名胜区	266
战国赵长城遗址	125
樟松岭	295
昭君博物院	93
昭君城	168
召庙旅游区	350
中俄互市贸易区	255
中国农机院胡列也吐度假村	269
珠恩嘎达布其口岸	381
珠日河草原	317
转龙藏	118
准格尔召	160
桌子山岩画	174

我们的理念

做发现者，才能走得更远。发现秀美景色、探寻历史痕迹、体验文化脉络、寻找地理起源等深层次的旅行知识，是我们不停脚步的动力。我们不仅是在做一本旅行指南，能为旅途上的行者做出一部内容丰富、态度严谨、值得边走边读的行囊书，是我们永恒不变的追求。

《发现者旅行指南》编辑部

总 策 划	丁海秀
执行策划	李荣强　安颖侠
项目统筹	周国宝　龚道军
内容编辑	刘　挺　王叶青　方明杨
	刘秀红　丁天丰　张文齐
	商子微　张亚飞　苏雪莹
	沈　皓　魏建飞　张灵燕
	许晨晨　杨康健　张　鑫
	刘晓璐　刘慧慧　王春雪
	刘智勇　李荣强
美术总监	左小文
美术编辑	侯心如　王春晓
图片编辑	朱盼盼　马志鹏
插图绘制	尚祖山　李秋红
排　　版	水长流　赵媛媛
图片提供	微图网　汇图网
	中国图库网　全景网
	锐景创意　集成图像
	站酷海洛　shutterstock
	fotoe　dreamstime
	孙西国　马林宏　徐　行
	高应胜　薛　冬
	西部老马　钱多多

出炉过程

在编辑部成员的共同努力下，这套耗时两年有余的旅行指南终得以付梓。其间，我们亲历景点，翻遍资料，只为确保撰写的内容准确有效；我们实地考察，联系景区，只求绘得一幅精美的景区图；我们花尽心思，几易版式，只为呈现出前所未有的阅读体验。如今，这套精心打造的旅行指南，能放到您的行囊或书架，我们深感荣幸。我们期待与您一起走向远方，重新发现旅行的价值。

联系我们

我们的成长需要您的支持。您对本书的每一条意见我们都会珍视。同时也欢迎您与我们一起分享旅游体验，稿件一旦被采用，您将会获取相应稿酬。您可以将意见和稿件投递到我们的邮箱（tepfx@163.com）。

丛书策划　丁海秀
责任编辑　何　玲

图书在版编目（CIP）数据

内蒙古／《发现者旅行指南》编辑部编. -- 北京：
旅游教育出版社，2016.6（2019.8）
（发现者旅行指南）
ISBN 978-7-5637-3390-3

Ⅰ．①内… Ⅱ．①发… Ⅲ．①旅游指南—内蒙古
Ⅳ．①K928.926

中国版本图书馆CIP数据核字（2016）第088848号

内蒙古（第2版）

《发现者旅行指南》编辑部 / 编

出版单位	旅游教育出版社
地　　址	北京市朝阳区定福庄南里1号
邮　　编	100024
发行电话	（010）65778203　65728372　65767462（传真）
本社网址	www.tepcb.com
E-mail	tepfx@163.com
印刷单位	北京华联印刷有限公司
经销单位	新华书店
开　　本	905毫米×1100毫米　1/32
印　　张	13
字　　数	463千字
版　　次	2019年8月第2版
印　　次	2019年8月第1次印刷
定　　价	78.00元

图书如有装订差错，请与发行部联系

特别提醒

　　本书信息在出版前已经认真核实过。但由于现实发展太快，旅游信息随时可能发生变化，我们无法承诺保证本书信息的准确性和完整性，并只能在法律规定范围内承担责任。如因此给读者带来不便，我们深表遗憾。

中国地图

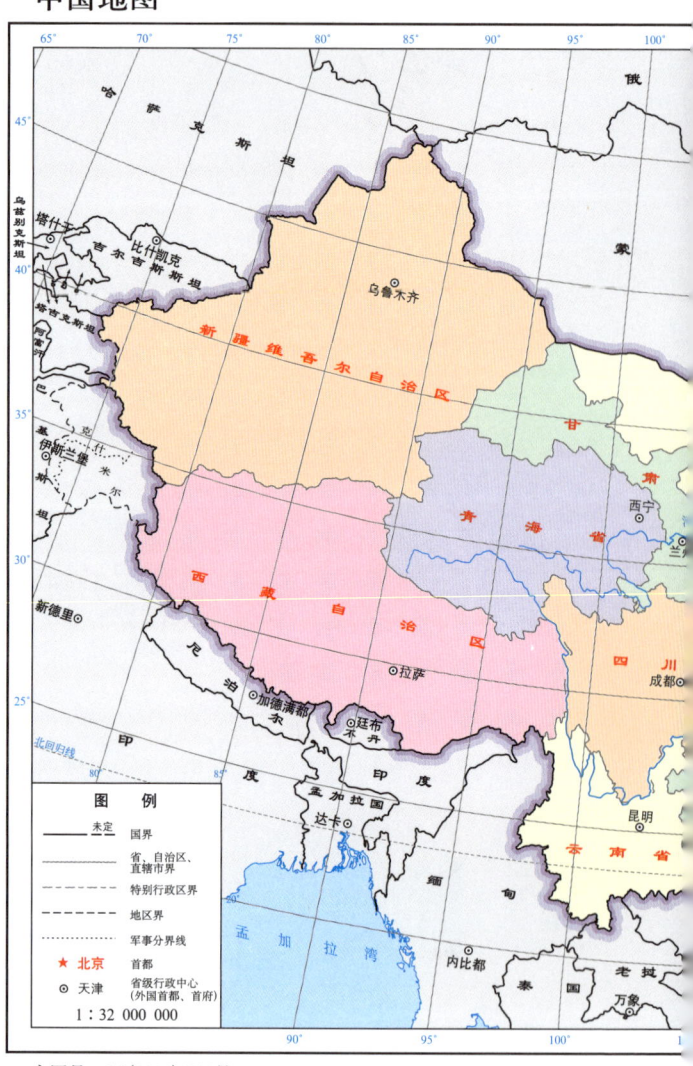

审图号：GS(2016)1582号